中国品牌农业年鉴

2018

中国优质农产品开发服务协会　主编

中国农业出版社

《中国品牌农业年鉴》编辑委员会

海南口味王科技发展有限公司

　　海南口味王科技发展有限公司于2010年1月在海南省万宁市成立，注册资本3 010万元，公司专业从事槟榔干果收购、加工和销售。公司先后通过了SC食品生产许可认证、ISO22000食品安全管理体系认证、ISO9001质量管理体系认证，是农业产业化国家重点龙头企业、海南省扶贫龙头企业、海南省省级现代农业产业园、海南省节水型企业、海南省工业品牌培育示范企业和万宁市纳税三十强企业。公司生产的"口味王"牌槟榔被评为"海南省名牌产品"。

　　公司在海南省万宁市拥有后安、东澳两个厂区，总占地面积20多公顷，固定资产超3亿元，2017年产能高峰期安排就业人员超4 000人，其中国家级贫困人口300多人，残疾人20多人。从2017年起公司已收购槟榔原籽7万多吨，供全集团基地作为生产使用。已付农户槟榔原籽款6亿多元，直接带动槟榔烘烤加工户112户、槟榔种植农户12 836户，平均每户增收51 436元。

　　公司产品主要销往海南、广东和广西等地，2017年实现销售收入74 947万元，上缴税收4 604.38万元。2018年将实现销售收入11亿元，上缴税收7 000万元。

　　公司积极响应省、市两级政府"打赢扶贫攻坚战"的号召，向万宁市扶贫基金会捐助资金50万元；投入60多万元资金，为后安镇龙田村、东澳镇大田村和三更罗镇南平村共111户国家级贫困农户采购门窗、家具、电器，使他们于2018年元旦前顺利入住新居。

　　公司立志扎根海南，服务"三农"，紧紧跟随集团步伐，以食用槟榔产业为抓手，推动海南地区槟榔初加工、槟榔种植、槟榔物流等产业的健康发展，为海南省经济建设发展而努力奋斗。

扶沟辣椒

扶沟辣椒种植历史久远，相传始于汉代，具有明显的区域特色，清乾隆《扶沟县志》曾有记载。扶沟辣椒具有个体均匀、色泽红润、皮厚籽多、籽粒饱满以及香辣并重、香味浓郁等特点。扶沟辣椒规模种植始于20世纪90年代，2000年以后发展成为扶沟的重要经济作物，种植面积达1.3万公顷。为了打造扶沟品牌，在县政府和县农牧局的大力支持下，扶沟县农产品质量安全检测中心深入挖掘区域特色，申请了农业部地理标志保护品牌。

扶沟辣椒农产品地理标志登记地域保护范围覆盖扶沟境内汴岗、大新、练寺、固城等16个乡镇，涉及个403行政村，其保护范围地理坐标为东经114°12′38″～114°34′50″，北纬33°57′27″～34°17′27″，总面积1163平方千米，年均总产量稳定在6.85万吨左右。

在地理标志品牌的带动下，形成了生产、加工、销售一体化产业链，日加工鲜辣椒段、辣椒碎230多吨，烘干辣椒100多吨，迎来了广东、福建、江苏、湖北、湖南、北京、上海以及香港、澳门等地的大批客商。在不远的将来，扶沟辣椒的品牌效应将会给越来越多的农民带来更为可观的经济收益，为扶沟县现代农业和特色农业发展注入新的生机和活力，为扶沟县社会主义新农村建设做出更大的贡献！

山西上党振兴集团

　　山西上党振兴集团成立于2012年，注册资金5 000万元，总资产25.9亿元，现有职工3 000人，职工年平均工资4.5万元。集团下辖5个子公司（山西马刨泉文化旅游开发有限公司、山西振兴惠泽粮油食品有限公司、长治县振兴鑫源商贸有限公司、长治县振兴煤业有限公司、长治县振兴通宝运输有限公司）和1个专业合作社（长治县振兴鑫源有机农产品专业合作社），流转土地近900公顷，是一家集煤炭生产、生态文化、旅游地产、健康养老、商贸物流、现代农业、农产品加工包装、村镇建设开发为一体的多元化集团公司。集团先后获得"省级优秀企业""省级农业示范园"和"全国绿色农业特产示范基地"的称号。合作社荣获"国家示范社""省级示范社"和"长治市十佳示范社"等称号。

　　集团所在地长治县振兴新区振兴村，位于山西省东南部太行山脚下，地理位置优越，交通便利，气候宜人，四季分明，是享誉三晋的煤铁之乡，被誉为"三晋农民城市山庄、上党生态宜居之地、两汉历史文化名区"，先后被授予"全国文明村镇""全国一村一品示范村镇""中国全面小康十大示范村镇""中国十佳小康村镇""中国避暑小镇""中国最美休闲旅游度假目的地""全国乡村旅游度假示范区""中国生态休闲乡村旅游胜地""中国最美宜居宜业宜游小城"等荣誉称号。区域内供热、供气、供水、供电、网络宽带、数字电视、程控电话、污水处理、垃圾运转等基础配套设施一应俱全。

　　近年来集团充分依托自身的自然生态优势、地理区位优势、历史文化优势、特色村镇优势，开发振兴小镇旅游景区，构建起"以生态培育为基础、以现代农业为主导、以休闲观光为主线、以避暑康养为特色"的田园型休闲度假旅游体系，健全了"吃、住、行、游、购、娱"各类旅游业态。在集团的倾力打造下，景区已初步形成三大旅游板块：振兴生态游乐园、振兴民俗文化村、振兴雄山欢乐谷，共有特色景观景点20余处；同时建有民俗酒店6处，民俗养生会所9处，同时容纳500人就餐的生态酒店1处，农家乐70余户，旅游特色农产品已涵盖3大门类10余个品种。2017年，建设了日吞吐量可达3万人的高标准游客中心和总占地面积1.45万平方米的大型生态停车场，成为一处功能完善、服务配套齐全、特色明显的综合旅游景区。同时，正在开发总投资12.38亿元的田园综合体项目。

　　山西上党振兴集团将认真落实党的十九大提出的乡村振兴战略，积极贯彻"绿水青山就是金山银山"的理念，坚持以"绿"为先，以"文"为魂，以"旅"为径，全力推进旅游新业态培育，致力于特色引领建设美丽乡村、三产融合催生休闲经济，以此带动地方发展和农民致富，以强烈的社会责任感和使命感，推动地方经济腾飞和全面发展。

以农业品牌建设引领乡村产业振兴
——山东省滕州市农业农村局

　　滕州是农业大县、马铃薯产业强县，农业生产条件优越，是国家重要的商品粮生产基地、优质蔬菜基地、畜禽标准化基地，先后被列为国家现代农业示范区、国家农村改革试验区、国家现代农业示范区改革与建设试点、国家农业可持续发展试验示范区。滕州大力实施"品牌强农"战略，以塑造滕州农产品整体品牌形象为引领，以培育区域公用品牌和企业知名品牌为主体，着力构建品牌农产品营销体系，初步建立起滕州农产品品牌建设推进机制，着力塑造"滕州产"农产品品牌美誉，实现品种优化、品质上乘、品牌高端、产业链全面延伸。

　　目前，滕州市共创建优质农产品品牌基地46处，培育5个有较大影响力的农产品区域公用品牌，34个知名企业农产品品牌，自营农产品品牌86个，认证无公害农产品、绿色食品、有机食品209个，农产品"三化"率超过50%，农产品质量安全例行监测合格率稳定在99%以上。滕州马铃薯被评为全国百强农产品区域公用品牌、首届"中国农民丰收节"100个农产品品牌之一，成功入选全国名特优新农产品目录，"北大仓"面粉被评为山东省首批知名农产品企业产品品牌，龙阳绿萝卜、枣庄黑盖猪获国家地理标志认证，越来越多产自滕州的品牌农产品走向全国。

第十届马铃薯科技文化节开幕式

市委书记邵士官在"双招双引"大会上视察农产品展

界河基地

（一）以质量为根本，树立品牌形象

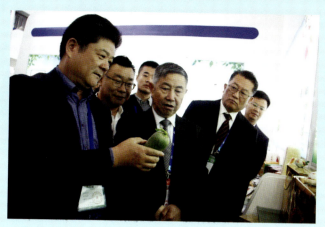

局长李广耀在农交会上推介滕州特色农产品——龙阳绿萝卜

大力推进农业标准化生产，做到质量有标准、生产有规范、过程有监测、销售有标志、市场有监管，打牢农业品牌发展基础。实施化肥农药使用量零增长行动，大力推广化肥减量增效技术，扩大配方肥使用范围，鼓励农民增施有机肥、种植绿肥。开展农作物病虫害统防统治与绿色防控融合示范，集成推广农药减量增效综合技术模式，推广应用绿色防控技术。实施土壤修复改良，实现农业可持续发展。加快制定、修订符合滕州生产实际的农业标准化技术规程，使生产各个环节做到有标准可依、有规范可循，大力引导农民由粗放式生产向标准化生产转变。新发展无公害、绿色农产品标准化基地6 666.7公顷，实现"菜篮子"产品标准化生产全覆盖。

局长李广耀向出席第十届马铃薯科技文化节的领导推介滕州马铃薯

（二）以龙头为引领，助推品牌壮大

积极扶持和培育具有较强辐射带动能力的农业龙头企业、农民合作社、家庭农场等新型农业经营主体，提高品牌化发展意识。突出特色产品、精加工和深加工产品，增加农产品附加值，增强市场竞争力。通过"龙头企业＋基地＋农户""农民专业合作社＋农户"等多种模式，引导企业与农户之间建立稳定的联系，扩大品牌农产品生产规模。目前，全市市级以上农业产业化龙头企业达到129家，其中国家级1家、省级11家，超10亿元企业2家、超亿元企业15家。在不断壮大农业龙头企业的同时，大力发展农民专业合作组织，全市各级农民专业合作社已发展到1673家，家庭农场477家。通过龙头带动，扩大了农产品品牌的知名度。

（三）以认证为依托，塑造品牌信誉

统筹抓好特色农产品优势区建设，努力把优势调强、把产业调大、把产业链调长、把质量调优、把效益调高。做大做强"滕州马铃薯"产业，继续实施"百万亩规模""百亿元产值""百年品牌"马铃薯产业"三百工程"。实施品牌认证工程，突出抓好品牌建设、品质管理，打造一批富有特色、优质安全的农产品品牌。获得无公害农产品、绿色食品、有机食品认证的名优特农产品总数达209个，以滕州马铃薯、滕州大白菜、刘村酥梨、龙阳绿萝卜、枣庄黑盖猪等为代表的地理标志农产品和以亿佳田园荷叶茶、老滕县辣椒酱、鲁班寨土豆煎饼、红花荷花鸭蛋、锦旺食品为代表的企业品牌产品不断发展壮大，有力带动了全市品牌农业的发展。

（四）以质量监管为抓手，保障品牌安全

围绕发展品牌农业，加大农产品监管力度，实现全域、全品种质量安全监管。健全完善了市、镇、村三级监管体系，形成监管、检测、执法、服务"四位一体"的农产品质量监管网络。加强生产基地管理。完善了农业投入品购进使用、技术规范、生产档案、质量检测、包装销售等方面管理，逐步实现主要农产品生产基地化、规模化、标准化。加强农产品质量监测。增加对叶菜类、可生食类农产品及认证农产品的抽检数量和频率，确保品牌农产品的合格率不低于99.5%。促进了农产品质量安全水平进一步提高，为发展品牌农业奠定良好基础。

马铃薯节特色农产品展

品牌农产品展

中国最美食材品牌马铃薯推介活动

（五）以市场建设为平台，拓展品牌营销网络

创新品牌农产品营销方式，大力发展直销配送、农超对接等新型营销模式，实现生产、经营、消费无缝链接。目前已成功与北京新发地农副产品批发市场中心、上海市江桥批发市场、广州江南果菜批发市场以及大润发、沃尔玛等大型超市建立长期供货合同。大力发展农产品电子商务，实施"互联网+现代农业"行动；支持农产品电商企业做大做强，培育亿佳田园、盛世红荷等年交易额在2 000万元以上的农产品电商企业5家，逐步实现了"产、运、销"一体化农产品电子商务发展格局。鼓励品牌农产品生产主体，在国内大中城市建立专卖店，专柜专销、直供直销。精心打造滕州特色农副产品体验馆，集中展示滕州马铃薯、绿萝卜等优势农产品，打造推介滕州品牌农产品的亮丽窗口，展现滕州农产品整体品牌形象。

龙阳绿萝卜农产品地理标志登记证书　　马铃薯农产品地理标志登记证书　　滕州大白菜农产品地理标志登记证书

枣庄黑盖猪农产品地理标志登记证书　　刘村酥梨农产品地理标志登记证书

（六）以宣传为动力，提高品牌知名度

通过电视、报纸、网络等宣传平台，宣传品牌、展示产品、互动交流，扩大品牌农产品市场销售范围。连续举办十届中国（滕州）马铃薯节，积极组织农产品加工企业和产品参加"绿博会""农交会""农博会"等农产品推介展销会，通过一系列展示展销推介活动，促进品牌与市场的融合。提高农产品的知名度和美誉度，让滕州品牌农产品走出山东，走向全国，享誉国外。

A

湖南省湘乡市农业局

2017年，湘乡市认真贯彻落实中央1号文件和中央、省委、湘潭市委农村工作会议精神，按照"稳粮增收、提质增效、创新驱动"的总体要求，以农业供给侧结构性改革为主线，围绕农业增效、农民增收、农村增绿，加强科技创新引领，加快结构调整步伐，加大农村改革力度，农业综合效益和竞争力进一步提高，农业农村经济呈现出稳中有进、稳中向好的态势。湘乡市先后荣获了"全省粮食生产先进县""湖南省超级杂交稻'种三产四'丰产工程先进示范基地"称号，市农业局先后荣获"全省农业政府网站工作先进单位""全省农村能源建设先进单位""湖南省农民（素质）教育培训先进工作单位"等称号。

（一）主要农产品供给能力稳步提升 全市克服遭遇特大洪涝灾害和雨雪冰冻灾害的双重不利天气因素影响，全力补损稳生产，粮食播种面积7.82万公顷，平均每公顷产量7 100千克，总产量55.5万吨。圆满完成早稻集中育秧、农业社会化服务、超级杂交稻"种三产四"丰产工程、湘米工程等6个省级粮食生产科研示范项目，保证了粮食稳产高产。新华社聚焦湘乡市早稻集中育秧工作，以《"湘中粮仓"：别样春耕勾勒农事新图景》为题进行了广泛宣传报道。蔬菜、茶叶、油菜、水果等面积和产量稳中有增。

（二）农业产业结构更趋优化 稳步推进一二三产业融合发展和重金属污染耕地修复治理试点工作，不断提高农产品质量安全水平。全市涉农有效注册商标达138件，推出了水府火焙鱼、泉龙果业红肉蜜柚、农之源黄桃、春梅和芭蕉蔬菜等一批具有湘乡特色的优质农产品品牌。已发展休闲农庄、农家乐216家，吸纳农村劳动力5 778人，其中，和源生态农庄获批省休闲农业示范点。建设了4个"VIP+n"修复技术模式33.3公顷标准化示范片，开展休耕试点面积1 465.8公顷。同时，积极培育新型农业经营主体，已发展农民合作社819家（其中国家级5家、省级18家、市级73家），比上年增加69家。发展家庭农场406个（其中省级1家、市级17家），比上年增加127家。培育市级以上龙头企业36家（其中国家级1家、省级5家）。

（三）农业综合产能不断提高 大力提升农田耕地质量，投资4 200万元在金薮、育墢、梅桥等乡镇建设高标准农田1 866.7公顷。同时，以现代农业示范园区建设为抓手，加快构建现代农业。着力打造东郊、泉塘和白田等3个现代农业示范园，园区均完成初步规划，同时根据自身的产业定位及基础设施现状，对建设项目进行统筹。其中，东郊园区引进了1家蔬菜种植企业——湖南湘中惠农农业综合开发有限公司和1家稻田高效种养企业——湖南东涟山水农业开发有限公司，不断发展壮大规模种养殖、绿色高产水稻、休闲观光农业等特色产业。

（四）农村生态环境持续改善 深入开展"三化一拆"（民居美化、环境净化、周边绿化及拆除破败空心房）和农村环境卫生综合整治，完善乡镇、村基础设施建设，发展农村经济，以点带面全面提升农村面貌。美丽乡村建设中320国道、沪昆高铁沿线、东郊示范片环境综合整治取得阶段性成果，泉塘示范镇区建设走在湘潭市同类项目前列。月山、棋梓、壶天、毛田示范镇区加快建设，泉塘、育墢、金薮示范镇区和132个美丽屋场建设任务全面完成，龙洞、东郊、山枣等乡镇马路市场整治成效明显。

（五）农村重点改革不断深化 农村土地承包经营权确权登记颁证任务完成，开展了承包耕地基础摸底、外业测绘、指界公示、内业数据处理、数据整合、图形接边、数据质检等工作，全市确权成果数据符合农业农村部所有数据标准要求，并积极建设确权数据信息应用平台。在泉塘镇颁发了首批证书，共签订农村土地承包合同16 179份，颁发权证426本。农村集体资产清查工作全面启动，成立了全市首家村级集体经济组织——湘乡市新湘路办事处壕塘股份经济合作社。落实农村土地"三权分置"，引导农户以承包地经营权作价入股，全市相继组建了23个农民土地股份合作社，入股农户1.58万户，入股率75%，新增耕地流转面积2 600公顷。东郊石竹村土地股份合作试点经验在湘潭市复制推广。

（六）农村民生事业稳步加强 扎实开展精准脱贫"五大工程""五大活动"，健全社会参与、责任考核、金融服务、兜底保障等工作机制。改造农村危房1 799户，易地扶贫搬迁151户538人。建成移民后扶项目200处、避险解困858户2 515人。农村建档立卡贫困人口减少7 299人，27个省定贫困村基础设施明显改善，贫困发生率控制在2%以内。农民减负工作不断规范，各项惠农减负政策落实到位，农村社会保持和谐稳定。

四川省金堂县农业品牌发展概况

四川省金堂县地处成渝经济圈和成德绵经济带主轴线上、成都半小时经济圈内。幅员面积1 156平方千米，总人口100万人，其中农业人口60万人。

近年来，金堂县高度重视现代农业发展，构建以食用菌、油橄榄、柑橘、金堂黑山羊为重点，以蔬菜、特色水果（青脆李等）、特色水产（小龙虾、大闸蟹、甲鱼）等优新特产业为补充的"4+N"现代特色农业产业体系。拥有"金堂姬菇""金堂脐橙""金堂黑山羊""金堂明参""金堂紫薯""金堂羊肚菌"等6个国家地理标志农产品，四川名牌6个，省、市著名商标18个。截至2017年年底，全县无公害、绿色、有机农产品认证面积2.37万公顷、产品76个，良好农业规范、ISO、HACCP等质量管理体系认证8家、良好农业规范认证企业4家，"三品一标"认证面积占耕地面积的68%，绿色食品原料（脐橙）标准化生产基地6 666.7公顷。先后获得国家农产品质量安全县、国家级出口食品农产品质量安全示范区、全国绿色食品原料（脐橙）标准化生产基地县等国家级荣誉12项。

为加快推进农产品品牌建设，加速打造一批在国内外具有影响力的农产品品牌，金堂县多举措加强品牌宣传推广。一是构建"网格化"监管体系，实现农质监测全覆盖。在全国率先实行村级协管职业化，每年安排县级财政预算资金981.5万元，狠抓监管体系建设，形成了"政府负总责、县乡有机构、监管到村社、经费有保障、检测全覆盖"的监管格局。二是强化区域公用品牌"田岭涧"运营，荣获中国国际商标品牌节银奖。在县域范围内实施农产品品牌统一打造计划（即统一质量、统一采购、统一商标、统一包装、统一宣传、统一销售），坚持以"公司+专合社+基地+农户+市场"的创新模式开展运营。三是积极发展电商平台，创新品牌推广渠道。开设"田岭涧生活"微商城、京东金堂馆、"农场来了"等电商平台；通过"有赞商城"分销系统，发动市民开设"田岭涧生活"分销微店，形成销售和推广金堂优质农产品的微店群，实现农产品电商年销售额4.6亿元。四是瞄准国际国内两

公共品牌"田岭涧"

金堂黑山羊原种场标准化羊舍

金堂明参

金堂脐橙

金堂脐橙产业园

个市场，积极参加各类境内外展会。先后组织金堂羊肚菌、铁皮石斛、金堂明参特色农产品参加俄罗斯、澳大利亚、新西兰、土耳其等国际农博会，备受国外市场青睐。五是实施"蓉欧+金堂农产品"战略，做强做大金堂品牌。培育示范区出口食品农产品企业18家。2017年全县农产品出口累计518.73万美元，同比增幅达10.74%，其中，金堂羊肚菌逾40%（65.5吨）出口瑞士、法国等欧洲国家，出口额120.6万美元；金堂姬菇出口额常年保持在300万美元以上。

金堂羊肚菌

诏安红星青梅

（一）基本情况

福建省诏安县盛产青梅，种植历史悠久，是著名的"中国青梅之乡"。全县种植青梅8 860多公顷，年产青梅鲜果10万吨左右，青梅产业年总产值18亿多元，青梅产业是诏安重要的农业支柱产业。

诏安红星青梅以"果大、肉厚、核小、酸度大、硒含量高"而驰名中外，主要品种有青竹梅和白粉梅两大类，青梅种植遍及全县15个乡镇，主产区为太平、红星、官陂、霞葛等4个乡镇。

诏安县加工业发达，全县现有青梅加工企业130多家，其中县级以上龙头企业18家，市级以上龙头企业6家，省级以上龙头企业2家，并引进国家级龙头企业——安徽溜溜果园集团到诏安落户办厂。全县已拥有青梅蜜饯类、盐津类、凉果类、酒类、饮料类等5大系列200多个品种上市，畅销全国，出口日本、东南亚等地。诏安青梅产区已成为福建、广东、广西、云南等省份的青梅集散地。

（二）品牌建设

2000年，诏安县红星乡青梅技术研究会就制定了全国首个《诏安红星青梅》省级地方质量标准，2001年诏安县被评为"中国青梅之乡"，诏安红星青梅被评为"福建省名牌农产品"，2002年获得国家质量监督检验检疫总局原产地注册认证，2004年"诏安红星青梅"商标获得国家商标局"证明商标"称号，2005年诏安红星农场成功申报1.2万吨青梅果品绿色产品认证，2009年诏安青梅被漳州市人民政府评为"漳州十大名优花果"，2012年"诏安红星青梅及图"获得国家商标局颁发的地理标志证明商标。

（三）经济效益及促进农民增收情况

2014年以前，诏安红星青梅由于出现供大于求的情况，青梅深加工跟不上鲜果产量的增加速度，加上宣传推广不力，品牌知名度低，产品出现滞销，青梅价贱伤农。

从2014年以后，诏安县政府加大诏安红星青梅品牌的宣传力度，到2017年为止已连续4年在诏安县红星乡梅园召开了产业推介会，邀请国内外青梅界业内人士参加，进一步打响诏安红星青梅品牌。政府出台政策扶持青梅深加工企业的发展壮大，组织青梅加工企业到国内外参加专业食品展，进一步拓宽了青梅产品销路，与《中国食品报》等多家新闻媒体战略合作，加大诏安红星青梅的宣传力度，青梅产品供不应求。诏安县青梅鲜果收购价从2014年的2元/千克，提高到2017年的6元/千克，全县青梅鲜果总产值提高了2倍，农民人均增收2 000元。

石家庄市惠康食品有限公司

石家庄市惠康食品有限公司始建于1993年，注册资金1亿元，占地面积4.5万平方米，是集种植、中央厨房、贸易、集体用餐配送为一体的食品加工企业，现有员工800余人。2001年通过日本农林水产省关于偶蹄动物肉类热加工处理的许可；2002年通过ISO质量管理体系认证；2003年通过HACCP食品安全体系认证。

公司主营业务为出口业务和内销业务。出口业务主营产品：速冻肉类产品（包括牛肉、牛舌、牛筋串、猪肉等），年产量2000吨；速冻果蔬类产品（包括洋葱、胡萝卜、土豆等），年产量5000吨。产品通过了进口国日本"肯定列表"734种1万多项药物残留的检验检测，其中牛筋类产品在日本同类产品中占市场份额的40%。

公司内销业务主营产品有冷冻预制菜、速食、面食、微波菜、凉菜切配等5大系列118个品种。冷冻预制菜系列主营产品有：谷言牛套皮、谷言团圆蒸碗、谷言料理包（好饭搭档），分为线上销售和线下销售。线上通过淘宝、天猫、阿里巴巴、京东等电商平台进行推广和销售，配送模式为快递配送，产品采取保温箱内加入冰袋保鲜形式，从而保障了产品的新鲜和质量，月交易额达600万元左右。线下销售主要通过大型商超、单位食堂、连锁餐饮、快餐店等，月销售额达800万元左右。

公司先后获"全国主食加工示范企业""河北省农业产业化重点龙头企业""河北省农业产业化联合体""河北省诚信企业"等40多项荣誉称号。公司拥有9项国家专利技术并配有电子闻香鼻、食品质构仪等先进设备；拥有一支专业性强、经验丰富的研发队伍，其中博士生1名、硕士生5名，高级工程师10名。研发中心从选材、研发设计、工艺设计和参数设定，都紧紧围绕健康和营养，将中国传统烹饪技艺与现代膳食营养相结合，根据市场、人群不同需求，开发研制新产品。

公司计划投资16.2亿元，建设占地面积14.7公顷的集冷冻预制菜、速食产品、进口高档冰鲜牛肉分割等加工、销售、仓储、配送于一体的现代化食品加工基地。一期占地4.7公顷，建筑面积4.8万平方米，建设内容包括低温冷库与生产车间为一体的综合车间1栋，食品检测与研发中心大楼1栋，各类生产仓储库、辅助设施4栋，预计2019年5月投产。二期占地10公顷，建筑面积12.5万平方米，拟建低温冷库与生产车间一体的三层综合生产车间2栋、职工公寓2栋、各类生产仓储库6栋及生产辅助用房，预计2021年年底完工并投入使用。

公司将以市场为导向，以食品安全、营养、健康为出发点，采用中央厨房加工配送的运营模式，重点发展冷冻预制菜，恒温食品，进出口速冻、保鲜蔬菜水果，中、高档冷冻及冰鲜牛肉、猪肉等系列产品，打造"谷言"食品健康品牌，并大力发展冷链物流产业，促进农业产业结构调整升级。通过"食品生产、研发、检验检测、体验观光、现代仓储、物流配送"六位一体的新型农业产业化园区和国家级农业产业化联合体示范基地，实现年产量9.5万吨、年销售收入45亿元、上缴税金3.6亿元、带动3万多户农户致富、安排社会就业人员近5万人的目标。

水稻新品种吉粳816

（一）选育单位　吉林省农业科学院

（二）品种来源　吉林省农业科学院水稻研究所于2008年以九03C6为母本，日本优良品种心待为父本杂交，后代经系谱法选择育成，试验代号吉14-115。

（三）特征特性

1.植株性状：株高112.8厘米，株型紧凑，茎叶绿色，分蘖力较强，每公顷有效穗数327万穗。

2.穗部性状：穗长19.6厘米，半弯曲穗型，平均每穗粒数138.9粒，结实率87.6%。

3.籽粒性状：粒型椭圆形，颖及颖尖均黄色，无芒，千粒重25.5克。

4.质量分析：依据NY/T593-2013《食用稻品种质量》标准，糙米率83.8%、精米率76.2%、整精米率68.4%、粒长4.9毫米、长宽比1.9、垩白粒率4.0%、垩白度0.4%、碱消值7.0级、胶稠度70毫米、直链淀粉含量14.3%、透明度1级。检验结果符合二等食用粳稻品种质量规定要求。

5.抗逆性：苗期人工接种对苗瘟表现中抗（MR），异地田间自然诱发鉴定对叶瘟表现中感（MS），对穗瘟表现感病（S），在田间自然诱发抗纹枯病鉴定点中，最高病级7级，对纹枯病表现中感（MS）。抗白叶枯病鉴定结果表明，对白叶枯表现中抗（MR）。此外，吉粳816抗倒性强，出穗后籽粒灌浆快，活秆成熟不早衰。

6.生育日数：在吉林省种植吉粳816生育日数约为140天。

（四）产量结果　2016年区域试验平均公顷产量8 262.4千克，比对照品种秋田小町增产5.1%；2017年区域试验平均公顷产量8 039.4千克，比对照品种秋田小町增产7.6%。两年区域试验平均公顷产量8 150.9千克，比对照品种增产6.3%。2017年生产试验平均公顷产量8 277.4千克，比对照品种秋田小町增产9.1%。

（五）栽培技术要点

1.播种与插秧：稀播育壮秧，4月上旬播种，播种量每平方米催芽种子350克。5月中下旬插秧。

2.栽培密度：行株距30×（15～20）厘米，每穴3～4棵苗。

3.施肥：氮、磷、钾配方施肥，氮肥每公顷纯氮（N）150千克，按基肥40%、蘖肥40%、穗肥20%的比例分期施用；磷肥（P_2O_5）90千克/公顷，全做底肥，钾肥（K_2O）75千克/公顷，60%做底肥，40%做穗肥。

4.田间管理：水分管理采用分蘖期浅，孕穗期深，籽粒灌浆期浅的灌溉方法。7月上中旬注意防治二化螟。生育期间及时防治稻瘟病。

（六）适应区域　吉林省四平、吉林、长春、通化、松原等中晚或晚熟稻区种植。

（七）主要优点　丰产性好，米质优，抗倒性强，出穗后籽粒灌浆快，活秆成熟不早衰。

（八）特别说明　由于吉粳816适口性突出，2018年在首届全国优质稻品种食味质量鉴评会中荣获粳稻组金奖。

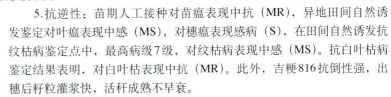

吉粳816

吉粳816

荣誉证书

吉粳816

获首届全国优质稻（粳稻）品种食味品质鉴评金奖

全国优质稻品种食味品质鉴评委员会（代章）

二〇一八年五月三日

江苏省常州市天宁区
郑陆镇牟家村

村党委书记袁洪度

常州市天宁区郑陆镇牟家村是国家级农村现代化示范区、全国文明村、中国美丽休闲乡村、全国农业旅游示范点、中国休闲旅游自然村、中国十佳小康村、江苏省四星级乡村旅游点、江苏省水利风景区、江苏省最美乡村等。全村总面积2.1平方千米，共6个村民小组，户籍人口2 186人，常住人口5 000余人。全村净资产近1亿元，村级年收入1 000余万元，2017年农民人均可支配收入达2.8万元。

（一）艰苦发展之路 20世纪70年代，牟家村是一个以农业为主、生活贫困的农业村；80年代，牟家村办起了第一家村级工业企业——牟家村农机厂，开始涉足工业领域；90年代，牟家村工农业快速发展，跃升至"亿元村"。21世纪初，牟家村完成了集体企业统一改制，成立了全省首家"以土地为中心"的股份经济合作社，集体资产的"资产重组"和"二次分配"成为村级收入和村民收入的新增长点。

（二）创新发展之路 2005年，牟家村"两委"率先启动了农村城市化建设。按照"规划先行、科学布局、长期建设、集中居住"的原则，统筹规划了40公顷观光休闲农业区、20公顷居民生活区和40公顷工业集中区。创新发展现代特色农业，40公顷的农业生态休闲观光园融合了农业生产、农业科研、农业观光等，并成功开发两条农业旅游线路，实现了农业生产和观光旅游的有机结合。率先启动集中居住建设，从1997年起按照村民自愿原则，统一代建安置，集中居住，全村集中居住率已超75%，已建成牟家村别墅区、袁家村别墅村、南苑别墅区、紫星公寓、南苑公寓、申怡花苑公寓等。

（三）可持续发展之路 围绕建设"又富又美"新牟家的目标，牟家村在发展经济的同时，更着力打造"大美牟家"。发展之美，全村现有工业企业40余家，其中亿元企业7家，主要涉及机械制造、医疗设备和新材料等领域，2017年实现工业总产值28亿元。生态之美，深入实施生态环境整治工程，先后投资1 300万元完成村主干道"白改黑"工程、绿化工程和亮化工程，投资3 500万元建设牟家观光园，投资350万元开挖村级景观河并更新全村河道护栏，投资180万元建造农桥、排涝站和3座高标准公厕，温控花房、葡萄园、垂钓中心等相继建成。人文之美，在牟家村，各种文化元素比比皆是：雕梁画栋的牌楼、沉重古朴的村石、古色古香的群艺楼等，村史馆、农博馆、文体公园、全省首家村级博物馆一一建成开放。同时加大精神文明建设，建成了常州市首家全民"读者村"。

（四）和谐发展之路 2006年投入2 650万元为全体村民办理了武进区农民基本生活保障，2010年投资1 000万元建成牟家村综合服务中心，2011年投资1 500万元建成牟家村文体公园，同时全额承担村民的农村合作医疗保险金、老年人意外伤害险等，建立了村级慈善救助基金会发展村级慈善事业。为了探索老龄化时代的新农村养老方式，提高本村老人的生活质量，正在建设高标准的牟家村养老院，选址上充分考虑了入住老人生活的舒适、健康、便利等因素。

（五）未来发展之路 牟家将始终以夯实党建为根基、先进文化为指引、争创一流为动力、共同富裕为目标，努力把牟家的明天建设得更加美好，让牟家人民生活得更加幸福。规划在未来几年内，争取实现工业总产值年均增长10%，农民人均可支配收入年均增长12%，集中居住率达到90%以上，民生福利逐年提升，百姓生活更加富裕安康、幸福美满。

村党委书记袁洪度工作照

村党委书记袁洪度在现场指导工作

研究村域规划

江西农业工程职业学院2017年度科教兴农工作情况

2017年，学院以宣传贯彻党的十九大精神为抓手，全面贯彻落实全国、全省高校思想政治工作会议精神。切实加强师资队伍、校园文化、骨干专业和实训实习基地等建设，情系三农、服务三农，为江西乃至全国的农业生产力发展作出了积极的贡献。

一、培育新型职业农民，助推现代农业发展

大力培育新型职业农民是建设新型农业生产经营体系的战略选择和重点工程，培育新型职业农民就是培育各类新型经营主体，由家庭经营向企业经营转变，由单一经营向一二三三产融合经营转变，这对于加快构建集约化、专业化、组织化、社会化相结合的新型农业经营体系，将发挥重要的主体性、基础性作用。近年来，学院在党委书记、院长谭酬志同志带领下，在培育新型职业农民工作上，取得了一个又一个丰硕成果，2017年，学院培训基地被农业部授予全国新型职业农民培育示范基地。

全国新型职业农民培育示范基地揭牌仪式

二、开展定向培养，解决基层农技人员后继乏人问题

为了加强江西省基层农技推广体系改革与建设，切实解决基层农技人员后继乏人问题，促进我省现代农业发展，经批准，自2014年开始，江西省开展全省基层农技人员定向培养工作。江西农业工程职业学院作为两所培养单位之一，致力培养"懂农业、爱农村、爱农民"的基层农技人员，为扭转当前基层农技服务人员年龄老化、青黄不接、队伍不稳、专业失衡状况作出了积极的贡献。

新型职业农民论坛

三、凝练培训成果，追梦现代农业

2017年11月4日，学院举行《追梦现代农业——江西省新型农业经营主体创业发展纪实》新书发布仪式，这本书总结了多年来我省新型职业农民从事农业生产、经营、管理过程中的做法、经验和成绩，是江西新型农业经营主体发展的一个典型缩影。书中的主角是科教兴农的见证者，是新农村建设的践行者，是现代农业发展的引领者，也是全面建成小康社会的分享者。

四、服务地方经济，送科技下乡

学院一直以来，积极服务地方经济发展，认真践行科技服务"三农"政策，每年均开展送科技下乡服务活动，大力开展政策宣讲、农民培训、技术咨询等，为广大农民提供养植技术、种植技术、病虫害防治等技术服务，得到了老百姓的一致好评。

"三定向"学生暑期社会实践动员

《追梦现代农业——江西省新型农业经营主体创业发展纪实》新书发布仪式

服务"三农"送科技下乡

地理标志保护产品
——都江堰猕猴桃

都江堰市位于成都平原西北边缘岷江出山口处，因世界著名水利工程都江堰和中国道教发祥地青城山而闻名遐迩，是一座具有2000多年建城史，因堰而起、因水而兴的城市，有着"拜水都江堰、问道青城山"之美誉。都江堰市属亚热带湿润常绿阔叶林区域，是川西平原植被和龙门山植被两大植物区系的交汇地区，多个垂直气候带，产生生物物种的多样性，拥有高等动植物1.4万余种，被誉为"生物基因库"。

都江堰市是国际公认的猕猴桃最佳生态种植区之一，被确定为四川省猕猴桃产业发展牵头县。1980年，都江堰市在全国率先引种海沃特猕猴桃，经过近40年的发展，猕猴桃种植面积已达10万余亩。全市已发展猕猴桃专业合作社56家，猕猴桃种植户入社率达90%以上，现有10余家农业龙头企业从事猕猴桃生产、加工和营销，有各类大中型冻库11座，库容总量达到1.5万余吨。2018年，全市出产优质果品4.5万余吨，全产业链产值约8.5亿元。都江堰猕猴桃以其肉质爽滑、颜值高、香甜四溢的独特味道深受消费者喜爱，被誉为"都江堰猕猴桃，尝不尽的山水味道"。2007年都江堰猕猴桃获得国家地理标志产品保护，2016年获得地理标志证明商标。都江堰猕猴桃先后荣获北京奥运会推荐果品一等奖、中国国际农产品交易会参展农产品金奖等殊荣。

近年来，都江堰市深入实施推动猕猴桃产业提质增效发展，瞄准国际国内高端消费市场，加强院（校）地企合作，强化生产、储运、销售全程溯源管理，着力培育外向型经营主体，成功创建"国家级出口猕猴桃质量安全示范区"。都江堰猕猴桃已成功进入欧盟、尼泊尔、日本及我国香港等国家和地区。

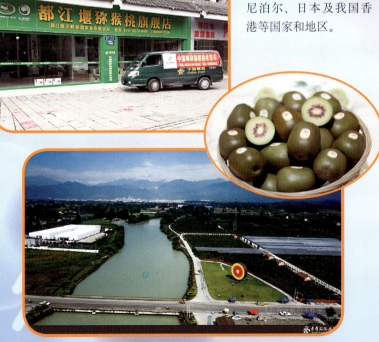

湖南角山米业有限责任公司

公司董事长　任志成

湖南角山米业有限责任公司创办于1992年，是湖南省农业产业化龙头企业，总部坐落于衡阳西渡高新技术开发区，注册资本金4 600万元，占地面积35公顷，现有员工186人。公司拥有年处理50万吨稻谷的全智能PLC控制大米生产线，该生产线集合了35项科技创新；拥有50.5万吨恒温恒湿、气调低温保鲜高标准稻谷仓储基地；自主研发的业务信息化系统、基地溯源系统，具有完全自主知识产权，在全国处于领先地位。

公司西渡园区是湖南省规模最大的稻谷加工基地和稻谷仓储基地之一。公司先后获得"中国百佳农产品品牌""中国大米加工企业50强""国家高新技术企业"等荣誉，是地方政府推动农业增效、农民增收的重要平台。

产品展示

2018年，公司在风景宜人的衡阳县杉桥镇白石园角山生态硒米种植基地利用生物共生关系，示范性开展稻鸭、稻鱼共养，取得良好的生态效益和经济效益。

经营理念：为耕者谋利、为食者造福、为社会尽责

奋斗目标：创知名品牌　做业界典范

公司大门全景图

白石园生态硒米种植基地航拍图

公司总部航拍图

江苏省东台市新街镇苗木产业

垦殖文化馆

江苏省东台市新街镇位于黄海之滨，总人口4.3万人，地域103平方千米，是闻名省内外的苏中沿海生态苗木特色镇，先后被认定为江苏省"优质苗木生产基地""绿色建设先进镇""农业电子商务示范镇"和国家级生态镇，苗木产业发展取得了显著的社会、经济、生态效益。

一是提升苗木产业知名度。推进标准化生产，实现定干（分枝点高度）、定冠（胸径与树冠匹配）、定株（胸径与密度匹配）。"新街苗木"注册商标获得批准，"新街女贞"农产品地理标志已由农业农村部公告发布。

二是提升苗木市场集中度。苗木摊位星罗棋布，苗木市场入驻25户，苗木电商300多家，2017年新街苗木销售额20亿元，其中线上洽谈销售近8亿元。主打品种新街女贞树冠丰满、基干通直、皮色嫩绿、根系发达，为全国最大的生产基地之一，"买女贞到新街、到新街买女贞"成为苗木业界共识。

三是提升苗木业态融合度。依托苗木之乡生态资源建设游客中心、垦殖文化馆、特色作坊、亲水平台和文化长廊，生态苗木园被认定为"四星级乡村旅游区"和"全国休闲农业与乡村旅游示范点"，方东村被列入江苏省特色田园乡村建设试点之一。

新街女贞特性特征

媒体报道

贵州省独山县影山镇

影山镇位于贵州省南大门——独山县东北部，距县城15千米，区域面积207平方千米，辖6个村82个村民组，总人口2.3万人，年平均气温13.6℃，平均海拔1 100米，总耕地面积1 027公顷。近年来，影山镇以茶、果、烟、畜为龙头的四大生态特色农业产业发展规模化，沟山毛尖、黄桥葡萄、翁台蜂蜜、甲定海花草闻名遐迩，2015年2月获批省级现代农业示范园区；2017年8月，黄桥村被农业部认定为"全国一村一品示范村镇"；2018年10月，翁奇村被农业农村部评选为"中国美丽休闲农村"。至此，全镇6个行政村已经有2个村获得国家级殊荣。

金色水司楼

影山镇大力推进农村产业结构调整，培育农业支柱产业，因村施策，因地制宜，以扶持龙头企业为抓手，结合各村产业发展的实际情况制定"一村一品"发展思路，进一步延伸农业产业链，带动农民就业增收，增强乡村经济发展新动能，最终实现乡村振兴的目标。自2013年以来陆续引进新贵集团、净心谷旅游开发公司、贵州春禄农业有限公司、影山农牧发展有限公司等龙头企业，各专业村为企业提供了丰富优质的产业资源，龙头企业也带动了"一村一品"的稳步发展，实现了产业与市场的有效对接，达到了双向共赢的预期目标，各村产业都得到了长足发展，尤其是以翁奇村为核心打造的"净心谷"景区在乡村旅游产业发展方面得到了各级领导的肯定。

翁奇村是一个深受儒家文化熏染的布依族村庄，布依族人口占总人口95%以上，村内风景秀美，气候宜人，完好地保存了清同治十二年（公元1873年）建设的私塾建筑——奎文阁。依托优厚的少数民族文化、历史人文底蕴，影山镇以乡村旅游作为翁奇村"一村一品"主导产业，打造休闲农业和乡村旅游知名品牌，以"三教"文化、"三族"文化、"三农"文化、"三府"文化及生态文化和古镇开发为主题，目前已建成翰林府、诰命府、尹珍府、儒学文化园（大成殿、杨家宗祠、奎文阁、友芝书院、影山草堂、古戏楼、令公祠等）、水司楼、净心谷广场等景点，通过3～5年的建设，将翁奇村"净心谷"景区打造成集文化体验、休闲度假、健康养生、户外运动、农业观光等为一体的大型综合生态文化旅游区。

彩虹天印

朴语山居

奎文阁

曲院风荷

喜庆大观园

"天生云阳" 区域公用品牌

云阳地处重庆市东北部,全县总人口138万人,其中农业人口98万人。云阳形成了"3+2+X"重点产业体系和"两廊三带"区域发展格局,发展优质晚熟柑橘2万公顷、实现年出栏肉牛11万头、山羊68.9万只,全县形成了柑橘、牛羊(畜禽)、中药材、粮油、蔬菜(食用菌)、调味品、生态渔业等7条特色产业链。全县已获批"三品一标"农产品148个、名特优新目录农产品2个、百家合作社百个农产品品牌2个、市级名牌农产品11个、GAP认证4个,成功通过国家生态原产地保护示范区认证,云阳脐橙获重庆市柑橘无公害产地区(县)整体认证。

近年来,云阳在农产品品牌建设方面作了大胆探索。2015年,择优选取县内优质农产品进行打包,在全市率先创建了覆盖全县、全品种、全门类的"天生云阳"农产品区域公用品牌,以区域品牌与企业品牌结合形成"母子"品牌的模式,合力开拓市场。2017年2月,"天生云阳"商标注册成功。已授权使用"天生云阳"品牌的产品有42个,包括柑橘、葡萄、猕猴桃等水果类产品14个,大米、面条、粉丝、桃片糕等粮油类产品12个,乌天麻、菊花等中药材产品6个,牛肉干、生猪、鸡蛋等畜禽产品5个,辣椒、杏鲍菇等蔬菜(食用菌)产品4个,生态鱼类产品1个。

"天生云阳"区域公用品牌由县政府背书,承诺"天生云阳 不卖假货"。在品牌管理方面,一是建立了严格的准入准出制度,授权使用"天生云阳"品牌,必须在产品产地、产品质量认证、质量溯源、质量保险、品牌包装等方面符合要求。二是为"天生云阳"量身打造了产品质量保险,对于申请进入"天生云阳"的42个产品,政府全额购买保险,保障企业与消费者权益。三是积极开展产品溯源,严格要求全体"天生云阳"企业使用重庆市农产品质量安全追溯系统,保障产品来源、投入品使用等情况可追溯。

在"天生云阳"品牌营销方面,采取"行政管理+公司+协会"相结合的运营方式,由行业部门加强行政管理,严肃查处违法违规行为;成立天生云阳(重庆)品牌管理有限公司,由公司承担具体的品牌宣传、营销、推广等;组建天生云阳区域公用品牌协会,监督成员企业及品牌公司的规范管理和运行。"天生云阳"品牌于2017年11月入选重庆十佳农产品区域公用品牌,排名重庆第四。拍摄完成"天生云阳"微电影及系列报道25集,开发完成"天生云阳"旅游大礼包3款,建成"天生云阳"T型广告牌3块;冠名赞助2017年全国沙滩排球巡回赛(云阳站)、2017年云阳半程马拉松等大型比赛4场;在重庆市范围内建成"天生云阳"产品销售店12家,"天生云阳"农产品展示中心3个;组织企业参加无锡市农博会、西部农交会等市内外大型展会8个;大力推进电子商务,建设完成"天生云阳"微商城,助推产品入驻"巴味渝珍"电商平台,进一步拓宽"天生云阳"品牌销售市场,将"天生云阳"产品推出云阳,卖向全国。

恩 施 硒 茶

恩施硒茶产自被誉为"世界硒都"的湖北恩施土家族苗族自治州。恩施州饮茶、种茶、制茶历史悠久，自唐代起就是著名的贡茶产区。2018年，全州茶园面积11.2万公顷，茶叶产量11万吨，综合产值140亿元。茶叶基地总规模位居全省第一，在全国地（市、州）级产茶区中位居第四，是全国最大的富硒茶基地之一。

"恩施硒茶"州域公用品牌旗下有恩施玉露、伍家台贡茶、唐崖茶、利川工夫红茶、鹤峰茶、炜丰茶、巴东郡贡茶、金祈藤茶等八大子品牌。"恩施玉露"因独特的蒸青工艺，被列入国家级非物质文化遗产代表性项目名录和中国重要农业文化遗产保护名录。2017年"恩施硒茶"荣获"最受消费者喜爱的中国农产品区域公用品牌"。2018年10月，恩施硒茶品牌助力产业扶贫入选全国产业扶贫十大机制创新典型。

信任优农保真商城
（中国）有限公司

　　信任优农保真商城（中国）有限公司位于美丽的海滨城市厦门，公司成立于2017年12月，是一家主营生鲜农产品采购、销售、配送业务的互联网公司。公司提出了"微社区"的创新商业模式，并着力打造基于微社区模式的农产品线上交易平台——信任优农保真商城。

　　信任优农保真商城是为消费者提供优质、保真农产品的线上电子商务平台，平台依托微社区、定制订购、地方特色等功能设置，提供多品类的同城或全国优质生鲜农产品，平台配备商品展示、商品购买、商品交易流通、商业资讯展现等基本功能，还有限时抢购、拼团预售、定金预售、全款预售等商品促销功能。平台适用于PC端、移动端、服务器等设备，可实现基于地理位置的农产品线上微社区交易，为社区终端消费者解决生鲜农产品配送的"最后一公里"难题。

　　同时，为在扶贫领域内深耕细作，公司与国内扶贫部门密切合作，深入扶贫一线调查研究，组织优质农产品的对接工作。先后与马来西亚红蚂蚁公司、马来西亚当地政府签订项目合作协议，为今后开展更大的国际易货交易奠定坚实基础。

　　信任优农保真商城（中国）有限公司致力于将优质农产品推向每一个中国家庭，将中国的农业科研技术和科研团队推向世界，通过产地直供，平台直销的模式，在带动当地经济发展的同时，保障终端消费者享用放心优质的农产品。

　　公司实力雄厚，注册资本达1亿元，关联中国润亚中普集团控股有限公司、西双版纳润亚投资管理有限公司、上海润亚打洛实业发展有限公司、中国数字福建资产投资交易有限公司等多个公司，关联项目众多，涉及地产、农业种植、进出口业务、国际金融投资、国际易货、电子商务等。

内蒙古阿鲁科尔沁草原游牧系统
Nomadic System of Arhorqin Grassland in Inner Mongolia

内蒙古阿鲁科尔沁草原游牧系统位于大兴安岭西南余脉、科尔沁草原和锡林郭勒草原的交接带，核心区位于阿鲁科尔沁旗巴彦温都尔苏木，自古以来就是游牧民族狩猎和游牧活动的栖息地。蒙古族牧民熟知当地山川河流、草场分布和季节变化，根据雨水丰歉和牧草长势决定一年四季的游牧线路和放牧时间，"牧民－牲畜－草原（河流）"形成了天然的依存关系并延续至今，不断孕育和发展着蒙古族人民所独有的生产方式、生活习俗、文化特质和宗教信仰，时刻体现着深藏在蒙古族人民血脉之中的崇尚天意、敬畏自然、天人合一的生活理念。

草原游牧生活

The nomadic system of Arhorqin grassland in Inner Mongolia is located at the junction of the southwest ranges of the Greater Khingan Mountains, Horqin Grassland and Xilin Gol Grassland. The core area is located in Bayan Wendur Sumu, Arhorqin Banner. It has been the habitat of nomadic hunting and nomadic activities since ancient times. Mongolian herdsmen are familiar with local mountains and rivers, grassland distribution and seasonal changes, and determine the nomadic routes and grazing time of the whole year according to the rainfall and pasture growth. The natural dependence relationship among herdsmen, livestock and grasslands (rivers) has been formed and continues up to this day, continuously nurturing and developing the production methods, living customs, cultural traits and religious beliefs unique to the Mongolian people, and they are always embodied in the life concept of worship of heaven, reverence for nature and harmony between man and nature, which is deeply embedded in the blood of the Mongolian people.

民俗体育活动草原摔跤

阿鲁科尔沁草原游牧系统长期演化的历史过程和现实存在，向人们阐释了一个取物有时的道理。在农耕化浪潮和现代农牧业技术出现之前，"逐水草而居"是游牧民唯一可行的生产、生活方式。牧民和牲畜充分利用大自然恩赐的资源和环境，不断地迁徙和流动，既能够保证牧群不断获得充足的饲草，又能够避免长期滞留带来的草地资源退化。

娶亲场面

The historical process and reality of the long-term evolution of the nomadic system of Arhorqin grassland explain to people the truth that it must be appropriate time to take things from the nature. Before the emergence of the tide of farming and modern agriculture and animal husbandry technologies, "migrate to wherever water and grass are available" was the only viable way of production and life for nomads. Herdsmen and livestock make full use of the resources and environment, the nature's gift, and constantly migrate and move, which can ensure that herds continue to receive sufficient forage and avoid the degradation of grassland resources caused by long-term detention.

阿鲁科尔沁旗按照农业农村部《中国重要农业文化遗产管理办法（试行）》的要求，严格保护游牧系统栖息地和珍贵的草原文化遗产，深入挖掘传统游牧业的精髓，与现代畜牧业生产技术相结合，促进当地游牧民生活水平全面提高，使得内蒙古阿鲁科尔沁草原游牧系统不断散发出独特的魅力。

In accordance with the requirements of *Measures for the Management of Important Agricultural and Cultural Heritage in China (Trial)* issued by the Ministry of Agriculture and Rural Affairs, Arhorqin Banner strictly protects the habitat of nomadic system and precious grassland cultural heritage, deeply explores the essence of traditional nomadic industry, combines with modern animal husbandry production technology, to promote the overall living standard of local nomads, which makes the nomadic system of Arhorqin grassland in Inner Mongolia continuously exude its unique charm.

成都市晋江福源食品有限公司

成都市晋江福源食品有限公司系福建盼盼食品集团成都分公司。福建盼盼食品集团始创于1996年，是以农产品深加工为主的农业产业化国家重点龙头企业。除食品外，集团公司还涉足养老、房地产、金融、矿产等行业的经营和管理等行业。截至目前，集团公司旗下拥有辽宁沈阳、四川成都、河南漯河、山东临沂、湖北汉川、广西南宁、甘肃白银、福建长汀、安徽滁州、吉林松原等19家全资分公司，拥有固定员工1.3万多人，在全国建立了布局合理的产品生产基地，形成了"东西南北中，处处有盼盼"的覆盖全国的产业网络，产品畅销全国。集团公司产品先后成功打入40多个国家的市场，为企业品牌的国际化打下基础。

在国家战略政策指引下，盼盼集团响应西部大开发的号召，于1998年3月在成都市金堂县成立盼盼集团分公司，注册资金1亿元，主要从事"盼盼"牌法式小面包、干蛋糕、麦香鸡块、铜锣烧、瑞士卷、肉松饼、艾比利薯片等系列食品的生产，年产销量近3万吨，发展成为员工近千人的现代化企业。公司创办以来，得到了省、市、县各级领导的关心与支持。在投资环境良好的背景下，为了做优做强企业，公司从2003年开始朝着多元化的方向发展，先后成立了成都宝龙房地产实业有限公司及成都市福星园养老服务中心、金堂县久久养老中心、成都福山园林有限公司、正康老年病医院等企业，并投资金堂县商会大厦，先后入股金堂汇金村镇银行、自贡中成村镇银行、新都桂城村镇银行、青白江融兴村镇银行、宜宾筠连中成村镇银行等多家村镇银行。

成都分公司自成立以来，始终把"质量、诚信"作为企业核心竞争力，并响应国家"三农"政策，创立了"公司+基地+农户"的模式，不断促进农民增收，积极解决当地农民的就业问题，在企业发展的同时也为当地经济的发展做出了应有的贡献。成都分公司自创立以来相继获评国家级扶贫龙头企业、四川省农业产业化经营重点龙头企业、小巨人企业、四川省著名商标、四川省名优农产品、成都市优秀外来投资民营企业、成都市科技企业、成都市放心食品工程优秀企业、成都市农村农产品营销大户等。公司本着"忠诚、精准、感恩、分享、超越"的企业文化精神，十分注重人才的引进和培养，同时遵照市场经济股权激励的模式，依照员工对公司的贡献，奖励工作奉献股权，视同公司等额股金投入。通过这种利益共享的分配方式，极大地激发了员工的积极性和创造力，促进了员工队伍的稳定和企业的发展。

成都分公司在发展经济的同时，积极履行企业的社会责任，在公益事业、教育方面、环境保护、解决农村劳动力就业等方面做出了积极的贡献，在汶川地震、雅安地震等多次自然灾害面前，公司先后累计捐款捐物2700余万元，得到了四川省、成都市、金堂县各级政府的表彰。未来，公司有信心把企业做优做强，履行更多的社会责任，为四川省的经济社会发展贡献一份力量。

大连禾源牧业有限公司

大连禾源牧业有限公司成立于2015年1月，由辽宁禾丰牧业股份有限公司（股票代码603609）出资5100万元、瓦房店市泓源牧业有限公司出资4900万元共同创办，位于瓦房店市复州城镇安台村，占地面积3公顷，交通便利。大连禾源主营业务为饲料加工、种鸡饲养、种蛋孵化和肉鸡养殖，其全资子公司大连中佳食品有限公司主营业务为肉鸡屠宰和熟食品加工。截至2017年年末，公司资产总额达5.12亿元，2017年实现营业收入15亿元，现有员工1200余人，其中各类专业技术型人才210人。2018年6月，公司被认定为农业产业化国家重点龙头企业。

公司通过"公司+农户""公司+农场""公司+合作社"形式，养殖业务板块签约农户1000多户。2016年公司开始与签约养殖户合作，将肉鸡传统平养模式升级改造成标准化笼养模式。2017年公司肉鸡养殖业务达到年出栏商品肉鸡5000万只，仅养殖板块创造年产值10亿元，养殖户通过公司技术指导和全方位的扶持，单只鸡的利润达到3～4元，净利为2元左右，年带动农户实现利润1亿元以上。

公司积极响应政府号召，率先投资发展有机肥项目，将鸡粪通过高温有氧发酵再经过加工后转化成有机肥，目前已经在瓦房店老虎屯镇和复州城镇建成两个粪污处理中心和一个有机肥加工厂，年可生产有机肥3万吨。有机肥项目

鸡雏

既解决了肉鸡养殖的粪污处理问题，又可为企业和农户带来收益。

公司全资子公司大连中佳食品有限公司始建于2000年，拥有现代化的肉鸡加工生产线，目前日屠宰量15万只。二期将建成年产3万吨的熟食调理品生产线，使大连禾源的产业结构更加完善。

禾源牧业经过短短几年的建设和发展，基本形成了较为完整的产业链结构，公司整体运营良好，带动了地区行业的发展，带动了农户增收，取得了较好的经济效益和社会效益。禾源牧业有信心、有能力承担农业产业化龙头企业的重任，继续通过科学管理、研发创新，推动产业升级、产业链完善，进一步提升企业核心竞争力，促进产业集群化发展。

种鸡

饲料

全翅

琵琶腿

带骨腿

甘肃省积石山县畜牧局

从2011年以来，积石山县畜牧局在局长马全胜的带领下，先后编制完成了《积石山县羊产业规划》《积石山县脱贫攻坚畜牧专项行动计划》，提出了畜牧业发展"扩繁增量，提质增效"的发展思路，通过抓项目、建基地、育龙头、带农户，使积石山县的畜牧养殖业走上了发展快车道。

全县加大饲料草料开发力度，优化以黄牛冻配为主的畜禽改良工作，大力推广青贮、黄贮饲料技术，提高秸秆饲料利用率和畜牧养殖科技含量，定期或不定期开展疫病防治防控工作，全县没有发生一起重大疫情，让老百姓的"舌尖"得到了保障。，畜牧养殖业已成为积石山县四大支柱产业之一和全县各族群众脱贫致富的"金钥匙。"

在县畜牧局的推动下，群众兴办养殖场145个，全县规模养殖户达2 892户，同时还带领贫困户成立养殖专业合作社、协会等群众合作组织55个，通过思路创新、技术创新，提高贫困群众的组织化程度和经营能力，降低市场风险，为当地畜牧养殖提供可持续发展动力。

山东元灏面粉有限公司

山东元灏面粉有限公司成立于2009年11月，位于东营市广饶县广饶街道工业区，主要加工销售小麦粉、销售预包装食品和散装食品、粮食收购销售以及经核准的进出口业务，目前公司能够生产三大系列128个不同规格的专用小麦粉。

公司质量管理规范健全，相继通过了ISO9001管理体系认证、HACCP/22000食品安全管理体系认证。公司生产的麦芯粉、面包粉、水饺粉、特精粉、御园雪粉、金牌一号粉被中国绿色食品发展中心认定为绿色食品A级产品，所生产的"元灏"牌麦芯粉在第十二届中国国际农产品交易会暨第三届中国山东农产品交易会展览展示中，荣获畅销产品奖。

公司始终遵循"为耕者谋利、为食者造福"的企业宗旨，大力实施科技兴企、名牌兴企战略，开拓农业产业化经营。近年来，公司先后获评全国放心粮油工程进村、进社区示范工程加工企业、全国示范工程示范加工企业、山东农产品知名企业品牌等。

安徽源和堂药业股份有限公司

公司全景

安徽源和堂药业股份有限公司成立于2003年，位于安徽省涡阳县义门镇工业聚集区，注册资本1.79亿元，占地面积432公顷。公司已发展成为一家集中药材种植、中药饮片加工、中药配方颗粒试点生产、中成药制剂生产、养生保健类食品生产、新药研发、医药批发销售为一体的全产业链现代化大型医药产业集团、国家高新技术企业。

2010年，公司完成股份制改造；2012年，引入中国银河、广州越秀、上海正海国鑫源基金、广东东方汇银投资与中国国药集团国药资本；2015年，国药成为源和堂药业的第二大股东，在"新三板"正式挂牌；2017年，完成第三次增资扩股，融资金额2.6亿元。

公司拥有国家备案审批的中药饮片1 133个，备案中药饮片数量列全国饮片生产厂家前茅，100多种贵细类高端饮片在生产工艺及包装设计等方面全面领先于同行，引领中国中药饮片行业的产业化、现代化、标准化。通过国家QS认证的保健类养生食品近百款，公司拳头产品花草茶33款、固体饮料12款、煲汤汤料十多款深受消费者青睐。

公司与浙江大学药学院、安徽医科大学、中国药科大学实施战略合作，申请中药配方颗粒试点生产，成立西红花研发中心，共同开发的数字化中药饮片加工与在线检测生产线在全国领先，实现了饮片加工全自动化生产。

2016年10月以来，公司不断拓展国外中药市场，现已成功与越南、韩国、日本等国家的企业建立了良好的合作关系。源和堂站在华夏中医药事业的中心，站在新时代的制高点，与全球客户共成长，定制全球中药供应服务新选择。

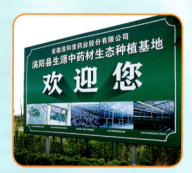

中药材生态种植基地

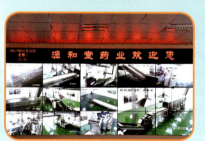

控制室

智能大棚

质量检测

自动化生产线

生产车间

资中县农林局

资中位于四川盆地中部、沱江中游，是成渝线上唯一的省级历史文化名城，四川首批27个扩权强县之一，成渝高速公路、"321"国道和成渝高铁、成渝铁路横贯全境，自然条件良好，物产资源丰富。

资中血橙地理保护区：东经104°27′～105°07′，北纬29°34′～30°24′，覆盖全县33个乡镇386个村。保护面积59 081公顷，年产量35万吨。

资中血橙果形整齐端庄，色泽鲜丽，果大皮薄，肉质极细嫩化渣，汁多味浓，紫红色，有玫瑰香味，无核。其色、香、味三绝于一果，堪称"南果一绝"，品质极优。其维生素C含量是其他橙类的两倍，它所含的花青素是其他柑橘类不具有的特殊成分；其丰富的类黄酮、β—胡萝卜素等也有很好的保健作用，深受消费者喜爱。

资中是鲶鱼的故乡。2009年9月，"资中鲶鱼"被列为国家地理标志产品，同年12月建立资中鲶鱼国家级种质资源保护区，目前规划在球溪镇、高楼镇、鱼溪镇、银山镇形成资中

鲶鱼果鱼产业带。

"资中鲶鱼"头宽扁，胸腹部粗短，尾长而侧扁；体表光滑无鳞，皮肤富有黏液；眼小，口大，因而又得名"大口鲶"。其肉质细嫩、味道鲜美、肌间刺少、腴而不腻，不仅是席上佳肴，而且有滋补、益阴、利尿、通乳、消渴、治水肿等功效，消费市场广阔。

商洛核桃

商洛位于陕西省东南部、秦岭东段南麓，是中国核桃最佳适生区之一。2013年"商洛核桃"地理标志证明商标注册成功，商洛市委、市政府认真贯彻落实商标品牌发展战略，立足商洛核桃生态优势，做大做强特色产业，成功将"商洛核桃"地理标志商标打造成为商洛产业发展的"助推器"和群众脱贫的"金钥匙"。截至2017年，商洛市核桃产业基地面积达到326.5万亩，2017年核桃产量达12.85万吨，产值达28亿元。

"商洛核桃"以果大、皮薄、味香驰名中外，栽培历史悠久，是中国核桃的四大品牌之一。商洛先后被中国经济林协会命名为"中国核桃之都"，被农业部、国家发展和改革委员会、财政部、国家林业局等9部委认定为"中国特色农产品优势区"，被农业部评为国家农产品质量安全市。全市已发展国家级良种核桃示范基地4个。"好吃的核桃在商洛"已成为商洛的一张亮丽名片。

商洛先后举办了"中国核桃大会""商洛核桃高端论坛"，分别在北京、西安、杨凌举办了核桃推介会、展销会专题展览等。核桃产业成为商洛群众最重要的增收致富项目。

2016年，《商洛核桃丰产栽培技术规范综合体》经商洛市工商质监局批准正式发布实施，全力推进核桃标准化生产。制定出台了《商洛核桃地理标志证明商标使用管理规则》等规范性文件，引导和鼓励地理标志商标规范使用，采取"地理标志商标＋自主商标"双重商标管理模式，进一步维护、运用、管理好地理标志证明商标，更好地发挥"商洛核桃"品牌优势，使"商洛核桃"真正成为商洛特色产业的金字招牌，成为带动商洛区域经济发展的"新引擎"。

浮梁茶

景德镇

告

九江市"一绿一红"产业蓬勃发展

九江产茶始于汉，盛于唐宋，兴于明清，自晋列为贡茶，历史源远流长，文化底蕴深厚。地处北纬30°及长江、鄱阳湖、庐山形成的独特地理环境，绿色、有机种植，标准化、清洁化加工，造就了九江茶独特优良的品质，"一绿"（庐山云雾茶）"一红"（宁红茶）品牌潜力逐步释放。庐山云雾茶是中国十大名茶之一；宁红茶是我国最早的工夫红茶之一，在茶界有"宁红不到庄，茶叶不开箱""宁红祁红并称世界之首"之称。

全市茶园面积2万公顷，总产量1.4万吨。自2015年以来，"一绿一红"双双荣获米兰世博会中国名茶金奖、最受消费者喜爱茶叶公共品牌、中国国际茶叶博览会金奖；庐山云雾茶被评为中国优秀茶叶区域公用品牌、中国农产品区域公用品牌网络声誉50强等多个奖项，2018年在中国地理标志产品区域品牌价值评价中进入百强；宁红茶被授予"第18届亚运会官方唯一指定茶叶"。

九江市"一虾一蟹"产业方兴未艾

近年来，九江市围绕省委、省政府和市委、市政府做大做强鄱阳湖水产产业的战略部署，大力做强特种水产业，实施稻鱼种养综合示范工程，全力推动"一虾一蟹"产业发展。

2017年，全市小龙虾产量4.38万吨，河蟹8 400吨，位居全省第一。2018年上半年，虾蟹养殖面积已达3.07万公顷，其中，河蟹养殖1.14万公顷，小龙虾养殖1.93万公顷；全市稻虾共作面积1.07万公顷。特别是培育出九江凯瑞生态农业开发有限公司1 300多公顷的虾蟹基地、都昌县周溪镇鄱湖水产公司400公顷和永修县润东渔业公司200公顷的稻虾养殖基地等多个超大基地，产业发展形成了一定规模。

以"生态鄱阳湖，绿色水产品"为主题，实施"一牌多品""母子双标"发展战略，积极培育发展渔业区域公用和企业自有品牌，构建层次分明的渔业品牌体系。鄱阳湖水产、大闸蟹、小龙虾、翘嘴、彭泽鲫、珍珠等6个产品商标形成了品牌LOGO图案，并对其中4个图案的8大类进行了注册，全市14家规模优势水产企业已经申请使用"鄱阳湖"品牌商标。鄱阳湖大闸蟹品牌专卖店已入驻省内外，建成"六个统一"专卖店72家。成功举办彭泽首届鄱阳湖大闸蟹文化艺术节，多次参与北京、上海、广州等城市举办的农产品博览会，获得6个参展金奖。

生态鄱阳湖 绿色农产品

广告

九江市农业局

河南省长垣县农机化工作成绩斐然

2016年8月19日，长垣县在河南省主要农作物生产全程机械化推进行动现场会上作典型发言

河南省长垣县位于豫东北地区，县域面积1051平方千米，耕地面积5.73万公顷，总人口88万人，先后荣获"全国文明城市""全国平安农机示范县""全国主要农作物生产全程机械化示范县""全国粮食生产先进县"等称号。

近年来，长垣县农业机械化工作以"依托大农业，发展大农机，培育新农民，服务新农村，促进乡村振兴"为主题；坚持农作物全程、全面机械化和以"四优四化"为重点的全县五大产业机械化两方面协调推进；夯实新机具、新技术推广、农机服务组织建设、农机补贴三项基础；提升农机装备水平、农机作业水平、农机服务水平、农机安全水平四项工作水平为工作重点，围绕"提质增效转方向、稳粮增收可持续"这一主线，聚焦科技创新、瞄准农业绿色发展、产业结构调整、规模经营和全程机械化需求，大力增加高效、节本、绿色、智能农机的供给和服务，提升技术集成配套和推广应用水平，着力推广小麦机械化免耕覆盖播种技术、花生机械化收获技术、玉米籽粒机械化收获技术、农作物秸秆机械化还田技术、机械化深松整地技术。截至2017年年底，全县拥有各类农机具11万台（套），农机总动力达122.6万千瓦，农机服务组织达112家，主要农作物小麦、玉米、花生耕种收综合机械化率达到97.4%。

2018年8月30日，长垣县在河南省农业科学院长垣分院农机科技推广示范基地举办"三秋"全程机械化现场演示会

金龙珠葱新品种及配套栽培技术的推广

金龙珠葱套种大豆

2018年，由吉林省蔬菜花卉科学研究院王利波、王秀峰、聂楚楚、邱英来、王学国、张悦、王剑锋等人完成的"金龙珠葱新品种及配套栽培技术的推广"项目，荣获吉林省农业技术推广一等奖。

本项目优先推广金龙珠葱新品种，旨在提高毛葱主产区品种抗病性、产量和商品价值；通过建立金龙珠葱良种繁育体系，实现品种良种化；推广金龙珠葱创新配套栽培技术模式，如套种大豆、向日葵或复种白菜等，以期充分合理地利用当地自然资源，可大幅度提高作物绿色覆盖率和延长绿色覆盖期，达到增产增效的目的，促进当地毛葱产业持续健康发展，深受当地政府和农民的认可。

2015—2017年，本项目推广面积达13 464公顷，累计新增经济效益1.68亿元，同时带动了毛葱合作社及相关产业的发展。

金龙珠葱套种大豆和向日葵

宁夏回族自治区贺兰县农牧渔业局

2017年，贺兰县农牧渔业局加大农业供给侧结构性改革力度，农业工作取得了显著成效。全县实现农业总产值35.44亿元，同比增长8.5%；完成农业增加值17.26亿元，增长5.3%；农民人均可支配收入13 948元，增长11.05%。先后承办了中国园艺学会番茄分会2017年学术年会暨宁夏首届番茄新品种展示推介会、全国淡水鱼养殖现场观摩会、全国绿色高产高效创建推进落实现场会等重要会议。

全县完成粮食播种面积2.98万公顷，粮食总产量23万吨。奶牛存栏4.34万头，同比增长7.8%，奶产量达到20.92万吨，增长10.63%。水产养殖总面积7 000公顷，建设标准化养殖示范场

1个。新培育银川市级及以上龙头企业5家，累计达到54家；新增农民专业合作社50家，累计达到170家；新培育家庭农场9个，累计达到89个。稳步推进"互联网＋农业"信息技术，建立农产品质量安全追溯体系，构建了农业物联网生产体系，推进投入品在线监管体系建设。

2017年，成功创建了国家现代农业产业园，先后获评2016年度全国农牧渔业丰收奖、全区农村全面小康建设先进集体一等奖、全国休闲渔业示范基地、全国畜牧业绿色发展示范县、2017年度全国农业农村信息化示范基地等10项荣誉，完成了蔬菜产销"安品模式"、稻渔综合种养、"互联网＋现代农业"、政府购买社会化服务等创新工作12项。

射阳大米

射阳大米产自国家级珍禽丹顶鹤越冬地、全国水稻标准化示范县——江苏省射阳县，因其地处独特的南北气流交汇处，独有的弱碱速效钾丰富的土壤资源，孕育出的射阳大米米粒椭圆饱满，乳白清香，糯绵甜爽，胶稠度高，食味口感独特，营养价值丰富，蛋白质含量7～8克/100克，直链淀粉含量达9%～10%。

射阳大米是中国名牌产品、地理标志保护产品，连续11年被评为上海市食用农产品"十大畅销品牌"，在7次中国农产品区域公用品牌价值评估中，在江苏名列第一。先后获评第十四届中国国际农产品交易会金奖、中国十五届粮油精品展金奖、中国消费者最喜爱100个农产品、中国十佳粮食地理品牌、中国十大大米区域公用品牌等，入选2017年中国百强农产品区域公用品牌。

从2005年开始注重品牌战略，在全国首家注册了"射阳大米"集体商标，并推行武育粳3号、南粳9108及南粳46种植，优质品牌大米进入市场后，深受上海等长三角地区人们的青睐和喜爱。射阳大米品牌建设促进了产业发展，目前已形成13.3万公顷粳稻种植面积、63条加工生产线、200万吨年加工能力、90多万吨年产销量和一二三产融合发展近百亿元的产业规模。

河北鑫海水产生物技术有限公司

对虾育种车间家系养殖池

对虾育种车间外景

河北鑫海水产生物技术有限公司成立于2000年，是河北省最大的以水产生物为主的育繁推一体化的龙头企业之一，2015年被评定为"高新技术企业"，2016年被认定为"省级企业技术中心"。2016年，公司获得中国水产科学研究院科技进步奖一等奖、沧州市科学技术进步奖二等奖，被农业部评定为"国家级水产良种场"和"全国现代渔业种业示范场"。

公司实力雄厚，占地面积133.3公顷，资产总额达到1.6亿元，年营业收入8 600万元，生产车间3万平方米，并拥有先进的现代化办公楼，多套先进的专业设施设备。公司联合中国水产科学研究院黄海水产研究所培育的南美白对虾新品种——壬海1号于2015年3月通过审定，成为全国第五个具有自主知识产权的南美白对虾新品种，已畅销全国。2015年，公司销售南美白对虾亲虾8.6万对、幼体400亿尾和苗种32亿尾，带动农户8 000多户。

2015年，公司放流中国对虾5 500万尾、三疣梭子蟹400千克、梭鱼400万尾、毛蚶1 500万粒。本地绝迹多年的毛蚶，得到了有效恢复，为本地海洋生物资源的恢复起到了积极的推动作用。

省渔政工作人员监督国家增殖放流工作

现代化办公楼

广东天农食品有限公司

广东天农食品有限公司创立于2003年3月，总部位于广东省清远市飞来峡镇，是一家致力于高端禽、肉、蛋食品生产的农业产业化国家重点龙头企业。

公司以"全链条、全循环、全生态"为发展理念，以"公司+基地+家庭农场+标准化+品牌化"为经营模式，在广东、重庆及贵州等地形成了原种清远鸡、原种猪和长顺绿壳鸡蛋三大产业布局，公司集原种保种、良种繁育、种苗孵化、饲料生产、生态养殖、疾病防控、生鲜屠宰、食品精深加工、品牌营销于一体，形成"从种源到餐桌"的全产业链经营格局，封闭运行，全程可追溯。

公司以品种资源为依托，推行绿色健康养殖及高品质食品加工，以恪守食品安全，追求极致美味、方便快捷为产品理念，开发出生鲜、调理、配菜、高品质鸡蛋、熟食品和元素功能食品等系列产品，畅销中国各大城市的高端商超、生鲜社区店、电商平台和餐饮市场，深受客户和消费者的青睐。

吉林省松江佰顺米业有限公司

吉林省松江佰顺米业有限公司是集优质水稻种植、粮食收储、稻谷加工、大米杂粮销售为一体的农业产业化国家重点龙头企业。公司始建于1999年，占地面积4.2万平方米，注册资金2 066万元，固定资产总额1.15亿元，拥有4条大米生产线，年产能25万吨。

公司以"吉林大米"品牌为背书，以绿色有机水稻种植基地为支撑，涵盖德惠小町、长粒、清香、稻花香等4个品类，产品供给流通、KA、特渠、电商等4个领域，重点打造"佰顺""米管家""金色松花"等3大品牌系列。公司立足吉林、着眼全国，产品销售全国15个省份，长期稳定战略合作企业商户31家，KA渠道店面2 028家，形成了全国全渠道销售网络。同时，产品出口韩国、哈萨克斯坦、吉尔吉斯坦等国。

公司先后获评农业产业化国家重点龙头企业、吉林省农业产业化重点龙头企业、吉林省农产品加工百强企业、吉林省著名商标、吉林省名牌大米、长春市绿色有机农业示范园区，连续4届荣获中国国际粮油食品博览会金奖，是同时具有大米进出口贸易资质的民营企业。

承德兴春和生态循环农业示范园区

与河北民族师范学院签约

公司总经理郝玉芬参加《乡村大世界》节目

承德兴春和生态循环农业示范园区由承德兴春和农业股份有限公司投资建设，在2016年"盐商杯"第三届"创青春"中国青年创新创业大赛中获得银奖。园区于2016年10月加入了农博士农业产业联盟，被河北省农业生态环境与休闲农业协会评为河北省星级休闲农业采摘园，被承德市妇女联合会、承德市旅游发展委员会、承德市扶贫和农业开发办公室评为承德市巾帼乡村旅游示范点，并于2016年9月在石家庄股权交易所新四版成功挂牌。

园区总体规划投资6.31亿元，分三年建设高产奶牛场、绿色有机设施蔬菜、工厂化双孢菇、特色蛋鸡场和现代休闲观光农业等5个子项目。2016年重点建设了高产奶牛场、设施蔬菜项目、工厂化双孢菇项目、现代农业休闲观光项目、富硒小米生产基地、公用设施建设等6项工程。2017年规划建设工厂化双孢菇项目、食品加工厂项目、设施蔬菜项目、现代旅游休闲观光农业项目、工厂化养鱼场项目等5项工程。

园区流转土地近130公顷，户均获得地租收入3 400元。通过以贷款入股和扶贫资金入股形式，入股资金达到3 685万元，直接带动了15个贫困村2 145个贫困户脱贫。同时，通过收购玉米秸秆、原材和产品运输、产品深加工等，促进相关产业发展。园区安排劳动力务工150多人，项目建成后还将直接增加就业岗位660个。

广东真美食品股份有限公司

广东真美食品股份有限公司坐落于被誉为"生态宝岛、江上明珠"的四面环水内陆岛潮州市潮安区江东镇，是一家集加工、科研、贸易于一体的重点省级农业龙头企业。公司主要产品有肉脯、肉松、肉干、蛋卷、即食鱼肠、冷冻食品等。合作客户有香港四洲、自然派、珍之味、广州酒家、广州皇上皇、味之牛厨、名创优品、百草味等知名企业。

公司先后通过ISO9001、ISO14001、OHSAS18001、ISO22000及HACCP国际管理体系认证、QS认证及出口食品生产企业卫生注册证书等。公司拥有核心技术授权发明专利21项，先后主导及参与《肉脯》《肉干》《肉松》《肉制品分类》《糖果分类》《真空软包装卤肉制品》等20多项国家及行业标准的制定工作。

公司秉承"人生求真、生活唯美、以诚待客、以优取胜"的理念，"永不停步、追求创新"是真美人的发展动力，"厚德兴业、科学发展"是真美人的行为准则，也是企业经营的根本。真美人将永葆创造激情、不断创新产品、不断更新工艺，为铸立行业品牌的产业丰碑而不断努力！

枣阳市汇海利农业专业合作社联合社

枣阳市汇海利农业专业合作社联合社（以下简称联合社）成立于2014年12月，先后被评为2015年度枣阳市示范合作社、2016年度襄阳市示范社。联合社组建初期仅有4个基础合作社和1个公司，通过以百果苑公司为基础组建了自己的果树实验中心，一手抓良种选育与推广，一手抓技术服务与规范化管理，现拥有8个合作社、2个公司和4个果树种植基地，服务农业种植面积1万余亩，其中水果种植面积300公顷，辐射周边县（市）2万多亩，1 000多户果农受益。

联合社采取"公司+合作社+基地+农户"的发展运营模式，建立了"两级管理三级分配"的财务管理制度（联合社管理基础合作社，合作社管理社员；利益分配比例为：联合社30%、基础合作社30%、社员40%）和"四统一"（统一规划种植品种，以市场为导向，提前解决供需矛盾，保障产出精品，争取更大效益；统一技术服务，标准化管理，提升社员种植水平；统一购销农资产品，降低生产成本，增加社员收益；统一销售水果产品，铸造共同品牌，注重服务性和品牌效应）的服务体系。

2015年联合社注册了"夏姬"牌商标，并陆续注册"金脆蜜""枣阳老王家"等多个商标。近年来，联合社引进种植的"金脆蜜"甜黄桃，品质优良，在2017年市场同期桃价4元/千克的情况下，甜黄桃达到10元/千克的高价，2018年订购价达12元/千克，每公顷收入突破15万元。联合社以"团结发展、合作共赢、服务社员、造福社会"为宗旨，民主管理，科学分配，取得了良好的社会效益和经济效益。

常德香米

常德香米原产地在湖南省常德市桃源县九溪乡。据《桃源地名大观》记载，桃源县九溪乡在唐代出产了特色大米，引得世人称赞："香米颗大齐崭，色白如珍珠，煮出饭来香气四溢。"

常德香米的外观是长粒型，粒长≥7.0毫米，长宽比≥3.5，垩白粒率≤20%，垩白度≤5.0，米饭油亮蓬松，晶莹剔透，口感爽滑；具有自然芳香味，冷饭不回生、不粘结等特点。直链淀粉含量（干基）14.0%～22.0%，每100克大米蛋白质含量为5.00～8.00g，胶稠度≥60毫米。

河南省平舆县东皇街道办事处大王寨居委会

芝麻系列产品

平舆县东皇街道办事处大王寨居委会位于平舆县城北3千米处，总面积4平方千米，下辖8个自然村17个村民小组，耕地面积300公顷，共1 014户4 180人，党员干部8人，其中建档立卡贫困户35户90人，低保户30户82人，"五保"户3户4人，通公路13千米。

平舆县蓝天农业开发有限公司位于于大王寨居委会，园区内桃园、葡萄园、梨园、石榴园、樱桃，智能温室已投入使用，占地4公顷的樱花公园和4公顷的银杏公园均已建成，交通便利，景色宜人，是人们旅游观光的好去处。

芝麻油套装

芝麻叶烩面、挂面

芝麻叶套装

芝麻叶套装

湖南省绿锶缘农业发展有限公司

湖南省绿锶缘农业发展有限公司位于湖南省新田县龙泉镇过肥田村，始创于2013年6月，2017年成功申报"陶岭三味辣椒种植特色产业园"市级产业园和市级农业产业化龙头企业，当年总产值7 080万元。三味辣椒系列产品注册商标为"西思恬"，花生系列产品注册商标为"黑媚"和"谈文溪"。公司积极参加上海沪洽周"湘品入沪"活动，产品深受上海市民和相关企业的喜爱。

2018年，公司围绕着"陶岭三味辣椒种植特色产业园"的规模及核心建设内容，拟以陶岭周家村为核心基地打造千亩标准化绿色富硒三味辣椒种植示范休闲农业观光园与油菜轮作，实现一二三产业融合发展。主要种植和生产富硒三味辣椒、富硒黑籽花生、小籽花生、富硒大豆（红、黑、黄、绿豆）、特色玉米。公司在陶岭镇周家村、刘何村三味辣椒核心基地种植面积达30余公顷，带动周边贫困村种植面积1 000余亩。与曹家窝村贫困户成立合作社，长期合作种植黑籽花生、特色玉米等，产品主要销往广东、云南、北京等地。公司与350余户贫困

农户签订三味辣椒、大豆、花生种植收购合同350余份，订单种植面积达350公顷，"公司+合作社+基地+农户（贫困农户）"和"公司与村集体合作"的农业产业化模式以及"自产+自销+外销"的营销模式日臻完善。

天津市广源畜禽养殖有限公司

公司正门

天津市广源畜禽养殖有限公司成立于2015年，位于宝坻区大钟庄农场内，是天津食品集团为促进全市农业产业化发展，打造农产品"从田间到餐桌"的全产业链，为都市百姓提供优质、健康产品，加快都市型农业发展新建的年存栏120万只的标准化、规模化、自动化、现代化的蛋鸡养殖企业。

公司占地面积16.5公顷，拥有世界上技术一流的全套标准化、自动化笼养设备。养殖车间均实现全自动化封闭式管理，降低了疫病风险。鸡舍内部控制实现自动通风、精准控温、远程监控、智能报警，实现精准化、数字化、智能化管理。蛋品分拣配套使用全自动蛋品分级包装机，避免鸡蛋在分级包装过程中因相互接触导致细菌传播。每一枚鸡蛋在包装之前均经过10道工序、6道检测程序，并在此过程中完成鸡蛋的喷码，实现了产品的可追溯。

蛋品自动分级机

公司具有完善的"育雏－产蛋－加工－销售"产业链，蛋鸡满存栏后每年可向社会提供绿色安全鲜鸡蛋1.8万吨。公司拥有良好的销售团队，拥有自己的"家爱格"品牌，在做好品牌推广和市场推广的同时，逐步引导健康的蛋品消费理念。公司致力于打造政府信赖、百姓放心、保障有力的民心龙头企业，为百姓提供安全、绿色、健康的食品。

公司主打产品

多层笼养设备

苏州市吴中区西山碧螺春茶厂

苏州市吴中区西山碧螺春茶厂创建于1995年，专业生产经营洞庭山碧螺春茶，位于苏州国家太湖旅游度假区西山岛，茶叶生产基地200公顷，绿色食品认证茶园13.3公顷，年产茶8 000千克。西山岛为国家级森林公园，空气新鲜，四季分明，全岛无污染源，土壤植被良好，茶园地基保持传统的茶果间种特色栽培方式，生产方式传承国家非遗制作技艺纯手工炒制。

茶厂生产的"咏萌"牌洞庭山碧螺春茶先后获评江苏名牌产品、苏州市知名商标、苏州市旅游商品大赛特别奖、中国绿色食品博览会金奖、中国茶叶博物馆馆藏、中国茶叶学会教会用茶、2017苏州品牌博览会十大最受欢迎品牌，企业荣获"苏州市重合同守信用企业""洞庭山碧螺春十大生产基地""洞庭山碧螺春十大品牌企业"等称号。

长白山人参

作为我国人参的原产地域，吉林长白山有着5 000多年的人参应用历史和深厚的人参文化，独特的冷湿自然生态环境，造就出优质的人参。吉林省参业协会持有的"长白山人参"商标，是用于证明产自长白山特定地区并且品质达到"长白山人参"品牌质量标准的证明商标，是吉林省政府全力打造的人参区域公用品牌。自2009年注册中国吉林"长白山人参"证明商标以来，"长白山人参"品牌建设已经走过近10个春秋。

近10年来，吉林省通过陆续出台《关于振兴人参产业的意见》《吉林省人参管理办法》《吉林省人参产业条例》，设立了人参产业发展专项资金等一系列政策措施，持续为"长白山人参"品牌建设"保驾护航"、注入活力。"长白山人参"品牌获得了马德里联盟82个缔约国等特定国家和地区的国际商标保护。始终紧盯产品质量建设，通过建立人参良种繁育基地、成立"长白山人参"种植联盟、启动品牌产品质量追溯体系建设等措施，不断提高"长白山人参"品牌产品质量，以过硬的产品品质助力"长白山人参"品牌腾飞。

随着吉林省在"长白山人参"品牌建设的持续发力，"长白山人参"品牌产品公共认知度不断增加，品牌价值显著提升。已有37户生产企业的134种产品加入"长白山人参"品牌，产品涵盖人参食品、保健品、药品、日化品、生物制品等5大系列产品。2017年11月在杭州举办的中国农业品牌百县大会上，"长白山人参"以高达190.48亿元的品牌价值脱颖而出，位列"2017中国农产品区域公用品牌价值"百强榜榜首。

兰溪石塘山庄园

　　兰溪石塘山庄园（果蔬有限公司）位于浙江省兰溪市兰江街道七一村兰芝风情线王畈洋段，区位优势突出，距六洞山景区6千米，白露山景区5千米，交通便捷，与被誉为"城市厢房"的中国传统文化村落——姚村毗邻。

　　石塘山庄园建立于2015年4月，利用当地土壤适应种植各种水果的有利条件，以流转农村闲置土地为中心，把农村荒地、杂地、坡地加以调整改造，用来发展农村经济、增加农民经济收入。七一村投资建设兰芝农林休闲博览园后，规模、品位进一步提升，为兰溪市政府招商引资项目和农业旅游立项项目。庄园为低丘缓坡地貌，由"山、田、水"三大元素组合而成，环境优美，生态良好，构成一幅环境优雅、风光淳朴的生态田园图。

　　庄园先后投入800万元，种植了樱桃、葡萄、冬桃、红（紫）肉蜜柚、不知火、弥猴桃、蓝莓、台湾桑葚等优质水果，已逐渐进入盛产期，一年四季均可采摘健康可口的水果。庄园还种植大片毛竹和苗木，均已绿树成荫，空气清新怡人，是天然的绿色氧吧。此外，还在果园里放养了一定数量的土鸡、土鸭、鹅，池塘里养殖了不同品种的鱼类。庄园水利、交通、通信、电力等基础设施较为完善，并陆续建成生态餐厅、烧烤场、垂钓场、户外拓展基地、亲子乐园、动物逗趣园、棋牌室、露天KTV等。

重庆市开州区长沙镇齐圣村

　　重庆市开州区长沙镇齐圣村幅员面积11.9平方千米，其中山地面积占90%，辖10个村民小组，共1 081户3 590多人。齐圣村人均可支配收入达1.3万多元，先后获得"全国休闲农业与乡村旅游示范点""重庆市先进基层党组织""重庆市和谐示范村""重庆市美丽乡村示范点"等荣誉称号。

　　集资700多万元硬化村级公路35千米，油化公路4.5千米。新修集中供水工程11处，新修蓄水池20口，实现了安全饮水。投资3 126万元建成总建筑面积1.96万平方米的美丽乡村居民点，搬迁安置了103户464人。配套建有便民服务中心、便民超市、卫生室、幼儿园、金融网点、电子商务、农资超市等设施。

　　利用"双高双好"（海拔位置高、森林覆盖率高；水源条件好、基础设施好）的优势，量身定做了一套以村集体为核心的"山地特色农业+乡村旅游"为一体的发展模式。一是突出山地优势，大力发展特色农业。从海拔230米到1 130米，立体布局4大山地特色水果产业；在海拔1 000米以上的地方，发展休闲避暑养老养生产业。二是创新经营方式，适度发展规模经营。以"土地入股、返聘打工"的形式，组建了红心猕猴桃专业合作社和柑橘专业合作社。三是发挥比较优势，大力发展乡村旅游。在美丽乡村居民点建设了乡村旅游接待中心，在红心猕猴桃产业园区建设齐圣居，投资3 700多万元在山顶建设齐圣庄园园，实现了"春天赏花、夏天避暑、秋季采果、冬季赏雪"四季游。

围场马铃薯

河北省围场县马铃薯种植历史悠久，已有140余年的历史。20世纪90年代初，随着品种改良、技术进步，围场马铃薯种植面积迅速扩张，2014年注册"围场马铃薯"商标。

围场地处东经116°32′～118°14′，北纬41°35′～42°40′，四季分明、气候冷凉、昼夜温差大，水源充沛，雨热同季，土壤土质疏松，有机质平均含量1.9%，非常适宜马铃薯生长。围场马铃薯具备表皮光滑，芽眼浅，薯块大小整齐，抗病，耐贮藏，淀粉、营养元素含量较高的优势。2017年种植面积5万公顷，平均每公顷产量33 000千克，总产量165万吨，总产值达20亿元以上，通过标准化种植、仓储保鲜周年供应。全县有马铃薯龙头企业8家，年加工能力45万吨，深加工产品涵盖全粉、淀粉、淀粉制品、薯条、马铃薯主食等多个品类。

围场于1999年被授予"中国马铃薯之乡"称号，2015年被授予"全国马铃薯绿色食品原料标准化生产基地县"；围场马铃薯于2009年获评"中国地理标志产品"，2016年获评"河北省名优农产品区域公用品牌"，2017年获评"最受消费者喜爱的中国农产品区域公用品牌"和"中国百强区域公用品牌"。

滨州新保农业发展有限公司（滨彩蝶园）

滨州新保农业发展有限公司（滨彩蝶园）始建于2012年3月，位于鲁北平原、黄河三角洲腹地山东省滨州市滨城区。园区占地面积40余公顷，以"认识自然、崇尚文化、热爱生活"为核心，现拥有1 000余种蝴蝶标本，年产名优蝴蝶200万只，同时引进誉有"活化石"之称的对节白蜡和造型奇特的酒瓶椰等热带植物，受到广大游客一致好评。

园区主要包括蝴蝶园、有机果蔬种植基地、北海休闲垂钓园、滨彩动漫水世界和竹文化餐厅等5大板块，涵盖蝴蝶文化展厅、蝴蝶科普天地、蝶翅画手工坊、蝴蝶羽化室、梦幻蝴蝶谷、美丽天鹅湖、百鸟园、动物乐园、竹文化餐厅、果蔬种植基地和垂钓园等20余处景点，累计接待游客60余万人次。

滨彩蝶园开园以来，始终以蝴蝶文化产业为核心，不断丰富区产品、提升景区品质、完善景区配套设施，全面实施景区提升改造工程。园区依托当地良好的生态环境，积极打造集蝴蝶养殖、蝴蝶观赏、文化活动、亲情体验、科普教育、休闲娱乐为一体的生态科普教育基地。获评全国休闲农业与乡村旅游五星级企业、山东休闲农业创

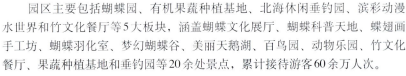

意精品展金奖、四星级农家乐、国家AA级旅游景区、山东省三星级科普教育基地、滨州职业学院实践教学基地、滨州市青少年科技教育工作先进单位等荣誉。此外，园区结合特色竹文化餐饮，以家常菜鲁菜搭配竹子身上的生态养生菜品，可同时容纳800人就餐。

嵊州香榧

嵊州地处会稽山南麓，是"中国香榧之乡"，栽培香榧已有1300多年历史。《剡录》载："剡暨接壤榧多佳者"。苏轼称："彼美玉山果，粲为金盘实。"明万历《绍兴府志》载："木之奇者，稽山之榧，然嵊尤多。"至清朝，嵊州香榧贵为贡品。嵊州香榧外形长椭圆形或梭形，外壳薄而平滑，呈棕褐色；种仁饱满，脱衣（内种皮）容易；色泽金黄；口感酥脆，后味甘而清口；富有独特的香气。

2013年，浙江绍兴会稽山古香榧群以其悠久的栽培历史、古老的嫁接技术、高效的经营体系而成功入选联合国粮食及农业组织全球重要农业文化遗产名录，列入农业部首批中国重

要农业文化遗产名录。嵊州香榧种植面积8200公顷，拥有百年以上香榧古树3万株，占浙江总数的30%，其中500年树龄有3000多株，千年树龄100多株。2017年香榧干果1500吨，产值4.5亿元，已成为嵊州的特色优势产业。

嵊州香榧已连续5年荣获中国义乌国际森林产品博览会金奖，2016年荣获浙江省著名商标，2017年荣获"浙江省知名农业品牌百强"称号，入选中国特色农产品优势区名单（第一批），获浙江农业博览会金奖、全国十佳果品地标品牌。

江苏省宝应县泛水镇新荡村

宝应县泛水镇新荡村区域优势强、生态环境好、自然环境优良，空气质量达到国家一级标准，地表水质达国家二级标准。全村总面积8.75平方千米，其中耕地面积445.8公顷，辖8个村民小组，总人口1385人。全村有机蔬菜大棚73.3公顷，有机水稻240公顷。2017年农业总产值2780万元，农民人均可支配收入达2.8万多元。先后获评文明单位、先进单位、目标考核管理先进单位、综合治理先进单位、安全生产先进单位、江苏省和谐社区示范单位、全国绿色产业化示范单位、农民教育培训实践基地、江苏省农业科技成果转化基地等。

近年来，新荡村以强村富民为目标，突出农民致富、集体增收，各项事业得到了显著发展。2008年引进农业企业湖西岛有机有限公司（省级农业龙头企业）和丰源生态有机农业有限公司（县级农业龙头企业），将本村土地流转出来租赁给公司种植有机水稻和有机蔬菜。湖西岛公司采取"基地+公司+农户"的模式，全方位营造自然、营养、安全、健康的有机新生活。公司有机种植面积近万亩，下设4个分场，拥有自主品牌"湖西岛"牌有机及有机深加工农产品，主要产品为有机大米、有机糙米、手工酿造有机香醋、手工酿造有机晾晒酱油等。所有产品已通过中国、欧盟、美国、日本四方有机认证。

湖西岛有机有限公司最早于2001年通过南京国环有机产品认证中心（OFDC）有机认证，2006年获评国家级有机食品生产基地，成为首批有机食品质量合格单位，并获得地产保护，2015年被评为江苏省农业产业化重点龙头企业。公司系列产品在第四届、第六届国际有机食品博览会上获得金奖。

湖北省国营官庄湖农场精品西瓜

湖北省国营官庄湖农场位于湖北省钟祥市，于1959年10月建场，系国有中型农垦企业，2002年4月设立钟祥市官庄湖管理区，管理区与农场实行"两块牌子，一套班子"。农场总面积58.5平方千米，辖5个社区27个农业生产队，常住人口1.48万人。

官庄湖农场种植西瓜有30多年历史，面积2万余亩，年产西瓜6万吨，销售收入达5 000多万元，产品畅销湖北，并远销山东、江西、福建、广东、安徽等地。官庄湖农场西瓜不仅外形美观，而且果肉细嫩，甘甜多汁，口感极佳，据检测报告，可溶性糖含量达到10.4%，总酸含量仅2.08克/千克，可溶性固形物达到11.00%，维生素C达到65.42毫克/千克，深受广大消费者青睐。2017年5月，成功举办了首届官庄湖西瓜采摘节，取得了良好的社会效益和经济效益。"官庄湖西瓜"顺利通过了农业部国家农产品地理标志认证。

农场以"一高三新"（高效；新品种、新技术、新模式）为导向，加快推进"一场一品"农业发展，在幸湖队建立精品西瓜基地，带动周边地区农户扩大种植规模。加大对全氏西瓜专业合作社扶持力度，与湖北省农业科学院开展院社合作，引进新特优品种。坚持走精品路线，突出品牌意识，做到"人无我有、人有我优、人优我特、人特我精"，把西瓜产业做大做强，助推农工增产增收。

上海赋民农业科技股份有限公司

赋民数字农场形式

赋民数字农业优势

上海赋民农业科技股份有限公司是一家集数字农业技术研发、数字农场建设、种植服务以及优质农产品销售于一体的高新技术企业，在人工智能的支撑下，以云计算和大数据分析为依托，在城市及周边建立摩天农场、天台农场、家庭迷你农场、近郊数字农场，实现高科技、高集约化、高品质的数字农业生产模式。

公司以物联网、移动互联网为载体，开发了集云计算和大数据分析于一体的智慧农业管理平台。主要包括：包含农业数据中心、数据挖掘系统和商业智能系统的CDS云数据系统；包含现场数据采集系统、专家管理执行系统和分布式智能网关系统的AES农业专家系统；包括生产计划系统、智能种植执行系统、生产管理系统的IPS智能生产系统；OATS在线式农产品质量溯源系统，率先提供从一粒种子到客户餐桌的全闭环完美溯源。

公司获授权专利66项，完成了多项国内领先的农业新技术，开发出了自动播种流水线系统、自动育苗流水线系统、自动移栽流水线系统、果菜智能立体生长系统、叶菜智能立体生长系统等多套植物生长系统，实现了农作物在生长过程中灌溉、施肥等田间管理的自动化控制；同时，

赋民数字农业组成

公司研发出了赋民数字农业4.0系统，包含赋民云种植系统、农业专家系统、采摘、取物、育苗智能运输等农业机器人系统、数字农场、精准水肥供应系统、机械与自动控制系统等，实现了在农业生产过程中的智能化、机械化控制。

山东省青岛市黄岛区灵珠山街道办事处

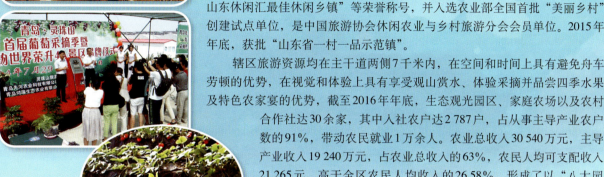

青岛市黄岛区灵珠山街道办事处位于黄岛区中部，旅游和农业资源丰富，交通便利。辖32个农村社区和1个城市社区，总人口1.7万人，总面积43平方千米，其中山林面积2 333.3公顷，森林覆盖率52.6%，年平均负氧离子为2 800个/立方厘米，最高值可达4 000个/立方厘米，堪称"天然氧吧"。

灵珠山街道办事处突出生态观光旅游特色，辖区内拥国家AAAA级旅游景区两处，区域内环境优雅，与崂山并称青岛两大"绿色中心"，年接待游客100多万人次。先后获得"山东省旅游强镇""中国百强生态文化名镇""好客山东休闲汇最佳休闲乡镇"等荣誉称号，并入选农业部全国首批"美丽乡村"创建试点单位，是中国旅游协会休闲农业与乡村旅游分会会员单位。2015年年底，获批"山东省一村一品示范镇"。

辖区旅游资源均在主干道两侧7千米内，在空间和时间上具有避免舟车劳顿的优势，在视觉和体验上具有享受观山赏水、体验采摘并品尝四季水果及特色农家宴的优势，截至2016年年底，生态观光园区、家庭农场以及农村合作社达30余家，其中入社农户达2 787户，占从事主导产业农户数的91%，带动农民就业1万余人。农业总收入30 540万元，主导产业收入19 240万元，占农业总收入的63%，农民人均可支配收入21 265元，高于全区农民人均收入的26.58%，形成了以"八大园区"为代表的休闲农业观光采摘园和农家宴特色产业。

星光农机股份有限公司

研发中心鸟瞰效果图

公司新厂区效果图

星光农机股份有限公司成立于2004年，是一家集研发、制造、销售、服务于一体的农业机械上市企业（股票代码：603789），注册资金20 155.9万元，占地面积17.3公顷，现有员工450余人，专业为客户打造作业性能优越和高效率的农业机械并提供技术支持。公司拥有从事农业机械研究和开发30余年经历的资深高级工程师和多位专业的高级技师，研发力量雄厚。公司依托技术优势获得并储备了多项国家专利，是国家重点支持的高新技术企业、二级安全质量标准化企业、湖州市工业行业龙头骨干企业。

公司通过了ISO9001质量管理、ISO14000环境管理、OHSAS18000企业健康安全等三项体系认证；建有企业研究院、产业技术联盟、院士专家工作站、博士后工作站等科研平台，先后参与起草了多项国家与行业技术标准，引领收获机械行业的技术升级。拥有国际先进制造加工设备，主要生产收获机械、动力机械、耕整机械，产品畅销全国，同时出口多个国家，其优越的作业性能和可靠的售后服务保障，得到了国内外客户的一致信赖。

5H-20烘干机

4LZ-5.0Z全喂入联合收割机

9YFL-1.9型履带自走式方草捆打捆机

卢氏县成功创建全国休闲农业和乡村旅游示范县

2017年11月15日，农业部公布河南省卢氏县等60个县（市、区）为2017年全国休闲农业和乡村旅游示范县（市、区）。卢氏县委、县政府全面实施"旅游+"战略，推进全域旅游，大力发展休闲农业和乡村旅游，着力打造"自由山水、清清卢氏"。

（一）休闲农业和乡村旅游迅猛发展 截至2017年11月底，已建成休闲农业与乡村旅游点100余个。拥有国家级生态乡镇1个、省级生态乡镇10个、省级生态村46个、市级生态村44个、省级美丽乡村4个、市级美丽乡村40个、农业龙头企业44家、休闲农业示范园57个、家庭农场13家。接待游客140万人次，实现旅游综合收入4亿元，同比分别增长12%和30%。

（二）多措并举扎实推动休闲农业和乡村旅游 一是健全领导机构。县委、县政府专门成立了县"三城联创"指挥部，逐一明确职责任务、工作重点、时间节点。二是加强工作督查。督促建设单位提高规划标准，保证建设质量，加快建设速度。三是科学规划发展布局。进一步明确发展思路、发展目标、功能定位、布局结构、保障措施和技术依托。四是出台相关扶持政策。制定实施方案、实施意见，加大对休闲农业和乡村旅游产业的扶持力度。五是推动休闲农业和乡村旅游点建设。已建成农业观光园、民俗村、自然景点、人文景点、科普教育基地等各类旅游点107个。六是加大宣传推介力度。积极举办各类节庆活动，提升卢氏乡村旅游知名度。

（三）在实践中扎实推进休闲农业和乡村旅游融合发展 卢氏县先后获得全国"人民满意的公务员集体""全国生态示范县""中华民族文化生态旅游名县""中国优秀休闲度假旅游县""美丽中国·生态旅游（十佳）示范县""全国绿化模范县""第20届亚洲旅游业金旅奖·十佳绿色生态旅游目的地""国家级主体功能区建设试点示范县""中国百佳深呼吸小城""全国全域旅游示范区创建单位"、全国第二批"电子商务进农村综合示范县"、全国"最具绿色宜居投资潜力城市"、全国"最佳乡村旅游示范县"等荣誉称号。

西班牙艾诺斯种业有限公司

西班牙艾诺斯种业有限公司（Eurosemillas S.A.）成立于1969年，是一家在植物创新领域的领军企业。公司立足于技术创新和国际化，业务范围包括欧洲、美洲、拉丁美洲、亚洲和非洲。拥有来自20个国家的200多名员工，为传统企业提供可持续发展的新模式。

公司拥有美国加利福尼亚大学、西班牙FNM育种公司以及韩国庆尚北道农业技术院的专属授权协议，推广其植物品种在世界范围内的应用，包括草莓、芦笋、晚熟柑橘等。加利福尼亚大学的草莓品种已经推广到全球30多个国家，经公司授权的草莓苗圃每年向全世界提供超过20亿株优质草莓种苗。公司还致力于树莓、梨、鳄梨、李、樱桃、桃、核桃等树种的新品种培育和推广应用。

Eurosemillas种业技术（北京）有限公司为公司在中国设立的独资企业，主要在中国推广草莓、芦笋和晚熟柑橘等新品种。已取得植物品种保护证书的品种有：草莓（阿尔比、温塔娜、蒙特瑞、圣安德瑞斯、波特拉、圣诞红）和晚熟柑橘（沙斯塔金TDE2、优胜美地金TDE4、探戈、太浩金TDE3）。

国家级京山盛昌乌龟原种场

京山乌龟原产地位于湖北省京山县境内，2016年获国家农产品地理标志登记保护，"盛老汉"品牌京山乌龟由国家级京山盛昌乌龟原种场出品。乌龟是药食同源的滋补食材和名贵药材，富含对人体有益的氨基酸、微量元素、矿物质和胶原蛋白，为人类提供肉、蛋和龟甲产品。肉、蛋是滋阴补益的美味佳肴，龟甲是名贵的中药材。乌龟的食、药用价值在《本草纲目》及《中国药典》都有专门收录。

由于近些年受环境污染、栖息地被破坏、人为过量捕杀等因素影响，野生乌龟已不多见，种群处于濒危状态。国家级京山盛昌乌龟原种场就坐落在京山乌龟的栖息地京山县，对京山乌龟种群开展了专门的保护、繁育和研究利用工作。

京山乌龟龟甲（背甲及腹甲）较其他地方出产的乌龟要厚实，胶原蛋白含量高。盛昌乌龟生命力强、活动有力，品质接近野生乌龟。盛昌乌龟原种场紧邻吴岭水库下游，水库湿地繁衍生息着乌龟、野鸭、白鹭等20多种野生鸟类和水生动物。山水相依的良好自然生态环境，使得京山县发展乌龟养殖有着得天独厚的优势，成为"中国生态龟鳖第一县"。

"稻·龟"生态综合种养是京山盛昌乌龟原种场近年研究成熟并在湖北省推广的生态乌龟及有机水稻种养模式，即在种植稻谷的同时，稻田和沟渠里混养着乌龟、小龙虾、青蛙等水产品。乌龟是稻田的好帮手，它疏松土壤、吃掉害虫，稻田原始生物链在不打药不施肥的前提下得到修复和还原。这个模式在满足水稻生长的同时，又有效地利用了耕地资源，实现了农业种植和水产养殖的互利共生。这个种养模式贯穿着农产品健康生态理念，是向消费者提供优质健康的农产品和水产品的可靠保证。

广东强竞农业集团

董事长　刘强

广东强竞农业集团成立于2013年，是集资产管理、产业投资和生产经营于一体的民营企业，旗下拥有5家子公司和1家专业合作社，拥有员工600余人，带动750多户养殖户致富，实现海鲈年产量10万吨，同时自有400多公顷的标准养殖场。

强竞农业以"公司+基地+农户"的"一体两翼"产业发展模式，围绕斗门海鲈产业，积极创建特色渔业品牌，推动海鲈产业走向规模化、产业化、标准化、品牌化发展之路。2017年总产值达12亿多元，实现了公司增效、农民增收的目标。

公司先后被评为"高新技术企业""全国水产健康养殖示范场""中国水产风云榜年度渠道转型先锋""广东省农业龙头企业""广东省名牌产品企业""广东省'菜篮子'工程斗门强竞水产基地""广东省守合同重信用企业""广东省渔业物流示范企业""广东省十强鲜活水产经营企业""珠海市农业龙头企业""珠海市食品安全工作先进单位""珠海现代农业研发示范基地""珠海现代农业科研生产示范核心基地"等，多次获得中国国际农产品交易会金奖。

冷链物流

特种鱼无公害养殖基地

集团2017年度晚会

东营市垦利区万隆农林经贸有限公司

绿色原生态种植基地

公司总经理视察育秧大棚

东营市垦利区万隆农林经贸有限公司是一家集农林牧渔生产及稻米技术研发、良种繁育、社会化服务、订单农业、大米加工销售于一体的现代化省级农林龙头企业。公司位于山东省东营市垦利区经济开发区，成立于2003年1月，注册资金1 000万元，基地位于东营市黄河三角洲国家级自然保护区。

公司建设标准化优质水稻生产基地800公顷，机械化水稻育秧大棚48栋，主要开展水稻品种引进、高效栽培技术、高效种养模式的试验示范；新建大米加工厂，年产10万吨级优质大米加工生产线、连续式塔式水稻烘干生产线各1条。公司采取"统一选种、统一育插秧、统一技术管理、统一加工、统一品牌化销售"的"五统一"经营模式。积极开发多种经营项目，建设优质耐盐碱林木育苗基地66.7公顷，速生经济林566.7公顷；鱼蟹池面积133.3公顷；鸡鹅猪畜牧养殖场1个，淡水鱼、大闸蟹水产养殖场各1个。

公司先后注册了"黄河口大米""帝舒""万隆·神仙谷"大米品牌，绿色食品、有机食品均取得认证，产品畅销全国各地。公司于2013年被评为市级农业龙头企业，2014年被评为东营市首批市级现代农业园区；承担了国家2015年农村一二三产业融合试点项目、东营市农作物良种示范工程项目、山东省水稻免追肥试验项目；2016年被评为省级林业龙头企业。

稻之道

陕西省品牌农业发展工作

陕西省无公害农产品（种植业）检查员培训班

近年来，陕西省农业品牌建设成效显著。认定发布了一批省级优秀农产品品牌，评选认定了洛川苹果、眉县猕猴桃等10个陕西区域公用品牌、41个陕西苹果和猕猴桃优秀企业品牌、30个陕西苹果和猕猴桃优秀电商，并分别在第十届洛川苹果博览会和第六届眉县猕猴桃产业发展大会上予以发布，同时获得多个国家级奖项。

陕西品牌农业发展得到省委、省政府和省农业厅的高度重视和支持，省农业厅邀请专家对优质农产品评审，并对评审结果进行公告。洛川苹果、商洛核桃已进入中国特色农产品优势区公示名单；洛川苹果批发市场和眉县猕猴桃批发市场两个国家级批发市场的基础设施建设已基本完成。

2017年，陕西省农业展览馆在品牌农业发展中做出了突出贡献，为陕西优质农产品在市场发展中奠定了扎实的基础。截至2017年年底，共认定无公害产地526个，无公害产品737个，达到历史最高水平；举办多期检查员培训班，共培训市、县工作机构人员300名。

眉县猕猴桃

洛川苹果

大荔冬枣

安徽恒盛实业有限责任公司

安徽恒盛实业有限责任公司组建于2004年7月，注册资金5 405万元，主要经营范围：农牧、水产养殖、肉类食品加工、生产和销售。现拥有生猪养殖基地4个、黄牛养殖基地2个，具备年出栏生猪30万头、黄牛10万头生产能力和年可屠宰生猪120万头、黄牛20万头、高温类熟食制品1万吨，低温类肉制品6 000吨、速冻制品3 000吨的加工生产线、万吨冷库以及综合服务大楼、技术研发中心、员工公寓和环保设备设施，总资产3亿余元，固定资产1.9亿元。

公司积极开展卓越绩效管理，并荣获安徽省质量奖。主要产品：猪、牛冷冻、冷鲜制品；速冻牛排、贡丸、烤肠和五香牛肉系列产品，其中"恒盛"牌五香牛肉荣获"安徽省名牌产品"称号，"恒盛"商标被认定为"安徽省著名商标"。

公司产品销往全国各地，年销售收入10亿元以上，上缴利税4 000余万元。公司是安徽省农业产业化龙头企业、国家扶贫龙头企业、农业产业化国家重点龙头企业、国家及省级储备肉储备企业、亳州市优秀"双强六好"非公企业党组织等。

安徽粮安天下网络科技有限公司

安徽粮安天下网络科技有限公司是一家专业从事"粮食银行"项目推广的企业，总部位于安徽省合肥市，目前在全国设立了华东、东南、西北、西南、东北等5个招商运营中心，致力于打造中国最值得信赖的涉农服务平台之一，以服务中国现代农业为核心，秉承"农民富、企业兴、中国强"的使命，汇集当前国内权威的"粮食银行"运营、技术、管理人才，推进"粮食银行"项目在全国县域落地，为当地农民提供产前和产中农资、农技和产后粮食"五代"服务，让涉农企业成功转型，实现一二三产业融合发展，打通农村生产和消费闭环，力争使所有的涉农加工企业、合作社、家庭农场"不再赔钱、不用投钱、不再缺钱、健康发展"，让农业也能搭乘互联网的快车，同时结合全国遍布城乡的实体网络，解决农产品上行工业品下行的难题，推进中国现代农业快速发展，倾力打造"新三农"（农村大网络、农业大数据、农商大平台）。

包头市新昌农业设备有限公司

包头市新昌农业设备有限公司成立于2010年，位于内蒙古中西部阴山北麓美丽的固阳县，占地面积5 000平方米，建筑面积2 000平方米，整机年产能力1 000台，是一家专注于农业机械研发、设计与制造的创新型技术企业。公司以"务实创新、追求卓越"为企业精神，秉承"实力托举未来"的核心理念，以市场为导向，加强技术创新能力，不断研发新产品，回报客户和社会。

2013年公司科研中心成立，2015年JS秸秆收集切断机研制成功，2016年公司"蒙利丰"品牌成立，2017年国家专利产品"蒙利丰"牌JD-180型秸秆收获揉丝打包机研制成功，2018年国家专利产品"蒙利丰"牌柠条收获揉丝打包机研制成功。

"蒙利丰"牌秸秆收获揉丝打包机用88.3千瓦以上的拖拉机牵引配套作业，使用柠条、玉米秆、麦草等农作物秸秆收获揉丝打包，一次性就可完成自动收获、粉碎、除土、输送、压块打包作业，包块密度大，外形规整易存放，装车远途运输成本低，对各类秸秆均具有良好的收获揉丝打包性能，是秸秆收获打包的理想机具。

公司积极响应国家环保政策，以追求秸秆综合利用、农作物秸秆变废为宝而设计产品。"蒙利丰"牌秸秆收获揉丝打包机的使用可使我国大范围的秸秆得到充分的综合利用，是实现秸秆资源化、环保化的前提和保证，是实现秸秆商品化、市场化的载体，是推进秸秆回收处理产业化的基础，回收的秸秆可应用于造纸、养殖、发电等领域。

北京泰华芦村种植专业合作社

北京泰华芦村种植专业合作社建成了以绿色蔬菜种植为主，集种植、冷储加工、科技推广、科普教育等功能于一身的现代化产业基地——芦西园，建设了高标准的日光温室、连栋温室、冷库加工车间、集约化育苗温室、产品初加工厂房、检测室等配套设施，种植黄瓜、茄子、辣椒、樱桃、番茄等特色果蔬20余种。同时，建有近1 800米的独具特色爬蔓植物竹艺长廊、道路绿化、荷花池等，并开展各种农耕体验、科普教育、科技实践、采摘垂钓等活动。

合作社采用全国种植业产品质量可追溯系统、物联网技术、温室环境检测系统、进销存和物资管理等系统，并开设了植物诊所，实现了产品质量可追溯、生产过程可查询、温室环境可智能化监测，以及设施蔬菜的绿色防控，使合作社生产经营进一步透明清晰、规范标准。

合作社采用统一购买生产资料、统一种苗、统一技术指导、统一生产标准、统一包装销售、统一产品品牌的"六统一"现代管理模式，被评为北京市农民专业合作社示范社、农业部全国种植业产品质量可追溯制度建设暨良好农业规范（GAP）认证示范基地、农村实用人才教学参观示范点、科技套餐工程都市型现代农业示范基站、北京市京郊旅游特色业态采摘篱园等。同时，合作社注册的"燕都泰华"商标获得了农业部授牌的一村一品示范蔬菜品牌。

长阳火烧坪大清江高山蔬菜专业合作社

　　长阳火烧坪大清江高山蔬菜专业合作社成立于2012年3月，位于湖北省长阳县火烧坪乡青树包村，注册资金600万元，下设生产发展部、财务部、农资技术部、销售部、加工部、物流运输部等6个实体部门，是一家以高山蔬菜种植、加工、销售和其他农副产品的研发、加工、贸易于一体的实体单位。

　　一是创新发展模式，推行标准化安全生产。合作社实行"六统一"生产模式；2016年建立了可视化追溯体系，可动态监管种植、加工、销售全过程。二是树立品牌意识，创立特色品牌。注册了"大清江"商标，白萝卜等7个蔬菜品种获得了绿色食品证书。三是发展冷链物流，扩大销售半径。2016年新建预冷库4座，真空预冷库2个；2017年新建1 000平方米通风库1座。四是推广新技术、新品种。主要在种植模式、种植品种、种植茬口上进行试验示范，让高山农民可以现场学习种植技术，并推广应用。五是精准到户引领脱贫。合作社以"精准扶贫"为己任，开展了多渠道、多形式的对口帮扶工作，并取得了明显的成效。六是规范合作社管理，提高经济效益。合作社下设部门各司其职又相互协作，2017年实现主营业务收入1 598.8万元，净利润8.4万元。七是实行合纵连横的发展策略。充分利用国家的支农、惠农政策，充分争取各级部门的指导和支持。同时，与其他合作社联合发展，优势互补，保证了市场产品的供应。

赤壁市顺昌中药材种植专业合作社

　　赤壁市顺昌中药材种植专业合作社位于湖北省赤壁市车埠镇枫桥村，于2012年3月注册成立，注册资金30万元，经营范围为黄栀子的种植、收购、销售以及开展黄栀子种植的技术培训、技术交流和咨询服务。

　　合作社现有正式成员104人，90%以上为本地农民，辐射范围包括周边的余家桥乡、新店镇、赤壁镇的30个行政村。顺昌中药材合作社呈现良好的发展态势，社员逐年增加，土地规模逐年扩大，效益逐年增加。2018年，合作社种植面积近120公顷，实现总收入348万元、净利润112万元，社员及农户直接受益42万元，社员分红总额35万元。2014年被评为咸宁市示范社，2016年被评为湖北省示范社。

定西市鸿壮农牧有限公司

定西市鸿壮农牧有限公司位于甘肃省定西市安定区内官营镇崖湾村,成立于2014年。公司是甘肃省畜牧业协会理事单位、省产业联合会、省扶贫产业产销协会会员单位、省级标准化示范养殖场、市级重点龙头企业;2017年荣获中华农业科教基金会神内基金农技推广奖。

公司自成立以来,在各级领导和社会各界的大力支持及全体职工的共同努力下,产业规模和社会影响力不断扩大,取得"鸿壮"注册商标和省级种畜禽生产经营许可证。办公区、草料加工区、生产养殖区、污物处理区严格区分,实行"种畜良种化、养殖机械化、生产规范化、防疫制度化、环保生态化、监管常态化"的现代化经营管理模式,形成集肉羊养殖示范、环境治理工艺、肉羊技术培训、养殖科普教育、生态种养为一体的现代农业示范窗口。作为地区养殖龙头企业和兰州大学轮牧项目示范基地,公司大力发展绿色养殖模式,为社会和消费者提供优质产品。

公司通过"公司+合作社+农户"的运营模式和大力推广良种、良舍、良料、良法、良医的"五良"养殖技术,带动周边群众大力发展设施养羊,改良品种,大幅度提高养殖规模、养殖水平及牧草种植面积,显著增加了当地生态效益、经济效益和社会效益。

扶余市蔡家沟镇腰号村绿兴蔬菜农民专业合作社

扶余市蔡家沟镇腰号村绿兴蔬菜农民专业合作社成立于2010年7月,注册资金100万元,被评为国家级先进示范社、国家蔬菜经济300强、吉林省先进合作社基地、松原市绿色蔬菜基地、扶余市绿色蔬菜基地。

2013年,合作社成功注册"绿丘"牌商标,从最初以黄瓜、豆角、番茄为主的单一蔬菜种植,发展到多种蔬菜、水果多样化发展。合作社大棚发展到713栋,种植面积257公顷,带动入社农户485户,年产蔬菜1.5万吨,总产值2 951万元,人均可支配收入2万元左右。

2015年,在市委、市政府的大力支持和各部门大力帮助下,建设蔬菜大棚150栋、蔬菜批发市场1万平方米,办公室800平方米,新上电力设备60万元,新建塑料制筐厂2个(年生产150万个)。

松原市绿色农业
示范基地
中共松原市委
松原市人民政府
二〇一八年三月

扶余市蔡家沟镇腰号村绿兴蔬菜农民专业合作社
AAAAA
省级重点模范示范合作社
Provincial key model cooperative society

合作社棚菜收入6 400万元,人均可支配收入2.3万元。

2106—2018年,为了更好地发挥批发市场作用,合作社地面全部硬化、安装路灯60盏、打井40眼、新建钢架大棚62栋、日光温室大棚4栋,平均每年蔬菜收入达到7 800万元,人均可支配收入达2.8万元左右。

河南久久农业科技股份有限公司

　　河南久久农业科技股份有限公司前身为成立于1999年的上蔡县久久面业有限责任公司。2008年，公司更名为驻马店市久久农产品有限公司；2012年，被省政府认定为省级农业产业化重点龙头企业；2014年9月，成立驻马店市久久农产品有限公司卧龙分公司，同年11月牵头组建全市首家新型农业经营主体——驻马店市久久粮食产业联合体；2016年10月，公司完成股份制改造，更名为河南久久农业科技股份有限公司；2017年4月，在全国中小企业股份转让系统完成"新三板"挂牌上市；2018年6月，与江南大学在上蔡县东工业园区公司内合作共建"久久农科—江南大学联合研究中心"，同年11月被农业农村部认定为国家级农业产业化龙头企业。

　　公司日加工处理小麦1 500吨、精深加工玉米400吨，年加工处理能力45万吨，仓储能力20万吨，2017年实现销售收入8.4亿元、利税3 984万元，是一家集农产品种植收购储存加工销售，农业技术推广、农机租赁服务，饲料、有机肥料研发销售等为一体的综合型农产品加工企业。公司产品通过ISO9001:2008质量管理体系和GB/T22000:2005食品安全管理体系双认证，获得中国农产品加工业投资贸易洽谈会金质产品奖等。

黑龙江秋然米业有限公司

　　黑龙江秋然米业有限公司始建于1988年，注册资金5 100万元，拥有富硒水稻、绿色水稻、有机水稻生产基地2万公顷，拥有先进的大米生产线6条，年加工能力32万吨。公司于2000年成功注册"秋然"商标，2005年通过绿色食品、有机食品认证，2007年通过ISO9001质量管理体系认证，同年10月被认定为"黑龙江省著名商标""黑龙江名牌产品"，2011年荣获上海农业食品博览会金奖，2015年获得"龙江特产食品"称号，2016年获"龙江大米节"金口碑奖，2017年入选中国好粮油企业遴选产品（第一批）。

　　公司利用新型销售方式，在京东商城、天猫超市、淘宝、苏宁易购、手机终端等电子商务平台进行线上销售，2017年实现销售额3 000万元。在哈尔滨、北京、上海、杭州、成都、昆明建设6家秋然米业旗舰体验店，形成线下体验、线上销售的"互联网+食品流通"的销售模式。

　　2012年，公司成立了哈尔滨秋然粮米产销专业合作社，集中流转土地666.7公顷，建立了占地333.3公顷的秋然现代农业示范园区，2017年推广种植333.3公顷富硒水稻。2018年与农户签订了3 333.3公顷富硒水稻收购合同，形成了"企业+合作社+基地+农户"的产加销一条龙的生产经营模式，采取"统一种植品种、统一种植技术、统一田间管理、统一仓储销售"的模式进行管理，严把原料进货渠道和生产流通环节，健全食品安全责任体系。

湖北省鹤峰鑫农茶业有限公司

湖北省鹤峰鑫农茶业有限公司位于湖北省鹤峰县走马镇,创建于1988年,注册资本5 000万元。在上级党委、政府和各部门的大力支持与帮助下,公司通过30年的精诚经营,不断自我积累、滚动发展、开拓前进,建成了湖北省最大的茶叶出口生产企业之一,多年来位居湖北省茶叶加工出口创汇前列。

公司秉承"兴业一隅、致富一方"的宗旨,致力于茶叶产业和生态旅游业融合发展,自建和联合创办了符合"出口茶种植备案基地"标准的茶园3 300余公顷,打造全省最大的茶主题生态休闲旅游文化区和茶主题生态农业观光旅游基地之一,形成了茶叶生产加工、生态旅游、茶文化研究、养老服务为一体的产业集群。

公司"白果"牌系列产品畅销全国,出口产品"Floria"和"Eraki"畅销国际市场;"走马翠毫"名优绿茶和"鹤峰黄金乌龙"分获"中茶杯"金奖、银奖,是极具品牌影响力的湖北茗品。公司先后获评农业产业化国家重点龙头企业、全国"万企帮万村"精准扶贫行动先进

民营企业、中国茶叶行业综合实力百强企业、全省纳税信用A级纳税人等,下属的"鑫农苑"是湖北省五星级农家乐、全省生态休闲特色农家乐和全州十佳星级农家乐。

湖北爽露爽食品股份有限公司

湖北爽露爽食品股份有限公司创建于2002年,位于湖北省孝感市孝南区新铺镇长兴工业园永安工业区,占地面积9万平方米,注册资金3 000万元,总资产1亿元。已建成标准化厂房4.5万平方米(生产车间2.5万平方米、仓库2万平方米),实验室300平方米,办公楼及生活区3 200平方米。米酒年生产能力2万吨,米酒饮料生产能力1.5万吨,注册有"爽露爽""福巧"等品牌,是一家集生产、研发、销售、服务为一体的米酒、米酒饮品企业。"爽露爽"系列产品销往全国各地,进驻家乐福、沃尔玛、麦德龙、大润发、北京二商等大型连锁超市。2015年年初取得出口食品生产企业备案证明后,产品出口美国、加拿大、澳大利亚、荷兰等国家。

公司拥有先进的生产设备和14条全自动流水线,年设计生产能力8万吨。"爽露爽"米酒经国家、省级食品检测机构检测,均符合食品安全标准要求。公司已获专利8项,先后通过了ISO9001、HACCP、FSSC22000等认证。"爽露爽"米酒在2010—2016年连续三次被湖北省质量兴省战略领导小组授予"湖北名牌产品"称号,多个产品多次荣获武汉国际农博会金奖;2014年,"爽露爽"商标获得"湖北省著名商标"称号。公司先后被评为国家级放心酒示范店、湖北省农业产业化重点龙头企业、湖北省重合同守信用单位等,2016年荣获第五届市政府质量奖,2018年被全国农业产业化联席会议审定为农业产业化国家重点龙头企业。

湖南省长康实业有限责任公司

湖南省长康实业有限责任公司创办于1985年，是湖南省油脂调味行业的领军企业，产品有芝麻油、食用油、食醋、酱油、料酒、风味油辣椒、茶叶等7大系列80多个品种，年加工能力16万吨。"长康"牌芝麻油先后获评"中国行业领先十大品牌""第十五届中国国际粮油产品金奖""第二十届中国中部农业博览会袁隆平特别奖"。

公司坚持产业兴农，走农业产业化发展道路，建有20余万亩绿色食品原料基地，扶持和联结农村合作经济组织15个，辐射带动农户4.7万户，每年安排近300余名农村贫困户和城镇下岗职工就业。先后获评"湖南省农业产业化龙头企业""全国农产品加工示范企业""湖南省高新技术企业""湖南省两型企业""湖南省优秀绿色食品示范基地""全国五一劳动奖状"等。

湖南省浏阳市高坪镇高坪村

团结务实的村两委班子

国土部门实地察看产业结构调整规划情况

浏阳市高坪镇高坪村位于浏阳市东区，全村总面积14.2平方千米，耕地面积400余公顷，总人口5 755人，浏阳河源头——小溪河穿境而过，降水量丰沛，土壤肥沃，交通便利。近年来，高坪村进一步加大村容村貌整治力度，着力解决村庄环境问题，不断绿化、美化、亮化、净化村落庭院，村庄呈现出"林中有村、村中有景、院中有花"的新气象。

自2010年起，高坪村开始大力发展蔬菜产业，以乡村振兴为主题，以党建为龙头，充分发挥党组织在村级建设中的领导核心作用。突出发展蔬菜、林果和养殖等特色产业，不断增加农民收入，打造现代设施农业示范基地。以湖南农业大学、湖南省蔬菜研究所、长沙市蔬菜研究所、浏阳市农业局等单位为技术依托，组建了穗泉农牧实业有限公司、涟河种植蔬菜基地、天崖土地流转专业合作社、龙泉养殖基地等，带动了一批农村富余劳动力实现增收致富，优化全村农业产业结构调整，调动种植、养殖大户的积极性，提高了农民抵御市场经济风险的能力。

小辣椒大棚种植

茄子种植基地

湖州湖羊

　　浙江湖州是湖羊发源地，湖州市吴兴区被认定为国家级湖羊保护区，吴兴区东林镇和八里店镇、南浔区练市镇、长兴县吕山乡被确认为市级湖羊保护区，拥有种羊场19家，年可供应湖羊种羊近4万只，占全省总量的60%。

　　湖州湖羊产业已从一产向二、三产业延伸，逐步形成了产销融合、休闲观光的新业态。2017年年末，全市湖羊存栏32万只，占全省总量的30%；拥有4家湖羊屠宰厂，年屠宰能力达45万只；开设了"湖州湖羊"直营店10家；建立了省级湖羊农业特色强镇1个，建立了2条区域性湖羊全产业链；培育了牧旅结合的湖羊综合体5家。2018年，"湖州湖羊"获评浙江省区域名牌农产品。

美丽生态牧场

红烧羊肉

湖羊一胎多羔

国家级湖羊保护区

国家级湖羊保护区

怀仁市金沙滩羔羊肉业有限公司

厂区全貌

　　怀仁市金沙滩羔羊肉业有限公司成立于2013年2月，公司位于山西省怀仁市城东，交通便利，环境优越。公司占地面积8万平方米，总投资3.9亿元，是一家集"屠宰分割、生熟加工、产品研发、冷链物流、社会化服务"于一体的低碳环保、循环式利用、链条式生产的现代化羔羊肉生产加工企业。

　　公司先后通过了ISO22000食品安全管理体系认证和HACCP体系认证，是中国畜牧业协会羊业分会常务理事单位、农业产业化国家重点龙头企业、山西省农业产业化省级重点龙头企业、山西省农副产品加工"513工程"省级重点企业。

　　公司上游关联产业涵盖330余公顷的紫花苜蓿种植基地1个和年出栏羔羊18万只的合作社3家，下游关联产业拥有年产6万吨羊粪有机肥公司1家，通过纵向一体化和横向相关产业的联合发展，不断扩大产业经营范围，全面实现了羊产业链循环发展。

羊肉丸子

一口香羊肉

怀仁羊杂

江苏君乐宝乳业有限公司

厂区鸟瞰图

江苏君乐宝乳业有限公司成立于2004年3月，注册资金5 660余万元，主营"君乐宝"系列乳制品，一是低温酸奶系列：纯享、芝士、老酸奶、联杯、每日活菌饮料等；二是常温系列：开啡尔、学生饮用奶、优致牧场等。公司拥有加工厂两处（丰县顺河镇、丰顺县经济开发区）、奶牛养殖场两处（乐源牧场、奶牛科技园养殖基地）。

公司是农业产业化国家重点龙头企业、省农业科技型企业、省科技型中小企业、省50佳短平快科技富民项目企业、省食品行业诚信管理体系示范企业、省质量服务诚信AAA级单位。拥有省级乳制品工程技术研究中心、省级企业技术中心、省级乳制品发酵剂制备技术工程中心和省级企业研究生工作站等4个研发平台。先后被评为省管理创新示范企业、省示范智能车间、省工业旅游示范区（点）、省厂务公开民主管理先进单位、市先进基层党组织、市模范职工之家、市模范劳动关系幸福企业等。

公司在质量管理体系（ISO9001）、环境管理体系（ISO14001）上已通过在国际上最具有权威认证机构劳氏的认证；通过了HACCP管理体系、安全生产标准化（二级）认证，并在国内率先通过了欧盟BRC（A+）食品安全全球标准认证。

灌装生产线

牛舍

车间中控操作室

江苏省溧阳市戴埠镇李家园村

李家园村全景

溧阳市戴埠镇李家园村地处溧阳最南端，系江苏、浙江、安徽三省交界处，辖区内有两个国家AAAAA级景区——南山竹海和御水温泉。全村总面积15.8平方千米，其中耕地面积近154公顷，山林面积1 330余公顷。2017年全村实现经济总收入2.5亿元，村集体经济收入600万元，农民人均可支配收入4万元。先后被评为国家级生态文明村、中旅旅游乡村模范村、中国最美乡村旅游目的地、江苏最美乡村、江苏省文明村、江苏省农村电子商务示范村、江苏省乡村振兴旅游富民示范村等。

近年来，李家园村委一班人在狠抓传统农产品项目转型升级的同时，积极引导农民围绕高效观光农业，进行丘陵山区开发和产业结构调整。村里除了多次荣获省"陆羽杯""中茶杯"名茶评比特等奖的"南山寿眉""南山白茶"外，还拥有20多个注册品牌和5个无公害产品、1个绿色食品、1个有机产品。全村茶农不断提升茶叶品质和档次，扩大茶叶生产规模，规范茶叶生产和营销模式，从而促进了农业增效、农民增收。

李家园村标

南山乡村旅游节

江苏省苏州市吴中区
越溪街道旺山村

苏州市吴中区越溪街道旺山村位于苏州城西南美丽的尧峰山脚下，紧邻苏州绕城高速及吴中大道，村域面积7平方千米，其中山林面积近360公顷，现有住户562户，常住人口2 570多人。近年来，旺山村先后被评为全国文明村、全国民主法治示范村、国家AAAAA级旅游景区、国家级生态村、全国生态文化村、全国农业旅游示范点、中国美丽休闲乡村、国家特色景观旅游名村、中国人居环境范例奖、江苏最美乡村等。

旺山村紧紧围绕促进经济发展和农民持续增收这个中心任务，酝酿新思路，实施新举措，产业结构持续优化，村级经济显著增强，农民收入稳步提升。全村拥有各类经济载体11万平方米，集体总资产达2.2亿元。2017年实现集体经济收入3 800万元，农民人均可支配收入41 500元。村党委始终以"一个支部就是一个战斗堡垒、一名党员就是一面旗帜"为主线，着力在"选出一个好的领导班子、凝聚一个好的发展思路、强化一个好的工作制度、提供一个好的服务阵地、建立一个好的保障机制"的"五个好"上下功夫、求实效，走出了一条富民强村的新路子。

西施塘景区

旺山村近景

旺山碧螺春茶叶

绝味食品股份有限公司

绝味食品股份有限公司总部设在湖南省长沙市，是一家以休闲卤制品生产和销售，以及连锁加盟体系运营和管理为主营业务的公司，为国内现代化休闲卤制食品连锁企业领先品牌。2017年3月17日，绝味食品在上海证券交易所上市，股票代码：603517。公司被评为"2016年度中国食品安全年会百家诚信示范单位"等，"绝味"商标获评"湖南省著名商标"荣誉称号。

公司采取"一个市场、一个生产基地、一条配送链"的生产经营模式，业务范围包括北京、上海、广东、湖南等在内的30个省级市场，境外市场初步覆盖中国香港以及新加坡等地，销售规模超过30亿元，零售规模超过60亿元。公司通过"以直营连锁为引导、加盟连锁为主体"的方式进行标准化的门店运营管理，已发展成为全国最大的休闲卤制食品连锁专卖网络和生产体系之一，为全国鸭脖连锁领导品牌。

公司以"绝味"品牌为核心，定位于一流特色美食平台，专注于休闲卤制食品的开发、生产和销售，为消费者提供美味、新鲜、优质的休闲卤制食品，实施差异化营销策略；通过与专业机构的合作，提升品牌核心价值、完善品类发展战略，构建专业、公开、透明的媒介管理体系；通过线上主流媒体投放与网络营销等传播方式，使"绝味"品牌的社会知名度、市场认可度、客户忠诚度得以全面提升，并得到社会各界的广泛认可。

内蒙古额尔敦羊业股份有限公司

内蒙古额尔敦羊业股份有限公司于2004年注册成立，2016年1月在全国中小企业股份转让系统成功挂牌并公开转让（证券代码：835538）。公司以帮扶当地农牧民脱贫致富为己任，采用"企业+基地+牧民"的惠民合作模式，与多家牧民合作社建立了互惠互利的收购关系，带动了当地农牧民脱贫致富。

经过快速发展，目前公司旗下拥有3家全资子公司，分别为锡林郭勒盟额尔敦食品有限公司、阿巴嘎旗额尔敦食品有限公司及内蒙古额尔敦商贸有限公司。公司先后荣获"内蒙古食品行业标杆企业""内蒙古农牧业产业优秀龙头企业""中国十大羊肉品牌""内蒙古自治区著名商标""内蒙古农牧业优秀龙头企业""内蒙古农牧业产业化产业扶贫先进企业""第十六届中国国际农产品交易会参展农产品金奖"等多项荣誉。

公司依托内蒙古锡林郭勒盟大草原得天独厚的畜牧业自然优势，多年来致力于打造集优质良种肉用型牛羊的天然养殖、屠宰加工、生鲜储存、冷链物流、生鲜销售、全程追溯保障于一体的"绿色、安全、健康、营养、美味"的大型现代化、信息化肉类食品企业。公司现有牛、羊及副产品40多种，远销北京、天津、上海、河北、东北、山西、山东、江苏、广州、深圳、海南等地。

宁县苹果产业

宁县位于甘肃东部，被中国绿色食品发展中心命名为"全国绿色食品（苹果）标准化生产基地县"，也是国家规划支持的122个苹果生产重点县之一、全省18个苹果生产重点县之一，所生产的苹果个大形正、色泽艳丽、质脆肉细、酸甜适口、风味浓郁、营养丰富、安全性好、耐贮耐运。经检测，平均果形指数≥0.9、着色指数≥90%、果实硬度8.5千克/平方厘米、维生素C含量5.6毫克/千克。

宁县现有苹果园3万公顷，2014年引进海升集团，"海升模式"苹果基地达4 660多公顷，已成为全国最大的矮化自根砧密植苹果基地之一。全县完成苹果绿色、出口、AAA级、有机、GAP等认证面积1.02万公顷。在产业扶贫上，2017年探索推行"331+"苹果产业扶贫模式，开展"企业+合作社+农户"形式的"三变"改革，当年农民务工、分红收入达到6 167.3万元。在苗木繁育上，建成M9-T337苹果矮化自根砧育苗基地200公顷；在贮藏加工上，建成5万吨气调库、年20万吨苹果分拣线，冷藏库5处，年贮果能力达18万吨以上，浓缩果汁、苹果精细粉，年加工量5万吨；在技术服务上，常年聘请中国农业大学、西北农林科技大学等专家开展技术指导，全县从业果农11.5万人；在品牌建设上，以"庆阳苹果"为区域品牌，主打"宁州""93'果礼""清谷田园"等商标，让宁县苹果走向全国、走向世界。

山西省平顺县龙溪镇佛堂岭村
潞党参产业

佛堂岭村

近年来，龙溪镇佛堂岭村抓住平顺县大力发展中药材产业、创建全省"一县一业"中药材基地县的时机，立足佛堂岭"潞党参正宗原产地"和"平顺潞党参产地"的自然资源优势，大力发展潞党参种植，潞党参产业已成为全村脱贫增收的主导产业。

在村"两委"的带领下，通过"支部搞服务、大户做示范、基地联农户、订单保销售"的模式，全村现从事潞党参种植的农户172户，种植面积23.3公顷，年产量70吨，总产值360万元，全村人均潞党参收入达5 700余元。

2012年，村"两委"带领村民成立了平顺县林鑫种植专业合作社，合作社社员由成立初期的5户发展到目前的81户，占全村总农户数的40%。2015年至今佛堂岭村不断加强与振东集团的合作，在佛堂岭村建立了潞党参育苗基地，对群众进行种植技术指导，使潞党参品质和产量均有所提高，并且实行保底收购，解决了群众种植潞党参的后顾之忧。

佛堂岭村地处"平顺潞党参"农产品地理标志保护区域范围内，在潞党参产业发展中采取"合作社+农户+公司"的运行模式。2016年，在上级部门和领导的帮助支持下，新建了潞党参加工厂，实现了潞党参就地烘干、分类、包装等初加工，并通过电商进行网上销售，2017年销售额达到60余万元，直接提高了产业附加值，增加了农民收入。

三星香米

重庆市石柱土家族自治县三星乡海拔适中，800～1 200米的梯田居多，通风性能好，水稻发病少，用药少；泉水丰沛，土壤肥沃，化肥用量不多；绿树环绕，生态优良，独立环境，不受其他区域影响，没有工业污染。三星乡党委、乡政府在2015年初开始实施"恢复固有荣誉、提高香米品质"战略，成立石柱土家族自治县顺德农业专业合作社专司三星香米发展。经过4年的努力，三星香米发展为重庆名牌，给当地农民带来了较高的收益。

三星乡党委、乡政府为打造三星香米品牌，专门申请了"三星半月"微信公众号，不断刊出推文，展示三星香米生长过程、生长环境，记录三星香米在重庆、石柱等地推广活动，着力打造放心安全的食品。同时，品牌的经营，线上线下同时开展营销，线上进入淘宝等多家电商，线下进入重客隆、佳慧、望涂溪等超市，并与中核集团等大公司开展合作。

山西九牛农业开发有限公司

董事长 吴小东

科学化饲喂

山西九牛农业开发有限公司成立于2009年，注册资本2亿元，总资产10亿元，员工1000人，是一家以奶牛养殖、饲料种植、原奶加工、冷链配送、连锁直销、一二三产业融合发展的农业产业化国家重点龙头企业。

公司以"一心一意为牛、实心实意为奶、全心全意为人"为宗旨，秉承"牛为先、奶为业、人为本"的发展理念，先后投入17亿元，建成尖草坪区、阳曲县、祁县3万头规模的现代化牧场。现存栏奶牛1.5万头，日产原奶200吨，拥有年产7万吨液态乳灌装生产线和年产3000吨烘焙产品的乳制品加工厂、省城社区鲜奶连锁店100余家，商超销售网点2300余个，2018年实现销售收入5亿元。

公司通过2000公顷饲草料种植，带动农村1.5万多户农户实现增收，解决剩余劳动力1000余人就业问题，助力乡村振兴和产业扶贫。公司先后被评为山西省优秀畜牧企业、全国奶牛标准化示范、国家现代农业产业技术示范基地、2018年全国优秀乳品加工最具影响力品牌企业等，产品荣获"山西省名牌产品""山西十大食品品牌""全国消费者喜爱的食晶品牌"等称号。

山西农业科学院玉米研究所
农业生产托管项目

玉米土地托管联盟在山西省山阴县成立

山西省农业科学院玉米研究所研制出"增益型、套餐式"玉米全产业链农业生产托管模式，并在此基础上设计出构建省、县、乡、村四级土地托管联合社和联合农资、农机、农技、粮食加工等生产厂家成立土地托管联盟的十字形托管架构模式。

（一）"增益型、套餐式"农业生产托管微观操作模式

联合农资生产厂家、粮食收购加工企业，整合当地现有的农机手对托管土地进行作业，向规模要效益，同时把获得的利益拿出一部分补贴到粮食收购价格上。主要包括：代购农资；代种代收；由栽培、植保、农机等专业技术人员制定种植方案，指导田间管理；代售粮食；制定套餐，根据品种和肥料设计几种套餐，通过粮食收购价补贴差异，引导农民运用新品种、新肥料。

（二）十字形农业生产托管架构模式

把横向的农业生产托管联盟和纵向的省、县、乡、村四级联合社进行联合，通过联合新型农业经营服务主体、农资企业、粮食收购加工企业、农业科研服务等单位成立"农业生产托管联盟"，整合各自资源，发挥各自优势，解决上下游产业联动、一二三产业融合等问题，达到全产业链协同配合，提高整个产业链效率。

平遥万亩农田托管启动仪式

山西省孝义市梧桐镇南曹村

南曹村牌楼

九州香豆制品有限公司

山西省孝义市梧桐镇南曹村自唐宋时起就以"豆腐村"远近闻名，制作的各种豆制品口味独特，洁白细嫩，柔韧可口，营养丰富，是人们餐桌上的美味佳肴。"南曹村豆腐传统手工制作技艺"于2010年被列入吕梁市非物质文化遗产保护项目名录，南曹村于2012年被孝义市人民政府授予"一村一品先进村"荣誉称号，2017年8月被农业部认定为"全国一村一品示范村镇"。

南曹村华一宝豆制品有限公司和九州香豆制品有限公司两个豆制品深加工龙头企业，利用南曹村的主导特色产业优势，传承和保护着南曹村的非物质文化遗产。华一宝豆制品有限公司突破传统意义上的食品加工企业，实现现代工艺与传统手工技艺相结合，生产的豆制品（豆腐、豆干、素鸡、千张、内酯豆腐、豆泡、千层糕、休闲豆干等）远销省内外。同时，创建了传统豆腐文化体验馆，里面共有传统石磨90组，可以同时容纳180人进行体验。通过向孩子们宣传豆腐起源历史，通过观看并体验农耕器具，让孩子了解豆腐的制作工艺，增强动手能力，丰富人生阅历。华一宝豆制品有限公司不仅对孝义非物质文化遗产的传承起到了很好的宣传作用，而且带动了附近村落农民就业，增加了农民收入，带动了新农村建设。

2018年，华一宝豆制品有限公司先后被吕梁市农业委员会授予"休闲农业和乡村旅游示范点"称号，被吕梁市发展和改革委员会授予"吕梁乡村旅游景区"称号；公司产品在第二届吕梁名特优功能食品展销会暨首届农民丰收节中，荣获2018年吕梁市"最受欢迎产品奖"。

绍兴上虞三丰富硒粮油
专业合作社

绍兴上虞三丰富硒粮油专业合作社于2006年7月注册成立，注册资金110万元。合作社紧紧围绕"农业增效、农民增收"目标，立足"民办、民管、民受益"原则，在促进农民增收、开拓市场、打造自主品牌、提高组织化程度、推进农业产业化经营等方面都取得了显著成效。

一是抓实经营，市场竞争力日益增强。引进大米精包装设备，积极参与"农社对接""农超对接""农企对接"等。实施水稻绿色防控示范创建，应用病虫害统防统治及农药减量控害等节本增效技术，产品（基地）获得无公害产品（基地）认证。已成功申请"壮老汉"注册商标。二是抓牢管理，组织规范化不断提高。合作社内设生产资料部、机械操作维修部、作物栽培技术部、市场营销部。建立和完善内部管理机制，如合作社财务管理制度、成员大会制度、质量安全制度等。三是抓好服务，会员专业化实现突破。始终把服务会员作为立社之本，加强服务模式、服务机制创新，切实适应市场需求，增强抵抗市场风险能力，促进农民增收。始终坚持"靠服务赢得信誉，靠信誉赢得支持，靠支持赢得发展，靠发展强化服务"的理念，充分发挥合作社的服务功能。四是抓住创新，生产现代化加快推进。积极推广应用先进农业机械，"机械换人"应用领先，拥有大中型农业机械66台（套），水稻耕种收综合机械化率达96.2%。五是抓出示范，行业引领性持续彰显。2012年被评为省级示范社、省粮食优秀合作社；2016年评为全国供销示范社、省级现代生态循环农业示范主体；2017年被评为省级农业机器换人示范基地。

天门半夏

　　湖北省天门市地处江汉平原腹地，由长江和汉水冲击而成，属潮湿而疏松肥沃的沙质壤土，适宜天门半夏生长。天门半夏产于天门市以汪场镇为核心的周边17个乡镇（办、场、园），合计87个行政村，生产规模867公顷，年产量6 500吨，其中核心产区汪场镇种植面积432公顷。天门半夏鲜品外观呈紫红色，粒大饱满，抗性强，产量高，药用含量高。

　　天门市人民政府与湖北省农业科学院签订了深度合作协议，成立了产业技术联盟，开展协同创新。同时，湖北省农业科学院、华中农业大学等十多个科研院所的专家共同指导天门半夏产业发展，开设农民课堂，定期对种植人员进行专业培训，帮助实现天门半夏的规模化、规范化种植管理，保障品质。

　　天门市政府制定了天门半夏发展中期规划，力争将天门打造成为半夏种苗资源保护中心、种苗繁育中心、道地药材生产中心、种植技术研究与培训中心、种苗及成品交易中心，把"天门半夏"品牌打造成为国内强有力的半夏品牌。

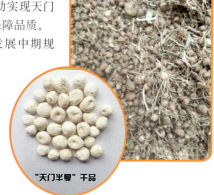

"天门半夏"干品

吴忠市扁担沟玉国果品 购销专业合作社

　　吴忠市利通区是宁夏回族自治区传统苹果栽培区和主产区之一，也是自治区农业特色优势产业——苹果产业发展的重点区域。吴忠市利通区于2010年被国家经济林协会授予"中国西部鲜果之乡"称号，截至2012年年底，经济林面积达到1.07万公顷，果品产量23万吨，年产值达4.7亿元。利通区扁担沟镇是宁夏引黄灌区的精华地带，日照充足，热量充沛，土壤含硒量高，适宜种植苹果、红枣、葡萄等果树，种植的苹果每100克含硒量高达2.17微克。

　　吴忠市扁担沟玉国果品购销专业合作社成立于2009年4月，现有社员168户，带动农户2 000余户，社员种植果树140公顷。2009年8月，合作社申请注册了"扁担沟"牌商标。2011—2014年，先后经地方农业主管部门申报"三品一标"认证，获得"扁担沟苹果"农产品地理标志登记保护证书、"扁担沟红富士苹果"绿色食品标志使用证书、无公害苹果认证证书。

余姚榨菜

浙江省余姚市通过夯实产业发展基础、优化产业发展支柱、拓展产业发展链等措施，逐步形成了一条高产、高效、健康的榨菜产业全产业链，使之成为全市产业化程度最高、农民受益面最广的特色主导产业之一。余姚榨菜产业于2015年被认定为浙江省示范性农业全产业链，余姚市加工型蔬菜产业集聚区于2016年成为浙江省首批农业产业集聚区创建对象，2017年升级为首批省级现代农业园区。"余姚榨菜"先后登记注册原产地标记保护产品、地理标志证明商标和农产品地理标志登记。2017年，"余姚榨菜"品牌价值达71.87亿元，名列"中国农产品区域公用品牌价值百强榜"第五位，居浙江省入围农产品品牌价值首位。余姚榨菜品牌中有中国名牌2件、浙江省著名商标12件、浙江名牌8件。

目前，余姚榨菜在全国的市场占有率达50%左右，出口10余个国家和地区，余姚榨菜联结基地10万余亩，带动农户6万余户，从业人员约15万人，年均产榨菜鲜头40万吨以上。2017年余姚榨菜产业总产值超过20亿元，其中一产产值超3亿元，二、三产业产值达17亿元，仅榨菜鲜头一项每年为农民增收3亿元以上，榨菜产区农民人均可支配收入达3.45万元，有力地促进了农业增效、农民增收、农村发展。

榨菜自动化设备

腌制加工后的榨菜

原野农业集团

原野农业集团成立于2014年11月，位于浙江省永嘉县三江街道，是国家级高新技术企业、农业产业化国家重点龙头企业，拥有市政公用工程施工总承包壹级、城市园林绿化壹级等10项专业资质，以园林景观建设、市政公用工程总承包、土建工程总承包为主业，综合开发现代高效生态循环农业、农林科技研发及产业化推广、生态治理（水治理和土壤治理）等。

原野园林大门

铁皮石斛大棚

集团承建了杭州G20峰会一类项目南山路（杨公堤至湖滨路）凤凰山路段提升工程、温州市瓯海大道、新城大道、锦绣路综合整治工程等200多项大型项目，多个项目荣获国家、省、市级优秀园林工程金奖。率先在温州实施2个园林景观工程PPP（BT）项目合作模式，4个EPC工程总承包项目，包括园林景观工程EPC、市政公用工程总承包EPC、土建总承包EPC项目三大类别。先后承担了国家级星火计划项目、国家级科技富民强县项目、省级农业产业化综合经营项目，累计带动5 000多户农户增收。

植物馆

集团创建了省级农业科技研发中心，承担了20项科技研究项目，多个项目科研成果达到国内同类研究先进水平，屡获省科技兴林奖及市、县科技进步奖。具有楠溪江乡土特色的原野农庄被评为国家四星级旅游观光园、国家AAA级旅游风景区、温州市十大最美农庄、浙江省生态文化基地、浙江省休闲农业与乡村旅游示范点等。

重庆市荣昌区吴家镇双流村

吴家镇双流村位于荣昌区北部，距离城区37千米，幅员面积5.4平方千米，共11个村民小组，户籍人口8 500余人。双流村先后被评为荣昌区蔬菜专业村、重庆市现代农业示范园区、重庆市微型企业特色村、国家无公害蔬菜基地、全国一村一品示范村等。

双流村被大小清流河环抱，地势平坦，土壤肥沃，水源充足，交通便利，是荣昌万亩蔬菜园区的核心区，主要种植吴家脆莲白、四季豆等，吴家脆莲白正在注册国家地理商标，畅销西南地区。

全村蔬菜年产量近2.8万吨，农业总产值3 200万元。

双流村围绕蔬菜产业发展村级集体经济，建立了产业发展协会、股份制合作性、农产品销售公司等3个平台，实现了产供销全产业链发展，树立了蔬菜品牌，拓展了销售渠道，进一步发展壮大了蔬菜产业，带领村民走上了一条增收致富的大道。2017年村级集体经济收入10余万元，村民人均可支配收入17 854元。

重庆市荣昌区鑫稼源农业服务股份合作社

重庆市荣昌区鑫稼源农业服务股份合作社成立于2012年5月，在清江镇河中村建设优质粮油生产基地82公顷，固定资产354万元，包括自动化育秧流水线1套、插秧机9台、拖拉机3台（套）、收割机5台、烘干塔2台（套）等。合作社是荣昌区现代农业生态示范园区之一，2013年被评为市级示范社，2014年被评为国家级示范社。合作社登记注册商标有"鑫稼源""口口农场""宛在洲"等共8个，获得国家无公害农产品产地认定证书、无公害农产品证书、绿色食品认证，开发的"鑫稼源""宛在州"香米深受消费者喜爱。同时，带动周边乡镇和村社发展统一标准的粮油生产面积2 000余公顷，增加了农户收入。

合作社主要开展机耕、机插、机防、机收等农业生产全程社会化服务，组织开展农业生产技术咨询、农机展销、农机操作技术培训、农机维护保养、农资供应等综合业务服务。2016年实现各种经营收入516.94万元，累计利润达到12.59万元；2017年实现经营收入530万元，利润为13.26万元。带动农户以现代农业生产方式发展生产，合作社农户年工资总收入达110万元。

宿州市市外桃源生态农业发展有限公司

宿州市市外桃源生态农业发展有限公司始建于2012年，是安徽省宿州市以流转桃园村煤炭塌陷区130多公顷土地，进行综合治理而发展起来的一家集种植、水产养殖、休闲、娱乐、餐饮为一体的大型企业。园区年接待游客近15万人次，已经成为本地近郊型生态园的典型代表和知名品牌，先后被评为"市级龙头企业""国家级健康养殖示范场""省级四星级农家乐""安徽省农业大学科普实训基地"。

为了满足游客休闲、娱乐、体验、聚会等都市生活的补充需求，园区围绕"蓝天"意境，运用产业创意整合法、养生创意提升法、动静结合创意法、时尚创意法、特色设施创意法五大创意休闲农业的打造手法，系统规划设计了采摘乐园、垂钓乐园、休闲乐园、科普乐园、动物表演乐园、怡情养老乐园、文化乐园、亲子乐园等8大特色基地，实现"创意升级农业，浪漫打造农庄"。

园区围绕打造"蓝天庄园"的六大关键点（区位优越，确定中高端消费；蓝天特质，营造浪漫情怀；忘怀休闲，演绎时尚生活；四季果蔬，品味健康人生；农业体验，接地气；怡情养老，重在迎接新世代），相继举办了嘉年华热气球和承担全国钓鱼比赛、草莓节、拔萝卜比赛、掼蛋比赛、户外帐篷节等大型活动，体现了趣味性、竞技性、团队性、体验性生态园魅力。

李新庄镇香瓜产业

山东省单县李新庄镇种植香瓜历史悠久，所产香瓜具有香脆爽口、止咳化痰等特点，拥有"瓜中之王"的美誉。1996年在共青团山东省委帮扶下，李新庄镇开始大力发展大棚种植。经过20多年的技术创新，全镇现发展无公害洋香瓜2 330多公顷，年产香瓜9万吨，推广东方蜜、金红玉、甜蜜脆梨等20多个品种。

在县委、县政府等多个部门的帮助下，李新庄镇成功注册洋香瓜产品商标11个，特别是2017年成功获批"单县香瓜"国家地理标志证明商标。李新庄镇始终把农产品品牌建设作为农业发展的第一要务，充分利用"单县香瓜"这个品牌，全域推进农产品无公害标准化种植，努力打造国家级香瓜示范种植区，把"单县香瓜"品牌做大做强，让单县香瓜畅销全省，走向全国。

上海敏航农业科技发展有限公司

上海敏航农业科技发展有限公司成立于2009年10月，位于上海市闵行区华漕镇赵家村严家湾，注册资金500万元，主要从事农业科技领域内的技术开发、技术转让、技术咨询、技术服务，蔬果种植及销售，食品流通，风景园林建设工程专项设计，企业管理咨询，展览展示服务，餐饮企业管理，食品农产品销售，农副产品收购（除专控）等。

经过近10年的发展，公司先后被评为农业部优质农产品示范单位、农业产业化上海市重点龙头企业、上海市无公害蔬菜供应基地、上海市田园学校等。公司已形成了大卖场、华联、吉买盛等长期"订单式"合作供应链。公司是上海市农委指定的便民社区供应点之一，在近100个街道社区，形成了年产品销售近5000万元的销售规模，敏航农业这一品牌已深入人心。

阳原鹦哥绿豆

大田种植

阳原鹦哥绿豆

阳原鹦哥绿豆种植历史悠久，1985年列入《中国食用豆类品质资源目录》和《河北省食用豆类品种志》。2002年4月，阳原县被河北省命名为"河北绿豆之乡"。阳原鹦哥绿豆是阳原县传统名优特产，以其良好的品质畅销国内外，出口东南亚、非洲、欧美等30多个国家和地区。2015年借助"东方人类的故乡——泥河湾"这张国际名片，阳原县农业管理中心与河北泥河湾农业发展有限公司合作，成功注册"泥河湾"牌商标及商标图案，并统一制做包装销售。

阳原鹦哥绿豆种皮翠绿有光泽，因似鹦鹉羽毛的颜色而得名。籽粒呈圆柱形，粒型较小，千粒重50克左右。口感绵软，豆味清香。蛋白质含量23.2%～23.90%，淀粉含量46.5%～49.0%，脂肪含量1.3%～1.7%。核心产区：东经113°54′09″～114°48′21″，北纬39°53′33″～40°22′51″，阳原县境内14个乡镇301个行政村均有种植。保护面积4.4万公顷，常年种植面积5133.3公顷，年产量3416吨。2017年，阳原鹦哥绿豆获农业部农产品地理标志登记。

加工产品（绿豆酥）

产品包装

中国地理标志农产品——灵台苹果

灵台县地处陇东黄土高原雨养农业区，苹果种植区域海拔高度1 150～1 380米，年均气温8.6℃，年均日照2 452.5小时，年均降水量650.4毫米，无霜期170天以上，昼夜温差大，环境无污染，是世界上全部符合优质苹果生产7项指标的优生区之一，被国家划定为全国优质苹果生产优势区。

截至2017年年底，全县已发展优质苹果基地1.51万公顷，年产量达到18万吨，优果率和商品率分别达到80%和85%以上，远销四川、福建、广东等地。"十三五"期间，将以建设国家级矮砧苹果综合标准化示范区为目标，积极推广运用新品种、新技术、新模式、新机制，坚持扩量提质、创牌增效、转型升级发展，做大做强苹果产业。到2020年全县果园面积达到2.67万公顷，产量达到25万吨以上。

灵台苹果果实圆形或近圆形、果个大、果型端正，平均单果重262克，最大单果重473克；全红或近全红，着鲜红色条纹或晕、果面光洁，蜡质层厚；肉质脆，果肉乳黄色，酸甜适口、纤维少、汁液多、风味浓郁；可溶性固形物含量13.8～17.1%；果实带皮硬度5.4～7.2千克/平方厘米。

青海省畜牧总站

环湖牦牛成年公牛（有角）

环湖牦牛成年母牛（有角）

青海省畜牧总站是青海省农牧厅直属公益性事业单位，主要职能包括全省畜禽资源保护和利用、种畜禽种质性能鉴定、畜禽良种保护与繁育、品种改良和新品种培育、畜牧实用技术推广、规模养殖场认定管理、技术培训和科普宣传等工作。长期以来在品种改良、畜牧技术推广、繁育体系建设、品种资源调查研究等方面取得了许多成绩，获省科学技术进步奖15个、青海省科学技术成果奖1个，国家星火奖1个、全国农牧渔业丰收奖5个、科技成果60多个。

由青海省畜牧总站负责申报的环湖牦牛和雪多牦牛畜禽遗传资源，2017年顺利通过国家畜禽遗传资源委员会审定，列入国家畜禽遗传资源保护名录。

环湖牦牛主要分布于青海湖周边农牧区。被毛主要为黑色，部分个体为黄褐色或带有白斑，体侧下部裙毛粗长、体格较小、体型紧凑，头部分无角，有角者角细尖、四肢粗短、蹄质结实。成年公牦牛体重约为270千克，成年母牦牛体重约为190千克。屠宰率52.71%。

雪多牦牛成年公牛

雪多牦牛的中心产区为河南县赛尔龙乡兰龙村。被毛基本为黑色，裙毛四季界线清晰，尾部毛呈扫帚状，体躯较长，背腰平直，腹大而不下垂，角尖间距宽，角先向两侧平伸，再向上生长，少数角向后生长，前肢粗短端正，后肢多呈弓状；蹄圆坚实，蹄缝紧凑，两悬蹄分开距离较大。成年公牦牛平均体重210千克，成年母牦牛平均体重为190千克。

雪多牦牛成年母牛

山东沃华农业科技股份有限公司

山东沃华农业科技股份有限公司成立于2010年8月，经营业务包括：标准化基地种植、蔬菜精深加工、活性物质研发、农超对接、国际贸易、新型农机研发、全程机械化与社会化服务、"互联网＋现代农业"等。建有10万级GMP净化标准的精深加工车间，保鲜蔬菜年加工产能达15万吨。公司先后通过ISO9001/HACCP的瑞士通标SGS认证和日本有机农业标准认证（JAS认证），真正实现了产品从种植到采收、从加工到餐桌的全程可追溯。

董事长　张金全

作为国家首批一二三产业融合项目试点示范企业和潍坊市农业产业化重点龙头企业，自2015年以来，公司建设智能化育苗工厂共计50余公顷，并配套建设水肥一体智能控制中心和科技研发中心，同时，还引进世界上先进的自动化播种机、移栽机和采收机，结合中国土壤特性自主改良研发先进的整地机、开沟机等设施设备，比传统种植方式工作效率提升20倍以上，每公顷节约成本4 500元。

公司正筹备在全国首个"农业社会化服务信息管理系统"的基础上，再次自主研发以运用智能设备、物联网、云计算与大数据等先进技术为主要依托的云农科技服务平台，提升以大数据为支撑的农业社会化服务，开拓智慧农业新局面，实现农业现代化、信息化、智能化的跨越式发展。

临沧坚果——地理标志登记保护产品

临沧坚果产地为云南省临沧市所辖临翔区、云县、凤庆县、永德县、镇康县、耿马傣族佤族自治县、沧源佤族自治县、双江拉祜族佤族布朗族傣族自治县等8个县（区）77个乡镇（街道）。因得天独厚的气候及土壤土地资源优势，产出的临沧坚果具有独特的优良品质，2018年10月9日被农业农村部认定为地理标志登记保护产品。

2014年，澳大利亚坚果协会、中国土畜食品进出口商会授予临沧市"世界坚果看中国　中国坚果在临沧"荣誉牌匾。为保证果实充分成熟，临沧市将每年的白露节令定为临沧坚果"开采节"。为强化品质监测，建有国家级坚果类检测重点实验室。2018年10月，第八届国际澳洲坚果大会在临沧成功举办，并在临沧常设"国际澳洲坚果大会委员会秘书处"，决定每年11月在临沧召开一次国际澳洲坚果产业论坛峰会。

临沧市把临沧坚果作为一项生态产业、富民产业、特色产业来谋划发展。建基地、扶龙头、强科技、抓标准、创品牌、联市场，使澳洲坚果产业从无到有、从弱到强，2017年发展壮大到227万亩，临沧已成为世界最大的澳洲坚果种植基地和集散中心之一。到2020年，临沧坚果种植面积将达到17.3万公顷，盛产稳产后，年产壳果将达50万吨以上，总产值达150亿元以上，临沧坚果已经成为名副其实的"脱贫树""致富树""生态树"。

安岳柠檬

安岳县位于四川盆地中部，被誉为"中国柠檬之都"。安岳柠檬起源于20世纪20年代初，历经近百年的发展，已成为全国具有特色的示范产业，赢得了"中国柠檬看安岳"的美誉。安岳县是目前全国唯一的柠檬商品生产基地县，种植面积3.6万公顷，2017年柠檬鲜果产量60万吨，占全国总产量的83.6%，产值突破100亿元。获得省部级科技成果4项，《安岳柠檬》地方标准已上升为国家标准，形成了管控柠檬品质、质量安全、加工销售、科技研发等一系列体制机制。

全县建有通风储藏库近30万平方米，低温储藏库3万平方米，储藏能力达到35万吨。建有柠檬专业合作社、联合社及家庭农场665个，培育柠檬精深加工企业27户，研发加工柠檬油、柠檬果胶等18类39个品种，发展电商企业1 500余家，产品远销亚太、中东和欧洲30多个国家和地区。每年举办柠檬节等大型活动，已形成一二三产业融合发展的良好格局。

全县已建成绿色食品原料基地1万公顷，有机产品基地866.7公顷，出口柠檬质量安全示范区7 133公顷，实现了农业投入品可追溯。安岳柠檬品牌驰名全国，区域品牌价值达173.61亿元，名列全国初级农产品地理标志前10强、全国名特优新农产品目录，"安岳柠檬"商标获评四川省著名商标、四川名牌、国家地理标志全国50强区域公用品牌、首届消费者最喜爱的100件四川商标等。

大连佛伦德农业科技有限公司

大连佛伦德农业科技有限公司成立于2002年1月，坐落于大连国家农业科技园区内，是以大樱桃等优良果苗繁育、樱桃等高端水果生产研发示范推广为一体的高新技术企业。公司主要产品有苗木（优质大樱桃苗、2～7年生大樱桃树、组培吉塞拉矮化砧木苗、苹果苗、梨苗等）和水果（大樱桃、苹果、梨、葡萄等）。现有生产基地200余公顷，拥有智能连动温室、冷藏保鲜库、出口加工间、组培研发中心等现代化设施和设备。公司是辽宁省农业产业化重点龙头企业、辽宁省林业产业化龙头企业、大连市大樱桃协会会长单位、大连市都市型现代农业示范区等。2013年通过了ISO9001质量管理体系认证和英国皇家认可委员会（UKAS）认证，2016年通过了国家绿色产品认证，2017年被评为中国大樱桃十大生产企业，产品获评2017年全国名特优新农产品、中国大樱桃优质农产品奖和大连市名牌产品。

公司自2007年就开始了大樱桃苗木繁育及生产技术研究，组建了自己的组培研发室和研发团队。先后承担了十几项国家、省、市级科技项目，并获得了国家发明专利2项，国家、省、市级科技进步奖各1项。应用自主研发的"大樱桃优质苗木繁育方法"专利技术生产的苗木根系发达、固地性强、无根瘤、病虫少、生长快、成活率高，且结果早、丰产、果大质优。优选国内外大樱桃优新苗木品种如俄8、美国1号、美早等达30余个，并组织专家团队负责全程技术跟踪服务。几年来公司生产的大樱桃苗木供不应求，销往新疆、贵州、内蒙古、黑龙江、吉林、山东、山西、陕西、河南、河北、安徽、江苏、浙江等地。

广安龙安柚

　　龙安柚起源于四川省广安市广安区，最早种植于1885年，已有130余年的栽培历史。龙安柚皮粗，果皮绿黄，囊瓣易剥，果肉粉红，无核或少核，于10月下旬至11月中旬成熟，果实呈椭圆状。与其他柚类相比，其维生素C、天然黄酮类化合物、还原糖含量更高，肉质口感在红心柚类中名列前茅，有"吃广安龙安柚、享健康的滋味"的美誉。

　　龙安柚于20世纪90年代连续4次获全国柚类专项评比金杯奖，1995年获第二届中国农业博览会金奖，2002年获中国西部农业博览会名优农产品奖，2008年获准成为国家地理标志保护产品。

色泽：果肉粉红，晶莹剔透
肉质：果粒饱满，脆嫩化渣
味道：果味浓郁，酸甜适度
多汁：汁水丰盈，唇齿留香

靖州县现代农业产业园

　　靖州县地处湘西南，是"中国杨梅之乡""中国茯苓之乡"，2017年成功创建国家级杨梅、茯苓生态原产地保护产品及其示范区、国家级出口茯苓质量安全示范区。有杨梅基地5 733公顷，位居中南五省第一；有茯苓基地3 733公顷，在10余个省份建立了152个种植基地，每年交易茯苓7.8万吨，年交易量占全国总量的70%以上。

茯苓系列产品

　　靖州现代农业产业园包含渠阳、坳上、太阳坪、甘棠4个乡镇16个行政村，总面积1.31万公顷，其中核心区2 200公顷。按照"生态文明示范区、特色产业集聚区、创新开放协作区、产城融合先导区、经济发展带动区"的发展思路，以杨梅、茯苓为主导产业，重点建设木洞杨梅产业园、茯苓科技产业园和飞山现代农业产业园三个板块，构建"一区一园一带多基地"的产业布局。

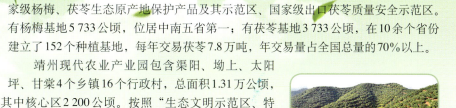

杨梅冷链选果

后山溪杨梅基地

　　靖州坚持把创建国家现代农业产业园作为推进农业供给侧结构性改革、加快农业现代化的重要载体，通过财政资金股权量化试点、"公司+合作社+农户+基地"等模式，带动农民4.3万人，其中贫困人口1.2万人。致力建设成为丘陵山区农业供给侧结构性改革、绿色高效农业和产业精准扶贫的国家级现代农业产业示范园。

中国茯苓科技产业园

江苏省宜兴市西渚镇白塔村

宜兴市西渚镇白塔村与天目湖交界，地处丘陵山区，依山傍水，濒临云湖景区，交通便利。近年来，白塔村围绕"生态立村、文化强村、旅游富民"的目标，确立"有根、有味、有品、有美、有戏、有招、有富、有新、更有魂"的理念，打造了白塔文旅园、宜兴猪博物馆、牵稼园，建立了拥有特色瓜果、樱花（观赏）、南天竹、优质茶叶等八大优势产业，集农业、休闲、观光、采摘为一体的休闲农业示范基地。

同时，还成立了白塔乡村旅游专业合作社，建立了八大高效农业，使乡村旅游带动观光农业，让群众都参与进来，共同致富。三年来村级经济实现了翻番，农民人均可支配收入达到3.8万元，年均增长25%，村民幸福指数与日俱增。

近年来，白塔村先后被评为全国文明村、中国美丽休闲乡村、全国生态文化村、中国特色村、中国慢生活休闲体验村、全国乡村旅游模范单位、全国休闲农业与乡村旅游示范点、《中国作家》创作基地、中国旅游3•15示范基地、中国最美村镇、江苏最美乡村、江苏省四星级旅游示范区、江苏最具魅力休闲乡村、江苏省社会主义新农村建设先进村、江苏省生态村、江苏省文明村等。

江西省芦溪县芦溪镇东阳村

村党支部书记 李斌全

江西省芦溪县芦溪镇东阳村位于芦溪县城东郊，面积4.4平方千米，耕地面积125公顷，辖10个自然村，总人口2 880多人。东阳村系国家级风景名胜区武功山景区之发端，交通便利、区位优越，环境优美，被评为全国平安家庭创建活动先进示范村、全国文明村镇、全国民主法制示范村、全国先进基层党组织、全省新农村建设先进单位、江西省乡村旅游点、萍乡市十大美丽乡村等，被誉为江南宜居农庄之典范。

东阳村门楼

近年来，东阳村依托秀丽山水等资源优势，强化基础设施建设，围绕"生态兴村、和谐兴村"发展主题，着力保护生态植被，大力改善村容村貌，使著名风景点禅台寺、东湖荷塘、千年古树等得到有效修葺和维护。着力建设东湖文化社区、樟树下农家乐社区、土桥经济观光农业社区，建成占地面积2 600多平方米的东湖文化广场。全面推进物质文明和精神文明协调发展，大力倡导文明新风，倡导和弘扬了扶贫济困、无私奉献、见义勇为等精神。加强"六队一室"（篮球队、腰鼓队、军鼓队、龙灯队、舞蹈队、老年门球队和图书室）建设，村民文化生活丰富多彩。同时组织成立种养专业合作社，发展休闲观光特色农业，建成"农家乐"15家和7个农业观光产业基地，整体推进"富民强村"部署，村级经济实力不断增强。

文化活动中心

磐五味中药材

磐五味中药材为"浙八味"中主产于浙江磐安的白术、延胡索（元胡）、浙贝母、玄参、白芍（杭白芍）等五味道地药材的俗称，具有悠久的历史和文化传承。

磐五味种植面积近3 000公顷，占磐安中药材总面积的50%以上，是传统浙药主产区。磐安白术、元胡、浙贝母、玄参、白芍等品种已通过原产地标记注册认证。2010年，磐安县中药材产业协会成功注册了"磐五味"证明商标；2012年，磐五味生产加工工艺被列入浙江省非物质文化遗产保护名录；2016年2月，被认定为浙江区域名牌农产品，同年10月，磐五味中药材获评2016浙江农博会十大区域公共品牌农产品。2018年12月，磐五味获评最具浙江省历史价值十强品牌。

芍药基地

浙八味药村城

浙贝母－蔬菜轮作设施栽培示范园

磐安云峰

浙江省磐安县产茶历史悠久，是中国生态龙井茶之乡、中国茶文化之乡、全国十大生态产茶县、中国茶业百强县、中国名茶之乡、中华茶文化展示基地、茶旅游示范县。本地所产的优质名茶——磐安云峰，产于磐安大盘山一带，具有"山林间、云雾中、仙家技、匠人情、味浓郁、体翩跹"的特色，在外形成了"磐安产好茶，好茶在磐安"的良好口碑；被业内人士称为有文化的生态茶。

磐安云峰涵盖针形、扁形、条形、卷曲形等茶类，种植面积6 000多公顷，年产量2 000余吨，年产值3.5亿元，品牌价值评估为15.46亿元，是全国名茶、中华文化名茶、浙江省著名商标、浙江名牌农产品、浙江地方名茶城市金名片、中国茶行业历史文化名茶、浙江省区域名牌农产品、中国茶博馆优质馆藏茶，曾荣获中国农业博览会金奖、中国精品名茶博览会金奖、浙江省农博会金奖、浙江绿茶博览会金奖、中绿杯金奖、金芽奖等省部级以上奖项80余项，先后被载入《浙江名茶》《中国茶经》《中国名茶图谱》《中国名茶志》《中国茶叶大辞典》等著作。

禽蛋精深加工技术

我国是世界第一产蛋大国，年禽蛋产量约占世界总产量的40%。但我国禽蛋精深加工比例仅为2%左右，与发达国家15%～45%的水平差距巨大。禽蛋中含有多种生物活性物质，其含量虽然不高，但利用价值较高，在医药、精细化工、基因工程和保健食品等方面均有广泛用途。从禽蛋中提取这些生物活性物质，是禽蛋加工增值的理想途径。

禽蛋精深加工技术项目创建与集成了禽蛋生物活性物质联产提取及副产物高值化利用新技术，能从蛋黄中联产提取卵磷脂、胆固醇、蛋黄油和卵黄高磷蛋白；从蛋清中联产提取溶菌酶、卵转铁蛋白和卵白蛋白；从蛋壳中联产提取透明质酸、硫酸软骨素和角蛋白；生物活性物质提取的副产物制成蛋白质粉、蛋白肽、蛋膜素、有机酸钙等，并可开发出卵磷脂软胶囊、卵磷脂软糖、蛋白肽螯合钙、蛋膜素护肤膏等衍生产品。本技术实现了禽蛋中多种生物活性物质的联产分步提取，既可确保生物活性物质的活性，又可提高多种生物活性物质的提取率，能使禽蛋中的生物活性物质得到充分利用，资源利用率高，生产成本低，增值幅度大，产品品质提高，无有毒溶剂残留，经济效益好。

单位：广州宝旺农副产品有限公司
地址：广州市花都区赤坭镇岗头南3巷21号
电话：020-86723423
传真：020-86723426

山西仁德牧业有限责任公司

办公楼

牧场俯瞰

山西仁德牧业有限责任公司成立于2014年5月，养殖规模存栏3 000头，投资8 000万元。仁德牧业标准化奶牛养殖场为山西圣天万亩现代农牧业科技示范园现代生态畜牧业生产示范区，是伊利乳业集团的标准奶源基地。牧场有成母牛牛棚8栋，后备牛牛棚5栋，犊牛牛棚12栋，挤奶厅3座，饲草料库及车辆维修保养区域等。

牧场所有进出口设有消毒池及消毒通道，场区与生活区分离，全场每日消毒一次，牧场使用的饮用水每年由第三方专业机构出具两次水质检测报告，所有兽药符合国家药品管理标准。与伊利集团合作以来，鲜奶指标全部符合标准且优于业内标准，获得了伊利集团颁发的"奶量保障奖"和"原奶品质卓越奖"。

消毒通道

仁德牧业用工业理念谋划农业，形成"种草-养殖-改良土壤-改善生态-种植"循环链。园区通过产业结构优化，实施种草养畜示范，增加了种植业产值，为养殖业提供了更可靠的保证，同时为周边农村劳动力提供了就业岗位，实现了农业产业链物质、能量梯次和闭路循环使用，提高了农业资源利用率和农牧业循环经济效益。

挤奶坑道

农产品地理标志保护产品——神木小米

黑小米

黄小米

绿小米

白小米

神木小米地理标志保护区位于东经110°17′～110°54′，北纬38°13′～39°01′，主要分布在神木市中南部黄土丘陵沟壑区，涉及14个镇（街道办事处），总保护面积7 300公顷，年产量3万吨。生产区域年平均日照2 876小时，日照时间长，光照强度大，有效积温高。7～8月平均温度23℃，与谷子拔节至抽穗期所需温度相吻合，利于谷子生长和干物质积累。保护区属半干旱地区，年均降水量440.8毫米，雨热同季，降水主要集中在～9月，占全年降水量的83.3%，8月降水量最多，占27.1%，与小米生育期需水量高度吻合，是优质高产的关键。

神木小米地理标志产品品种为神木黄沙谷、神木毛梁谷、晋谷29、小绿谷、黑九枝等中晚熟品种，生育期120～140天。神木小米色泽莹润，分为黄、黑、绿、白四色；颗粒浑圆，匀称饱满；熬煮粥油浓稠，滑润甜香。每100克小米蛋白质含量≥9.5克、氨基酸≥8克、谷氨酸≥1.7克、维生素B_1≥0.24毫克，每千克小米锌≥30毫克、铁≥20毫克。

近年来，按照优势农产品区域布局规划，神木开展了以谷子为主的旱作农业技术推广，带动了全市谷子产业的发展。全市小杂粮加工企业40余家，先后创建"四妹子""兰花花""丰禾""老农夫"和"长青"等品牌。神木小米在杨凌农业高新科技成果博览会上多次获得"后稷奖"，第十届国际荞麦学术研讨会组委会认定神木为小米优势生产区。

农产品地理标志保护产品——神木黑豆

神木黑豆地理标志保护区位于东经110°17～110°54′，北纬38°13′～39°01′，主要分布在神木市中南部黄土丘陵沟壑区，涉及13个镇（街道办事处）209个行政村，总保护面积8 700公顷，年产量2万吨。

神木黑豆地理标志产品有连枷条（黑皮）、神木鸡腰白（白皮）、神木双青豆（绿皮），均为小粒肾形，色泽鲜亮，生育期150～160天，百粒重10～15克，呈乌皮黄仁、白皮白仁和绿皮绿仁，种皮较厚，豆香浓郁，每千克黑豆含锌≥40毫克、镁≥1 600毫克，每100克黑豆含蛋白质≥38克、氨基酸≥30克、谷氨酸≥5克。

神木黑豆因其悠久的人文历史，良好的品质被消费者广泛认可。在第十届国际荞麦学术研讨会上，神木被认定为黑豆优势生产区；2012年，神木被中国粮食行业协会授予"中国黑豆之乡"称号；神木黑豆于2016年获国际农产品金奖。神木市政府高度重视黑豆产业，制定出台了多项奖补政策，推动产业发展。农业部门相继连年实施黑豆增产工程，制定了神木黑豆栽培地方标准。神木深度挖掘黑豆的市场价值，逐步开发方便片类、糕点类、饮料类及调味品类等高附加值产品。在市场营销上，依托品牌战略带动黑豆产品消费市场，使黑豆产业成为神木又一个农产品深加工大开发的新亮点。

绿皮黑豆

白皮黑豆

黑皮黑豆

黑豆大田长势

世界首个人工培育牦牛新品种——大通牦牛

　　大通牦牛是世界首个人工培育的牦牛新品种，其育种父本是野牦牛，育种母本是从当地适龄母牛群中挑选的体壮、口轻、毛色为黑色的母牦牛，该品种的后裔繁活率达到75%。大通牦牛种公牛改良后代各年龄段体重比当地家牦牛提高15%以上，并表现出了很强的高山放牧能力和显著的耐寒、耐饥饿和抗病能力，生长发育速度快、出肉率高。现已覆盖青海省39个县，并辐射到新疆、西藏、内蒙古、四川、甘肃等全国各大牦牛产区。

　　大通牦牛终年放牧于青藏高原海拔2 800米以上的天然牧场，同时由于含有1/2野牦牛基因，肉产品肉质鲜嫩，蛋白质含量高，脂肪沉积低，肌红蛋白含量高，矿物质、氨基酸及维生素含量丰富，营养成分高，口味鲜美，易被人体消化吸收。

　　大通牦牛肉于2002年9月获得无公害农产品证书；2005年12月，取得中国绿色食品发展中心AA级绿色食品认证和中绿华夏有机产品认证。2013年12月，批准对"大通牦牛肉"实施地理标志产品保护。在第十五届中国国际农产品交易会"我为家乡农产品代言"大型公益活动上，大通牦牛肉成功入选百强农产品区域公用品牌。

武汉市黄陂区西北蜂养蜂专业合作社

乐神三宝

木兰种蜂基地

　　武汉市黄陂区西北蜂养蜂专业合作社于2009年6月在工商部门登记注册成立，投资总额2 000万元，以标准化蜜蜂养殖和蜂产品收购、加工、销售以及信息共享、咨询等服务为特色。合作社现有蜂农105户，企业成员单位1家，蜂群数1.08万箱，年产值达4 000万元。"乐神三宝"商标是武汉市、湖北省著名商标，产品分别获得武汉名牌、湖北省名牌称号。合作社在2010年被中国蜂产品协会评为全国蜂农示范合作社，2014年11月被农业部等九部委评为全国农民合作社示范社。

　　2011年，合作社成立了武汉乐神三宝蜂业有限公司，发展的21家实体专营店创新了蜂产品行业的销售管理模式，并率先在武汉市建立了销售数据信息化管理系统。2017年推进"合作社蜂场+实体专营店体验+互联网网销+种蜂基地标准化养殖科普示范"的溯源体系创新营销模式，既拓展了更广的销售渠道，又让消费者可通过互联网溯源到蜜源地直接网上下单，享受到"从田头到舌头"的全新乐趣。

　　合作社将继续把"服务蜂农、带动蜂农共同致富、把原生态蜂产品带给广大消费者"为发展目标，整合优质资源，做好信息化和数据化市场分析，与时俱进、不断创新，更好地为广大消费者和蜂农服务，为蜂产品行业向现代农业发展发挥带头作用。

品牌专卖店

广告

优质稻米全程机械化生产技术

　　扬州大学水稻产业工程技术研究院经过多年研究，提出了优质稻米全程机械化生产技术，主要应用于长江中下游流域优质粳稻的生产。该技术因地制宜选用优质食味水稻品种，以创新的增龄提质毯苗与钵苗机械化栽培为核心，并配套了病虫草绿色防控等技术。

　　应用该技术，中端优质水稻单产与大面积常年平均水平持平或略增，安全（卫生）质量达绿色食品标准，米质达国际2级以上的优质食味稻米标准，稻谷单价提高10%左右，米价增长30%左右，单位面积纯收益增长15%～30%；高端优质稻谷增产20%～30%，安全质量达有机食品标准，米质达国标1级优质食味米标准，米价增加2～5倍，单位面积纯收益增长30%以上。

江西康庆堂中药饮片有限公司

江西康庆堂中药饮片有限公司成立于2014年1月，注册资金2 000万元。江西康庆堂中药饮片有限公司于2014年12月通过江西省食品药品监督管理局的GMP认证，是江西省首家通过新版GMP标准认证的中药饮片生产企业。

销售热线：0795-7778108、7778208、7376586、7778078

地　　址：江西省樟树市福城工业园仁和东路68号

三七粉

西洋参

江西省春丝食品有限公司

江西省春丝食品有限公司的前身为江西省粮食局直属企业——江西省樟树粮油公司营养食品厂，于1999年改制成立的有限责任公司。连续多年被中国粮食行业协会评定为"中国挂面十强"企业。

"春丝"品牌创立于1994年，1996年通过国家工商行政管理总局注册成为注册商标，产品以安全健康、面体劲道、柔韧爽滑、易熟经煮、不糊不浑汤等特点深受广大消费者青睐。

生产车间

江西省其门堂蔬菜食品有限公司

江西省其门堂蔬菜食品有限公司创办于2002年，设于江西樟树，是樟树市唯一一家集果蔬种植、收购、加工、销售、进出口为一体的农业产业化经营省级龙头企业。公司于2005年取得国家自营出口权，产品大部分出口到日本、韩国等国家和地区。生产的"美如"系列蔬菜罐头先后获得中国名优品牌、江西省著名商标和江西省名牌农产品等称号。

公司全景

日本参展

目　录

法律法规与规范性文件

品牌农业好文

品牌主体

统计资料

索　引

特　載

- 乡村振兴战略规划（2018—2022年）（节选）
- 农业农村部关于加快推进品牌强农的意见

乡村振兴战略规划（2018—2022年）（节选）

第四篇　加快农业现代化步伐

坚持质量兴农、品牌强农，深化农业供给侧结构性改革，构建现代农业产业体系、生产体系、经营体系，推动农业发展质量变革、效率变革、动力变革，持续提高农业创新力、竞争力和全要素生产率。

第十一章　夯实农业生产能力基础

深入实施藏粮于地、藏粮于技战略，提高农业综合生产能力，保障国家粮食安全和重要农产品有效供给，把中国人的饭碗牢牢端在自己手中。

第一节　健全粮食安全保障机制

坚持以我为主、立足国内、确保产能、适度进口、科技支撑的国家粮食安全战略，建立全方位的粮食安全保障机制。按照"确保谷物基本自给、口粮绝对安全"的要求，持续巩固和提升粮食生产能力。深化中央储备粮管理体制改革，科学确定储备规模，强化中央储备粮监督管理，推进中央、地方两级储备协同运作。鼓励加工流通企业、新型经营主体开展自主储粮和经营。全面落实粮食安全省长责任制，完善监督考核机制。强化粮食质量安全保障。加快完善粮食现代物流体系，构建安全高效、一体化运作的粮食物流网络。

第二节　加强耕地保护和建设

严守耕地红线，全面落实永久基本农田特殊保护制度，完成永久基本农田控制线划定工作，确保到2020年永久基本农田保护面积不低于15.46亿亩。大规模推进高标准农田建设，确保到2022年建成10亿亩高标准农田，所有高标准农田实现统一上图入库，形成完善的管护监督和考核机制。加快将粮食生产功能区和重要农产品生产保护区细化落实到具体地块，实现精准化管理。加强农田水利基础设施建设，实施耕地质量保护和提升行动，到2022年农田有效灌溉面积达到10.4亿亩，耕地质量平均提升0.5个等级（别）以上。

第三节　提升农业装备和信息化水平

推进我国农机装备和农业机械化转型升级，加快高端农机装备和丘陵山区、果菜茶生产、畜禽水产养殖等农机装备的生产研发、推广应用，提升渔业船舶装备水平。促进农机农艺融合，积极推进作物品种、栽培技术和机械装备集成配套，加快主要作物生产全程机械化，提高农机装备智能化水平。加强农业信息化建设，积极推进信息进村入户，鼓励互联网企业建立产销衔接的农业服务平台，加强农业信息监测预警和发布，提高农业综合信息服务水平。大力发展数字农业，实施智慧农业工程和"互联网＋"现代农业行动，鼓励对农业生产进行数字化改造，加强农业遥感、物联网应用，提高农业精准化水平。发展智慧气象，提升气象为农服务能力。

第十二章　加快农业转型升级

按照建设现代化经济体系的要求，加快农业结构调整步伐，着力推动农业由增产导向转向提质导向，提高农业供给体系的整体质量和效率，加快实现由农业大国向农业强国转变。

第一节 优化农业生产力布局

以全国主体功能区划确定的农产品主产区为主体，立足各地农业资源禀赋和比较优势，构建优势区域布局和专业化生产格局，打造农业优化发展区和农业现代化先行区。东北地区重点提升粮食生产能力，依托"大粮仓"打造粮肉奶综合供应基地。华北地区着力稳定粮油和蔬菜、畜产品生产保障能力，发展节水型农业。长江中下游地区切实稳定粮油生产能力，优化水网地带生猪养殖布局，大力发展名优水产品生产。华南地区加快发展现代畜禽水产和特色园艺产品，发展具有出口优势的水产品养殖。西北、西南地区和北方农牧交错区加快调整产品结构，限制资源消耗大的产业规模，壮大区域特色产业。青海、西藏等生态脆弱区域坚持保护优先、限制开发，发展高原特色农牧业。

第二节 推进农业结构调整

加快发展粮经饲统筹、种养加一体、农牧渔结合的现代农业，促进农业结构不断优化升级。统筹调整种植业生产结构，稳定水稻、小麦生产，有序调减非优势区籽粒玉米，进一步扩大大豆生产规模，巩固主产区棉油糖胶生产，确保一定的自给水平。大力发展优质饲料牧草，合理利用退耕地、南方草山草坡和冬闲田拓展饲草发展空间。推进畜牧业区域布局调整，合理布局规模化养殖场，大力发展种养结合循环农业，促进养殖废弃物就近资源化利用。优化畜牧业生产结构，大力发展草食畜牧业，做大做强民族奶业。加强渔港经济区建设，推进渔港渔区振兴。合理确定内陆水域养殖规模，发展集约化、工厂化水产养殖和深远海养殖，降低江河湖泊和近海渔业捕捞强度，规范有序发展远洋渔业。

第三节 壮大特色优势产业

以各地资源禀赋和独特的历史文化为基础，有序开发优势特色资源，做大做强优势特色产业。创建特色鲜明、优势集聚、市场竞争力强的特色农产品优势区，支持特色农产品优势区建设标准化生产基地、加工基地、仓储物流基地，完善科技支撑体系、品牌与市场营销体系、质量控制体系，建立利益联结紧密的建设运行机制，形成特色农业产业集群。按照与国际标准接轨的目标，支持建立生产精细化管理与产品品质控制体系，采用国际通行的良好农业规范，塑造现代顶级农产品品牌。实施产业兴村强县行动，培育农业产业强镇，打造一乡一业、一村一品的发展格局。

第四节 保障农产品质量安全

实施食品安全战略，加快完善农产品质量和食品安全标准、监管体系，加快建立农产品质量分级及产地准出、市场准入制度。完善农兽药残留限量标准体系，推进农产品生产投入品使用规范化。建立健全农产品质量安全风险评估、监测预警和应急处置机制。实施动植物保护能力提升工程，实现全国动植物检疫防疫联防联控。完善农产品认证体系和农产品质量安全监管追溯系统，着力提高基层监管能力。落实生产经营者主体责任，强化农产品生产经营者的质量安全意识。建立农资和农产品生产企业信用信息系统，对失信市场主体开展联合惩戒。

第五节 培育提升农业品牌

实施农业品牌提升行动，加快形成以区域公用品牌、企业品牌、大宗农产品品牌、特色农产品品牌为核心的农业品牌格局。推进区域农产品公共品牌建设，擦亮老品牌，塑强新品牌，引入现代要素改造提升传统名优品牌，努力打造一批国际知名的农业品牌和国际品牌展会。做好品牌宣传推介，借助农产品博览会、展销会等渠道，充分利用电商、"互联网＋"等新兴手段，加强品牌市场营销。加强农产品商标及地理标志商标的注册和保护，构建我国农产品品牌保护体系，打击各种冒用、滥用公用品牌行为，建立区域公用品牌的授权使用机制以及品牌危机预警、风险规避和紧急事件应对机制。

第六节 构建农业对外开放新格局

建立健全农产品贸易政策体系。实施特色优势农产品出口提升行动，扩大高附加值农产品出口。积极参与全球粮农治理。加强与"一带一路"沿线国家合作，积极支持有条件的农业企业走出去。建立农业对外合作公共信息服务平台和信用评价体系。放宽农业外资准入，促进引资引技引智相结合。

第十三章 建立现代农业经营体系

坚持家庭经营在农业中的基础性地位，构建家庭经营、集体经营、合作经营、企业经营等共同发展的新型农业经营体系，发展多种形式适度规模经营，发展壮大农村集体经济，提高农业的集约化、专业化、组织化、社会化水平，有效带动小农户发展。

第一节 巩固和完善农村基本经营制度

落实农村土地承包关系稳定并长久不变政策，衔接落实好第二轮土地承包到期后再延长30年的政策，让农民吃上长效"定心丸"。全面完成土地承包经营权确权登记颁证工作，完善农村承包地"三权分置"制度，在依法保护集体所有权和农户承包权前提下，平等保护土地经营权。建立农村产权交易平台，加强土地经营权流转和规模经营的管理服务。加强农用地用途管制。完善集体林权制度，引导规范有序流转，鼓励发展家庭林场、股份合作林场。发展壮大农垦国有农业经济，培育一批具有国际竞争力的农垦企业集团。

第二节 壮大新型农业经营主体

实施新型农业经营主体培育工程，鼓励通过多种形式开展适度规模经营。培育发展家庭农场，提升农民专业合作社规范化水平，鼓励发展农民专业合作社联合社。不断壮大农林产业化龙头企业，鼓励建立现代企业制度。鼓励工商资本到农村投资适合产业化、规模化经营的农业项目，提供区域性、系统性解决方案，与当地农户形成互惠共赢的产业共同体。加快建立新型经营主体支持政策体系和信用评价体系，落实财政、税收、土地、信贷、保险等支持政策，扩大新型经营主体承担涉农项目规模。

第三节 发展新型农村集体经济

深入推进农村集体产权制度改革，推动资源变资产、资金变股金、农民变股东，发展多种形式的股份合作。完善农民对集体资产股份的占有、收益、有偿退出及抵押、担保、继承等权能和管理办法。研究制定农村集体经济组织法，充实农村集体产权权能。鼓励经济实力强的农村集体组织辐射带动周边村庄共同发展。发挥村党组织对集体经济组织的领导核心作用，防止内部少数人控制和外部资本侵占集体资产。

第四节 促进小农户生产和现代农业发展有机衔接

改善小农户生产设施条件，提高个体农户抵御自然风险能力。发展多样化的联合与合作，提升小农户组织化程度。鼓励新型经营主体与小农户建立契约型、股权型利益联结机制，带动小农户专业化生产，提高小农户自我发展能力。健全农业社会化服务体系，大力培育新型服务主体，加快发展"一站式"农业生产性服务业。加强工商企业租赁农户承包地的用途监管和风险防范，健全资格审查、项目审核、风险保障金制度，维护小农户权益。

第十四章　强化农业科技支撑

深入实施创新驱动发展战略，加快农业科技进步，提高农业科技自主创新水平、成果转化水平，为农业发展拓展新空间、增添新动能，引领支撑农业转型升级和提质增效。

第一节　提升农业科技创新水平

培育符合现代农业发展要求的创新主体，建立健全各类创新主体协调互动和创新要素高效配置的国家农业科技创新体系。强化农业基础研究，实现前瞻性基础研究和原创性重大成果突破。加强种业创新、现代食品、农机装备、农业污染防治、农村环境整治等方面的科研工作。深化农业科技体制改革，改进科研项目评审、人才评价和机构评估工作，建立差别化评价制度。深入实施现代种业提升工程，开展良种重大科研联合攻关，培育具有国际竞争力的种业龙头企业，推动建设种业科技强国。

第二节　打造农业科技创新平台基地

建设国家农业高新技术产业示范区、国家农业科技园区、省级农业科技园区，吸引更多的农业高新技术企业到科技园区落户，培育国际领先的农业高新技术企业，形成具有国际竞争力的农业高新技术产业。新建一批科技创新联盟，支持农业高新技术企业建立高水平研发机构。利用现有资源建设农业领域国家技术创新中心，加强重大共性关键技术和产品研发与应用示范。建设农业科技资源开放共享与服务平台，充分发挥重要公共科技资源优势，推动面向科技界开放共享，整合和完善科技资源共享服务平台。

第三节　加快农业科技成果转化应用

鼓励高校、科研院所建立一批专业化的技术转移机构和面向企业的技术服务网络，通过研发合作、技术转让、技术许可、作价投资等多种形式，实现科技成果市场价值。健全省市县三级科技成果转化工作网络，支持地方大力发展技术交易市场。面向绿色兴农重大需求，加大绿色技术供给，加强集成应用和示范推广。健全基层农业技术推广体系，创新公益性农技推广服务方式，支持各类社会力量参与农技推广，全面实施农技推广服务特聘计划，加强农业重大技术协同推广。健全农业科技领域分配政策，落实科研成果转化及农业科技创新激励相关政策。

第十五章　完善农业支持保护制度

以提升农业质量效益和竞争力为目标，强化绿色生态导向，创新完善政策工具和手段，加快建立新型农业支持保护政策体系。

第一节　加大支农投入力度

建立健全国家农业投入增长机制，政府固定资产投资继续向农业倾斜，优化投入结构，实施一批打基础、管长远、影响全局的重大工程，加快改变农业基础设施薄弱状况。建立以绿色生态为导向的农业补贴制度，提高农业补贴政策的指向性和精准性。落实和完善对农民直接补贴制度。完善粮食主产区利益补偿机制。继续支持粮改饲、粮豆轮作和畜禽水产标准化健康养殖，改革完善渔业油价补贴政策。完善农机购置补贴政策，鼓励对绿色农业发展机具、高性能机具以及保证粮食等主要农产品生产机具实行敞开补贴。

第二节　深化重要农产品收储制度改革

深化玉米收储制度改革，完善市场化收购加补贴机制。合理制定大豆补贴政策。完善稻谷、小麦最低收购价政策，增强政策灵活性和弹性，合理调整最低收购价水平，加快建立健全支持保护政策。深化国有粮食企业改革，培育壮大骨干粮食企业，引导多元市场主体入市收购，防止出现卖粮难。深化棉花目标价格改革，研究完善食糖（糖料）、油料支持政策，促进价格合理形成，激发企业活力，提高国内产业竞争力。

第三节　提高农业风险保障能力

完善农业保险政策体系，设计多层次、可选择、不同保障水平的保险产品。积极开发适应新型农业经营主体需求的保险品种，探索开展水稻、小麦、玉米三大主粮作物完全成本保险和收入保险试点，鼓励开展天气指数保险、价格指数保险、贷款保证保险等试点。健全农业保险大灾风险分散机制。发展农产品期权期货市场，扩大"保险＋期货"试点，探索"订单农业＋保险＋期货（权）"试点。健全国门生物安全查验机制，推进口岸动植物检疫规范化建设。强化边境管理，打击农产品走私。完善农业风险管理和预警体系。

农业农村部关于加快推进品牌强农的意见

农市发〔2018〕3号

各省、自治区、直辖市及计划单列市农业（农牧、农村经济）、农机、畜牧、兽医、农垦、农产品加工、渔业（水利）厅（局、委、办），新疆生产建设兵团农业局：

党的十九大报告提出实施乡村振兴战略。2018年中央1号文件提出质量兴农之路，突出农业绿色化、优质化、特色化、品牌化，全面推进农业高质量发展。品牌建设贯穿农业全产业链，是助推农业转型升级、提质增效的重要支撑和持久动力。为贯彻落实中央精神，深入推进品牌强农，现提出如下意见。

一、充分认识新时期加快品牌强农的重要意义

（一）品牌强农是经济高质量发展的迫切要求。品牌是市场经济的产物，是农业市场化、现代化的重要标志。当前，我国经济发展进入质量效率型集约增长的新阶段，处于转换增长动力的攻关期。加快推进品牌强农，有利于促进生产要素更合理配置，催生新业态、发展新模式、拓展新领域、创造新需求，促进乡村产业兴旺，加快农业转型升级步伐。

（二）品牌强农是推进农业供给侧结构性改革的现实路径。农业品牌化是改善农业供给结构、提高供给质量和效率的过程。加快推进品牌强农，有利于更好发挥市场需求的导向作用，减少低端无效供给，增加绿色优质产品，提升农业生态服务功能，更好满足人民日益增长的美好生活需要，使农业供需关系在更高水平上实现新的平衡。

（三）品牌强农是提升农业竞争力的必然选择。品牌是国家的名片，民族品牌更是代表着国家的经济实力、软实力以及企业的核心竞争力。当前，我国农业品牌众多，但杂而不亮。加快推进品牌强农，有利于提高我国农业产业素质，弘扬中华农耕文化，树立我国农产品良好国际形象，提升对外合作层次与开放水平，增强我国农业在全球竞争中的市场号召力和影响力。

（四）品牌强农是促进农民增收的有力举措。品牌是信誉、信用的集中体现，是产品市场认可度的有力保证。加快推进品牌强农，有利于发挥品牌效应，进一步挖掘和提升广大农村优质农产品资源的价值，促进千家万户小农户有效对接千变万化大市场，增强农民开拓市场、获取利润的能力，更多分享品牌溢价收益。

二、总体要求

（一）指导思想

全面落实党的十九大精神，深入贯彻习近平新时代中国特色社会主义思想，践行新发展理念，按照乡村振兴战略的部署要求，以推进农业供给侧结构性改革为主线，以提质增效为目标，立足资源禀赋，坚持市场导向，提升产品品质，注重科技支撑，厚植文化底蕴，完善制度体系，着力塑造品牌特色，增强品牌竞争力，加快构建现代农业品牌体系，培育出一批"中国第一、世界有名"的农业品牌，促进农业增效、农民增收和农村繁荣，推动我国从农业大国向品牌强国转变。

（二）基本原则

——坚持品质与效益相结合。严把农产品质量安全关，坚持质量第一、效益优先。品质是品牌的前提和基础，是抵御市场风险的基石，要以工匠精神着力提升产品品质，通过规模化提高综合效益，推动品牌建设又快又好发展。

——坚持特色与标准相结合。立足资源禀赋和产业基础，充分发挥标准化的基础保障、技术引领、信誉保证作用，突出区域农产品的差异化优势，以特色塑造品牌的独特性，以标准确保品牌的稳定性。

——坚持传承与创新相结合。农业品牌建设要在传承中创新，在创新中传承，既要保护弘扬中华农耕文化，延续品牌历史文脉，又要着力增强自主创新能力，与现代元素充分结合，提升产品科技含量，增强品牌国际竞争力。

——坚持市场主导与政府推动相结合。发挥好政府与市场在品牌培育中的作用，强化政府服务意识，加强政策引导、公共服务和监管保护，为品牌发展营造良好环境。强化企业主体地位，弘扬企业家精神，激发品牌创造活力和发展动能。

（三）发展目标

力争3～5年，我国农业品牌化水平显著提高，品牌产品市场占有率、消费者信任度、溢价能力明显提升，中高端产品供给能力明显提高，品牌带动产业发展和效益提升作用明显增强。国家级、省级、地市级、县市级多层级协同发展、相互促进的农业品牌梯队全面建立，规模化生产、集约化经营、多元化营销的现代农业品牌发展格局初步形成。重点培育一批全国影响力大、辐射带动范围广、国际竞争力强、文化底蕴深厚的国家级农业品牌，打造300个国家级农产品区域公用品牌，500个国家级农业企业品牌，1 000个农产品品牌。

三、主要任务

（一）筑牢品牌发展基础

将品质作为品牌发展的第一要义，坚持市场导向、消费者至上，把安全、优质、绿色作为不断提升产品和服务质量的基本要求。统筹农业生产、加工、冷链物流等设施项目建设，建设一批规范标准、生态循环的农产品种养加基地，加快推进农产品生产的规模化、产业化、集约化，提高农产品供给能力。着力构建现代农业绿色生产体系，将产品安全、资源节约、环境友好贯穿始终，将绿色生态融入品牌价值。大力推进标准体系建设，建立健全农产品生产标准、加工标准、流通标准和质量安全标准，推进不同标准间衔接配套，形成完整体系。加强绿色、有机和地理标志认证与管理，强化农业品牌原产地保护。加快构建农产品质量安全追溯体系，强化农产品质量安全全程监管。加强品牌人才培养，以新型经营主体为重点，建设专业素质高、创新能力强、国际视野广的人才队伍，提高品牌经营管理水平。

（二）构建农业品牌体系

结合资源禀赋、产业基础和文化传承等因素，制定具有战略性、前瞻性的品牌发展规划。培育差异化竞争优势的品牌战略实施机制，构建特色鲜明、互为补充的农业品牌体系，提升产业素质和品牌溢价能力。建设和管理农产品区域公用品牌是各级政府的重要职责，以县域为重点加强品牌授权管理和产权保护，有条件的地区要与特色农产品优势区建设紧密结合，一个特优区塑强一个区域公用品牌。结合粮食生产功能区、重要农产品生产保护区及现代农业产业园等园区建设，积极培育粮棉油、肉蛋奶等"大而优"的大宗农产品品牌。以新型农业经营主体为主要载体，创建地域特色鲜明"小而美"的特色农产品品牌。农业企业要充分发挥组织化、产业化优势，与原料基地建设相结合，加强自主创新、质量管理、市场营销，打造具有较强竞争力的企业品牌。

（三）完善品牌发展机制

建立农业品牌目录制度，组织开展品牌目录标准制定、品牌征集、审核推荐、评价认定和培育保护等活动，发布品牌权威索引，引导社会消费。目录实行动态管理，对进入目录的品牌实行定期审核与退出机制。鼓励和引导品牌主体加快商标注册、专利申请、"三品一标"认证等，规范品牌创建标准。结合"三区一园"建设，创新民间投资机制，推动资源要素在品牌引领下集聚，形成品牌与园区共建格局。农业农村部门要加强与发改、财政、商务、海关、市场监管等部门的协同配合，形成创品牌、管品牌、强品牌的联动机制。建立健全农业品牌监管机制，加大套牌和滥用品牌行为的惩处力度。加强品牌中介机构行为监管，严格规范品牌评估、评定、评价、发布等活动，禁止通过品牌价值评估、品牌评比排名等方式变相收费，严肃处理误导消费者、扰乱市场秩序等行为。构建危机处理应急机制，引导消费行为，及时回应社会关切。完善农业品牌诚信体系，构建社会监督体系，将品牌信誉纳入国家诚信体系。

（四）挖掘品牌文化内涵

中华农耕文化是我国农业品牌的精髓和灵魂。农业品牌建设要不断丰富品牌内涵，树立品牌自信，培育具有强大包容性和中国特色的农业品牌文化。深入挖掘农业的生产、生活、生态和文化等功能，积极促进农业产业发展与农业非物质文化遗产、民间技艺、乡风民俗、美丽乡村建设深度融合，加强老工艺、老字号、老品种的保护与传承，培育具有文化底蕴的中国农业品牌，使之成为走向世界的新载体和新符号。充分挖掘农业多功能性，使农业品牌业态更多元、形态更高级。研究并结合品牌特点，讲好农业品牌故事，大力宣扬勤劳勇敢的中国品格、源远流长的中国文化、尚农爱农的中国情怀，以故事沉淀品牌精神，以故事树立品牌形象。充分利用各种传播渠道，开展品牌宣传推介活动，加强国外受众消费习惯的研究，在国内和国外同步发声，增强中国农业品牌在全世界的知名度、美誉度和影响力。

（五）提升品牌营销能力

以消费需求为导向，以优质优价为目标，推动传统营销和现代营销相融合，创新品牌营销方式，实施精准营销服务。全面加强品牌农产品包装标识使用管理，提高包装标识识别度和使用率。充分利用农业展会、产销对接会、产品发布会等营销促销平台，借助大数据、云计算、移动互联等现代信息技术，拓宽品牌流通渠道。探索建立多种形式的品牌农产品营销平台，鼓励专柜、专营店建设，扩大品牌农产品市场占有率。大力发展农业农村电子商务，加快品牌农产品出村上行。聚焦重点品种，着力加强市场潜力大、具有出口竞争优势的农业品牌建设。加大海外营销活动力度，支持有条件的农业企业"走出去"，鼓励参加国际知名农业展会，提升我国农业品牌的影响力和渗透力。支持建设境外中国农业展示展销中心，搭建国际农产品贸易合作平台。

四、保障措施

（一）加强组织领导

各地要深刻认识品牌强农的重要意义，以质量第一、品牌引领为工作导向，纳入各级领导的重要议事日程，持续发力、久久为功，推动农业高质量发展。各级农业农村部门要加快构建职责明确、协同配合、运作高效的工作机制。农业农村部统筹负责全国农业品牌建设的政策创设和组织实施。地方农业农村部门牵头负责本地农业品牌建设和管理，制定实施方案，将农业品牌建设纳入年度工作考核任务。

（二）加大政策支持

鼓励地方整合涉农资金，集中力量支持农业品牌建设的重点区域和关键环节。各级农业农村部门要整合内部资源，安排专项资金，采取多种形式加大对农产品区域公用品牌的扶持力度。发挥财政资金引导作用，撬动社会资本参与企业品牌和特色农产品品牌建设。引导银行、证券等金融机构参与农业品牌建设，创新投融资方式，拓宽资金来源渠道。

（三）加强示范引领

鼓励和支持各地采用多种方式强化宣传推介，营造全社会发展品牌、消费品牌、保护品牌的良好氛围。各级农业农村部门要结合本地实际，推选一批农业品牌，树立一批市场主体，总结一批典型经验，以品牌建设引领现代农业产业发展。综合利用各类媒体媒介，推出具有较强宣传力和影响力的品牌推介活动。

（四）完善公共服务

各级农业农村部门要增强市场主体服务意识、提升服务水平，鼓励支持行业协会、品牌主体等开展标准制定、技术服务、市场推广、业务交流、品牌培训等业务，建立完善的品牌社会化服务体系。强化中介机构能力建设，提升品牌设计、营销、咨询、评价、认证等方面的专业化服务水平。加强信息报送和政策宣传，努力营造全社会关心、支持农业品牌建设的良好氛围。

农业农村部

2018 年 6 月 26 日

发 展 综 述

全国品牌农业发展概况

——"农业品牌推进年"工作总结

2017年是农业部确定的农业品牌推进年。农业部市场与经济信息司贯彻落实农业部党组决策部署，切实把品牌建设工作作为深入推进农业供给侧结构性改革、提高农业综合效益和竞争力、促进农业增效和农民增收的有效途径，以创新思维推动工作，以勇于尝试开拓思维，农业品牌建设工作开创了新篇章、呈现了新局面。

一、做法和成效

（一）以发布品牌推进年为起点，奏响全面推动品牌建设序曲

积极落实《国务院办公厅关于发挥品牌引领作用推动供需结构升级的意见》，贯彻落实农业部党组决策部署，在农业部1号文件中明确2017年为农业品牌推进年，全面推动农业品牌建设工作，受到了地方农业部门和社会各界的高度关注。及时印发《农业部关于2017年农业品牌推进年工作的通知》，明确了工作思路和原则，确定了工作内容和重点任务，为全年品牌建设工作设计了详细的路线图和时间表。积极推动媒体发声，连续进行专题报道，营造了全社会关注农业品牌建设的良好氛围。各地按照农业部总体要求，认真谋划、精心安排，制定本地区农业品牌推进年工作方案，印发通知提出具体工作思路和举措。重庆将品牌工作首次纳入市委、市政府对区县的综合考核。青海将扶持30个特色农牧业品牌工作纳入了省政府考核内容。黑龙江坚持用品牌引导生产，出台了实施品牌战略的政策意见。农业品牌推进年的确立，向社会发出了强有力的信号，标志着我国农业品牌建设站在新的历史起点，进入新的发展时期。

（二）以品牌推进大会为标志，吹响全国动员集结号

按照形式创新、机制创新、内容创新的设计思路，与农业部农产品加工局共同筹备召开全国农产品加工业发展和农业品牌创建推进工作会，总结农业品牌建设经验，部署新时期工作重点，为今后一段时期品牌建设工作指明了方向。会议展览展示了大米、苹果、奶业、蛋品、水产品、地理标志产品、农业文化等品牌建设成果，设计了中国农业品牌大道，韩长赋部长走在品牌大道上感慨"走在品牌路上，农业大有希望"。同期举办了中国农业品牌发展论坛，共同探讨农业品牌的发展思路、目标、重点和实现路径。此次大会是我国农业系统第一次以品牌为主题召开的全国性大会，各类农业品牌第一次集中亮相，相关农业品牌建设力量第一次集结，在我国农业品牌建设历程中具有里程碑意义。大会结束后，各地掀起了品牌创建浪潮，相继召开农业品牌发展大会，结合本地区实际，提出建设目标和重点工作。河北制定了"区域、企业、产品"三位一体品牌发展战略，大力实施区域品牌培育工程、企业品牌提升工程、产品品牌孵化工程，引领产业升级发展。安徽制定了"绿色皖农"品牌培育计划，立足优势主导特色产业，培育和创建在国内外有较大影响力的知名"皖字号"农业品牌。浙江制定了《浙江农业品牌振兴行动计划（2017—2020年）》，培育一批农业领军企业和国内外知名品牌。吉林突出绿色优质农产品供给，做大做强"吉字号"品牌。在各级政府的强势推动下，以品牌为引领的市场导向作用明显提升，广大消费者越来越关注品牌、看重品牌、消费品牌，市场主体加快培

育品牌、塑造品牌的劲头空前高涨。

（三）以首届中国国际茶叶博览会为纽带，唱响中国茶好声音

中国国际茶叶博览会是我国首次举办的国际性茶叶展会，习近平总书记为展会发来贺信，是一次推动茶产业大发展、增进茶文化大交流、促进茶贸易大合作、唱响中国茶好声音的行业盛会。展会期间举办了中国茶业国际高峰论坛、"世界茶乡·中国之夜"品茶招待会、国际茶咖对话等重大国际性活动，共有46位国内外部长级领导出席，12个中央、国务院有关部委和单位参加，全国20个茶叶生产省份全部组团参展，汇聚茶和咖啡产品近万种，918家知名企业齐聚，到场专业采购商超过7000家，客流突破6.68万人次。展会组织了多达68场的品牌推介活动，公布了中国十大茶叶区域公用品牌和中国优秀茶叶区域公用品牌，西湖龙井、信阳毛尖、安化黑茶、蒙顶山茶、六安瓜片、安溪铁观音、普洱茶、黄山毛峰、武夷岩茶、都匀毛尖入选了中国十大名茶。阿尔及利亚驻华大使艾哈桑·布哈利法称："在本次茶叶博览会上，我们充分了解到，茶叶的祖国就是中国。茶叶有如此之多的品种，背后的故事和相互联系就构成了茶文化。"中国国际茶叶博览会的成功举办，全面展现了我国茶产业发展成就，促进了茶叶贸易和茶业交流，推动茶产业走出中国、迈向世界。

（四）以第十五届中国国际农产品交易会为高潮，齐奏品牌推介新乐章

第十五届中国国际农产品交易会（以下简称农交会）是在党的十九大即将召开，农业供给侧结构性改革深入推进形势下举办的一届行业盛会。农交会以"绿色发展、生态优先、品牌引领、产业升级"为主题，聚焦农业品牌，突出成就展示。会前，国务院副总理汪洋到展会视察指导，对农交会组织筹办工作给予充分肯定。全国人大常委会副委员长张宝文、全国政协副主席罗富和出席开

幕式。农交会期间举办的"我为品牌农产品代言"大型公益活动，26位社会知名人士、30名农民兄弟倾情推介家乡农产品区域公用品牌，20余位省部长现场见证，说着家乡话，叙着家乡情，弘扬家乡的味道，向全国人民展示了农业发展成果和区域特色优势农产品。展会期间还举办了首届中国国际品牌农业发展高峰论坛、第三届全国农产品地理标志品牌推介会等10余场品牌活动，推选了"2017年中国百强农产品区域公用品牌"和参展农产品金奖，精彩展示了我国农业品牌建设成效，推动各地形成了上下联动推进农业品牌建设的又一次高潮。在随后各地举办的农交会、农博会上，纷纷上演农业厅长、市长、县长推介名优农产品专场活动和明星名人代言品牌农产品活动，一些省份卫视对相关活动进行了现场直播，行政官员推介品牌农产品已经成为全国处处唱响、遍地开花的官方名片。

二、主要经验

（一）领导推动是关键

农业部党组对品牌创建工作高度重视，将2017年确定为农业品牌促进年，写进农业部1号文件。韩长赋部长、余欣荣副部长、陈晓华副部长、屈冬玉副部长等农业部领导多次出席品牌创建活动，对品牌工作给予悉心指导，帮助协调解决重大问题。各省份农业分管领导一年来出席农业部品牌大会、茶博会、农交会等多场重要活动，对辖区品牌工作形成了强有力的推动作用。领导的高度重视，对统筹各方形成合力、推动品牌创建工作顺利推进发挥着至关重要的作用。

（二）开拓创新是动力

作为品牌建设牵头司局，农业部市场与经济信息司2017年年初就谋篇布局，在总结实践、深入研究的基础上，坚持顶层设计、高位发力，大胆创新、凝聚共识，坚持结合特优区创建打造品牌，发挥展会平台优势打

造品牌，抢抓"互联网＋"战略机遇打造品牌，积极利用公共媒体打造品牌，努力创设品牌发展新格局。各地在推进品牌建设的过程中，结合自身实际，坚持创新创造，丰富实现形式，积累了很多很好的经验。海南每年设立1亿元品牌农业发展专项资金。江西挖掘一批"贡字号"品牌，讲好历代进贡农产品故事。山东制定品牌评价标准，为各地开展品牌创建活动提供了作业指导书。青海将品牌建设与创建国家农产品质量安全县、发展生态畜牧业相结合，打造安全绿色农产品品牌。河北整合品牌机构资源，筹建品牌研究院，开展品牌专题培训。

（三）加快培育是途径

提高农产品品牌的知名度，增强消费者购买信心，关键是要提升品牌实力和公信力。"我为品牌农产品代言"、省部长推介品牌农产品活动等，让地方优质农产品走上了全国人民观看的大舞台。农业部市场与经济信息司还支持中国农产品市场协会、中国农村杂志社发起成立中国农业品牌创新联盟，集聚品牌建设力量。各地也通过积极行动，结合实际开展多种形式的评比评选工作，积极培育农产品品牌做大做强。河南、山东、江苏建立了品牌目录制度，定期进行发布。吉林编印了《吉林省农业品牌名录》，集中展示宣传优质特色农产品。云南、辽宁、广东等地也组织开展了名牌农产品的评选活动，全国各省（自治区、直辖市）共评选出名牌产品1 000多个。通过品牌培育，增加了优质品牌农产品曝光度，提升了品牌农产品的知名度和影响力，引领了广大消费者关注品牌、消费品牌。

（四）宣传引导是保证

品牌创建工作需要全社会参与，好的农产品需要消费者认可。我们始终坚持加强品牌农产品和创建工作的宣传和引导，努力构建纸媒有板块、电视有画面、电台有声音、网站有动态、微信群有消息、朋友圈有喝彩的农业品牌宣传格局。农业部市场与经济信息司组织开展全国百家合作社百个农产品品牌公益宣传活动，牵头发起各类农产品展销和产销对接活动。河北实施"燕赵农业品牌计划"，整合中央电视台、新华社、人民网等媒体资源，对知名品牌集中宣传。山东打造"空中博览馆"，利用山东航空公司的106架飞机餐桌板广告位，宣传烟台苹果等12个区域公用品牌。陕西财政安排2 100万元，开展特色优势农产品品牌宣传推介试点。通过一年的共同努力，一批"站得稳、叫得响、传得广"的特色农产品品牌脱颖而出，品牌建设的良好氛围已经建立。

三、存在的困难和问题

（一）发展不平衡、不充分

一是地区间不平衡。一些地区品牌资源还未得到充分挖掘，区位优势、产业优势、品质优势没能很好地转化为品牌优势，一些农业大市（县）的地位与品牌不大不强的现状不匹配。二是品种间不平衡。一些品种缺乏统治市场、引领消费的大品牌带动，存在大产业无大品牌的现象，产业价值也没有得到很好体现。三是发展不充分。农产品"有品无牌、牌小无名"，品牌"好的不多、多的不好"，品牌多、小、弱的问题普遍存在。

（二）认识不到位、有偏差

在思想认识上，一些地方品牌意识淡薄，"重生产轻品牌""重评比轻培育"的思维定式还没有完全破除，工作缺乏主观能动性，满足于现状，在工作落实中"上热下冷""时热时冷"。在落实措施上，一些地方对品牌建设基本理论研究不够，存在急功近利思想，往往注重短期投入和效果，缺乏长效推进的耐心和决心。在培育塑造上，一些农业生产主体认为品牌建设投入大、见效慢，对品牌形象塑造和培育的主动性不强。一些特色农产品"养在深闺人未识"，品牌的效应没有发挥出来。在挖掘内涵上，一些品牌的文化内涵挖掘不够，开展品牌宣传、增强文化底蕴动力不足，打造的品牌同名化、类似化、空洞化，消费者认同度、市场美誉度不高。

（三）制度不完善、不到位

一是缺乏顶层设计。各地推进品牌工作缺乏统一的规划和引导，一些品牌制度存在缺位现象，中国农业品牌目录制度急需建立，

政策体系也尚未健全。二是缺乏长效的投入机制。在国家层面还没有品牌专项资金支持，一些贫困县扶持特色产业品牌缺乏资金支持，品牌建设的投入明显不足。三是行业监管不到位。品牌咨询市场缺乏有效的行业管理，社会组织开展的品牌价值评价往往缺乏公信力，容易误导消费者。

2017年"三品一标"发展情况

——中国绿色食品发展中心工作综述

2017年，"三品一标"工作认真贯彻落实党的十八届六中全会、十九大以及全国农业工作会议、全国推进质量兴农工作部署会议精神，牢固树立"创新、协调、绿色、开放、共享"的发展理念，紧紧围绕推进农业供给侧结构性改革的工作主线，坚持稳中求进，以增加优质农产品供给、提升"三品一标"品牌权威性和影响力为目标，各项工作取得了明显成效。

一、2017年"三品一标"发展基本情况

截至2017年12月10日，"三品一标"产品总数接近12.2万个（121 546个）。其中，全国绿色食品企业总数10 895家，产品25 746个，当年新批企业4 422家，同比增长12%，当年新批产品10 093个，首次突破1万个大关，同比增长13%。中绿华夏认证有机农产品企业总数1 068家，产品4 127个。全国无公害农产品企业总数43 171家，产品89 431个；农产品地理标志产品2 242个；绿色食品生产资料企业132家，产品332个。

全国共建成绿色食品原料标准化生产基地678个，涉及水稻、玉米、大豆、小麦等百余种地区优势农产品和特色产品，有机农业示范基地24个，初步形成了茶叶、水果、蔬菜、稻米、畜牧产品、水产品等各具特色的有机种养示范模式，带动2 000多万农户，对促进地

方经济、增加农民收入发挥了积极的作用。

二、重点工作推进情况

（一）绿色食品标志许可工作扎实有效推进

按照2017年年初全国绿色食品有机农产品座谈会精神，中国绿色食品发展中心（以下简称"中心"）围绕提高绿色食品权威性和公信力，扎实做好标准制（修）订、许可审查、证后检查，绿色食品发展取得新进展。

一是聚焦"落地生根"，完善标准建设。中心为解决标准落地"最后一公里"问题，将标准转化为农民读得懂、可操作的"明白纸"，组织研究探讨并启动了绿色食品生产操作规程编写工作。2017年，组织编写了首批50项生产操作规程，修订了15项标准。绿色食品现行有效标准141项，其中准则类标准15项，产品标准126项。

二是强化"关键点"把控，确保审查质量。坚守标准，严审细查，确保绿色食品标志许可审查的科学性、有效性。着力坚持对投入品、现场检查、资质条件3个关键点从严把控。加强高风险行业、区域和企业的现场核查，有效防范审查工作风险。

三是做好企业服务，及时许可颁证。2017年，全国绿色食品有效用标企业数同比增长7.7%，产品总数增长7.2%。面对工作

量增加，中心认真部署做好企业颁证服务。获证企业主体中，农民合作社 3 254 家，产品 6 166 个，分别占比 29.9% 和 23.9%，仍呈上升趋势。

四是落实监管制度，加强证后检查。继续从严落实基本监管制度，强化退出机制，确保产品质量。全年因年检不合格、抽检不合格共取消了 48 个产品的标志使用权。年检督导完成对浙江省、辽宁省等 6 个省级工作机构的检查工作。产品抽检共抽查了 5 322 个产品，占 2016 年产品总数的 22.2%，检出不合格产品 53 个，抽检合格率 99%。市场检核共抽取标称绿色食品的不重复样品 1 902 个，查处 120 个不规范用标产品和 15 个假冒产品，分别占比 6.31% 和 0.79%，均较 2016 年有所下降。风险预警完成了对小麦、蔬菜、茶叶的监测抽样，分别对风险因素进行了分析和总结。发布了 72 期产品公告，公示了企业获证和"摘牌"情况。

五是注重保护和维权，加强商标管理。完成 107 件绿色食品商标注册工作，其中国内注册 93 件。绿色食品标志证明商标现已在俄罗斯、澳大利亚、日本、韩国等 11 个国家注册。

六是强化支撑保障，规范检测机构。首次开展对 6 家定点机构飞行检查活动，对其中 3 家检测机构做出了限期整改的处理决定。加强对检测机构的布局和管理，草拟相关办法，力争"一次考核、一张证书、全国通用"，减轻检测机构申请成本。加强对检测机构的遴选和退出，确保检测机构规范运行。目前，绿色食品检测机构共 95 家，其中具备产品检测资质的 70 家，具备环境检测资质的 67 家，资质兼具的"双料"机构 42 家。

（二）有机农产品认证工作积极稳妥开展

2017 年，有机农产品认证工作按照"立足农业、着眼生态、注重安全、保障品质"的目标，着力提高"中绿华夏"认证品牌影响力。

一是认证机构品牌公信力得到有效保证。规范认证，修订质量体系文件，优化认证计划管理，有效防范认证风险，改善认证检测制度，进一步提高认证管理的科学性和有效性。严格监管，开展产品质量抽检和监督检查，产品抽检合格率 99.5%。通过不断努力，有机认证工作成效明显：受理新申报企业数和新认证数量均呈大幅上升，企业再认证率 91.5%，发放防伪标签和有机码 8.558 亿枚，占全国发放总量的 53%，34 家企业由其他认证机构转入中绿华夏认证。

二是合作范围和领域进一步扩展。2017 年，境外有机农产品认证数量大幅度增长，中心认证境外企业 80 家，同比增长 40.4%。中心与 13 家境外机构建立了合作关系，境外认证业务基础进一步夯实。协助农业部参加在奥地利召开的首届中奥有机农业研讨会，并落实了中奥有机茶叶示范农场建设项目，提升了中绿华夏在有机认证行业的知名度和影响力。积极促进认证业务创新，满足有机产品市场多样化需求。

三是体系能力建设得到进一步强化。按照农业部要求针对有机行业开展了专题调查，为完善监管制度奠定了基础。及时召开座谈会，与工作体系研判有机农业发展形势和思路。推进绩效管理，加强队伍建设。全国农业系统有机农产品注册检查员发展到 230 人。进一步加强信息系统建设和基础理论研究等工作。

（三）农产品地理标志登记工作稳步推进

2017 年，农业部对部分事业单位职能进行了调整，无公害农产品认证下放到省级机构，并由中心着手开展无公害农产品认证制度改革工作。同时，中心还承担农产品地理标志登记保护职责。中心高度重视、积极承接，加强调研、深入思考，认真细致做好地标登记审查相关工作。

一是规范审查，强化产品质量管控。严格把关，做好申报材料审查，确保材料规范。

全年新公示农产品地理标志产品 263 个，新公告颁证产品 238 个。组织开展了地标产品监测和标志使用专项检查，2017 年监测合格率 100%，产品品质信誉得到有效保障。

二是典型示范，创建国家级样板。部署年度农产品地理标志示范创建工作，新授予梁平柚、镇龙荔枝等 17 个产品国家级农产品地理标志示范样板创建资格，并对第三批国家级样板进行了验收和发布。截至 2017 年年底，已创建了 37 个国家级农产品地理标志示范样板。

三是着眼国际，加强对话交流。全面参与中欧、中美、中格（格鲁吉亚）、中国与欧亚地区等双（多）边地理标志和知识产权磋商对话，全程参加中欧地理标志协定第 13～15 轮谈判，展示和维护我方利益关切。

（四）无公害农产品认证改革顺利推进

按照农业部党组对无公害农产品认证制度改革的要求，顺利承接指导协调地方无公害农产品认证相关工作职能，积极推进无公害农产品认证制度改革。

开展专题调研，了解各级农业行政主管部门、工作机构、企业和农民的意见和建议。高质量完成了部长令《无公害农产品管理办法》及无公害农产品认证审核、现场检查、检查员管理、内检员培训、证书格式等 6 个配套规范性文件的修订起草工作。制订无公害农产品整体工作转接实施方案，配合开展无公害农产品评审，确保无公害农产品认证工作平稳过渡。

（五）品牌宣传和市场推介工作突出加强

一是展会的功能越来越突出。中国绿色食品博览会已经成为展示成果的窗口，促进交流的平台，扩大销售的渠道，成为绿色食品领域的重要活动，成为一道亮丽的风景。第十八届中国绿色食品博览会（以下简称绿博会）规模大、人气旺、效果好。第十一届中国国际有机食品博览会共有 17 个国家和地区的 476 家展商参展，展会的影响力和专业

水平进一步提升。在第十五届中国国际农产品交易会（以下简称农交会）期间，成功举办了农产品地理标志展区展览及第三届全国农产品地理标志品牌推介会等重大活动，获得了最佳组织奖、设计金奖。完成了 3 项境外重大促销项目。

二是电商营销力度逐步加大。中绿生活网、工商银行融 e 购等电商平台入驻企业数量和交易额持续增长，其中工商银行融 e 购入驻企业超过 900 家，在线交易额超过 1 亿元。深化与工商银行融 e 购的合作，开设了中绿华夏有机产品馆。此外，中心与农交会交易平台、沃尔玛集团等企业沟通，积极引导绿色食品、有机农产品企业开展线上线下营销。

三是宣传手段创新多点发力。持续营造"三品一标"品牌宣传的良好氛围，利用报刊、电视、广播、互联网对全国工作会、绿博会进行全面报道；鼓励工作机构和企业开展品牌宣传，形成宣传合力；征集绿色食品新宣传用语，评选出入围奖 10 名，人气奖 40 名，达到了预期的效果；利用微信公众号开展有奖问答、内检员通关、随手拍等多项平台活动，10 万人参与活动，浏览量达到 91 万人次；创建了中绿华夏微信公众号；协助拍摄全国农产品地理标志大型纪录片《源味中国》。编辑出版了《中国农产品地理标志丛书》。

（六）基地和三产融合示范园创建稳健开展

一是按照严格管理、稳步发展的原则，认真做好基地验收、续报审核、现场检查等工作。新批了 55 个新申报绿色食品原料标准化生产基地创建资格，验收了 2 个创建基地。批准通过了 2 个有机农业示范基地，撤销了 2 个不符合要求的基地。

二是收集整理宣传素材，组织完成模板设计，指导 8 个绿色食品一二三产融合发展示范园区深化创建。完成了 3 个有机农业三产示范园区初审和现场考察。

三是修订发布了《全国绿色食品原料标

准化生产基地建设与管理办法（试行）》，进一步强化基地管理，保障基地建设质量，及时举办培训班对该办法进行宣传贯彻。

四是强化管理机制，开展了针对部分省级工作机构基地监管督导，了解基地发展情况，提出了整改意见。

（七）加强队伍建设和能力提升

一是体系队伍建设统筹开展。2017年，中心共组织举办了10期专业队伍培训，培训绿色食品有机农产品检查员、标志监管员、企业内检员、基地负责人和业务骨干、地标核查员共1600余人次。组织地方举办了28期绿色食品检查员监管员培训班，累计培训3100余人次。截止到2017年年底，有绿色食品检查员3146人，标志监管员1336人，企业内检员13650人。

二是信息化建设迈出新步伐。根据职能调整，中心配备了专门从事信息化工作的处室。组织开展绿色食品信息化3年建设规划方案，对金农系统部分功能进行了适当的改进、优化和完善。

三是精准扶贫工作有效落实。按照中央

脱贫攻坚战略部署和农业部产业扶贫工作要求，中心出台支持政策，2017年中心对位于国家级贫困县的888家绿色食品、有机农产品企业，2052个产品减免费用562万元，企业数、产品数和减免额度分别比上年增长46.5%、38.7%和55.0%；在贫困地区和西部欠发达地区共创建了11个绿色食品原料标准化生产基地，总面积达176万亩（1亩＝1/15公顷）；支持青海省泽库县、湖北省宣恩县、咸丰县和河北省平山县创建4个有机农业示范基地，总面积98.29万亩，对接企业30余家。

四是统计工作不断完善。完成2016年绿色食品统计年报，整理了2017年"三品一标"基本统计数据。首次编制出版了《中国绿色食品产业发展报告》，全面系统介绍了事业发展情况。

五是积极做好对外交流与合作工作。完成了8个团组20人次5个国家和地区的出访任务，涵盖了认证检查、境外促销、国际交流技术合作等方面。

中国优质农产品开发服务协会工作综述

2017年，中国优质农产品开发服务协会（以下简称"协会"）认真学习贯彻党的十八大以来的重要会议和十九大精神及习近平新时代中国特色社会主义思想，按照中央农村工作会议和农业部党组的部署，紧紧围绕"四个服务"的宗旨，坚持以推进农业品牌战略为主线，以"主攻流通、主打品牌"为重点，积极进取，锐意创新，不断开拓工作新局面。

一、促进农业品牌建设，推动"中国产品向中国品牌转变"

一是积极建言献策。第五届理事会制订的五年工作规划，明确提出了"主攻流通、

主打品牌"的工作思路，把推进农业品牌建设作为工作的重中之重。2017年全国"两会"期间，朱保成会长在李克强总理参加的经济、农业界别联组讨论会上发言，建议"加快生物酵素技术产业化应用"。

二是传播品牌理念，强化品牌价值研究与评价。一方面，通过持续组织"强农兴邦中国梦·品牌农业中国行"活动，促进农业系统践行"中国农业品牌梦"，协助地方解决农业品牌培育与发展中的问题，2017年深入普洱、齐齐哈尔、庆安、武汉、兴隆、溧水、石城等地开展了相关活动；另一方面，围绕发挥品牌引领作用、加快推动农业供给结构

优化升级这个重点，连续组织农业品牌价值评价工作，发布品牌价值评价信息。

三是建设示范基地，推进品牌农产品开发。质量是农产品品牌的价值核心，培育农产品品牌必须从生产源头抓起。为此，协会持续开展优质品牌农产品示范基地认定工作，2017 年认定优质果园 30 个，有效提高了会员单位从事优质农产品开发的积极性，培育了一批优质农产品区域公用品牌和企业品牌、产品品牌。发布了"首届十佳国产食用植物油创新品牌"和"2017 十佳香料创新品牌产品"。

四是加强国内外交流，打造农业品牌国际合作平台。继续组织举办以推进农业品牌为主题的会议和论坛，提升品牌理念、总结交流经验。2017 年举办"农商品牌发展国际大会"，与有关国家和国际组织代表共同探讨促进农商融合、推进农业品牌发展的政策措施和途径。在第十五届中国国际农产品交易会期间，受组委会委托，承办了"2017 首届中国国际品牌农业发展高峰论坛""2017 中国大米品牌论坛""2017 中国油料品牌论坛""2017 首届中国香料品牌论坛"等。

五是强化品牌宣传，提高品牌农产品认知度。加强农产品品牌宣传，继续会同中国农业出版社办好《优质农产品》杂志。同时，继续协办《农民日报》"品牌农业周刊"。协会网站和协会主管的中国品牌农业网，通过新闻报道、专题展示、网络调查、品牌推介和微信推送等，报道了 10 多场与品牌有关的专题活动，推介了 100 多个区域和企业品牌。

二、落实国家粮食安全战略，探索"藏粮于技、藏粮于地"的有效途径

深入调研，推动科技创新和成果转化，为优质农产品发展添动力，以"藏粮于技"确保粮食安全的工作思路。继续通过总结会员单位运用生物酵素技术发展优质安全农产品的科技成果，开展生物酵素应用技术的试验示范。支持会员单位开展纳米腐殖酸生物调理剂应用技术、可降解薄膜、纳米热超导材料、农用无人机产品及技术的试验示范，推进科技成果的转化应用。

在"藏粮于地"方面，继续支持会员单位北京嘉博文生物科技有限公司凭借自身生物腐殖酸专利金奖技术和产品，融入商业模式，与四川省蒲江县共同创建"5＋1"耕地质量提升综合服务模式，被农业部总结推广。

三、强化产销衔接，做好优质农产品促销工作

按照"主攻流通、主打品牌"的工作思路，协会把主办或支持举办优质特色品牌农产品展览会、展销会作为重点，采取多种举措，加强农产品生产引导和促销工作。

一是参与搭建农业会展平台，支持地方举办农产品促销活动。参与举办"首届中国国际茶叶博览会"，并参与举办了"2017 甘肃农业博览会""广东现代农业博览会"等重大展会活动。

二是继续利用好品牌扶持基金，支持会员发展适销对路的品牌农产品。针对品牌农产品发展中融资难、融资贵的问题，协会继续利用农业品牌发展扶持基金支持会员发展优质农产品，并支持会员单位建立了"健康土壤产业基金"等。扶持基金先后支持了一批会员单位实施农业新技术的开发应用和优质品牌农产品的宣传及购销平台的建设。

四、实施农业"走出去"战略，强化与"一带一路"沿线国家的农业合作与交流

一是通过举办展会，拓展我国农产品对外贸易渠道。连续第五年组织参加柏林国际绿色周，以"二十四节气"为主题，宣传中国传统农耕文明。

二是通过构建"国际农业协会联盟"，创

新与"一带一路"沿线国家农业合作机制。协会联合俄罗斯国家果蔬种植者联盟、波兰雇主协会、日本农业协同组合、新西兰贸易中心和西班牙、马来西亚等商会，发起成立了国际农业协会联盟（WUAA），签署了多边框架合作备忘录，力求通过对接联盟会员国家的市场、产业及服务，形成贸易、投资和产业合作平台，提升"一带一路"沿线国家农业合作水平。联盟作为主办方之一，举办了"2017品牌农业发展国际研讨会"。

五、积极参与精准脱贫，为决胜全面建成小康社会贡献力量

为贯彻中央关于"坚决打赢扶贫攻坚战，确保到2020年我国现行标准下农村贫困人口实现脱贫、贫困县全部摘帽"的要求，协会主动牵头组织十几家会员单位，会同有关单位，以环京津深度贫困地区为对象，集成运用科技成果，建设科技示范大棚，助推产业扶贫，筹备召开由河北省环京津及"三北"地区共80多个贫困县参加的现场观摩会。协会还会同中国老区建设促进会、中国品牌建设促进会启动了"一县一品"品牌扶贫行动，拟用3年时间对200个老区贫困县开展优质农产品品牌扶持行动。

六、加强协会自身建设，不断提升规范化管理水平

在政府职能加速转变和国家"三农"新政策、新举措不断出台的背景下，协会积极推进"学习型、创新型、廉洁型"一流协会建设，不断提高工作能力和规范化管理水平。

一是强化思想政治建设和党支部建设。协会高度重视自身的政治、组织、廉洁和作风建设，坚持组织经常性的理论学习，定期学习习近平总书记系列重要讲话精神和"三农"工作论述，第一时间组织学习中央"三农"工作的新部署新要求，及时统一思想、凝聚共识，谋划落实措施。

二是强化组织机构和分支机构建设。把做好面向会员的服务作为工作重点，及时根据会员需求和农业产业发展规律，组建有关专业委员会，充实秘书处内设机构，规范办事处，强化协会专业分支机构的建设，建立了分支机构微信群。

三是积极筹备换届工作。按照农业部和民政部要求，做好换届筹备工作，在2018年4月底前完成换届。

到2017年年底，协会实有会员总数已达2 488个。连续7年年检合格。继续保持国家4A级协会的社团组织评级。

各地品牌农业概况

- 北京市品牌农业发展概况
- 天津市品牌农业发展概况
- 河北省品牌农业发展概况
- 山西省品牌农业发展概况
- 内蒙古自治区品牌农业发展概况
- 辽宁省品牌农业发展概况
- 吉林省品牌农业发展概况
- 黑龙江省品牌农业发展概况
- 上海市品牌农业发展概况
- 江苏省品牌农业发展概况
- 浙江省品牌农业发展概况
- 安徽省品牌农业发展概况
- 福建省品牌农业发展概况
- 江西省品牌农业发展概况
- 山东省品牌农业发展概况
- 河南省品牌农业发展概况
- 湖北省品牌农业发展概况
- 广东省品牌农业发展概况
- 海南省品牌农业发展概况
- 重庆市品牌农业发展概况
- 四川省品牌农业发展概况
- 贵州省品牌农业发展概况
- 云南省品牌农业发展概况
- 西藏自治区品牌农业发展概况
- 陕西省品牌农业发展概况
- 甘肃省品牌农业发展概况
- 青海省品牌农业发展概况
- 新疆维吾尔自治区品牌农业发展概况

北京市品牌农业发展概况

为贯彻落实中央经济工作会议、中央农村工作会议、全国农业工作会议的有关精神，加快品牌创建，深入推进农业供给侧结构性改革，提高农业综合效益和竞争力，促进农业增效和农民增收，按照年初农业部下发的《农业部关于2017年农业品牌推进年工作的通知》（农市发〔2017〕2号）的具体要求，深入理解农业部通知的工作思路和工作原则，有序落实农业部部署的6大工作内容，按照农业部的工作要求圆满完成了2017年农业品牌推进年的工作，现将北京市工作情况总结如下。

【工作思路】　北京市积极践行创新、协调、绿色、开放、共享的发展理念，紧紧围绕北京市农业供给侧结构性改革这个主线，以创新为动力，以市场需求为导向，以提高农业质量效益和竞争力为中心，着力强化农业品牌顶层设计和制度创设，加快培育一批具有较高知名度、美誉度和较强市场竞争力的农业品牌。力图通过开展丰富多彩的品牌创建活动，激发全市参与农业品牌建设的积极性和创造性，确保农业品牌工作取得实质性进展。

【主要工作】　积极落实农业部关于农业品牌推进年的工作内容，围绕农业展会、特色农产品优势区建设、品牌营销、品牌宣传、品牌发展大会等开展了一系列工作。

（一）完成了"北京农业好品牌""京郊农业好把式"遴选推介宣传工作

1. 程序科学保障了遴选工作顺利进行。遵循突出重点、创新思路的工作原则，北京市率先开展了农业好品牌和好把式遴选工作，面向全市13个区征集农业好品牌和农业好把式。活动实行区级推介、资料审核、专家研讨、社会公示的评选流程。农业好品牌核心评选原则：从质量安全角度进行衡量，一票否决；对照农业部品牌定义、命名规则、遴选标准；瞄准品牌的影响力，北京叫得响、全国站得住。农业好把式主要遴选原则：坚持技术第一，品德为先，带动性强的农民入选。最终从181家申报企业中，遴选出44个"北京农业好品牌"，其中，区域品牌4个、企业品牌20个、优质农产品品牌20个。遴选出20个"京郊农业好把式"。

2. 全方位、多角度立体式宣传促品牌价值提升。通过报纸、网络、广播、新媒体等多元化的媒体平台，创建专版、专栏、专题，全方位展示北京市优质农产品品牌建设情况，实现叠加式传播效果，提升首都农业品牌在社会各层面的认知度。

9月22日，在第十五届中国国际农产品交易会上，北京市组织召开了2017年"北京农业好品牌"和"京郊农业好把式"新闻发布会，并对获此荣誉的企业和个人进行授牌。北京电视台新闻频道、北京电视台首都经济报道、北京人民广播电台、农民日报、京郊日报、中国网、新浪网等10余家媒体记者进行了现场报道和宣传。

充分利用中国网、北青网、人民网、网易、新浪等主流网站和"优农佳品"官方平台，通过多渠道、多平台围绕"北京农业好品牌"和"京郊农业好把式"活动进行系统性、集中式宣传报道。在中国网开设的"京彩农业"特别专栏，全程跟进报道，图文结合，点击浏览总量近500万次。

与北京人民广播电台城市频道合作，制作20期专题节目，从园区概况、品牌特质、营养价值、地方特色、文化内涵、专家视角、百姓口碑等多个层面进行宣传推广。

利用两微一端（即微博、微信和今日头条客户端），对"好品牌"和"好把式"通过"图片＋文字＋视频"等新颖的形式开展了48期专题宣传。

（二）成功组织企业参加了第十五届中国国际农产品交易会等农业展会

1. 圆满完成第十五届中国国际农产品交

易会参展工作。北京市组织全市79家国家级、市级龙头企业及特色企业参加第十五届中国国际农产品交易会（以下简称农交会），参展产品均获得无公害农产品认证、绿色食品认证或有机农产品认证。坚持"高标准、严要求"的参展原则，以"绿色发展、生态优先、品牌引领、产业升级"为主题，以优秀企业、优质产品、优良品牌为载体，按照产品类型、经营方式、农业品牌等分区布展，展示理念、宣传品牌、推动贸易、促进交流。据统计，北京展团累计现场贸易额、意向交易额达9.2亿元，现场零售额27.5万元，网上销售额292.9万元。

农交会期间，北京市组织了2017年"北京农业好品牌"和"京郊农业好把式"新闻发布会。全市共有44个企业、200余人参加。组织参加了农交会开幕活动"我为品牌农产品代言公益活动"。北京展团邀请了著名相声演员李菁为北京市平谷大桃代言推介，借此机会提升北京市平谷大桃品牌知名度，将产品推向全国乃至海外，活动现场气氛热烈、反响强烈。

通过本次农交会，多方位展示了现代农业信息化模式，创新了农业销售模式，促进了精品种质资源展示，北京精品休闲农业吸引了观众眼球，为"北京菜"集中亮相农交会提供了舞台，积极组织北京市各部门参观学习。北京展团获得本次农交会最佳组织奖、展团设计奖金奖等荣誉，全市共13个产品荣获第十五届农交会产品金奖称号，获得3个全国百强农产品区域公用品牌。

2. 成功举办了京郊金秋特色农产品推介会。为全面贯彻落实党的十九大精神，推动北京都市型现代农业建设，进一步做好京郊农产品产销对接工作，宣传和推介北京特色农产品品牌，北京市农村工作委员会、北京市农业局联合北京农产品流通协会、北京交通广播电台等多家单位，于2017年10月27~29日组织开展了2017年京郊金秋特色农产品推介会。一是以点带面，重点推介了十大京郊金秋特色农产品和十大精品农业采摘路线以及44个北京农业好品牌。二是组织了10个郊区67家京郊品牌农产品生产企业参加展示和宣传。三是组织了110多家农产品采购企业开展农产品产销对接。推介会吸引了众多市民进行参观、采购。最后，产销对接成果丰富。会议期间达成20多个采购意向，价值3000多万元。

3. 完成了第八届中国北京现代农业博览会等参展工作。2017年4月和5月，北京市农业局分别组织本市企业参加了第八届中国现代农业博览会和全国优质农产品博览会，共计组织17家企业参会参展。在第八届中国现代农业博览会上首次以"优农佳品"品牌形象亮相，受到了广泛关注。北京市以"打造北京优质农产品品牌，助力都市型现代农业发展"为主题，以优秀企业、优质产品、优良品牌为宣传载体，展示北京都市型现代农业发展的新理念，培育"优农佳品"这张亮丽名片，深入宣传"首都农产品，绿色又安全"的良好形象。同时在全国优质农产品博览会上，将其他部分未到现场参展的企业的40余种主打农产品带到现场集中展示，由颐寿园公司统一负责管理，对品牌农产品参展宣传工作做了有益尝试。

（三）积极做好品牌营销推介工作

1. 成功举办了首届京张承品牌农产品对接会。为落实京津冀协同发展战略和农业品牌推进年，2017年6月22日，在北京市农业局、张家口市农牧局、承德市农牧局指导下，由北京农学会主办，北京智农天地网络技术有限公司承办的"首届京张承品牌农产品对接会"在北京市农林科学院成功举办。

对接会分设了北京、张家口、承德三大展区，共计60家优质品牌农产品企业参展，并邀请了北京58家采购商进行产销对接。张家口、承德两地的农牧局主管领导在对接会上推介了本地区的优秀企业及农产品品牌；

活动现场还进行了多次生产商与采购商对接交流。展会吸引了包括人民网、中国网、北京日报、腾讯视频、网易、千龙网、凤凰网、河北新闻网等20多家主流媒体的新闻报道。此次对接会，张家口市怀来葡缇泉葡萄籽科技开发有限公司、优特互联科贸有限公司等5家企业已与采购商成功对接。另外通过对接活动，会后多家经销商与生产企业已经开始了考察洽谈。

2. 组织开展了"北京农业在社区"活动。"北京农业在社区"活动不仅使北京市民直接接触到本地优质特色农产品，还是宣传展示企业、产品，让市民了解北京农业、亲近北京农业的重要途径。2017年北京市农业局共组织开展了4次"北京农业在社区"活动，活动以"让农业走进城市，请居民享受成果"为主题。共计组织了70余家企业、100多种农产品走进北京社区，发送宣传品上万份。通过"北京农业在社区"活动，一是取得了较好的社会效益，受到了参展企业和广大市民的欢迎。二是取得了一定的经济效益，活动促进参展企业产品现场和网上销售，很多企业与社区建立了直接联系，意向成交额200余万元。三是取得了明显的宣传效果。为市民免费发放了宣传布袋、日记本、鼠标垫、钥匙扣、手机支架等1万多份，每次活动还搭载到北京市工会网站上，"北京农业在社区"活动在市民心中已具有较广的认知度。

3. 组织开展了北京农业进商圈展销推介活动。为促进北京市优质农产品与高端消费者有效对接，达到让市民下乡、让农业进城的目的，北京市农业局于5月和8月分别组织了为期一周的北京农业进商圈展销推介活动，精选200余种农产品集中展示与销售，拓展京郊优质农产品进社区销售渠道。活动分别以品牌农产品品尝与推介和郊区休闲采摘园区为重点，将产品展示区域进行整合，便于集中开展宣传推介与产品品尝销售活动，宣传京郊休闲观光园区建设成果，带动市民赴京郊旅游消费。活动现场销售额达12.6万元，带动参展企业通过电商平台销售产品80余万元，优农佳品网站知名度显著提高，现场宣传的休闲观光园区客流量明显增加。

（四）开展特色农产品优势区品牌建设工作

1. 品牌引领密云农产品产销服务走出新路子。2017年是"密云农业"品牌形象提升年，根据密云果树品种多，种植面积广的特点，密云区联合市级相关部门组织开展了"生态密云采摘季，十万家庭进园区活动"。结合密云农业的特点，设计了贯穿全年的六大采摘主题、四条休闲采摘路线，制作了10万张宣传册。印制了带有密云农业二维码的手提袋、食品袋，供进园区市民使用。每个主题期间专门策划一日游线路，组织市区居民参与，全年共招募市区居民近万人走进密云农业，实现销售额146.5万元，通过宣传引流自驾游15万人次，消费额3 000余万元，共辐射近10万多个家庭进园区活动。其中进园区活动最后一站密农人家，销售额52.5万元，粉丝增长3.25万个，复购率达到了35%。北京电视台、密云电视台、人民网、北青网等十多家媒体进行了全方位的宣传报道，市民参与率和产品回购率水平都非常高。通过一年的进园区活动，使"密云农业"绿色、天然、营养、健康的品牌理念深入人心，实现产业升级、获得明显的品牌效益。

2. 产业带特色农产品主题对接活动。立足于大兴、房山、顺义等五大特色产业带优质农产品，北京市农业局和金泰集团于2017年6月14日～7月14日组织开展了产业带特色农产品主题对接活动，以特色农产品"大兴西瓜"为重点推介产品，附加产业带特色农产品共计100余种。活动地点在西城区阜成门南营房金质生活（长安店），展销面积60平方米，共搭建8个展台。宣传最具北京特色的优质农产品品牌、精准对接产销渠道、培育和保护一批特色农产品。为了方便市民购买，北京市联合京东商城北京特产馆、智农宝网络商城等电商渠道，以线上线下相结合的方式推荐。通过这一个月的展销推介活动，让市民通过亲身体验了解北京的特色农产品，通过各方面的磨合与对接，最终实现社区超市与农业企业、合作社长期稳定的供应关系。

（五）开展农业品牌培训和宣传

重点面向好品牌遴选工作中推荐的108家农业好品牌企业。培训内容主要围绕以下几个方面进行：一是品牌的维护，即企业如何维系好农产品品牌；二是品牌的增值，如何让企业、品牌、产品在良性循环中实现不断成长，让企业的品牌价值不断提升；三是品牌的营销，如何让品牌在农产品营销中发挥应有的价值，体现品牌的价值；四是品牌的保护，如何保护自主的品牌不受到盗取和破坏；五是促进农业品牌企业之间的互相交流。

【主要成效】

1. 促进了品牌意识在北京农业企业中落地开花。随着北京市农业品牌推进年系列活动的开展以及各种宣传报道，使企业特别是具有一定品牌优势的企业意识到了品牌对于企业发展、农产品销售、农产品价格、企业收益等方面的重要作用，大大增强了企业重视品牌、塑造品牌的意识，掀起了本市创建农业品牌、发展农业品牌、创新农业品牌的热潮，尤其是在北京农产品数量不具备优势的情况下，唯有发展具有品牌、高质量的农产品才能占领高端市场份额，分得属于北京农业的蛋糕。

2. 提升了北京市农业品牌企业和产品在消费者中的知名度和信任度。品鉴是当前农业宣传的有效方式，通过农业在社区、主题对接、特色农产品对接会等系列活动，品牌农产品与北京市民零距离接触，不仅可以宣传自有产品和品牌，更可以让市民现场品鉴，亲自体验优质、特色、品牌农产品与普通农产品在品控、口感、营养、安全等方面的差别。通过这些宣传，能够让市民加深对北京市品牌农产品的印象，提高市民的购买意愿，也为北京农业生产最优质农产品的定位提供了强有力的支撑。

3. 增加了农业品牌企业在农产品销售中的渠道和议价能力。实现产品增值是品牌带给企业的最直接回报。通过农交会、京郊金秋特色农产品推介会、京张承品牌农产品对接会等活动，采购商非常愿意与有品牌且质量好的企业进行对接，这就有效拓宽了品牌农业的销售渠道。通过各种宣传和渠道推介，有效规避了劣币驱逐良币的恶性竞争，让真正有品牌、有质量的农产品具有了一定的议价能力，增强在市场上的竞争力。

天津市品牌农业发展概况

【发展成效】 实施农产品品牌化发展战略，是新时代解决人民日益增长的美好生活需要和不平衡不充分的发展之间矛盾的重要抓手，是加快实施乡村振兴战略、推进农业供给侧结构性改革的必然选择，是提高天津市农业影响力和竞争力，实现农业增效、农民增收的重要途径，对打造天津市现代都市型农业升级版具有重要的现实意义。

1. 农产品品牌化建设完成顶层设计。按照"我国要大力发展名特优新农产品，培育知名品牌"精神和习近平总书记"推动中国产品向中国品牌转变"的指示，天津市制定并印发了《关于加快推进农产品品牌建设的实施方案》（津农委〔2016〕41号），力争用3年的时间，培育特色明显、竞争力强、知名度高的区域公用品牌、企业品牌和产品品牌，形成较完善的天津农产品品牌体系。同时，制定了《关于落实"互联网＋"现代农业实施"三网联动"工程实施方案》（津农委〔2016〕42号）和《天津市推进规模新型农业经营主体产品网络销售全覆盖实施方案》等一系列方案，协同促进天津市农产品品牌化发展。

2.农产品"三品一标"认证持续推进。目前天津市获得"三品一标"认证且在有效期内的农产品共计1 457个，其中无公害农产品1 212个、绿色食品167个、有机食品47个、地理标志31个，"三品一标"认证工作持续发展。2010—2016年天津市累计评选96家"优质农产品金农奖"涉农企业和农民专业合作组织。

3.农产品品牌体系初步形成。天津品牌农产品已覆盖肉、蛋、菜、奶、鱼、果、粮、种等八大农业优势产业，目前有一定影响力和知名度的农产品品牌共193个（区域公用品牌22个，企业品牌92个，产品品牌79个），初步形成农产品品牌体系。在天津市三农大数据管理平台上增设农业品牌数据库，将193个农产品品牌信息在平台集中展示。

4.农产品品牌发展根基不断夯实。天津市启动实施了"放心菜""放心肉鸡""放心猪肉""放心水产品"等放心农产品系列工程，建设了质量追溯综合服务平台。目前，天津市地产食用农产品质量安全抽检合格率达到99.3%，没有发生重大农产品质量安全事件，农产品质量安全继续保持全国领先。

5.农产品质量标准体系逐渐形成。天津市积极开展农产品质量标准体系建设，制定和修订农业生产、良种繁育、病虫防治、检验检测等各类生产标准和技术规范，逐步形成以国家技术法规和国家标准为核心，行业标准、地方标准、企业标准和操作规程为补充的较为完善的农产品质量标准体系。同时大力推进农业标准应用，健全推广和服务体系，实现新型农业经营主体产前、产中、产后全过程的标准化、规范化全覆盖。

【主要做法】

1.制定管理办法，组织品牌认定。为加快推进农产品品牌化建设，天津市制定并印发了《天津市知名农产品品牌认定管理办法》（津农委规〔2017〕1号）和《关于组织申报2017年天津市知名农产品品牌的通知》，开展知名品牌认定工作。以发展提升区域公用品牌为重点，严格按照申报认定程序，2017年度共认定知名农产品品牌83个，其中区域公用品牌5个、企业品牌54个、产品品牌24个。

2.加强调研培训，增强品牌意识。组织有关部门和专家调研天津市区域公用品牌发展情况，摸清底数，初步确定了沙窝萝卜、七里海河蟹、小站稻、宝坻黄板泥鳅、茶淀葡萄等一批区域公用品牌；先后在宁河、宝坻、蓟州、武清、天津科技大学组织开展5次农业品牌化、电商化知识培训，培训人数达1 300余人，提高了规模新型农业经营主体的品牌意识。

3.开展对接活动，促进营销。举办了4次"网农对接"活动，加强品牌农业企业与电子商务、快递企业之间的协作，促进品牌农产品生产、销售和消费之间的衔接；组织天津市品牌农业生产企业参加了第十五届中国国际农产品交易会、全国农业品牌推进大会、京津冀食用农产品产销对接创建活动、京津冀第二届蔬菜产销对接大会等大型活动；天津市还组织20家特色农产品生产主体及农产品采购商参加2017年京津冀品牌农产品产销对接活动，促进品牌农产品营销促销。

4.积极组织申报，参加评选活动。按照《关于推选2017年中国百强农产品区域公用品牌的通知》（农组委发〔2017〕3号）要求，天津市推选了沙窝萝卜、七里海河蟹、小站稻、茶淀玫瑰香葡萄等4个区域公用品牌参加评选，最终沙窝萝卜成功入选；在第十五届中国国际农产品交易会"我为品牌农产品代言"公益活动上,天津市邀请著名相声演员魏文亮成功推介了区域公用品牌七里海河蟹,提高了七里海河蟹在京津冀地区乃至全国的知名度和影响力。

5. 开展特优区建设,做强优势特色产业。按照《关于组织开展中国特色农产品优势区申报认定工作的通知》(农市发〔2017〕8号),天津市组织"宝坻黄板泥鳅"作为特色主导产品积极申报;按照《特色农产品优势区建设规划纲要》(发改农经〔2017〕1805号)要求,天津市结合特色行业发展实际,编制了包含特色粮经作物、特色园艺产品、特色畜产品、特色水产品、特色林特产品在内的《天津市特色农产品优势区实施方案》,进一步优化天津市特色农产品生产布局,做大做强优势特色农业产业。

6. 研究统一标识,搞好战略规划。与天津科技大学就天津市农产品品牌统一标识设计方案进行座谈交流,深入挖掘天津区位优势和文化内涵,共同研究天津市农产品品牌统一标识的LOGO设计,制定津农品牌的应用规范和推广策略,提出津农品牌的宣传口号,讲好津农品牌故事。

【存在的主要问题】 随着天津市品牌建设投入力度不断加大,农业生产经营者品牌意识不断增强,天津市农产品品牌化发展取得了一定成效,但仍存在一些问题。

1. 对农产品品牌的认识不够。部分新型农业经营主体存在"重生产、轻品牌"现象,缺乏对品牌内涵的认识、对品牌形象的塑造和文化的挖掘;各级政府部门对农产品品牌缺少统筹规划、政策创设和工作方案,没有将农产品品牌建设工作作为现代都市型农业发展的重要内容。

2. 对农产品品牌创建积极性不高。农产品品牌建设是一个系统工程,品牌培育周期长,效益短期内难以显现,而且需要一定的资金投入,所以部分农业生产者创建品牌的积极性不高。

3. 对农产品品牌的定位不清。虽然天津市农产品商标注册较多,但真正有影响力的品牌并不多,同质化现象普遍存在,部分农产品品牌规模小而且分散,存在"一品多牌"和品牌内涵单薄现象;企业对品牌的宣传高度不够,与销售市场衔接不深入,市场影响力和竞争力不强。

4. 农产品品牌侵权行为时有发生。天津有许多区域公用品牌,如七里海河蟹、茶淀葡萄、沙窝萝卜、小站稻等,存在被泛用或未经授权滥用等问题,缺乏相应的监管制度和授权与退出机制;农业生产者在品牌保护和使用方面意识淡薄,行业协会在维护品牌和市场管理方面缺乏力度。

河北省品牌农业发展概况

【基本情况】 河北环京津、临渤海,地形地貌齐全,农业物产多样,是全国重要的"米袋子""菜篮子"产品生产供应基地。近年来,河北省委、省政府高度重视品牌农业发展,立足农业资源禀赋,瞄准消费趋势变化,抢抓京津冀协同发展机遇,大力实施"区域、企业、产品"三位一体品牌发展战略,打造了一批国内外知名农产品品牌,有力支撑了农业供给侧结构性改革。品牌数量不断增加。截止到2017年,全省品牌农产品数量达6.5万个,年均增长10%左右。其中,地理标志89个,中国驰名商标67个,中国特产之乡33个。品牌影响不断扩大。连续两年开展十大农产品企业品牌和十佳农产品区域品牌评选活动,引起广泛社会关注,吸引数百万人次参与。品牌实力不断提升。涌现迁西板栗、黄骅冬枣、昌黎葡萄酒等一批在国际国内知名的农产品区域公用品牌和君乐宝、五得利、今麦郎、金沙河等一批全国性行业领军企业品牌,有力带动了产业发展。品牌价值不断显现。农产品市场占有率进一步提高，2017 年，河北蔬菜、牛肉、羊肉、鸡肉在北京市场占有率均达到 50% 以上。通过品牌的带动，有力促进了农产品销售溢价，增加了农民收入。

【区域品牌培育工程】 按照"一县一业、一园一牌"的发展思路，立足农业资源禀赋和文化底蕴，打造区域公用品牌，推动优势产业区域化布局、规模化种养、标准化生产、产业化经营和市场化营销，提升河北农业影响力。

一是以特色产业创品牌。重点围绕蔬菜、果品、中药材、食用菌、马铃薯等特色优势产业，结合特色农产品优势区创建，指导每县培育 1～2 个特色明显、规模发展、富民强县的主导产业，全产业链开发，像围场马铃薯、怀来葡萄、鸡泽辣椒、涉县柴胡等既是地方特色品牌，又是河北农业名片。

二是以产业园区助品牌。发挥各类农业产业园的集群效应支撑区域公共品牌发展，河北省重点建设了 120 个省级现代农业产业园，带动各市创建 1 131 个园区。每个园区以品牌为引领，汇聚土地、资金、技术、信息、优惠政策等要素，将集约种养、加工物流、科技研发有机组合，成为品牌产品的核心基地。

三是以规范使用护品牌。为解决区域品牌重申报、轻保护，品牌"有名无实"的问题，大力推广"地方政府主推、行业协会主导、优势企业主用"的品牌运营模式，指导各地制定全环节品牌标准，强化授权使用，实现"母子"品牌协同发展。承德"平泉食用菌"区域品牌，通过制定详细的品牌标准，严格使用主体，现已培育企业和产品品牌 25 个，带动产业链增值超 50 亿元。

【企业品牌提升工程】 企业是品牌创建的主体，区域品牌发展离不开优势企业支撑。近年来，河北省大力培育龙头企业，引导企业在科技创新、品牌创建、质量控制、市场营销等方面狠下功夫。截止到 2017 年，全省省级农业产业化龙头企业达 720 家，国家级农业产业化龙头企业 46 家。

一是增强企业品牌意识。引导企业建立以消费者为中心、以差异化竞争为导向的品牌战略，找准品牌定位，塑造品牌形象，提炼品牌价值，开展有效传播。鼓励企业争创中国驰名商标、中国质量奖、名牌优质产品等，鼓励企业在国外注册商标，取得国际质量管理体系认证。

二是提高企业创新能力。深入实施农产品加工倍增计划，支持企业自主或与科研院所、高等院校联合建设企业研发转化中心，通过技术研发、成果转化、工艺创新和装备升级等方式，开发营养型、方便型、风味型、功能型等多元化产品。

三是鼓励企业强强联合。围绕粮油、蔬菜、乳品、肉类等 12 大产业链，引导企业利用品牌影响力，采取参股、控股、兼并、收购等方式，开展品牌资源整合，打造行业领军企业品牌。鼓励 102 个省级农业产业化联合体，开展品牌共创共享，进行统一营销，打造品牌联盟。比如，五得利成为世界最大的面粉生产企业品牌，日加工小麦 4 000 吨；君乐宝通过欧盟 A++顶级认证的婴幼儿奶粉品牌；养元智汇三年时间成长为全国最大的核桃乳生产企业，六个核桃品牌畅销全国。

【产品品牌孵化工程】

一是突出绿色优质。引导农民合作社、家庭农场等新型农业经营主体，积极开展农产品商标注册，大力发展无公害农产品、绿色食品、有机农产品，申请使用区域公用品牌和地理标志。"三品一标"认证数量年增长保持在 6% 以上，截止到 2017 年，河北省获证"三品一标"农产品达到 2 578 个，获得国际质量管理体系认证 169 个。河北企美农业科技有限公司的有机蔬菜系列产品远销北美、欧洲、东南亚等 37 个国家。

二是突出文化内涵。挖掘农产品品牌历史文化内涵，强化传统工艺传承和保护，加强品牌创意，注重形象设计，规范包装标识，促进农产品深度开发和增值，开发出了藁城宫面、红谷小米等一批产品，宣化牛奶葡萄被联合国粮农组织认定为"全球重要农业文化遗产"。着力打造100条休闲农业和乡村旅游精品线路，遴选了1000个名特优旅游农产品进行集中展示销售，发展"后备厢经济"。

【品牌宣传营销体系】

一是整合多种资源宣传。实施"燕赵农业品牌计划"，整合中央电视台、新华社、人民网等媒体资源，利用高铁、高速公路、车站和城市户外广告等多种形式，对知名品牌集中宣传。利用中国国际农产品交易会、中国（廊坊）农产品交易会等大型展览活动平台，开展"冀在心田，乐享河北"主题宣传。

二是突出主题活动推介。联合河北广播电视台举办首届河北品牌农产品市厅长联合推介活动，让河北省农业厅、林业厅主要负责同志，各市人民政府分管领导为河北知名品牌代言，用市场化手段高位推介，形成了全省上下联动推进农业品牌建设的良好氛围，节目收视率居全省前列。

三是搭建产销衔接平台。举办了京津冀蔬菜、中药材、食用菌等品牌农产品产销对接活动，累计签约额超70亿元，组织了首届品牌农产品企业和大型客商对接活动，现场直接订单超5亿元。在北京召开品牌农产品专题推介会，活动在新媒体得到广泛传播。

四是开展品牌"六进行动"。不断推进河北品牌农产品进社区、进网站、进饭店、进企业、进高校、进机关，在北京建设了河北品牌农产品（北京）展示展销中心，深入北京社区开展100场体验式推介，支持各类主体在北京建设连锁直营店115个，与阿里巴巴签订战略备忘录，建设了"冀农优品"省级龙头企业品牌电商平台，打通了百姓消费的"最后一公里"。

【品牌服务指导体系】

一是组织机制到位。成立了主要负责同志任组长的农业品牌建设领导小组，抽调专门人员成立品牌建设办公室，统筹全省工作。发出通知要求各市成立相应机构，目前已有5个市成立市领导任组长的农业品牌领导小组，形成了工作合力。

二是政策支持到位。印发了《2017年河北省农产品品牌建设重点工作推进方案》，起草了关于加快农产品品牌发展的意见。

三是资金支持到位。协调河北省财政厅设立现代农业生产发展资金（品牌建设资金）1000万元，争取农业"一村一品"品牌建设资金由30万元增长至105万元。

四是智力支持到位。整合全国20多家专业农业品牌机构资源，组建全国首个农业品牌咨询顾问团，组织了全省农业品牌专题培训，增强了全省农业品牌发展意识。

五是市场分析到位。与北京二商集团、北京菜篮子集团、中信国安集团和北京餐饮协会达成战略合作协议，加强市场消费信息分析，精准开展产品有效供给。

六是质量监管到位。强化产品监测和质量追溯，构建产地准出和市场准入无缝衔接监管机制，全年未发生重大农产品质量安全事件。

七是品牌保护到位。利用12316"三农"服务热线、农产品质量安全信息平台，加大对农业品牌保护力度，打击品牌滥用、盗用、冒用行为。

山西省品牌农业发展概况

【基本情况】 山西是特色农业大省，被誉为"小杂粮王国""全国醋都""面食之乡"等，农产品种类丰富、品质优良。运城苹果、吕梁红枣、太行小米、山西陈醋等区域农产品公共品牌犹如一颗颗明珠，洋溢着山西省农业文明的魅力。山西省委、省政府高度重视品牌建设。近年来，围绕特色优势农产品基地建设，山西省始终坚持发挥特色优势，做强特色品牌，做大特色农业企业，促进经济转型，调整产业结构，不断提升山西特色农产品品牌影响力。山西农业在品牌的引领下，转型升级的新动能逐渐释放，从偏重规模和数量的"吃饭农业"，向更加倚重质量和效益的"品牌农业"转换。

【工作措施】

（一）加强农产品品牌建设组织领导

1. 成立领导机构。成立山西省农业厅品牌工作领导小组及其办公室，统筹协调全省农业品牌工作。山西省农业厅根据《农业部关于2017年开展农业品牌推进年工作的通知》精神，制定《山西省开展农业品牌推进年工作实施方案》，明确农业品牌建设思路、发展重点和主要工作内容。

2. 将"三品一标"及农业标准化生产率纳入政府考核体系。3月17日山西省政府办公厅下发《山西省人民政府关于印发山西省区域经济转型升级考核评价暂行办法的通知》，将"三品一标"农产品认证数量、增长速度及农业标准化生产率纳入政府综合考核体系。每年增加10个农产品地理标志，2017年年底全省农业标准化生产率要达到30%以上，指标权重占3分。农产品地理标志登记数量完成全年10个的目标任务，"三品"完成全年认证产品350个、发展面积210万亩、养殖规模60万头（只）的任务。

（二）夯实农产品品牌建设基础

1. 狠抓"三品一标"，增加绿色优质农产品供给。截止到2017年9月底，山西省地理标志登记农产品数达到129个，排全国第三。大同黄花、岚县土豆、沁州黄小米三个品牌被评为2017年中国百强农产品区域公用品牌，万荣苹果被农业部授予中国"十大苹果"称号，吉县苹果是全国100个与欧盟互认地理标志产品之一；登记认证"三品"有效用标产品1 230个，企业592个，产地面积547.73万亩，养殖规模170.47万头（只），产量435.24万吨；农业标准化生产率

预计达到36%以上。蔬菜、水果、畜产品例行监测合格率分别达到96.8%、100%、99.7%，居全国前列，为培育农业品牌奠定了基础。农业标准园（场）建设是开展"三品一标"的基础。近年来，山西省以开展部、省级农业标准园（场）创建为抓手，以优质、安全、绿色为导向，"三园一场"建设步伐明显加快。截止到2017年，全省已创建了90个部级蔬菜标准园和310个省级蔬菜标准园；实施了15个部级水果标准园创建项目，面积1.72万亩；建设100亩以上中药材标准化示范园660个，共计54万亩；开展了生猪、奶牛、蛋鸡、肉鸡、肉牛和肉羊6个畜种的标准化养殖示范场创建，共创建国家级畜禽养殖标准化示范场94个。

2. 开展特色农产品优势区建设工作。山西省出台《关于创建特色农产品优势区和现代农业产业园的意见》，"十三五"期间，全省将申报创建10个左右国家特优区，申报创建10个左右国家级产业园，将重点布局"3+X"战略，"3"就是依托雁门关农牧交错带、山西农谷、运城农产品出口平台三个省级战略，集中布局草牧业、蔬菜、水果等特优区和产业园；"X"就是在现代农业示范区建设和"一村一品、一县一业"发展的基础上，围绕杂粮（马铃薯）、畜牧、蔬菜（食用菌）、鲜干果、中药材五大特色产业，科学布局若干特优区和产业园。通过特优区和产业园推动水果、杂粮杂豆、蔬菜瓜果、中药材和特色养殖等特色产业提档升级，打造一批省内知名、区域畅销的特色农业品牌，形成国家级、省级、市县级产业园梯次发展格局。

（三）打造一批功能性农产品品牌

2017年年初，山西省农业厅、山西省科学技术协会联合开展2017山西功能农产品品牌建设活动。活动以发展功能食品为引领，以品牌建设为重点，借助政府、企业、媒体及社会各界力量，深度挖掘和传播山西省功能农产品，带动农业的功能化、标准化、复

合化、个性化发展。3 月成立了山西功能农产品品牌建设活动领导组和专家评审委员会。4 月出台《山西功能农产品品牌建设活动方案》(以下简称《方案》),启动山西功能农产品品牌建设活动。《方案》明确了总体思路和任务目标,计划从 2017 年开始,连续 5 年,每年推出 20 个功能农产品品牌。到 2021 年,力争实现培育 100 个功能农产品品牌,初步形成具有国内外市场影响力和竞争力的功能农产品品牌集群。

各级农委主动对接企业,积极组织申报,全省共申报 72 个功能农产品。通过功能农产品企业竞演直播,结合面向社会开展的山西功能农产品网上投票结果和专家评审意见等,最终确定 2 个山西省最具影响力的农业区域公用品牌、6 个山西区域公用品牌和 20 个山西功能农产品品牌,并在第五届中国(山西)特色农产品交易博览会品牌大会上进行了发布。山西省副省长郭盈光亲自为"山西小米"和"山西陈醋"两个山西省最具影响力的农业区域公用品牌进行授牌。

(四)推进农产品品牌宣传

1. 举办第五届中国(山西)特色农产品交易博览会。第五届中国(山西)特色农产品交易博览会以"创新助推功能农业发展,品牌引领特色产业升级"为主题,充分展现山西农业农村工作新成就。山西省内 1 202 家参展企业的杂粮、干鲜果、蔬菜、畜产品、中药材、醋类、酒类、饮料、油脂等 16 大类 6 700 余种优质农产品集中亮相。这些产品均获无公害农产品、绿色食品和有机食品认证,不少为中国名牌产品和中国驰名商标。本届博览会突出品牌引领,加大"晋"字号品牌的宣传力度,发布、展示、推介一批区域公用品牌和功能农产品品牌,进一步提升品牌知名度和影响力,引领产业转型升级。

2. 举办首届中国小米产业发展大会。由中国食品工业协会营养指导工作委员会、中国农业国际合作促进会、中国农产品市场协会、中国绿色食品协会、全国农业品牌联盟、山西省名优土特新产品协会联合举办首届中国小米产业发展大会,大会以"拓宽联动增效渠道,推进小米产业发展"为主题,聘请专家对小米产业政策、小米产业现状和市场进行权威分析,并就小米深加工、市场营销等进行深度探讨,来自全国小米主产区的相关负责人及农业科技专家、种植大户、企业代表等 300 多人齐聚一堂,就小米产业发展、品牌塑造、产业扶贫等议题进行深入交流。其间山西、陕西、吉林等国内主要小米生产合作社和企业的小米谷子产品进行了展示展销。小米产业发展大会对于弘扬山西小米文化、推进小米全产业链的发展特别是推广山西小米产品具有深远意义。

(五)推动品牌农产品走向大市场

由山西省农业厅联合商务厅、粮食局、扶贫办、供销社开展形式多样的农产品促销专项行动,全面提升了山西特色农产品在市场中的影响力。

2017 年以来,农业部门组织企业参加了 2017 第四届山西精品年货节和中国西部国际农产品交易会,参展企业 30 余家,农产品销售金额近 200 万元;组织 11 家名优农产品企业参加 2017 年中国·天津投资贸易洽谈会,并与当地 9 家经销商建立了贸易联系;8 月在北京举办岚县土豆经济全产业链系列产品北京展销会,把岚县土特产推向首都大市场。

山西省商务厅持续开展山西品牌中华行系列活动,2017 年的社区行、铁路站车行、校园行、景区行、央企行系列活动,扩大了山西品牌的影响力和市场占有率,带动了山西省品牌企业做大做强。2017 年山西品牌丝路行(加拿大站),实现山西特色产品贸易成交额 337 万美元,达成供货意向 750 万美元,现场销售 17 万美元。

各市也开展了各种形式的品牌农产品营销活动。忻州市以开展"农旅互动"为新径,创建了五台山忻州名优特产展销中心,名优特产通过景区走向了全国、走向了海外。长治市充分利用大型展会的推介平台，请申纪兰为品牌农产品代言，提升了农业品牌影响力和知名度。阳泉市以"有机农业＋休闲农业"两大主体打造观光休闲旅游品牌。运城市政府首次在西部口岸城市霍尔果斯举办水果推介会等。大同市举办中国大同古都灯会特色农产品展销活动月。晋城市举办首届特优农产品展销周活动等。

【存在的主要问题】

1. 对品牌建设存在认知误区。一些地方行政部门和市场经营主体认为有商标就是品牌，混淆了品牌和商标的区别，而且"重生产，轻品牌"的现象比较普遍，打造品牌的意识不强，缺乏对品牌内涵的认识、对品牌形象的塑造和文化的挖掘。在管理上，一些地区认为区域公用品牌就是"行政品牌"，地理标志可以超过原产地。此外，多数市场主体存在品牌定位意识缺失的问题，商标注册随意性较大，认为"高大上"就是品牌等错误认识。

2. 区域公用品牌重申报轻监管。山西省各地对申报、推广区域公用品牌，打造地方特色产业、提升地方形象产业比较重视，但对于区域公用品牌的授权、监督、管理滞后，相应的监管制度和授权与退出机制还没有普遍建立起来，出现了区域公用品牌泛用和未授权生产经营单位滥用等问题，存在着劣币驱逐良币的严重倾向，严重影响山西省区域公用品牌的发展。

尽管山西省登记产品数量在全国排名第三，但与山东、湖南、四川等省比较，还有差距。这几省的用标企业和产品一般是山西的2～8倍，登记产品的售价比普通农产品高出20%～30%，而山西省大部分产品登记前后差别不大。与中部六省比较，山西地理志用标企业和用标产品数排名靠后。

3. 小散弱使品牌影响力大打折扣。山西是"杂粮王国""黄金养殖带""优质粮果带"，发展特色农业具有先天的自然禀赋，但山西省的特色农产品仅就品牌来说"小而杂""散而弱"，质量优却没有换来响亮的名气和好的效益。近几年山西省内农产品品牌是多了，但小、散、乱的问题也随之显现，同质化严重、辨识度不高，甚至形成了内耗。真正在消费者心中有影响力的品牌并不多，其原因之一，就在于山西省农产品品牌定位模糊，同质化现象突出，常常出现"一品多牌"。目前，山西省杂粮、红枣等看似品牌众多，产品丰富，但论及单个品牌的市场占有率却很难拿得出手。以小米为例，山西省内品牌上百个。个别主产县，一县就有十几个，同样的产地、同样的品质、牌子却是五花八门，而且企业规模很小，几乎就是作坊。这种品牌过于繁多的格局，不仅不利于消费者对品牌选择习惯的养成，而且还冲淡了特产的整体形象。宣传展示营销力度不够。农业经营主体自主宣传不够，虽然有意识进行产品广告宣传，但缺乏整套的广告策略谋划和品牌营销策略。政府主导的宣传工作更是薄弱，与相邻省份政府对农业品牌创建和宣传的重视程度存在一定差距。

内蒙古自治区品牌农业发展概况

【基本情况】 2017年，内蒙古12个盟市围绕农业品牌化发展目标，立足内蒙古自治区生态资源优势和农产品品质优势，从加快"三品一标"认证、推进农牧业标准化生产、依靠创新挖掘品牌化优势、提升农产品供给质量和效率等几个方面推动内蒙古自治区农畜产品品牌化建设，推进内蒙古农牧业品牌化建设迈向中高端水平。

根据全区各盟市统计数据，2017年全区累计完成"三品一标"认证企业528家，认证产品1 917个，登记地理标志农产品89个，中国驰名商标70个，共完成编制农畜产品生产标准197项。2017年，内蒙古农牧业厅组织参加第十五届中国国际农产品交易会、中国-蒙古国博览会国际绿色农畜产品展、中国·内蒙古绿色农畜产品博览会、内蒙古绿色农畜产品（北京）展销会等一系列农业展会5次，组织710家（次）企业参展，现场贸易额3 869.8万元，现场签订购销合同1.78亿元，达成意向协议24.47亿元。此外，各地创新品牌宣传推介形式，积极利用各大电视台、广播电台、报纸、网络新媒体平台开展各类宣传推介，通过专题片、新闻报道、宣传广告等传统形式，结合O2O电商服务平台村镇体验店、"百姓直通买卖网"平台、美好农场微商城平台等新兴电子商务平台，加强农产品品牌的宣传，扩大内蒙古自治区农产品品牌影响力。

【主要做法与成效】 在推进农产品品牌化建设的过程中，各盟市结合自身产业发展实际情况，创新工作方法，积极采取有效的措施，品牌建设成效显著。

（一）多措并举，打造优势特色农产品品牌

1. "乌兰察布马铃薯"品牌建设初具规模。2008年，"乌兰察布马铃薯"通过农业部审批正式成为农产品地理标志登记保护产品，保护面积420万亩，年产量450万吨。同年农业部把乌兰察布市10个旗（县、市、区）列入《全国优势农产品区域规划（2008—2015）》中的华北马铃薯优势区，重点生产脱毒种薯、加工薯和鲜食薯；2009年，中国食品工业协会正式授予乌兰察布"中国马铃薯之都"称号；2011年，借助北京内蒙古对口帮扶的重大历史机遇，持续推进马铃薯直销首都市场的建设，而且乌兰察布市已经成为北京市政府蔬菜和马铃薯应急储备基地，马铃薯销售占到北京市场的70%以上。同年，经国家工商行政管理总局批准，正式注册"乌兰察布马铃薯国家地理标志证明商标"；2012年，中国马铃薯大会在乌兰察布市召开，并且国家质量监督检验检疫总局批准国家级马铃薯及其制品检测重点实验室在乌兰察布建设；2013年，由乌兰察布市政府出资建成乌兰察布马铃薯电子信息交易平台，搭建具有"中国薯都"特色的网上交易平台，为马铃薯现货交易和网上商城提供了全程电子商务专业服务；2014年，我国首届马铃薯农场主大会暨2014中国薯都马铃薯产业发展论坛在乌兰察布市召开；2015年、2016年，"乌兰察布马铃薯"连续两年分别荣获中国最具影响力品牌价值评价（初级农产品类）第17位和第14位，品牌价值分别为105.66亿元和114.91亿元。察右后旗20万亩马铃薯通过农业部挂牌正式成为全国绿色食品原料标准化生产基地。"后旗红"马铃薯荣获第十六届、十七届中国绿色食品博览会和第十四届中国国际农产品交易会金奖，同年荣获"国际5A级品牌认证"。2017年，乌兰察布市大型龙头企业内蒙古希森马铃薯全粉有限公司被中国优质农产品开发服务协会评为"中国品牌食材"企业。乌兰察布市集宁区马铃薯种薯产业知名品牌创建示范区已获得国家质量监督检验检疫总局批准，3年内建成全国知名的优质脱毒种薯供应基地。制（修）订马铃薯标准化生产操作技术规程6项，已按照乌兰察布市地方标准发布，《马铃薯技术规范汇编》正在编制当中。在第十五届中国国际农产品交易会上，"乌兰察布马铃薯"荣获"中国百强农产品区域公用品牌"殊荣，提升了乌兰察布马铃薯的市场知名度和品牌影响力。

2. 各地市抢抓"互联网＋"战略机遇打造品牌。目前，呼伦贝尔市已建成苏宁易购呼伦贝尔馆、京东商城扎兰屯馆、扎兰屯绿色产品电子商务体验馆和莫旗电子商务创业园等，引进浙江杰夫、内蒙古联创仁和、北京布瑞克等电子商务公司，开展电商运营、智慧乡村服务及农村物流业和网上绿色食品交易等业务，积极推进莫力达瓦旗、鄂伦春旗申报国家级电子商务示范县。目前，共建设247个村级服务网点,1个电子商务公共服务中心,绿色农畜产品网络销售额达3 919万元。

内蒙古二龙屯有机农业发展公司和内蒙古淘兴安电子科技公司分别以30万亩、8万亩的种植规模发展"电商+基地"的运行模式,使产销有机结合,产品供不应求,极大地提高了品牌知名度。目前,兴安盟共有30多家规模以上农牧业企业开展网上营销农畜产品,提升兴安盟绿色生态农畜产品市场竞争力。

2017年,鄂尔多斯市建成网上农贸市场6个,乐村淘O2O电商服务平台建立村镇体验店98家,平台入驻本地企业和商家40余家;邻帮电子商务有限公司已建成并运营村级电商服务站10个,开通"百姓直通买卖网"平台,以销售瓜果蔬菜、肉类食品、五谷杂粮等为主,为农民解决农副产品卖难问题;内蒙古朵日纳现代农业有限责任公司已开通美好农场微商城平台,采用"线上+线下"模式开展优质蔬菜的宣传销售;金泰禾农牧业开发有限公司与羊煤土气公司签订网上销售协议,目前已完成网络平台建设;百戈丽电子商城平台日趋成熟,目前已新增包子、饺子两个食品销售品种,拓宽特色农畜产品销路。

乌海市汉森酒业、吉奥尼葡萄酒、巴音宝养殖、蒙思特食品、阳光田宇等农业企业开设了企业网站,通过网络销售产品。汉森酒业信息化系统建设累计投入资金1 000余万元,其中农畜产品电子商务发展资金200余万元。阳光田宇与中国电信签订"互联网+智慧农业"合同,总投资1.2亿元。

3. 结合旅游产业打造高端品牌。在2016—2017年度中国葡萄酒市场白皮书发布会暨年度风云榜颁奖盛典上,评审专家一致认为,内蒙古乌海是一个得天独厚、不可复制和拷贝的生产有机绿色葡萄与葡萄酒的产区。

近年来,乌海市建成了以汉森、阳光田宇、吉奥尼和西口风为代表的一批沙漠原生态葡萄酒庄,葡萄酒年生产加工能力达2万多吨。汉森葡萄酒远销美国、德国、丹麦等十几个国家,实现年产值2亿元。

乌海被世界沙漠葡萄酒联盟确定为世界沙漠葡萄酒大赛永久举办地,成为世界沙漠葡萄酒知名产区。汉森酒庄、阳光田宇国际酒庄也分别被评为国家AAA、AAAA级旅游景区,极大地带动了周边以葡萄为主题的休闲观光农业产业发展,经济效益持续攀升。

(二) 发挥展会平台优势,扩大品牌知名度

1. 发挥展会平台优势打造农产品品牌。近几年,内蒙古农牧业厅带领各盟市精心组织农牧业企业参加各类国际国内农产品展会,抓住展会平台优势,拓宽销售渠道,积极打造品牌。2017年,内蒙古展团参加了第十五届中国国际农产品交易会、第十九届中国(海南)国际热带农产品冬季交易会等国家级展会,参加了2017年全国农业品牌推进大会、首届全国"互联网+"现代农业新技术和新农民创业创新博览会等国家级会议,举办了第五届中国·内蒙古绿色农畜产品博览会、第二届中国-蒙古国博览会国际绿色农畜产品展等自治区级展会,包头市、呼伦贝尔市、巴彦淖尔市等盟市还通过在北京举办大型推介会、专场新闻发布会和在本地区举办市级绿色农畜产品博览会等形式,宣传推介本地的优质农畜产品,受到广大百姓一致好评。

2. 各地积极利用公共媒体平台打造品牌。呼伦贝尔市已经连续三年,投入1 000万元以上在中央电视台等主流媒体发布"呼伦贝尔物产"广告,播放宣传片,同时在首都机场、王府井商业街、呼伦贝尔机场投放了广告宣传牌和灯箱,产生了非常好的效应。2017年6月3日,"扎兰屯黑木耳"进入中国与欧盟首次互认100个农产品地理标志保护目录之中,其中农业部共推荐了35个农产

品，扎兰屯黑木耳排名第三。

兴安盟以打造"兴安盟大米"品牌为突破点，在内蒙古电视台《新闻联播》前的黄金时段播出广告；在北京第十五届中国国际农产品交易会期间，兴安盟农民首次登上"大米品牌"论坛、家乡的味道——我为品牌农产品代言公益活动、合作社示范社做客微信全球直播间等大型推介活动，宣传推介"兴安盟大米"。同时，在中国邮政内蒙古分公司微信平台发布推荐信息3次，信息覆盖呼和浩特、包头、鄂尔多斯等地300万人次。投资80余万元，打造"兴安盟羊肉"等品牌。

鄂尔多斯市康和人家网上商城与鄂尔多斯文体交通广播的合作已于2017年6月12日正式启动，上架商品1700余种，其中农副产品占比30%以上。

（三）注重挖掘潜力产业，培育品牌发展后劲

巴彦淖尔市从市情和产业实际出发，结合巴彦淖尔特有的土地和农畜产品资源优势，分层次、分年度、有计划地培育地理标志产品，主要以小麦、玉米、葵花、番茄、西甜瓜、脱水蔬菜、羊绒、巴美肉羊、水产养殖等优势农畜产品产业为重点，打造"河套""巴盟""巴彦淖尔"等特色品牌。2017年，杭锦后旗甜瓜、三道桥西瓜、乌拉特后旗戈壁红驼、河套蜜瓜、河套西瓜、二狼山白绒山羊这6个地理标志农产品通过农业部专家评审。现在巴彦淖尔共有15个农产品获得了地理标志认证。

（四）加强沟通协调，争取政府支持

1. 北京市政府对口帮扶兴安盟。2017年，内蒙古自治区政府与北京市政府达成对口帮扶意向，北京市10多家企业代表与内蒙古自治区政府签订帮扶兴安盟销售农产品合作意向，并对20余家兴安盟特色农畜产品企业进行了深入考察。

2. 呼伦贝尔市建成农牧业展览馆。在呼伦贝尔市委、市政府的大力支持下，呼伦贝尔市农牧业展览馆历时半年已具雏形。展览共分为发展历程、发展成就、旗市区展区、国际合作、其他相关行业、健康土壤、呼伦贝尔草原智能化监管大数据、农畜林特色展示、未来展望等九大板块，充分展示了呼伦贝尔独特的自然资源、生态优势及远景规划，体现新产业、新业态、"互联网＋"、科技园综合体等内容。展示农作物品种100多个，农畜林特色产品近百个，达到了全面展示服务"三农三牧"成就的效果。成为宣传推广呼伦贝尔农产品品牌的一个重要窗口。

（五）加强人才培养，锤炼过硬本领

为提高干部队伍品牌化建设业务水平，做好农业品牌推进年各项工作，2017年内蒙古自治区农牧业厅组织干部参加了农业部管理干部学院举办的农业品牌建设专题系列培训班，围绕农业品牌发展战略、农业品牌培育两个主题举办专题讲座、案例教学和研讨交流，并现场考察了农牧业基地品牌化建设情况。同时，还邀请到浙江大学CARD中国农业品牌研究中心主任胡晓云到内蒙古自治区农牧业厅做品牌建设专题讲座，促进内蒙古自治区农牧业厅全体干部市场化、品牌化意识的提高。

【存在的主要问题】

1. 社会认识不到位，品牌观念较弱。在农业经营主体中间，传统农业生产意识还占较大比重，缺乏标准化、品牌化、产业化、规模化等现代农业发展观念。营销方式落后，销售渠道单一，生产效率低下，忽视品牌经营，既缺乏必要的资金投入，又缺乏应有的宣传打造，致使品牌知名度和认知度低，无法发挥品牌附加值。

2. 政策扶持力度有待加强。由于全区各盟市社会经济发展水平不同，各地市政府一级对农产品品牌化建设扶持力度有所差别，农产品品牌建设面临政策扶持资金少，政策措施不完善，知识产权保护亟待加强的局面。

3. 农牧业品牌化金融扶持政策不足。农

产品品牌化建设过程中，资金短缺是农牧业企业遇到的最大问题。由于缺少有效的抵押物，信贷融资始终是制约农牧业发展的重要瓶颈之一。贷款难、成本高，农牧业生产资金短缺，扩大再生产难度加大。部分企业、农牧民合作社、广大农牧民普遍与民间借贷组织存在借贷关系。

4. 农产品标准化生产水平提升缓慢。目前，内蒙古自治区农牧业生产绝大多数还处在小规模、分散生产经营的状态，农畜产品生产的质量控制技术推广力度不够，标准化水平较低，无公害农产品、绿色食品、有机食品、地理标志农产品还不能完全做到优质优价，对标准化基地农畜产品的监督抽检还需加大投入力度。

辽宁省品牌农业发展概况

【主要做法和成效】

（一）领导高度重视，周密部署安排

2017 年 3 月，辽宁省农村经济委员会（以下简称辽宁省农委）印发了《关于 2017 年开展农业品牌推进年工作方案的通知》（辽农办市发〔2017〕76 号），就辽宁省开展农业品牌推进年工作进行安排部署，提出了工作思路、工作原则、工作内容和工作要求。为推动工作落实，辽宁省农委副主任于衡亲自抓，先后组织农业品牌调研和召开专题会议 2 次，进一步明确工作任务和工作措施。全省 14 个市农业部门也分别明确了分管领导和责任处室，定期研究品牌推进工作。其中，沈阳、朝阳、盘锦等市专门下发了推进农业品牌建设的实施方案，形成了全省上下联动，稳步推进农业品牌建设工作新格局。

（二）加大宣传推介，树立品牌形象

2017 年以来，辽宁省以举办第十届辽宁国际农业博览会和组织参加第十五届中国国际农产品交易会为契机，加大农业品牌宣传推介力度，更加突出"天辽地宁、物华天宝、一带一路"等主题寓意，全面展示辽宁农业品牌的区域特色，叫响辽宁农业品牌，知名度和附加值得到进一步提升，利用展会和农博网平台实现良好的社会效益和经济效益。第十届辽宁国际农博会参展企业 1 277 家，现场销售额 1.97 亿元、贸易成交额 11.5 亿元、电商交易额 352 万元，评选金奖农产品 129 个；第十五届中国国际农产品交易会参展企业 24 家，电商企业 100 家，现场销售额 498 万元、贸易成交额 1.23 亿元、电商交易额 40.18 万元，获得金奖农产品 6 个。同时，还组织沈阳、大连、抚顺等 6 个市优质农产品企业参加江苏连云港、镇江等展会，为推动辽宁特色农产品走出去，搭建产销对接平台，实现辽宁与江苏两省农业经贸交流与合作奠定坚实基础。

（三）开展认定工作，推进品牌建设

辽宁省已连续 11 年开展辽宁名牌农产品评选认定工作，连续 9 年开展辽宁特产之乡评选认定工作。辽宁名牌农产品评选由辽宁省农委独立开展，只针对种植业产品。辽宁特产之乡评选由农业、林业、水产、畜牧 4 个厅局联合开展，产品范围广。评选本着科学、公开、公正、公平的原则，不限定数量，择优入选，不收取任何费用，不实行终身制（认定有效期三年），制定了比较完善的评选认定管理办法和申报、评审、考核制度。每年评选结果都在《辽宁日报》、金农网上进行公示和公告，受到市县、乡镇和企业的认可和好评，培育和打造了一批具有辽宁地方特色的农业知名品牌。2017 年共评选辽宁特产之乡 31 个、辽宁品牌农产品 51 个、名优农产品目录 15 个。

（四）加大证后监管，提升品牌效应

近年来，辽宁省始终坚持无公害农产品、绿色食品、有机食品"三位一体"监管模式，坚持严字当头，优中选优的原则，提升农产品品牌公信力，确保农产品质量安全。目前，辽宁省无公害农产品总数达 2 528 个；绿色食品企业 500 家，产品 1 064 个；有机食品认证企业 20 家，产品 70 个，认证面积 3 500 万亩；地理标志认证产品 47 个。

（五）加大扶持力度，推动品牌创建

2017 年以来，辽宁省将推进农业品牌建设列为加快推进农业供给侧结构性改革的一项重要工作，加大扶持力度，积极推进农产品区域公用品牌建设。沈阳市整合政策优势，实行倾斜性补贴，鼓励相关产品的龙头企业申报国家地理标志农产品、辽宁名牌农产品、沈阳名牌农产品，对获证企业获证当年和有效期内分别实施 30 万元、15 万元、10 万元以奖代补；大连市支持龙头企业争创全国现代渔业技术综合示范点，给予新认定农业部地理标志水产品一次性奖励 30 万元，给予省级品牌水产品一次性奖励 10 万元；朝阳市在市财政十分紧张的情况下，拿出 80 万元编制朝阳市农产品区域公用品牌战略发展规划。积极参加农业部 2017 中国百强区域公用品牌评选活动，辽宁省共有盘锦大米等 4 个区域公用品牌获此殊荣。

【存在的主要问题】 尽管辽宁省在农产品品牌建设上取得了一定成绩，但与全国其他兄弟省份相比仍存在一些不足，主要体现在：

1. 各级政府对农产品品牌建设认识还不足。主要是在工作上缺乏主观能动性。对地域品牌特别是社会认可的地方品牌缺乏保护措施，多部门执法没有形成合力。无公害农产品、绿色食品和有机食品市场购买力不强，是因为人们对执法鉴定部门不够信任，其公信度受到质疑。

2. 农产品品牌互补性不强。农产品普遍具有周期短的特点，因此农产品常常存在相互竞争，如非品牌农产品之间的竞争、品牌农产品与非品牌农产品之间的竞争、品牌农产品之间的竞争等。这种竞争往往缺乏市场信息，使品牌降低应有价值，导致农民收入降低。建议各级政府加大对农产品产地市场电子商务平台建设的投入力度，确保企业信息畅通、快捷、高效。

3. 农产品品牌分布不尽合理。农产品品牌建设往往以城市距离或城市人口消费量为基础。有些农产品注重品质，有些农产品注重应季性，有些农产品的选育注重地理、土壤和气候特点。农产品在一定区域内过剩或缺乏，是市场需求与选项整合不到位造成的。建议各级政府要加强规划与信息整合，提升农产品品牌建设水平。

吉林省品牌农业发展概况

【重点工作】 按照《农业部关于 2017 年农业品牌推进年工作的通知》 （农市发〔2017〕2 号）部署要求，结合吉林省农业品牌工作实际，在品牌推进年活动中，吉林省重点完成六个方面的工作。

1. 召开吉林省农业品牌发展大会。8 月 10 日至 11 日，首次在全省范围内召开农业品牌发展大会。会议重点研究部署了当前和今后一个时期吉林省农业品牌发展的总体思路、建设目标和重点工作。吉林省委副书记高广滨出席会议并讲话，全省各市（州）、县（市、区）政府分管领导，农业部门主要领导以及农业企业（合作社）代表约 450 人参加了大会。会议期间，同步组织开展了品牌专题培训、特优区创建工作座谈会、观摩中国长春国际农业·食品博览（交易）会（以下简称长春农博会）品牌农业馆、市（州）长品牌推介会以及典型经验交流等活动。

2. 新启动"吉林玉米""吉林长白山珍"品牌建设。发挥"世界黄金玉米带"资源禀赋，打造"吉林玉米"公用背书品牌。委托杭州农本咨询公司编制"吉林玉米"品牌发展战略规划，以食用（鲜食）玉米为重点，全新设计推出品牌形象 LOGO 和宣传口号。依托长春天景、公主岭农嫂等国内知名鲜食玉米企业，组建吉林省鲜食玉米产业联盟，举办首届中国（公主岭）玉米食品化高峰论坛。成立吉林省园艺特产协会，申请注册吉林长白山黑木耳、香菇、榆黄蘑、元蘑、灵芝、林蛙等地理标志证明商标，全年实施以黑木耳、香菇等为主的食用菌产品"特产之乡"宣传推介活动。

3. 首推"吉字号"区域品牌集中亮相第十六届长春农博会。8月11～20日，以集中打造"吉字号"农产品品牌为重点的第十六届长春农博会在农博园举办，首次在1号展厅新设5 800平方米的吉林省品牌农业馆，集中展示推介吉林大米、吉林杂粮杂豆、吉林玉米、吉林长白山珍、长白山人参和吉林优质畜产品等六大"吉字号"品牌农产品，全省176家骨干企业和1 246种品牌农产品参展。展会期间，连续举办12场次市（州）品牌农产品专场推介活动，有效提升了吉林绿色优质农产品的市场影响力。

4. 携"白、黄"两张名片参加第十五届中国国际农产品交易会。9月21～24日，吉林展团以"做大做强'吉字号'优质特色农产品品牌"为主题，集中展示吉林大米——白金名牌、吉林玉米——黄金名牌两大区域公用品牌。展区设计特装突出市场化、品牌化、信息化，共遴选组织124家优秀企业、363种优质特色农产品参展参会。展会期间，首次组织开展了吉林优质特色农产品（北京）展销体验周活动。邀请国家一级演员闫学晶参加"家乡的味道——我为品牌农产品代言"大型公益晚会，为"吉林大米"代言推介。闫学晶现场与农业部部长韩长赋互动，韩长赋部长高声赞誉：吉林大米香喷喷，饭后还能吃半斤（1斤＝500克）！成为晚会一大亮点。2017年，吉林省又先后应邀组织参加了辽宁、湖南、浙江等省举办的农业展会，充分利用展会和吉浙合作平台，宣传推介"吉字号"品牌。在吉林优质特色农产品（浙江）展销宣传周活动期间，组织六大类、39家优秀企业和112种品牌农产品参加浙江农博会，

现场交易额51万元、贸易签约额达1.88亿元。12月中旬，吉林省农业委员会联合吉林省政府驻广州办事处共同在广州市举办吉林优质特色农产品广东展销推介嘉年华活动，把"吉字号"品牌迅速推向泛珠三角地区。

5. 开展"引导农民闯市场、帮助企业创品牌"宣传培训活动。举办全省农产品品牌专题培训班，邀请杭州农本咨询首席专家贾枭、北京方圆品牌营销策划机构董事长李明利等国内知名农业品牌策划专家，围绕如何打造区域公用品牌和农产品品牌，为全省农业系统干部和企业代表集中讲授品牌创建思路方法和工作路径，面对面答疑解惑。此外，白城、吉林、四平等地先后结合打造区域特色品牌，开展形式多样的品牌培训活动。全年共组织各类品牌培训15场次、近5 000人次参加。通过开展专业培训活动，进一步增强了各级政府和企业创建品牌的工作热情和实际工作能力。

6. 编印《吉林省农业品牌名录》。为有效提升吉林省优质特色农产品的社会影响力和知名度，激发各级政府和广大企业创建品牌的积极性。8月，吉林省农委在全省范围内共收录了区域公用品牌、企业品牌、产品品牌和休闲农业品牌等四大类161个农业品牌，编录完成《吉林省农业品牌名录（精品荟萃篇）》，集中展示宣传全省各地品牌创建成果。

【主要成效】　通过落实品牌推进年工作，吉林省农业品牌建设进入快速发展、积极向好、多方共赢的崭新阶段，成为吉林农业实现弯道超车的新动能。

2017年，在继续做大做强吉林大米、长白山人参、吉林杂粮杂豆等"吉字号"品牌的基础上，又创新启动了"吉林玉米""吉林长白山珍"品牌建设，同时各地区发挥区域特色农业资源优势，主动对接"吉字号"品牌，打造了梅河大米、松原小米、扶余四粒

红花生、抚松人参、双阳梅花鹿等一批区域公用品牌和企业品牌、产品品牌。据统计，近 3 年，吉林省先后有 21 个区域公用品牌、35 家企业入选《全国名特优新农产品目录》；4 家合作社及产品被评为全国百个合作社、百个农产品品牌；36 个农产品被授予中国国际农产品交易会金奖产品称号。特别是 2017 年，外交部部长王毅、农业部部长韩长赋先后为吉林大米点赞；黄松甸黑木耳等 5 个区域公用品牌被评为 2017 年最受消费者喜爱的百个区域公用品牌、长白山人参等 4 个区域公用品牌被评为 2017 年全国百强区域公用品牌。长白山人参以 190.48 亿元的品牌价值荣登 2017 中国农产品区域公用品牌价值全国百强品牌第 1 名、双阳梅花鹿以 46.79 亿元品牌价值位列第 23 名。吉林省优质特色农产品正在被越来越多的消费者特别是中高端消费群体所认可，市场的美誉度、忠诚度和占有率显著提升。

【存在的主要问题】 在落实品牌推进年工作中，吉林省农业品牌建设虽然发生了一些喜人的变化，但与农业强省、品牌大省的建设目标要求还有很多不相适应的地方，一些"瓶颈"问题急需加以研究解决。

1. 在思想认识上还有待进一步提高。抓建农业品牌，特别是打造区域公用品牌，必须上下同心、多方联动。但在具体工作落实中，还存在着"上热下冷""时热时冷"的问题，个别政府部门在工作定位上还没有把品牌工作放到农业供给侧结构性改革的全局之中来筹划设计，片面地认为品牌建设是农业部门的业务工作，工作缺少统一领导和具体指导。企业主体对打造企业品牌和产品品牌积极性很高，但对培育区域公用品牌热情明显不高，不舍得投入。

2. 在一些关键环节上还需要进一步发力。培育品牌不可能一蹴而就，特别是在品牌建设规划编制、品牌农产品标准制定、核心生产基地建设、产品加工与包装、产地市场建设、市场营销策略等关键环节，必须一步一个脚印向前推进。当前，吉林省在品牌建设工作中，不同程度地存在着标准缺失、"原字号"产品多、区域性产地市场档次低、市场营销宣传各自为战等一些突出问题，严重影响品牌的长远建设与发展。

3. 品牌建设投入需要加大力度。培育打造品牌需要各级财政真金白银支持。近年，吉林省在打造吉林大米、长白山人参品牌上逐年加大投入，一些地方政府也专门拿出专项资金支持区域公用品牌创建。但个别贫困地区受财政缺口影响，工作落实难度大，推进速度慢。

黑龙江省品牌农业发展概况

【主要工作】 黑龙江省依托得天独厚的资源和生态优势，在打造绿色有机农产品品牌上下功夫。截止到 2017 年，全省区域公用品牌 301 个，获中国驰名、黑龙江省著名商标农产品达 497 个，中国和黑龙江名牌农产品达 94 个。绿色食品、有机食品（中绿华夏认证）产品达 2 929 个，其中获中国驰名、黑龙江省著名商标绿色食品、有机食品 210 多个，绿色食品地域品牌成为黑龙江现代农业一张亮丽名片和金字招牌。

1. 抓统筹推进，注重强化顶层设计。坚持用品牌引领生产，专门出台了实施品牌战略的政策意见，省级层面统筹推进绿色优质农产品品牌创建。突出发展重点，立足寒地黑土等优越的生态条件和绿色食品生产的产业基础，重点培育发展绿色有机产品、高品质食品、乳制品和畜牧产品等农产品品牌。明确创建路径，采取"龙江产品＋区域公用品牌＋企业知名品牌"方式，加快绿色生态品牌培育，已培育出"寒地黑土""黑森""北大荒""五常大米"等一批知名品牌。强化政策支持，对国家级、省级品牌产品，在技术改造、投融资、企业改革重组等方面优先扶持。对认定为中国驰名商标、第一次获全国和省质量奖的企业给予 50 万元到 200 万元的一次性奖励。

2. 抓标准提升，有效保障品牌质量。牢固树立质量是品牌生命的理念，加强优质农产品生产，以质量创品牌。实施标准生产，集成农作物高标准栽培技术模式下发全省，全面秸秆还田 5 800 万亩、深松整地 4 900 万亩、农作物轮作 2 000 多万亩。全省各类综合技术推广面积 1.9 亿亩（次），水稻智能催芽和大棚育苗基本实现全覆盖。发展绿色生产，出台绿色食品管理条例，制（修）订 62 项生产技术规程，深入推进农业"三减"，加强畜禽粪便等资源化利用，推行绿色生产方式。全省完成高标准农业"三减"面积 1 240 万亩，绿色、有机食品认证面积 7 600 万亩，占农作物播种面积 1/3，有机食品种植面积 502 万亩。推行"互联网＋"生产，大力发展"互联网＋"农业，全省建成"互联网＋"高标准绿色有机杂粮、杂豆、马铃薯、鲜食玉米和蔬菜基地 1 316 个，百万亩耕地实现生产全程可视，产品质量可追溯。

3. 抓品牌规范，注重整合优化资源。制定《黑龙江绿色食品商标（品牌）使用许可规范指引》，加快品牌整合，形成若干具有较大供给量的大品牌。统一品牌，推动同类农产品生产的新型经营主体联营联合，共同打造品牌。龙联农民合作社联社整合 719 家农业合作社，规模经营土地 617 万亩，共同使用"龙联绿食源"品牌。开展特许经营，引导新型经营主体依托名牌，开展授权合作经营。绥化"寒地黑土"区域公用品牌，推进优势农产品加盟，域内有 150 家企业和合作社使用该品牌，销售金额 20 多亿元，其中大米占 60%。开展品牌重组，鼓励和引导绿色食品生产经营企业通过产权（股权）重组的方式整合品牌，全省已将 82 家加工量 10 万吨以下的大米企业整合为 13 家加工量 30 万吨以上的企业。通过培育大品牌，提升了全省农产品品牌竞争力。2016 年，在全国首届中国大米品牌大会评选的全国十大大米区域性公用品牌中，黑龙江省占 3 个，在全国十大好吃米饭中黑龙江省占一半。在 2017 最受消费者喜爱的 100 个中国农产品区域公用品牌评选活动中，全国粮食油料类获奖品牌 23 个，黑龙江省入选 11 个，其中大米品牌 6 个，超过一半。

4. 抓宣传推介，持续提升品牌效益。全省多层次、立体化宣传推介品牌，扩大受众群体，提高知名度。举办展会，举办黑龙江绿色食品（北京）年货大集、新型农业经营主体优质农产品展销会等大型市场对接活动 17 场，在国内一线城市建立一批品牌农产品精品馆及展示销售中心，既实现了"龙"字号农产品与主销区市场的直通，又宣传了品牌。在上海、广州举办大米、大豆等品牌专题宣传推介会，集中推介"北大荒""黑森""寒地黑土"等一批区域性公用品牌。还与新浪、阿里巴巴合作开展"我在龙江有亩田"等大米、杂粮品牌的网络众筹活动，推出了"小饭围"的五常大米品牌。媒体宣传，率先在中央电视台开展绿色食品公益广告宣传活动。在黑龙江省电视台农业频道定期宣传品牌企业和品牌产品。依托黑龙江大米网和黑龙江特色优质农产品产销专网，开展全方位品牌推介，扩大品牌知名度和影响力。五常大米品牌价值达 639 亿元，位列地标产品全国第五、大米类全国第一。

5. 抓品牌保护，全面开展维权行动。坚持企业、行业协会和行政三位一体，加大品牌保护。引导企业及时注册商标，申请核心技术专利，利用二维码等防伪标志，加强品牌保护。龙娃集团与第三方机构合作，定期查询假冒、仿制等侵权行为，维护品牌权益，每千克大米售价 58 元。组织新型农业经营主体，成立农产品协会，加强行业自律，进行品牌维权，全省成立农产品行业协会数量已达 20 多个。省级建立农业等相关部门联合检查，加强农产品自主品牌保护。全省已形成生产者、经营者、消费者、各级政府部门共同重视品牌、培育品牌、保护品牌、利用品牌的浓厚氛围。

【存在的主要问题】 虽然黑龙江省农产品品质优、口碑好，但在品牌打造上仍然存在差距。

1. 品牌带动能力不强。黑龙江省具有中国驰名商标的农产品品牌仅 40 家，影响力大、美誉度高的精品品牌少，品牌多小弱的局面普遍存在，大品牌带动能力尚未充分发挥。

2. 品牌市场占有率不高。部分农产品品牌虽然已经叫响，但市场份额小，整体认知度弱。比如黑龙江省的完达山乳业，起步较早，具备了一定的市场知名度，但发展不快，目前企业的销售额仅为 50 亿元左右，远小于光明、蒙牛等国内知名品牌。

3. 品牌内涵挖掘度不够。一些企业和新型农业经营主体满足现状，在品牌拓展，挖掘内涵，增强文化底蕴方面动力不足，品牌开发缺乏后劲，品牌经营能力不强，未真正实现优质优价。

上海市品牌农业发展概况

【主要工作】 2017 年，上海市以绿色发展为引领，以品牌建设为抓手，以质量效益为目标，从生产端、供给侧发力，把增加绿色农产品供应放在突出位置，努力走产品绿色、产出高效、产业融合、资源节约、环境友好的多功能都市现代绿色农业发展之路。

（一）注重农产品品种与品质，夯实农业品牌建设的产业基础

1. 以品牌引领农产品区域布局。以保障蔬菜有效供给、确保粮食生产安全、做强特色农产品为目标，结合永久基本农田划定成果，选择相对集中连片的区域，划定并建设一批蔬菜生产保护区、粮食生产功能区和特色农产品优势区，全市划定 150 万亩 A 类永久基本农田，重点划定蔬菜生产保护区 50 万亩（包括划定 10～15 个蔬菜保护镇）、划定粮食生产功能区 80 万亩、划定特色农产品优势区 12 个以上。通过"三区"划定与建设，进一步稳定农产品生产基地，强化合作组织和龙头企业的带动作用，提高农业生产标准化水平，做到"绿色发展，提质增效"。

2. 推进农产品质量监管。整建制推进国家农产品质量安全示范市创建，打造综合性农产品质量安全监管平台，全面加强农业投入品领域的执法检查力度。提高农业标准化生产水平。推进"三品一标"认证工作，截止到 2017 年 11 月，上海市有无公害农产品企业 1 463家，产品 6 420 个；绿色食品企业 207 家，产品 299 个；有机食品企业 10 家，产品 27 个；农产品地理标志产品 13 个；在有效期内的认证农产品总数达到 6 759 个。组织马陆葡萄开展国家级农产品地理标志示范样板区创建验收工作并通过专家组验收，这标志着上海首个国家级农产品地理标志示范样板区创建成功。

（二）积极培育新型农业经营主体，着力提升农业品牌的市场竞争力

1. 积极培育新型农业经营主体。加强政策导向，提升新型农业经营主体发展质量，2017 年上海市都市现代农业发展专项立项指南中首次提出，上海市重点扶持农民合作社示范社、农民合作社联合社、年经营额超过 1 000 万元的农民合作社；首次将扶持农业产业化重点龙头企业和全国一村一品示范村镇，编入立项指南，重点支持上海市区级及以上农业产业化重点龙头企业；首次在中央资金中设置家庭农场品牌发展扶持资金。2017 年 4 月，组织农业品牌管理人员、企业代表等参加在郑州召开的全国农业品牌推进大会。6 月，首次组织举办上海市农业品牌建设专题培训班，培训对象是各区农委农业品牌工作部门负责人、农联会负责人、重点

农业龙头企业、农民合作社的负责人代表、行业协会秘书长等合计约 115 人，邀请农业部、上海市经信委、上海市农委、高校、咨询公司等品牌专家授课。

2. 支持发展农产品区域公用品牌。开展农产品区域公用品牌调查，梳理出上海市各区重点培育的 20 个农产品区域公用品牌，其中，有 12 个获得农业部或国家工商总局或国家质检总局的农产品地理标志认定；按行业分布有，"松江大米""崇明大米"等 2 个粮食类品牌，"彭镇青扁豆""练塘茭白"等 2 个蔬菜类品牌，"南汇水蜜桃"等 14 个瓜果类品牌，"崇明白山羊" 1 个畜禽类品牌，"崇明清水蟹" 1 个水产类品牌。从地域分布来看，浦东新区 5 个，金山、崇明各 4 个，奉贤、松江、青浦各 2 个，嘉定 1 个。走访浦东新区农协会、松江区农民合作联社等单位，调研"南汇水蜜桃""南汇 8424 西瓜""松江大米"等区域公用品牌发展情况。

3. 开展各类农产品品牌的推荐工作。成功推荐"南汇 8424 西瓜""奉贤黄桃""松江大米"等 3 个区域公用品牌为 2017 最受消费者喜爱的中国农产品区域公用品牌；成功推荐"南汇水蜜桃"为 2017 年中国百强农产品区域公用品牌；成功推荐"明珠湖冷鲜肉"等 3 个产品为第十五届中国国际农产品交易会金奖产品；成功推荐森蜂园长白山紫椴原蜜等 4 个产品为安徽农业产业化展金奖产品；会同有关部门开展 2017 年农产品类上海名牌评审工作，有 17 家企业的农产品通过评审，其中 4 家为首次申报；会同上海市发展改革委、林业局共同遴选，推荐浦东新区（水蜜桃）、嘉定区（葡萄）申报中国特色农产品优势区。

（三）加强对外宣传和营销推介，不断提升农业品牌的知名度和影响力

1. 稳步推进"品种、品质、品牌"建设。以地产大米为突破口，推进"品种、品质、品牌"建设。引导经营主体种植本地优质大米品种，以绿色食品标准为引领，保障地产大米的品质。与百联集团有限公司签订《上海地产优质农产品培育推广及市场营销合作框架协议》，从 2017 年 9 月下旬开始，组织上海市地产国庆新大米进驻百联集团旗下联华超市 50 家大卖场和标准超市开展为期 30 天的销售。开展统一的上海国庆新大米多平台、多形式、多渠道的宣传，建立上海国庆新大米的统一微信群；制作上海国庆新大米的统一宣传片；创意设计上海国庆新大米的统一包装。制订"多个一点"的上海国庆新大米市场营销及宣传推介专项扶持政策。

2. 加强农产品品牌宣传推介。在中国国际农产品交易会上海展区设立农产品区域公用品牌宣传专区，重点对南汇水蜜桃、马陆葡萄等 9 个区域公用品牌进行宣传推介；在上海农业网开设专栏，对农业类上海名牌、上海著名商标等农产品品牌进行宣传推介；以在有效期内上海名牌产品为基础，以通过农产品"三品"认证为依据，参考主营业务收入情况，梳理出 44 家企业的农产品品牌，其中，获得绿色食品认证和有机食品认证的农产品品牌达到 21 个，借助主流媒体和网络媒体，加强品牌农产品宣传推介。

3. 搭建品牌农业的展会宣传平台。举办 2017 年上海新春农产品大联展，以"品种、品质、品牌"为主题，组织 13 个省份、34 个展团、200 多个企业参展；组织上海市 32 家农业企业、合作社参展第十五届中国国际农产品交易会（以下简称农交会），组织市、区采购商、专业观众参观农交会及参加相关论坛活动，上海展团获农交会最佳组织奖、设计金奖；组织上海市 8 家农业企业参展安徽农业产业化展，上海展团获最佳组织奖；组织上海市 8 家优秀农业龙头企业参加 5 月中旬举办的第十八届中国国际食品饮料展，展区面积 186 平方米，同比增长 50%；组织参加首届中国国际茶叶博览会。

江苏省品牌农业发展概况

【基本情况】 根据农业部"农业品牌推进年"的部署要求,江苏各级农业部门强化品牌意识,坚持产管并重、量质并举、以质塑牌,大力推进农产品品牌建设,取得明显成效。成功承办首届全国新农民新技术博览会,中共中央政治局常委、国务院副总理汪洋同志出席并做重要讲话;实施《江苏农产品品牌目录制度(试行)》,发布品牌名单574个;射阳大米、高邮鸭蛋、南京盐水鸭等5个品牌入选2017年全国百强农产品区域公用品牌,数量居全国第一;组织东台(西瓜)、海安(禽蛋)、灌南(食用菌)、泰兴(生猪)等申报中国特色农产品优势区。农产品品牌建设工作得到江苏省政府和农业部的充分肯定,江苏省农业委员会(以下简称江苏省农委)在全省商标品牌战略三年行动计划推进会上做了典型发言,在全国农业品牌推进大会上做了书面交流。

【工作措施】

(一)强化引导扶持

2017年江苏省委1号文件提出,加大农产品品牌培育力度,构建农业品牌目录制度,推动创建农产品区域公用品牌,打造农产品知名品牌;农产品品牌工作列入了江苏省政府重点工作内容。2017年1月,江苏省农委出台《关于加快推进农产品品牌建设的意见》,明确到2020年江苏农产品品牌建设的总体要求、基本原则、目标任务和具体措施等。8月,江苏省农委出台《江苏农产品品牌目录制度(试行)》,经品牌主体自愿申报、地方部门审核推荐、专家评审及公示,发布品牌574个。市县农业部门切实加强农产品品牌建设扶持力度,纷纷出台发展意见、行动计划、工作绩效考评办法等,设立发展资金"以奖代补"。2016年连云港市创建全省首个市级综合农产品区域公用品牌"连天下",南京溧水区打造全省首个县级综合农产品区域公用品牌"无想田园"。

(二)强化质量监管

严把"产、管"两道关口,大力推进农业标准化建设,累计推广实施各类农业标准5 200多项,共建设省级以上农业标准化示范区400多个,创建国家农产品质量安全市县13个,在21个县(市、区)开展省级创建。推行农产品质量安全监管"三定一考核"(定对象、定人员、定任务及绩效考核)制度,加大质量例行监测力度,全年完成各类监测抽检2.5万批次左右,前三季度地产蔬菜农药残留省级监测合格率接近99%。开展农药、瘦肉精、生鲜乳、兽用抗生素、畜禽屠宰、农资打假等专项整治活动,前三季度累计检查生产经营企业13.5万家次。开展"创牌立信"活动,已有省级示范单位100余家、市县两级示范单位700余家。

(三)强化"三品"认证

坚持以"三品一标"为基础,省级财政设立奖补资金,加强政策资金扶持,积极引导品牌主体参加认定认证,增强品牌辨识度,丰富品牌内涵,提升品牌价值,2017年全省新增"三品一标"4 105个,有效数达1.7万个,数量保持全国第一。加强绿色食品、有机农产品原料基地建设,扩大安全优质农产品生产规模,创建全国绿色食品原料标准化生产基地43个,面积近1 500万亩。以原料基地、标准化示范区为载体培育更多农产品品牌,南京桂花鸭、东台西瓜、射阳大米、丰县大沙河苹果、淮安红椒等一批知名品牌已经成为重要的地方名片。

(四)强化宣传推介

积极组织参加第十五届中国国际农产品交易会,5个品牌入选2017年全国百强农产品区域公用品牌;在首届中国国际茶叶博览会上,洞庭山碧螺春荣获中国优秀区域公用品牌;参与农业部水果推介及产销对接活动,推介大丰柿子等特色水果。举办第十九届江苏农业国际合作洽谈会，签约合作项目260多个。举办第十一届江苏省农民合作社产品展销会，开展十家农民合作社十个畅销产品品牌、十家电商农民合作社十个网络畅销产品品牌公益宣传活动。利用江苏国际农业展览中心（南京）、江苏名特优农产品（上海）交易会等，搭建常态化的农产品品牌展示平台，举办各类农产品展会18场。大力开拓农产品境外市场，组织参加境外展会11场次。充分利用线上平台，在知名电商平台开设地方特产馆85个。

【存在的主要问题】　虽然江苏省农产品品牌建设不断推进，但也存在着一些不足和问题，大品牌、高知名度的农产品品牌数量还不够多，存在"创牌不用牌、创牌难用牌"现象，品牌价值没有得到充分挖掘；农产品品牌建设的扶持力度有待加强，推进品牌整合融合发展还有很大空间；农产品品牌宣传和推介方式有待创新，开展农产品展示展销扶持力度不够，生产者与采购商、经销商的联络机制有待进一步完善。

浙江省品牌农业发展概况

【主要工作】

（一）制定并实施《浙江农业品牌振兴计划（2017—2020年）》

2017年，浙江省委、省政府出台的《关于深化农业供给侧结构性改革　加快农业农村转型发展的实施意见》对"加快推进农业品牌建设"提出要求，指出要深入实施农业品牌战略和农业"三名"工程，开展农产品品牌振兴行动，培育一批农业领军企业和国内外知名品牌，明确2018年底前每个市至少培育1个市级公用品牌。浙江省农业厅在深入调研基础上，牵头起草了《浙江农业品牌振兴行动计划（2017—2020年）》，以农业区域公用品牌、农业企业品牌和特色农产品品牌为重点，制定分层、分类、分区域发展

计划，进一步完善农产品品牌体系，引领农业产业升级。各市、县（市、区）结合本区域产业优势和特色产品，制定品牌振兴计划，明确目标任务，形成特色鲜明、比较优势突出的品牌布局，做到全省上下联动，目标一致，行动统一。

（二）开展浙江知名农业品牌推选活动

在广泛发动的基础上，经农业生产经营主体自愿申报，各县（市、区）、市审核推荐，浙江省农业厅、林业厅、海洋与渔业局组织资料审核，专家评审及网络投票，推荐径山茶等50个品牌为浙江省知名农产品区域公用品牌，祖名等46个品牌为浙江省知名农业企业品牌，湾里塘等20个品牌为浙江省特色农产品品牌，取得良好社会反响，扩大了浙江优质农产品的知名度和影响力。

（三）召开浙江农业品牌大会

6月30日，浙江省农业厅、林业厅、海洋与渔业局联合召开浙江农业品牌大会。会议总结交流全省各地积极打造区域公用品牌和做强做大企业品牌的成功经验；邀请相关专家、学者、企业家就农业品牌发展开展专题讲座，发布浙江知名农业品牌百强榜，开展知名品牌农产品展示展销等系列活动，推动浙江省农产品品牌建设迈上新台阶。

（四）开展十大农产品系列评选推介活动

通过政府组织、地方联动、专家参与、公众评选、媒体报道，在全省开展浙江省禽类十大名品、浙江省猪肉十大名品、浙江省蜂产品十大名品、2017浙江省十佳杨梅、2017浙江省十佳葡萄、2017浙江省十佳柑橘、2017浙江好稻米等评选推介活动，扩大地方特色农产品的知名度和影响力。

（五）举办农业节庆活动

支持各地结合农民生产生活、农村风情风貌、乡土民俗文化等特色，以品牌农产品为主线，举办以农业产业为依托的茶文化节、杨梅节、油菜花节等各类农业文化节庆活动，吸引游客，向消费者宣传推介浙江特色农产

品。举办休闲农业推介现场会，发布休闲农业农事节庆，推出休闲农业和乡村旅游精品线路，让消费者有更多机会接触农业、接触大自然。

（六）加大品牌营销推介

利用浙江农业博览会和浙江（上海）名特优新农产品展销会等平台，突出品牌成果展示，讲好浙江农业品牌故事。支持各地举办各类农业展会，浙江省农业厅结合各地农业展会，赴杭州、温州、金华等地开展浙江知名品牌农产品巡礼活动，组织农业企业开展品牌推介和展示展销，组织新闻媒体宣传报道，加强品牌农产品营销促销和品牌推广。加大农产品电商平台建设力度，促进品牌农产品网上销售。2017 年 1～9 月，浙江省农产品网络零售额 398.76 亿元，同比增长 31.08%。

（七）举办农业品牌知识培训

浙江在全省范围内征集农业品牌故事典型案例，举办"浙江农业品牌大讲堂"，开展农业品牌专题培训，推广普及农产品商标注册、"三品一标"、农产品区域公用品牌、品牌维护、品牌保护等相关知识，营造谋品牌、做品牌的浓厚氛围。

安徽省品牌农业发展概况

【主要做法及成效】

（一）全面推进"绿色皖农"品牌培育计划

安徽省农业委员会（以下简称安徽省农委）把实施"绿色皖农"品牌培育计划作为农业品牌推进年的重要内容，立足优势主导特色产业，把握产业定位，整合品牌资源，推进粮食、优质安全畜禽产品、生态绿色渔业、特色农业品牌建设，健全完善农业品牌培育、发展、保护和营销体系，培育和创建在国内外有较大影响力的知名"皖字号"农业品牌。在粮食品牌上，率先启动发展品牌粮食试点，以品牌经济为纽带，通过粮食生产、加工、服务一体化，形成粮食全产业链，提高粮食综合竞争力。全省参与品牌小麦企业 213 家，建立品牌小麦生产基地 530 万亩；参与品牌水稻企业 776 家，建立品牌稻谷生产基地 562 万亩。在优质安全畜禽产品品牌上，巩固和发展生猪产业，大力发展具有比较优势和市场潜力的节粮型草食牲畜，调动皖北地区母牛饲养积极性，扶持皖北地区樱桃谷鸭产业和皖南地区家禽业发展，初步形成布局合理、特色突出、竞争有力的优势产业集群，并在此基础上着力发展畜牧业产品品牌。在生态绿色渔业品牌上，结合渔业绿色健康养殖模式攻关，集中创建"稻田虾、鳖""水库有机鱼""虾稻米"等生态绿色渔业品牌。在特色农业品牌上，聚焦茶叶、水果两大主线，加强黄山毛峰、六安瓜片、太平猴魁、祁门红茶等四大品牌茶及迎客松、润思、大业茗丰 3 个企业品牌集群宣传，加大对砀山酥梨、长丰草莓等国家地理标志产品推广，提高市场认知度。

（二）积极推动品牌农产品的认证、生产

安徽省农委将"三品一标"作为农产品品牌建设重要指标，纳入对市、县农委的绩效考核，明确目标任务，细化工作措施，积极推动无公害农产品、绿色食品、有机食品和农产品地理标志等"三品一标"产品认证、生产，不断强化龙头企业、农民合作社、家庭农场和种养大户品牌意识，打造具有安徽特色、安全绿色、市场认可的农业品牌，有力提升了安徽省农产品的市场竞争力。截止到 2017 年 6 月底，全省有效使用"三品一标"产品 4 229 个，其中无公害农产品 1 969 个，绿色食品 1 841 个，有机农产品 379 个，农产品地理标志产品 40 个。5 月，在上海举行的第十一届中国国际有机食品博览会上，安徽省组织大米、蔬菜、茶叶等 40 余种有机农产品参展，合肥诺伊等 4 家公司展品获得金奖。加大"一村一品"工程建设力度，重点是对专业村镇主导产业培育、"三品"认证、品牌宣传推介等进行扶持。另据不完全统计，全省农产品已注册商标总数达到 8 万件以上，获得知名以上农产品品牌 1 702 个，其中中国驰名商标 99 个，安徽省著名商标 1 028 个，安徽名牌产品 548 个，中华老字号 27 个。

（三）大力开展特色农产品优势区创建工作

坚持市场导向和绿色发展，以区域资源禀赋和产业比较优势为基础，以经济效益为中心，以农民增收为目的，紧抓"特色、质量、品牌、电商、双创"关键点，在全省范围内，高起点、高标准、高水平深入开展国家级和省级特色农产品优势区（以下简称特优区）创建工作。将特优区建设与农业品牌建设结合起来，进一步优化特色品牌农产品生产布局，引导特色农产品品牌向优势区集结，做大做强优势特色品牌农业产业。通过特优区建设强化品牌基础建设，提高农业品牌产品的质量水平，不断提升品牌农产品竞争力。10 月，按照《农业部国家发展改革委国家林业局关于组织开展"中国特色农产品优势区"申报认定工作的通知》（农市发〔2017〕8 号）要求，经过遴选，安徽省推荐祁门（红茶）、砀山（酥梨）、亳州（中药材）、霍山（石斛）、阜南（柳编）和宁国（山核桃）等 6 个市县申报"中国特色农产品优势区"。

（四）积极组织推动农业品牌宣传推介活动

积极参加农业部召开的全国农业品牌推进大会，总结交流安徽省推进农业品牌工作的做法和经验，组织滁州市农委、邮乐农品网、阜阳板鸭厂等单位参加农业品牌发展论坛，宣传展示安徽省农业品牌建设成果。采取多种形式，依托农业展会平台，充分利用电视、广播、报纸、网络等媒体，宣传推介品牌农产品，努力扩大"皖字号"农产品品牌知名度。4 月，在杭州举办的中国国际茶叶博览会上，安徽省黄山毛峰、六安瓜片入选 2017 中国十大名茶区域公用品牌，祁门红茶入选 2017 中国茶叶优秀区域公用品牌。9 月，在北京举办的中国国际农产品交易会上，砀山酥梨、霍山石斛、滁菊获得 2017 百强农产品区域公用品牌称号。在中国安徽名优农产品暨农业产业化交易会（2017·合肥）上，安徽省首次举办了市长推介名优农产品暨采购商专场活动，16 个市分管副市长分别推介了本市 1 个最具特色的名优品牌农产品，长丰草莓、砀山酥梨、霍山石斛、宁国山核桃、铜陵白姜等品牌农产品闪亮登场，有力扩大了安徽农产品品牌的影响力，充分展示了安徽农产品品牌的实力和魅力。

【存在的主要问题】 安徽省农业品牌推进年工作虽然取得一定成效，但仍存在一些问题和不足，主要表现在：一是品牌意识不强。农业生产经营者对农业品牌意识薄弱，对强化产品形象，提升品牌竞争力等方面意识不强，同时缺乏保护品牌的法律意识。二是知名品牌不多。小品牌众多，企业生产分散，缺乏组织化、产业化生产能力，急需以龙头企业整合产业链上下游，形成市场认可的农产品知名品牌。三是关键环节薄弱。重点表现在质量安全追溯体系不健全，农业品牌形象趋同，品牌文化内涵挖掘不够。

福建省品牌农业发展概况

【基本情况】 为贯彻落实中央及全省农业农村工作会议精神，围绕农业供给侧结构性调整，加快推进福建省品牌农业建设，进一步提高农业综合效益，按照农业部《关于2017 年农业品牌推进年工作的通知》工作要求，福建省农业厅研究制定了《福建省 2017年农业品牌推进年工作方案》，坚持把品牌农业建设作为发展现代农业的关键措施，以"打基础、守底线、创品牌、育主体"为工作主线，切实做好顶层设计，加速"三品一标"认证，加大品牌农业宣传，围绕茶叶、水果、食用菌、畜禽等主导产业和特色产品，积极创建区域公用品牌、企业品牌和产品品牌，福建特色的农业品牌集群效应基本形成，品牌效益显著提升。

【工作成效】

1. 品牌创建成效显著。全省现有国家级龙头企业 52 家、省级龙头企业 774 家，其中 441 家企业获得驰名商标或名牌产品、著名商标认定。累计认证"三品一标"产品 3 724 个（不含渔业，下同），2017 年新增认证 414 个，其中无公害农产品 333 个，绿色食品 65 个，有机食品 8 个，农产品地理标志 8 个。"三品一标"农产品品牌涵盖了粮油、蔬菜、水果、食用菌、茶叶、畜禽、水产、中药材、特色产品等 11 大类。

2. 品牌集聚效应明显。通过优化产业布局，福建省农业生产向生态最适宜区集中，产业聚集促进了品牌集聚，形成了安溪铁观音、武夷岩茶、福鼎白茶、福州茉莉花茶、坦洋工夫、平和琯溪蜜柚、福安葡萄等众多区域公用品牌。安溪县八马、日春、华祥苑、三和、魏荫、凤山、坪山等多个铁观音茶叶品牌年营销额均在 1 亿元以上；平和县企业集群开发琯溪蜜柚深加工，形成比较完善的产业链，每吨鲜果可增值 8 倍。2017 年 5 月，由农业部在杭州主办的首届中国国际茶叶博览会上，福建省安溪铁观音和武夷岩茶入选中国十大茶叶区域公用品牌，福鼎白茶入选中国优秀茶叶区域公用品牌。9 月，在第十五届中国国际农产品交易会上，平和琯溪蜜柚、连城红心地瓜干、永春芦柑、宁德大黄鱼等 4 个产品获评 2017 年中国百强农产品区域公用品牌。

3. 品牌效益显著提高。在 2016 年中国品牌价值评价信息发布会上，安溪铁观音、武夷岩茶分别荣膺区域品牌茶叶类第一、第二位，区域品牌价值分别为 1 424.38 亿元和

627.13 亿元；平和琯溪蜜柚总产量达 120 万吨，产值 50 亿元，带动相关产值 100 亿元，创下了种植面积、产量、产值、市场份额、品牌价值、出口量 6 项全国第一，2015 年入选 50 个品牌价值 50 亿元以上的中国地理标志产品；福安葡萄以品质优、果形美、风味独特、产业体系健全、市场信誉良好等优势，获估区域品牌价值 71.93 亿元。

【主要做法】

（一）加强品牌培育

1. 抓顶层设计。围绕农业供给侧结构性改革这一主线，从加快优质品种推广、推进农业标准化生产、严格质量全程管理、加快发展"三品一标"、打造特色农业品牌、支持品牌宣传营销、强化组织保障等七个方面对福建省推进品牌农业发展做出顶层设计，福建省人民政府办公厅制订了《关于加快推进品牌农业建设的七条措施》（闽政办〔2017〕90 号），由福建省农业厅、林业厅、海洋与渔业厅联合下发了《福建省著名农业品牌评选认定暂行办法》等规范性配套文件。

2. 抓"三品一标"。进一步健全"三品一标"认证服务体系，对认证服务流程进行再梳理、再简化，制订出台《绿色食品认证管理规范》《风险企业约谈规范》《关于进一步加强"三品一标"工作的意见》等文件，逐步形成适合福建省的"三品一标"认证规范体系。强化咨询、培训、技术服务，积极培育、落实各类生产经营主体申请"三品一标"认证奖补政策，确保完成年度绩效考核各项指标任务。

3. 抓品牌创建。以农产品地理标志登记为抓手，加快推进农产品区域公用品牌创建。摸清福建省农特优产品情况，积极支持产业规模大、市场影响广的特色农产品开展农产品地理标志登记。逐步引导已经在工商、质监部门登记地理标志的安溪铁观音、武夷岩茶、福鼎白茶等产品进入农业部农产品地理标志登记。2017 年已有 5 个地理标志产品获

得登记证书，福建百香果、溪源明笋、长乐灰鹅3个产品已通过专家评审并公示结束，安溪铁观音、龙岩斜背茶、德化梨、建宁黄花梨、建宁通心白莲等产品将参加中国绿色食品发展中心组织的专家评审。

4.抓品牌评选。根据《福建省人民政府办公厅关于加快推进品牌农业建设的七条措施》的精神，下发了《关于开展2017年度福建省著名农业品牌评选认定工作的通知》。按照总量控制、动态管理，遵循自愿、公开、公平、公正的原则，组织开展10个年度福建十大农产品区域公用品牌和20个年度福建名牌农产品评选认定。组织平和琯溪蜜柚、连城红心地瓜干、永春芦柑、宁德大黄鱼等7个品牌参加2017年中国百强农产品区域公用品牌评选，其中平和琯溪蜜柚、连城红心地瓜干、永春芦柑、宁德大黄鱼等4个产品获评2017年中国百强农产品区域公用品牌。

（二）加大品牌宣传

1.抓电视媒体宣传。以"清新福建、绿色农业"为主题，围绕七大特色农业产业链建设，在福建电视台开展为期一年的高频次系列宣传，定于10月30日至2018年5月13日在东南卫视每天播出，分别在早安福建后、海峡午报前、海峡午报后、福建卫视新闻前、东南晚报前。每集宣传片均有15秒浓缩版，分别在每天的东南卫视、福建新闻频道的《福建卫视新闻》和福建综合频道、公共频道的《福建新闻联播》中间插播，通过高强度的排播，形成规模声势，大力提升七大优势特色产业的品牌影响力和传播力。

2.抓新兴媒体宣传。在福建农业信息网设立"品牌农业"专栏，与"12316农业服务"App关联展示，建立信息采集和维护服务机制。通过福建省广播影视集团所属的网站、微博、微信、手机客户端以及新华网、今日头条、优酷等主流网络媒体，进行碎片化传播和精准传播，及时刊载、推送"清新福建、绿色农业"形象宣传片以及品牌农业

相关新闻资讯，提升品牌农业在网络空间的传播力和影响力。

3.抓专题活动宣传。作为2017年品牌农业宣传的重点，福建省农业厅按照"优势产业、优势产品、分期分批扶持"的原则，优先选择茶叶、水果、食用菌、畜禽、药材等产业的10家品牌企业（协会），组织开展为期一年高速公路沿线路牌广告宣传，10家品牌企业（协会）共完成50座高速广告牌的设立，其中福州机场高速段10座，沈海高速福建段40座，广告版面统一采取以"清新福建、绿色农业"为主题、品牌企业（协会）名称和品牌农产品为副标题的通用模板，有力提升了福建省农产品品牌的整体形象、美誉度、知名度和影响力，宣传工作达到了预期的效果。

（三）加强品牌营销

1.海内海外同步推广。海内借助包头召开的全国绿色食品博览会，组织福建省32家"三品一标"品牌企业参展，展出产品包括茶叶、水果等名特优新农产品；组织漳平水仙茶、福安巨峰葡萄等名牌产品及中欧互认产品桐江鲈鱼等参加9月北京召开的中国国际农产品交易会，并进行专项推介。海外借助香港每年召开的国际茶展（美食节），深入开展"闽茶海丝行"活动，组织茶叶龙头企业走出国门，推广茶文化，推广茶产品，进一步扩大闽茶国际影响，扩大茶叶出口贸易。

2.线上线下大力促销。线上围绕闽货网上行，对依托国内外知名电商平台，打造"永不落幕的展销会"，开辟福建农业品牌专馆。线下大力营造"品牌引导消费、市场拉动生产"的良好局面，探索建立"三品一标"等品牌农产品进入大型超市"绿色通道"，逐步实现品牌农产品优质优价，提高效益。

【存在的主要问题】

1.品牌意识不够强。"重生产、轻品牌"思维定式依然存在，农产品"有品无牌、牌小无名"，品牌"好的不多、多的不好"的问

题仍然比较突出。以品牌促产销、促增效意识不够强，品牌营销力度不够。品牌宣传投入不足，市场开拓不够到位，有些产品"养在深闺人未识"，品牌的效应没有发挥出来。建议加强品牌农业发展的公共服务、加强品牌宣传推广工作，顺畅品牌产品营销对接平台，消除信息不对称；支持奖补产业化龙头企业利用各类主流媒体，通过文化挖掘、专题推广、公共广告等形式，全方位、多角度宣传推介农业品牌。

2. 品牌基础不够扎实。区位优势、产业优势、品质优势发挥不够充分，标准化生产管理有待加强。生产主体和品牌建设主体多元化等因素制约了品牌发展，品牌农业多局限在初级农产品上，通过农产品精深加工、以品牌带动上下游聚集形成全产业链还不充分，转化增值能力较弱。建议加强标准化建设，着力扶持发展茶叶、水果、蔬菜、食用菌、畜牧等重点产业，选取具规模、上档次、有潜力的龙头企业，开展 GMP、GAP、HACCP 等国际通行的各类产品和质量管理体系认证，推动内销与出口产品的标准接轨，加快出口农产品质量安全示范区建设。

江西省品牌农业发展概况

【主要工作】 2017 年以来，江西省按照农业部开展农业品牌推进年工作统一部署，紧紧围绕打造"生态鄱阳湖、绿色农产品"品牌，遵循"企业培育产品自主品牌、政府培育区域公用品牌"的思路，依据现有基础，加大扶持力度，创新工作思路、强化宣传推介，推动了农业品牌快速发展。2017 年江西省加强品牌建设，重点是从围绕"四个目标"、细化"六项任务"、做好"八项工作"展开。

（一）围绕"四个目标"，不断夯实江西绿色有机农业品牌基础

1. 挖掘一批贡字号品牌，把历代贡字号

农产品故事讲好。江西省组织各地翻查县志档案，从文化积淀、民间口碑和历朝贡品角度出发，挖掘出万年贡米、南丰贡桔、广昌贡莲、泰和乌鸡等一批历史悠久的贡字号农产品品牌故事。2017 年，江西省农业厅已与江西省广播电台进行合作，共同把脱颖而出的贡字号农产品品牌故事汇编成册，并公开出版发行，从而展示、传播每个农产品自己独有的故事，有效提升贡字号的品牌文化内涵，树立较高的知名度和影响力，让江西贡字号重焕光彩。

2. 培育一批优势品牌，把农业优势转化为品牌优势。随着近几年江西省对农业品牌建设的重视，江西省农产品绿色、安全、有机优势日益显现，品牌价值呈持续增长趋势。在全国茶叶区域公用品牌估价中，庐山云雾茶品牌价值 17.9 亿元，增长 7.5%；浮梁茶 14.6 亿元，增长 19.9%；婺源绿茶 14.5 亿元，增长 14.2%；狗牯脑 13.4 亿元，增长 16.4%；宁红茶 11.2 亿元，增长 15.3%。特别是赣南脐橙以 668.11 亿元的品牌价值，位列全国初级农产品地理标志区域公用品牌价值评价类别第一名。

3. 扶持一批企业品牌，让大企业做大品牌。重点支持一批品牌优势明显、品牌质量高、成长性好、带动能力强的农业企业加快发展。江西省绿滋肴实业有限公司始终根植于"专业做特产"的品牌理念，公司总资产为 7.99 亿元，2016 年实现销售收入 16.6 亿元。江西红一种业加大"万象优"系列优质型品种开发，于 8 月 26 日在全国中小企业股份转让系统成功挂牌，成为江西省首家登陆新三板的种业公司。

4. 整合一批区域公用品牌，形成区域竞争优势。为解决江西农产品"散、小、弱"问题，江西省主要以赣南脐橙、"四绿一红"茶叶、鄱阳湖水产品、地方鸡等全省性区域公用品牌为重点，整合打造出具有影响力的农产品区域公用品牌。先后编制了《江西省

农业品牌"十三五"发展规划》，以江西省政府名义向各市县印发了《关于加强农产品品牌建设工作的意见》，出台了《关于推动全省茶叶品牌整合的实施意见》《关于加强"泰和乌鸡、崇仁麻鸡、宁都黄鸡"等地方鸡品牌建设的指导意见》，在顶层设计上都强调要整合品牌，着力形成区域竞争优势。同时，根据中国特色农产品优势区申报认定的有关要求，江西省按照"产业特色优势显著、市场机制运转有效、推进措施务实具体、引领示范作用突出"的标准，推选赣南脐橙、南丰蜜桔、宜春茶油、井冈蜜柚参与创建特优区，大力推进特色农产品优势产业发展，努力争创一批"产品独特、优势明显、历史悠久、产业健全、品牌增效"的优势产区。

（二）细化"六项任务"，着力唱响江西绿色有机农业品牌

1. 整合茶叶品牌，主推"四绿一红"。全省上下确立了"以市场为导向，以区域品牌整合为基础，以企业实施为主体，以品牌提升为目标，五年内打造1～3个全国茶叶知名品牌"的工作思路。江西省政府整合涉农资金，设立茶叶品牌整合专项资金，从2015年起，江西省财政连续5年每年整合资金1亿元，专项支持茶叶品牌整合。确立了"江西茶·香天下"主体广告语，策划制作了15秒广告宣传片，并从2015年12月16日开始在中央电视台《朝闻天下》栏目、江西卫视《江西新闻联播》栏目开播，同时在地铁、高铁上宣传。经中央电视台等媒体持续播放后，"四绿一红"茶叶品牌价值较整合前（2014年）分别上涨20%～46%，茶叶价格增长了12%以上。

2. 打造水产品牌，主推"鄱阳湖水产"。鄱阳湖是全国最大的淡水湖，有着丰富的水产。江西省围绕11个重点渔业产业集群，重点对江西省优势特色水产品以"十大特色"及其他特色经济鱼类为重点进行布局与培育，培育了环鄱阳湖地区优质水产品和地方特色的名优水产品。"鄱阳湖"商标成为江西省鄱阳湖水产品的公共品牌，江西省名优农产品特别是水产品生产经营企业借助中国第一大淡水湖——鄱阳湖的知名度和影响力，利用和发掘鄱阳湖优越的生态资源环境优势，集中培育和创建"鄱阳湖"农产品（水产品）品牌，为提升江西优质农产品的市场竞争能力提供了基本条件。着力推动"鄱阳湖大闸蟹"品牌专卖店营销体系建设，已建成"鄱阳湖大闸蟹"品牌专卖店100多家。

3. 唱响赣鸡品牌，主推"地方鸡"。成立了由江西省农业厅牵头、省直13个单位组成的地方鸡品牌建设协调推进小组和省级技术专家组，加强地方鸡品牌建设的统筹协调和技术指导，落实了扶持资金，整合现有资金项目，将江西省财政现代农业水禽建设项目1000万元列为地方鸡品牌建设扶持资金，还将通过畜禽养殖标准化项目、产业化扶持、惠农信贷通等，向地方鸡品牌建设倾斜。

4. 做强赣果品牌，主推"赣南脐橙"。积极唱响赣南脐橙品牌，维护赣南脐橙品牌。赣州脐橙种植面积155万亩、产量108万吨。历经30多年的发展，赣南脐橙产业的商品化、专业化、现代化建设日益加快，产业结构日趋优化，贮运加工系列推进，产品质量明显提高，品牌营销成效显著。赣南脐橙品牌荣获全国十佳农产品区域公用品牌和全省重点扶持农产品品牌，获中国农产品区域公用品牌网络声誉50强、全国名优果品区域公用品牌、中国果业区域公用品牌50强、最具影响力中国农产品百强区域公用品牌等荣誉。赣州市联合有关部门在江西省内外积极开展打假维权行动，维护广大消费者的合法权益，保护果农的利益，促进赣南脐橙产业的健康发展。

5. 培育特产品牌，如白莲、百合、葛根等特色产品。江西物华天宝，众多特色农产品生长均有得天独厚的条件，品质上乘，深受高端客户喜爱。广昌白莲、万载百合、横

峰葛等名优特色农产品都远销各地，享誉海内外。2017 年，江西省有 10 个农产品品牌荣登第六届品牌农商发展大会 2017 最受消费者喜爱的中国农产品区域公用品牌 100 强，大会组委会特邀江西省农业厅领导参加此次大会，作为全国唯一单位就省级农业部门抓好农产品区域公用品牌建设的经验和成功案例，进行大会交流，受到参会嘉宾的肯定和好评。

6. 树立赣粮品牌，将江西省粮食优势转化为优势品牌。江西作为全国 13 个粮食生产省份之一，是新中国成立以来全国两个从未间断输出商品粮的省份之一，已拥有万年贡米、奉新富硒大米、金佳谷物等一大批知名大米品牌，以及麻姑米粉、五丰米粉等特色米粉品牌。经过培育和推广，正稻小种、万载康翔、丰城富硒等新一批有机品牌正在崛起，品牌影响力逐年增大。上饶市鄱阳县积极引进江西新和源投资控股集团投资 11.6 亿元，建设 10 万吨精制大米加工线，重金打造"鄱阳湖大米"品牌。

（三）做好"八项工作"，确保江西绿色有机农业品牌建设迈上新台阶

1. 坚持"标准化"，即坚持生产标准化，确保品质。江西省围绕主导、特色产业和优势农产品，制定了一批切实可行，又能与世界接轨的优势农产品标准，为实现标准化生产、培育品牌奠定了基础。据统计，江西省现有地方农业标准近 293 项，占全省各行业总地方标准的 65%。特别是赣南脐橙、江西绿茶、鄱阳湖等品牌产品的生产、包装和质量控管标准的推广实施，为树立品牌形象、提高市场竞争力起到了重要的推动作用。在有法可依、有标可依的基础上，江西省加大了农产品质量安全监管力度，建立了 4 个部省级、11 个地市级和 90 个县级农产品质量检测机构，基本实现了检测区域和品种的全覆盖，开展了农产品质量安全例行监测等工作。

2. 坚持"产业化"，即品牌主体企业化，做大做强主体。在扶大靠强的政策扶持引导下，在抓好农产品区域公用品牌推介的同时，注重培育农产品品牌主体，实现企业化经营，形成利益共同体。在经济作物方面，落实扶持资金用于现代农业蔬菜项目、现代农业柑橘项目、园艺作物标准园创建项目、茶叶品牌建设项目，共支持经济作物合作社 94 个。截止到 2017 年，全省经济作物类农民合作社突破 11 000 家，新增社员 4 万户以上，家庭农场 2 788 个，同比增加近 1 000 个。在粮油方面，种粮大户、农民合作社、家庭农场等 2 000 多家新型经营主体注册了自主的粮油产品品牌，在各大城市社区建立了 1 800 多家直销店，品牌主体得到有效壮大。

3. 坚持"商标化"，即注册商标，加强保护。引导龙头企业、农民合作社等生产经营主体增强商标意识，鼓励、支持其积极开展农产品商标和地理标志证明商标、集体商标的注册。比如，为保护赣南脐橙品牌，赣州市向国家工商总局申请注册了赣南脐橙证明商标，并在全市大力推广赣南脐橙证明商标，要求所有果品加工企业统一使用赣南脐橙商标。再比如，"鄱阳湖"商标前些年被外省注册了，鄱阳湖水产很多都以"千岛湖"的名义卖出去了。为此，江西省农业厅成立了"鄱阳湖"水产品牌推进工作领导小组，负责协调推进"鄱阳湖"水产品牌建设的各项工作。经过多方努力，拿回了"鄱阳湖"商标，江西省渔业协会重新注册的"鄱阳湖"商标，涵盖了清水大闸蟹、鳙鱼、冷冻食品等六大系列 40 余个产品，出台了《"鄱阳湖"注册商标授权管理办法》，进一步规范了"鄱阳湖"注册商标的授权和管理。目前，江西省农产品商标中成功入选中国驰名商标 38 个，江西著名商标 258 个，为今后做大做强和有序推出一批批江西农业品牌奠定了扎实的基础。

4. 坚持"标识化"，即"三品一标"标

识，电子识别。按照"统一规范、简便快捷"的原则，切实把开展无公害农产品、绿色食品、有机食品和农产品地理标志认证作为农产品品牌培育的基础性工作，同时积极引进认证科技手段，缩短认证时间。截止到2017年，江西省"三品一标"产品达4 480个，其中绿色食品590个，有机食品1 273个，农产品地理标志产品78个。全国绿色食品原料标准化生产基地44个，面积853.6万亩；全国有机农业示范基地1个，面积3.8万亩。江西省智慧农业中的农产品质量安全监管追溯平台备案企业达2.6万家。

5. 坚持"市场化"，即贡品变产品，产品变商品，提高市场占有率。通过讲好贡字号农产品故事，深挖贡字号农产品品牌价值，引导品牌主体加强品牌包装和宣传。组织参加中国国际农产品交易会、东盟博览会农业展等国内知名农业展会，举办了2017江西"生态鄱阳湖，绿色农产品"（广东）展销会，适时组织赴境外参加国际知名农业展和食品展，借助展会平台深入销地，进行品牌宣传，争取高端客户，提升市场占有率，并逐步唱响中国、走向世界，真正实现了"进京入沪下广州，漂洋过海搞促销"。

6. 坚持"公众化"，即加强宣传，提高公众认知度。一手抓传统媒体的广告，在广播、电视、报纸、户外、高速、高铁等传统媒体上不间断、全覆盖推广农产品品牌；另一手抓网络等新媒体推介，根据网络特点，针对网络受众，运用网络语言，大力做好网络宣传，江西省农业已开通两个微信公众号和一个农业信息网站。特别是2017年整合1.516 8亿元资金在中央电视台一套《新闻联播》前黄金时间，以"生态鄱阳湖、绿色农产品"为主题对江西省的农产品区域公用品牌进行宣传推介，努力使"生态鄱阳湖、绿色农产品"上升为国家品牌。

7. 坚持"聚合化"，即整合做大，抱团出海。以整合赣南脐橙、"四绿一红"茶叶、鄱阳湖水产、地方鸡等农产品区域公用品牌为示范，以"政府引导、企业主体、市场运作、产业支撑"为原则，对已经具有一定知名度的农产品品牌大做文章，着力打造放大知名产品明星效应，同时加大江西大米、江西生猪、供港蔬菜等同区域同类别的品牌整合力度，有效提升品牌竞争力和影响力。

8. 坚持"电商化"，即抓住"互联网＋"机遇，开辟唱响品牌渠道。实施信息进村入户示范工程，深化与商务、邮政、银行、保险、正邦、淘宝、京东等单位和电商企业开展合作，着力推动全省农产品电商体系的形成。重点打造"赣农宝"农产品电商平台，做好农产品销售线上线下高度融合，做到全省名优农产品品牌汇集，一站式呈现，一站式购买，集中配送中心。

山东省品牌农业发展概况

【主要做法和成效】

1. 开展品牌专题培训，提升品牌培育能力。为进一步提升全省农业品牌建设与管理的能力和水平，2017年5月、6月，分两批组织山东省市、县（市、区）两级农业部门从事品牌工作的负责人和山东省首批知名农产品区域公用品牌、企业产品品牌、部分潜力区域公用品牌、企业产品品牌相关负责人等340余人，赴浙江大学开展了为期5天的农业品牌专题培训，系统学习了农业品牌策划、培育、宣传和营销方面的业务知识，进一步开阔了农业品牌创建思路，并为农业部门、企业、合作社之间加强经验交流、推进协同合作搭建了平台。

2. 创办系列宣传活动，强化品牌宣传推广。联合山东广播电视台继续创办《品牌农业在山东》栏目，每期宣传推介一个农产品区域公用品牌，深入挖掘其品牌内涵和核心价值。2017年已经制作了《汶上芦花鸡》《昌乐西瓜》《蒙阴蜜桃》等节目。联合烟台苹果、莱芜生姜、威海刺参、金乡大蒜、章丘大葱等 12 个农产品区域公用品牌，利用山东航空公司 106 架飞机餐桌板广告位开展品牌宣传推广行动，搭建起了山东品牌农产品"空中博览馆"，与 2 000 多万名国内外航空旅客分享山东品牌农产品。签订了 CCTV-1 频道 15 个周日《新闻联播》播出前黄金时段的品牌宣传广告合同，借助央视平台进一步扩大山东农产品品牌影响力。

3. 拓展品牌营销渠道，大力塑造品牌形象。积极组织参加国内外知名展会，不断提升品牌知名度。先后组织参展了 2017 上海新春农产品大联展、首届中国国际茶叶博览会、第十五届中国国际农产品交易会、第二十届英国国际食品及饮料展览会。在第十五届中国国际农产品交易会期间，制作了品牌宣传册，精心设计并搭建了"露天推介中心""山东品牌长廊"，108 家企业产品品牌、34 家区域公用品牌参与宣传展示活动，取得了轰动性宣传效果。山东省展团荣获最佳组织奖和最佳设计奖。支持各地开展各类品牌农产品产销对接、营销促销等活动，支持潍坊、临沂、东营、烟台等市举办了中国（寿光）国际蔬菜科技博览会、兰陵（苍山）国际蔬菜产业博览会、黄河三角洲（中国·垦利）国际生态农业博览会、中国（烟台）苹果产销对接会等地方特色展会和产销对接活动。

4. 线上线下共同发力，完善品牌营销体系。开展第二批品牌农产品体验店遴选工作，进一步拓展线下体验营销渠道，为更多消费者近距离消费体验山东品牌农产品提供了安全放心的平台。2017 年在北京、哈尔滨等省外一二线城市新遴选 5 家体验店，并在第十五届中国国际农产品交易会期间为山东省品牌农产品体验店（全国农业展览馆精品馆店）隆重举行了揭牌仪式。探索实施了山东品牌农产品电子商务平台建设，努力开辟线上品牌塑造和营销新渠道。目前已基本完成平台开发，正在后续完善，力争尽快上线运营。

5. 开展品牌遴选活动，挖掘培育知名品牌。为进一步发挥品牌示范引领作用，努力营造重视品牌、塑造品牌、消费品牌的浓厚氛围，在 2016 年开展首批知名农产品品牌遴选实践的基础上，进一步修订完善了山东省知名农产品区域公用品牌、企业产品品牌遴选办法，完成了第二批遴选工作，推出 12 个知名农产品区域公用品牌、100 个企业产品品牌，并在第十五届中国国际农产品交易会期间隆重发布，集中展览展示了山东省农业品牌建设成果。其中，山东省烟台苹果、滕州马铃薯、章丘大葱、金乡大蒜、威海刺参等 5 个山东省知名农产品区域公用品牌入选 2017 年中国百强农产品区域公用品牌，上榜数量居全国首位。

6. 制定品牌评价标准，夯实品牌创建基础。为充分发挥标准在品牌创建中的基础性和引领性作用，在开展知名品牌遴选工作的基础上，联合山东省标准化研究院申报和制定了山东省知名农产品区域公用品牌和企业产品品牌评价地方标准，填补了国内农产品品牌评价标准领域的空白，为开展农产品品牌评价和指导区域公用品牌和企业产品品牌创建提供了经验借鉴。

2017 年以来，山东省农业品牌建设方面的探索实践获得了农业部及社会学者的充分肯定。山东省先后在农业部召开的全国农产品加工业发展和农业品牌创建推进大会、2017 年首届中国国际品牌农业发展高峰论坛上做了典型发言。山东省农业品牌建设方面的探索实践被中国品牌农业战略推进中心品牌营销专家韩志辉教授总结为"山东农产品整体品牌建设的经验探索与创新模式分享案例"，编入了《农业区域品牌价值战略》一书并在全国进行大力宣传推广。

【存在的主要问题】

1. 政府主动、主体被动的局面尚未得到根本扭转。从山东省农业品牌建设实践来看，当前各地政府、农业部门品牌建设热情高昂，但是市场主体和农户品牌建设热情和参与度不高。

2.品牌建设标准体系有待进一步完善。标准化是品牌化的基础，品牌建设离不开标准的支撑。随着山东省农业品牌实践的深入推进，生产、流通、包装等方面标准的缺失成为制约品牌深入发展的瓶颈。

3.政府扶持力度有待加强。品牌建设是一项复杂的系统工程，亟待补齐的"短板"很多，如品牌基础支撑体系、宣传营销体系、核心价值体系等，特别是在资金投入上严重不足，严重制约了品牌建设持续健康发展。

河南省品牌农业发展概况

【主要工作】　2017年是农业部确定的农业品牌推进年，这标志着我国农业品牌建设站在新的历史起点，进入新的发展周期。一年来，河南省坚持以农业品牌推进年活动为抓手和载体，注重"四加强四强化"，大力发展品牌农业，农业品牌建设初见成效，有力促进了农业供给侧结构性改革，助推了河南现代农业强省战略的实施。

（一）加强领导、强化统筹，形成品牌建设整体合力

农业品牌建设是一项系统工程，涉及农业、工商、质监、林业、发改、食药、财政、环保等多个单位和部门，必须加强统筹，强化领导，形成合力，才能提纲挈领抓实抓好。一是建组织。河南省农业厅成立以厅长为组长、主管副厅长为副组长、相关处（站）室人员为成员的农业品牌建设暨推进年活动领导小组，全面负责河南省农业品牌建设工作，领导品牌推进年活动开展；领导小组下设办公室，具体负责日常工作开展和上下协调，抓好农业品牌建设和推进年活动的开展，为全省农业品牌建设和品牌年活动开展提供了坚实组织保证。二是抓设计。依据国务院

《关于发挥品牌引领作用推动供需结构升级的意见》（国办发〔2016〕44号）和农业部《关于2017年农业品牌推进年工作的通知》（农市发〔2017〕2号）精神，河南省初拟形成了河南省《关于加快推进农业品牌建设的意见》，为全省农业品牌建设发展勾画蓝图，设计时间表、路线图。同时，制定了《河南省农业厅2017年农业品牌推进年工作方案》，分阶段、分环节、分重点对活动进行筹划部署，明确任务、时间、人员，确保了活动有序推进。三是强培训。积极派员参加农业部举办的农业品牌建设培训班，先后多批次组织省、市、县农业部门人员到先进省份学习取经。2017年10月底，组织举办了全省农业品牌建设培训班，邀请国内知名品牌营销专家授课辅导，参观万邦国际农产品批发市场，开展经验交流，河南省各省辖市、省直管县，河南省农业厅直属有关单位分管农业品牌建设负责人70余人参训。据不完全统计，2017年度全省共有600余人次接受品牌建设培训，进一步强化了各级政府部门品牌建设意识，提升了抓品牌建设的能力。四是重统筹。河南省农业厅主动加强与省内有关厅局的横向联系，建立工作机制，定期不定期通报农业品牌建设发展形势，特别是涉及农业品牌建设的重大项目、重点工作，加强协调沟通，争取相互支持，形成了合力推进农业品牌建设的良好格局。

（二）加强宣传、强化引导，营造品牌建设浓厚氛围

好的产品需要消费者认可，创建工作需要全社会参与。河南省加强品牌农产品和创建工作的宣传和引导，努力营造品牌建设的良好环境。一方面，加强品牌宣传。结合农业品牌推进年活动，充分利用报纸、电视、网络等媒体，宣传普及农业品牌知识，召开"三品一标"发展现状新闻发布会，通报"三品一标"现状，组建河南农产品质量安全交流群、"三品一标"大家庭等覆盖全省的微信

群和QQ群，利用网络等新媒体，多渠道发送品牌建设动态，形成农业部门领唱、企业合奏、媒体跟进的宣传态势，实现了纸媒有板块、电视有画面、电台有声音、网站有动态、QQ群有消息、朋友圈有喝彩的农业品牌宣传格局。另一方面，搭建推介平台。积极组织河南省龙头企业和品牌农产品参加国内影响力较大的农业展会，搭建产销平台，扩大品牌知名度和影响力。连续参加农业部主办的15届中国国际农产品交易会，累计参展企业近2 200家，贸易签约额1 185亿余元，119个产品获得农交会金奖。2017年，借助全国农产品加工业发展和农业品牌创建推进工作会在河南省郑州召开的有利时机，举办了食品、茶叶、果蔬3个河南农产品特色论坛，组织20个区域公用品牌、100个特色农产品品牌和22个国家级农业产业化龙头企业产品参展，展示了河南品牌农业发展成果，提升了品牌农产品知名度。同时，还组织参展2017中国中部（长沙）农业博览会，现场签约额3 675万元，达成意向购销和拟合作项目协议2.13亿元。河南省主办、承办了20届中国（驻马店）农产品加工业投资贸易洽谈会、25届中国（信阳）国际茶文化节、29届中原畜牧业交易博览会、15届中国（漯河）食品博览会等专业展销展览会，影响力逐年提升，让更多的河南农业品牌产品"走出去"，让更多的人了解河南农业品牌。

（三）加强创建、强化示范，扩大品牌建设辐射效应

农业供给侧结构性改革最根本的是解决农产品供需不协调、质量不高的问题，重点是调结构、提品质、促增收。河南省坚持以品牌创建来牵引带动农业供给侧结构性改革。

1. 建立品牌目录。制定河南农业品牌评价标准和评选机制，建立品牌目录制度，定期进行发布。2017年，从全省申报的500多个产品中遴选确定20个省级农产品区域公用品牌，36个省级农业企业品牌，100个省级特色农产品品牌，204个地方级农产品品牌入选首批河南知名农产品品牌目录，并在全国农业品牌推进会上进行了发布，扩大了品牌影响，强化了品牌创建意识，起到了较好的示范带动作用。

2. 建设"特优区"。认真落实农业部通知要求，深入开展特色农产品优势区（以下简称特优区）创建活动。制定创建工作方案，组织申报推荐，着手编制特优区建设规划。各地把特优区创建作为农业品牌建设的重要内容，结合自身实际，集中力量打造具有自身特色、比较优势明显的农产品特优区。信阳毛尖、卢氏核桃、灵宝苹果、平舆白芝麻被河南省推荐创建国家级特优区。

3. 发展"四优四化"。2017年河南省委农村工作会议决定，河南农业要从发展大宗普通农产品向发展优质小麦、优质花生、优质草畜、优质瓜果的"四优"转变，推进实现布局区域化、经营规模化、生产标准化、发展产业化"四化"。这"四优"，正是河南即将打造的农业大品牌。河南省政府常务会议，审议通过了《河南省高效种养业转型升级行动方案（2017—2020年）》和《河南省绿色食品业转型升级行动方案（2017—2020年）》。"两个方案"都明确提出把"品牌培育创建"作为重点工作任务。品牌正在引领河南农业迈上新台阶。

（四）加强扶持、强化保障，构建品牌建设长效机制

坚持市场主导、政府引导、企业主体，加强对农业品牌建设的政策扶持和引导，逐步构建形成促进品牌建设的可持续发展长效机制。

1. 强化财政政策引导。加大支持力度，积极整合财政资金，调整财政支持方向，引导企业创品牌、创名牌。坚持把新型农业经营主体作为农村一二三产业融合发展补助、农业支持保护补贴、农机具购置补贴、农业结构调整专项等财政项目资金重点扶持对象，

强化新型农业经营主体培育。创建农民合作社示范社、示范家庭农场，创新"龙头企业＋合作社＋农户"等生产经营模式，促进完善主体之间的利益联结机制，加速"两新"融合、一体化发展。2013 年以来，河南省、市、县三级共安排 16.6 亿元专项资金，用于农业产业化龙头企业新上项目贴息支持。截止到 2017 年，全省新型农业经营主体已超过23 万家，为品牌创建培育了丰沃的土壤。

2. 加强农业品牌管理。建立农业企业信用评价体系，实施河南知名农产品品牌目录动态管理。根据企业信用等级，及时调整修订品牌目录，形成优进劣汰机制，树立企业和产品品牌过硬形象。同时，加强产品质量监管，落实企业主体责任，部门监管责任，政府领导责任。在全省 28 个省辖市、直管县（市）和所有涉农县（市、区）建立了农产品质量安全监管机构，建成 1 个省级综合检测中心、18 个市级检测中心、140 个县级检测机构，构建起横到边、纵到底、全链条、无缝隙、网格化农产品质量安全监管检测体系。农产品质检和品牌认证监管部门通过例行检测、监督检测、监督检查、年检和换证（续展、再认证）等手段，保持对获证企业和产品监管的常态化和持续性，确保了品牌农产品的品质。

截止到 2017 年年底，全省有 78 个农业企业的产品商标被认定为中国驰名商标，河南省级农产品品牌 156 个，地方级农产品品牌 204 个，全省"三品一标"农产品 3 356个。涌现出双汇、华英、三全、好想你、雏鹰、信阳毛尖、灵宝苹果等一大批知名企业和名牌。河南不仅成为全国名副其实的大粮仓、大厨房、大餐桌，也锻造了"河南制造"的农产品大品牌。下一步，河南省将继续坚持创新、协调、绿色、开放、共享的发展理念，以特色农业资源、产业为依托，以现有传统优势品牌为基础，大力发展品牌农业，强化品牌引领，加快推动由河南制造向河南创造、由河南速度向河南质量、由河南产品向河南品牌转变，促进河南由农业大省向现代农业强省的转变。

湖北省品牌农业发展概况

【基本情况】 2017 年，湖北把加快推进农产品品牌建设作为转变农业发展方式，提高农业发展质量和效益，促进农民增收的重大举措，以"三品一标"为发展重点，着力培育农业精品名牌，努力实现让全国人民更多地"吃湖北粮油、品荆楚味道"的目标。据不完全统计，湖北省农业类中国驰名商标达到 133件，占全省驰名商标总数的 44.5%，是 2010年的 5.5 倍，成为驰名商标最集中的行业；湖北省著名商标 825 件；农业类湖北名牌产品391 个。截止到 2017 年 11 月底，全省有效使用"三品一标"的企业 1 732 家，品牌总数4 073个，总量规模位居全国前列。

【主要工作】

（一）抓规划引领，实施品牌战略

按照"集中力量、整合资源、强化培育、扶优扶强"的思路，结合湖北省农业资源优势、产业发展现状和地域文化特色，对农产品品牌建设进行科学规划。力争通过 3～5 年左右的时间，创建一批在全国有影响力的知名品牌，促进农业产业结构、品种结构和生产结构调整优化，形成特色鲜明、比较优势突出的生产布局，建设各具特色的规模化品牌农业基地和优势产业带。

（二）抓资金扶持，夯实创建基础

以农业品牌为主线，紧密结合特色农产品优势区创建。按照农业部等九部委开展特色农产品优势区创建工作要求，安排财政资金 2.141 亿元用于支持全省 33 个市（州、县）开展省级特色农产品优势区创建，重点用于特色农产品优势区打造特色农业品牌和培育区域公用品牌。打造培育潜江小龙虾、宜昌蜜桔、武当道茶、蔡甸莲藕、随州食用菌等一批特色农产品区域公用品牌。

（三）抓会展推介，扩大品牌影响

积极组织品牌农产品生产主体参加省内外展示展销活动，扩大品牌影响力。5月组织40多家茶企600多个茶产品参加在杭州举办的首届中国国际茶叶博览会，全面宣传推介湖北"绿、红、黑、青、白、黄"六大茶类及深加工的优秀茶品牌。9月组织参加第十五届中国国际农产品交易会，精选全省100多家农业企业、新型经营主体300多种优质农产品参展，重点推介宜昌蜜桔、蔡甸莲藕等区域公用品牌。湖北虾乡食品有限公司虾乡稻米等11家企业的参展农产品荣获本届展会参展产品金奖。在组委会举办的"家乡的味道——我为品牌农产品代言"大型公益活动中，湖北省邀请宜昌籍羽毛球奥运冠军赵芸蕾上台热情地为家乡特色优质农产品代言，推介宜昌蜜桔区域公用品牌。11月在武汉举办第十四届中国武汉农业博览会，展览面积6万平方米，参展企业3 000家，举办论坛活动12场，签约项目61个，现场签约81.9亿元，现场销售9.26亿元，吸引市民23.2万人。此外还组织100多家企业的300多个产品参加中国绿色食品博览会、中国国际有机食品上海博览会等展会。全省各地还举办了系列推介活动。荆州市在北京举办以"尝荆州鱼糕、品荆楚文化"为主题的荆州鱼糕公用品牌及产品推介会，邀请北京市餐饮、商贸等行业领域的企业嘉宾，开展产销签约、美食品鉴等活动，启动"荆州鱼糕北京推广周"活动。宜昌市连续8年在东北、武汉等地举办农超对接活动。通过农交会、农博会等系列推介平台，积极宣传推介湖北省"三品一标"品牌产品及特色农产品，取得了很好的效果。

（四）抓品牌认定，争创竞争优势

大力发展无公害农产品、绿色食品、有机食品和地理标志农产品，2017年，新认证"三品一标"产品774个，同比增长15%，

全省有效期内"三品一标"企业达1 994家，品牌总数达4 403个，总量规模位居全国前五位，其中农产品地理标志数（127个）居全国第二位。在2016年评出全省五大食用油品牌的基础上，2017年组织省优质稻产业联盟和省粮食行业协会评选出了湖北名优大米十大品牌。福娃牌好福米、国宝桥米、洪湖浪香米、禾丰德安府香米、洪森荆香玉米、瓦仓村软香米、潜江虾香稻、乐峰香米、荆奇福泰香米、中峰贡竹溪贡米10个品牌及产品入选。积极申报2017年中国百强农产品区域公用品牌，潜江龙虾、宜昌蜜桔、监利黄鳝、秭归脐橙4个品牌荣获2017年中国百强农产品区域公用品牌称号。在首届中国国际茶叶博览会上，经中国国际茶叶博览会组委会认定，湖北省武当道茶、恩施玉露两个茶叶区域公用品牌荣获中国优秀茶叶区域公用品牌。通过系列品牌评选和认定，进一步提高了湖北省区域公用品牌的影响力和知名度。

（五）抓标准化建设，提高品牌质量

按照"种植业建板块、畜牧业建小区、水产业建片带"的发展方针，近几年省级财政共投入板块专项资金10亿多元，吸引100多亿元社会资金参与现代农业板块建设，形成了优质稻、蔬菜、水产、桑茶药、油菜、水果、棉花等板块，基地覆盖率达到了45%。通过板块基地建设，带动了农业规模化、专业化、标准化、产业化。同时，组织开展标准化示范区建设，健全生产全程控制和质量安全追溯体系，建立"三品一标"认证动态管理机制，有效提高了农产品质量安全水平。2011—2016年，农业部对湖北农产品质量安全监测总体合格率分别达到98.5%、98.8%、99.2%、98.5%、98.8%、98.5%，连续6年位居全国前列。

广东省品牌农业发展概况

【基本情况】 品牌是农产品质量安全的

象征，是市场竞争力的体现，是农业现代化程度的显著标志，发展品牌农业是现代农业发展的必然方向。从 2017 年起，我国将每年的 5 月 10 日设为"中国品牌日"，品牌创建已上升到国家战略的高度，农业部也将 2017 年确定为农业品牌推进年。广东省委、省政府高度重视农业品牌建设，强调要将农业品牌建设作为一个大事，集中力量谋划未来；指出要做好农业品牌推介工作，培育名优特新农产品，把农产品品牌擦亮，占领主要市场尤其是高端市场，形成产加销紧密结合、一二三产业融合发展的高效价值链。

2017 年，为贯彻党中央、国务院和广东省委、省政府关于农业品牌化建设的部署，根据农业部《关于 2017 年农业品牌推进年工作的通知》（农市发〔2017〕2 号）要求，广东省农业厅坚持以创新为动力，以市场需求为导向，深入剖析广东农业品牌建设的短板，以提高农业质量效益和竞争力为中心，不断创新农业品牌建设思路方法和工作机制，积极参与国家农业品牌推进重点活动，持续开展特色鲜明的品牌推介活动，进一步加大农业品牌宣传推广力度，广东农业品牌建设取得了明显成效。

【主要工作及成效】

（一）部门协同推进，创新品牌工作新机制

广东省农业厅不断创新品牌评选推介标准、方法和机制，构建起多部门协同推进，省、市、县上下联动，政府、企业、专家、媒体、公众共同参与的农业品牌创建工作机制。通过政府部门联合牵头、著名专家担纲、新闻媒体大力宣传、广大消费者踊跃参与的方式，引起强烈社会反响，树立起广东农业品牌形象，取得了良好的经济效益和社会效益。2017 年广东省农业厅继续联合广东省科技厅、林业厅、海洋与渔业厅、商务厅、南方报业传媒集团、广东广播电视台等共 12 家省直单位联合发起广东省第二届名特优新农

产品评选推介活动，重点打造一批区域品牌、企业品牌、产品品牌"新三品"。各单位的资源优势纷纷注入农业品牌建设，为品牌农产品树形象、拓影响、走出去提供了更广阔的发展空间。邀请多位院士及国家级、省级农业产业技术体系首席、岗位科学家担任评选推介活动顾问，组建由广东省内外近百名不同产业的知名专家组成的农业品牌发展智库，科学严谨评审把关，确保科学性、严谨性、权威性。评选过程社会公众齐参与，既保障了评选的公开性，同时也提升了品牌口碑，提高消费者认知度。在 2017 年的第二届名特优新农产品评选推介中，公众推选环节首次采用微信点赞方式为广东农业品牌投票，图文并茂的形式吸引了 60 多万网友广泛参与，评选推介活动更接地气、更聚人气，从而使品牌农业的理念更加深入人心，引领消费升级。

2017 年新评选出第二届名特优新农产品 175 个（其中区域公用品牌 42 个，经营专用品牌 133 个），区域公用品牌核心企业 50 家。截止到 2017 年，全省入库的名特优新农产品品牌 1 416 个，基本形成了以区域公用品牌、经营专用品牌为类别，按十大名牌系列、广东名牌、广东名特优新农产品三级品牌划分的广东现代农业"两类三级"品牌发展新模式。

（二）省内外齐推介，加大品牌宣传推介力度

1. 积极参与国家农业品牌建设活动。4 月 17～18 日，组织广东省内知名农业品牌企业代表参加了全国农业品牌发展大会和中国农业品牌发展论坛，推荐罗定稻米作为中国十大大米区域公用品牌亮相品牌发展大会。5 月 18～21 日，组织 21 家广东省内名茶生产企业赴杭州参加由农业部和浙江省人民政府主办的首届中国国际茶叶博览会，广东展团获得设计金奖及最佳组织奖，英德红茶和凤凰单丛茶荣获中国优秀茶叶区域品牌产品称号。广东省内主流

媒体对茶博会盛况和广东省参展参评情况进行了网络直播及新闻报道，引起了社会各界对茶博会及广东省品牌茶叶的关注。9月21~24日，组织59家省级名牌企业，350个名牌产品，共计1 000多个优质农产品参加第十五届中国国际农产品交易会展示和推广，设置7个展区。在第十五届中国国际农产品交易会上，德庆贡柑、斗门白蕉海鲈、清远鸡、罗定稻米获得2017百强农产品区域公用品牌称号。交易会期间，还邀请了国家著名短跑运动员苏炳添参加"家乡的味道——我为品牌农产品代言"大型公益活动，为广东荔枝站台，宣传广东特色区域品牌。

2. 持续营造省内品牌宣传推介氛围。广东省以品牌评选为切入点，始终将宣传推介及加强品牌培训贯穿评选过程，以评促推，持续营造争创品牌、保护品牌、信赖品牌的良好氛围。2017年在广东省内广州、梅州、潮州、阳江、江门等市组织开展了30多场内容丰富、形式多样的广东省第二届"十大名牌"系列农产品宣传推介活动，通过举办系列主题活动，提升了广东品牌农产品的知名度和美誉度，促进了品牌农产品与电商、超市、餐饮、社区等销售渠道的有效对接。特别是在潮州市举办的名山名茶节活动、在阳江市举办的粤西片区推介活动和在江门市举办的珠三角片区推介活动，共有100多家农业品牌企业参加现场展示推介，广东省内10多家主流媒体采访报道，社会反响热烈。2017年10月，组织全省各地市农业局相关负责同志和80多家企业共110多人开展农业品牌培训，由省级农业部门负责同志、专家学者、知名电商企业代表为市级农业部门品牌工作负责人、农业企业代表授课，开展农业品牌典型案例交流，提升广东省农业生产经营主体争创品牌的积极性和全省农业品牌建设水平。

11月16~19日，广东省农业厅成功举办以"粤品牌越健康"为主题的第八届广东现代农业博览会（以下简称农博会），集中展示广东省近几年来农业品牌的建设成果，700多家企业的3 000多种名特优新农产品参展本届博览会，打造了一场广东农业品牌嘉年华。在农博会开幕式上，举行了第二届名特优新农产品评选表彰活动，全国政协委员、中国优质农产品开发服务协会会长朱保成、农业部市场与经济信息司司长唐珂等省部级领导为广东省10家区域公用品牌及经营专用品牌代表授牌。农博会上还举办了广东农业品牌成果发布仪式，省部领导共同见证《以品牌建设引领现代农业发展——广东农业品牌发展报告》《2017年广东农业品牌发展报告》《粤品越有味——广东十大名牌系列农产品巡礼专题宣传视频》《广东十大名牌系列农产品宣传画册》《广东名特优新农产品宣传画册》发布。农博会期间，在《南方日报》《羊城晚报》《文汇报》策划推出广东农业品牌专版宣传，营造浓厚的品牌宣传氛围。

3. 积极走出去，拓展广东品牌影响力。2017年9月，广东省农业厅精心谋划、积极发动，在哈尔滨市成功举办了以"粤黑合作共享双赢"为主题的广东省名牌农产品北上行——走进黑龙江活动，成功打响广东省名牌农产品集中走出去的第一步。广东省50多家企业及110多种农产品进行现场展示推介，从宣传推介到体验品鉴，让广东好食材在东北地区上演了一场视觉与嗅觉的盛宴。活动吸引了粤黑两省农业部门、企业家、采购商、经销商及新闻媒体代表近300人参加，两省主流新闻媒体对活动盛况进行了报道，取得良好的宣传效应和社会效应，活动现场，不少广东名牌农产品生产企业与黑龙江农产品批发市场等采购商达成合作意向。

（三）调动媒体资源，不断加大宣传工作力度

2017年，广东省农业厅不断加大宣传工

作力度，创新媒体宣传方式方法，制订了一系列品牌农产品宣传方案，有效提升广东省农产品品牌的知名度与影响力，营造农业品牌工作的良好氛围。一是加强与中央电视台、《农民日报》、中国农村杂志社的沟通合作，通过国家级媒体宣传展示广东农业品牌建设成效，提升广东品牌的全国知名度和影响力。二是积极引入新媒体宣传，与高铁电视、腾讯大粤网、今日头条、名人大咖微信公众号合作，拓展农业品牌传播渠道，丰富传播内容，拓宽宣传覆盖面。三是巩固与《南方日报》、《羊城晚报》、《南方农村报》、《香港商报》、《文汇报》、广东电视台等省内及中国香港主要报刊媒体的合作，加强对广东省农产品品牌工作开展全方位多角度的宣传报道。

（四）立足产业特色，组织申报国家特色农产品优势区

根据中央1号文件、中央农村工作会议精神以及农业部《关于开展特色农产品优势区创建工作的通知》（农市发〔2017〕3号）和《农业部　国家发展改革委　国家林业局关于组织开展"中国特色农产品优势区"申报认定工作的通知》（农市发〔2017〕8号）要求，组织起草广东省特色农产品优势产业发展情况调研报告，推荐报送了6个广东省特色农产品优势产业典型案例，牵头组织开展广东省申报国家特色农产品优势区工作。经各地市申报、广东省特优区创建工作领导小组会议审核遴选并报广东省政府审定，将广东省4个国家特色农产品优势区名单推荐上报农业部。按照广东省农业厅农业供给侧结构性改革重点项目投资计划要求，拟订了《广东省特色农产品优势区建设投资计划》，做好省级特优区申报、创建方案的前期准备工作。

【存在的主要问题】　随着经济社会的快速发展和人民生活水平的不断提高，消费者对农产品的品质要求也随之提高，农产品市场竞争激烈，一方面同质化无品牌的低端农产品供大于求，出现结构性、地区性相对过剩；另一方面高质量、品牌影响力强的农产品供不应求；加上国内其他省份品牌农产品的迅速发展和国际品牌农产品大举抢占国内市场，广东省农产品想要突围而出，面临严峻挑战。虽然广东农业品牌建设取得令人瞩目的成绩，但仍有多方面需要持续努力。

1. 品牌影响力整体不强。广东省区域特色农产品品牌资源仍未得到充分挖掘，整体实力不强，虽然涌现出清远鸡、英德红茶、凤凰单丛茶等一批省内具有较强竞争力的区域公用品牌，但缺少像西湖龙井、安溪铁观音、五常大米、洛川苹果等品牌价值大、品牌收益高、在全国家喻户晓的区域公用品牌。具有国际知名度的广东农业品牌较少，市场竞争力有限。

2. 品牌宣传推介创新性不足。与山东、江苏、浙江等农业强省相比，广东省对农产品品牌的宣传推介力度还需加强，特别是赴省外开展宣传推介活动的规格、频次都有欠缺。农产品品牌宣传推介的方式手段不够新颖丰富，广东省品牌农产品形象尚未广泛深入人心，宣传效果、社会效应有待提高。

3. 尚未建立培育和扶持农产品品牌的长效机制。广东省自2003年实施名牌带动战略以来，农业品牌建设成效显著，对现代农业发展起到了重要的推动作用。但随着新形势的发展，急需制定符合农业供给侧改革、促进农产品提质增效的品牌发展规划和品牌培育扶持政策体系。全省需要制定更强有力的指导政策，打造更科学实效的农业品牌"顶层设计"，推动全省推进品牌建设形成有效合力。

海南省品牌农业发展概况

【产品推介情况】　2017年3月在昌江县组织开展冰糖蜜瓜推介活动；2～5月指导三亚首届农特微商电商品牌联合盛典暨三亚首届社群芒果节等各类大型活动；4月指导澄

迈县开展第六届地瓜节活动；6 月指导澄迈县开展海南四季果园嘉年华澄迈无核荔枝采摘节活动；8 月在内蒙古包头市绿色食品博览会举办三亚芒果推介活动，获得最佳商务奖；9 月指导澄迈县开展第二届无籽蜜柚推介暨共享农庄宣传活动；9 月在中国国际农产品交易会推介海南文昌椰子；10 月在东方市组织开展海南火龙果品牌推介活动。

【参展情况】 5 月组织企业参加上海有机食品博览会，8 月组织企业参加包头绿色食品博览会，9 月组织地理标志产品参加中国国际农产品交易会地标展。

【品牌培训工作】 全年组织无公害农产品培训班 2 期、绿色食品培训班 2 期，有机农业培训班 1 期；派出专家到海口、三亚、文昌、澄迈指导"三品一标"培训并授课。

【认定工作】

1. "三品一标"认证。1～11 月无公害农产品新认证企业 122 家，产品 157 个，复查换证 1 家，产品 1 个；绿色食品新认证企业 12 家，产品 16 个，续展认证 2 家，产品 2 个；有机产品认证企业 1 家，产品 3 个；地理标志登记 11 个。

2. 海南名牌农产品评选认定。1～11 月共受理 11 家，产品 11 个，计划在 11 月下旬评选。

3. 做好海南农产品区域公用品牌评选工作。

【农产品质量安全工作】

1. 10 月 22 日至 11 月 5 日，举办 2017 年海南省农产品农药残留定量检测技术培训班。强化农产品质量安全定量检测技术。

2. 开展农产品例行监测。1～11 月抽检蔬菜水果样品 123.4 万个，合格数 122.7 万个，合格率 99.4%。

3. 对"三品一标"产品实现全覆盖抽检，合格率 100%。

4. 实行产地准出制度，所有农产品持证出岛，持证率 100%。

重庆市品牌农业发展概况

【基本情况】 奉节脐橙、涪陵榨菜、荣昌猪 3 个品牌被评为 2017 年中国百强农产品区域公用品牌；28 个产品，33 个生产单位进入 2017 年度全国名特优新农产品目录；103 个产品被评选认定为 2017 年重庆名牌农产品。

1. 建章立制夯实品牌基础。2017 年 3 月 9 日，在重庆市政府召开的全市农产品品牌建设会上指出凝心聚力，深入实施农业品牌发展战略。按照要求，重庆市农业委员会一是代重庆市政府拟定《关于加强农产品品牌建设的意见》（送审稿）；二是品牌工作首次纳入重庆市委市政府对区县的综合考核，品牌工作不断强化；三是逐步健全农业标准体系，积极推进农业标准实施示范，大力发展"三品一标"，为品牌打造奠定了基础。

2. 各类主体更加重视品牌建设。一是经营主体打造品牌意识日益提高，业主千方百计推介产品品牌。二是区县政府培育品牌的意识明显增强，品牌申报数量增加、质量提高。2017 年重庆名牌农产品申报数量较以往最高年份增长 40%，全国百强区域公用品牌推选、全国名特优新目录申报的数量和质量较往年有大幅增加和提高。三是社会各界关注品牌热度提高，品牌宣传推介展示活动增加。非茶植物饮品（菊花）产业发展研讨会在云阳举办，农业部原副部长陈晓华、中国绿色食品发展中心主任王运浩来渝指导菊花产业品牌培育，促进农民增收，助推脱贫攻坚；重庆商界传媒集团有限公司在重庆市农业委员会的支持下举办了中国（西南）品牌农业创新峰会，胡海卿等国内数位品牌农业方面一线专家来渝授课，重庆市品牌从业人员数百人学习受益；重庆市畜牧业协会在重庆市农业委员会支持下开展了畜牧品牌评定和推介发布系列活动，评定结果在中国中西部畜牧业博览会暨畜牧产品交易会期间发布，宣传效果良好。

3. 区域品牌打造如火如荼。一是打造重庆农业全产业、全品类整体品牌，即重庆市农产品区域公用品牌。为保证区域品牌规划设计高起点、高水平、高质量，通过招标确定由国内顶级农业品牌设计团队浙江大学农业品牌研究中心为重庆市编制《重庆市农产品区域公用品牌战略规划》。二是各区县认真贯彻全市农产品品牌建设会精神，加大品牌打造力度、资源整合力度，着力打造全品类、全产业、全品种的农产品区域公共品牌，天生云阳、源味石柱、荣昌香海棠等如雨后春笋般涌现，形成了区域公用品牌与企业品牌的"母子"品牌模式。三是区域公用品牌影响力日益扩大。涪陵榨菜、荣昌猪品牌价值分别达到138.78亿元和25.61亿元，奉节脐橙以26.25亿元的品牌价值位居全国橙类第一名；巫山脆李在全国优质李杏鉴评会独占鳌头，一举囊括全国优质李金奖的73.3%。

4. 各项工作推进有条不紊。2017年年初在中国西部（重庆）农产品交易会上举办了区县长推荐品牌农产品专场会、品牌农业高峰论坛，涪陵榨菜在2017年中国国际农产品交易会上被农业部点名由本土名人讲述品牌故事，重庆首个《农产品品牌目录》已进入制版程序。重庆市农业委员会主办、《重庆晚报》承办的"我最喜爱的重庆20大名牌农产品""重庆10大区域公用品牌"网络评选活动已经结束，区县党委、政府高度重视，宣传、农业及教育部门空前配合，网络投票数分别达到200多万张和160多万张。

【工作措施】　重庆市农业委员会通过建立健全"三大体系"，统领全市农业品牌发展。一是打造品牌体系。培育建设以重庆市级全域农产品公用品牌为龙头、区县级农产品公用品牌为支撑、国家级和市级企业产品品牌为主体、"三品一标"品牌为基础的"1553"重庆农产品品牌体系。到2020年，

打造1个重庆市农产品区域公用品牌、50个区县区域公用品牌、500个重庆名牌农产品、3 000个"三品一标"。二是完善管理体系。制定农产品区域公用品牌使用管理办法，严格准入标准和条件，建立农产品品牌目录制度。到2020年，规模经营主体和规模生产基地实现标准化生产，品牌农产品率先实现可追溯。农产品区域公用品牌使用授权和动态管理机制全面形成。三是搭建营销体系。建立一套实体店与网店相结合的重庆品牌农产品营销体系。构建重庆品牌农产品网，与国内各大知名电商网站对接，实现覆盖全市主要品牌农产品的网上销售。具体而言，要实施八大工作措施：

（一）加强农产品品牌标准化建设

围绕主导产业发展，完善标准体系，鼓励制定产品分级、包装设计、物流运输等与品牌培育相关的标准，扩大标准覆盖面，加大标准执行强度；围绕品牌打造，将国家标准、行业标准、地方标准技术要点，转化为农民一看就懂的明白纸，支持和鼓励各区县制定符合当地农业生产实际的操作手册。组织标准化生产技术和管理措施的示范推广，强化全程质量控制，把品牌培育作为标准化的果园、菜园、茶园和标准化的畜禽养殖场、水产健康养殖场等"三园两场"示范区建设的目标引领；要提高认识，积极宣传引导，发展农产品行业协会及农民专业合作经济组织，培育农民信得过的农业合作组织带头人，扩大典型示范效应，努力提高农业产业化经营组织化程度，壮大规模，支撑品牌发展。"十三五"期间，制（修）订农业地方标准300项以上，建设标准化现代特色效益农业产业基地1 200万亩，新建农业标准化示范区50个，农产品优质率达到70%以上。

（二）严格品牌农产品质量安全监管

实施农产品质量安全保障工程，健全市县乡三级农产品质量安全监管服务机构，提高基层监管执法能力和装备水平。推进检验

检测体系建设，加强产品抽检和产地环境监测，建立健全监测结果通报制度和质量诚信体系。加大农业投入品监管力度，严厉查处违禁农药生产、销售、使用等违法行为。建设农产品质量安全追溯管理信息平台，实行市-区县-乡镇-企业四级追溯管理，并加快实现与国家追溯平台的有效对接和融合。到2020年，建成覆盖全市涉农区县、农产品主产乡镇、品牌农产品生产企业及专业合作社的农产品质量安全追溯体系，实现主要农产品从田间到餐桌全程可追溯管理。

（三）推行绿色生产方式

坚持生态优先、绿色发展之路，增强农业品牌可持续发展能力。切实加强农村面源污染防控，强化农产品产地环境监测，开展污染修复治理。积极开展综合防治技术研究和试点示范，引导农民采用清洁生产技术。科学合理使用农业投入品，提高使用效率，努力实现化肥施用量、农药施用量零增长。到2020年全市测土配方施肥技术推广覆盖率达到90%以上，项目示范区化肥利用率提高到50%、农作物病虫害统防统治覆盖率达到50%。通过生态设施建设、生态技术推广和生态机制建立，筑牢农产品品牌发展的根基。

（四）提升品牌农产品科技含量

把新品种培育、传统技术改造提升和配套技术集成推广应用作为品牌创新的重要内容。完善农技推广服务体系，创新农民培训机制，不断提高农民接受、采用新技术的能力，为农产品品牌的培育开发提供科技支撑。鼓励农业企业加大研发投入，提升企业自主创新能力。支持重点企业建立大数据平台，动态分析市场变化，精准定位消费需求，加速创新成果转化为现实生产力。到2020年，农业科技贡献率达到60%，农产品品牌科技含量显著提升。

（五）培育壮大品牌建设主体

主动适应市场化、信息化和消费升级的需求，强化对新型农业生产经营主体的品牌培育。引入现代要素，改造提升传统名优品牌。鼓励农业生产经营主体进行农产品商标注册，切实解决商标注册和商标保护中遇到的困难和问题。开展品牌农产品评选认定工作，建立完善农产品品牌申报、认定、用标及续展激励机制。鼓励支持农业企业、合作社等积极申报国家级品牌，培育一批影响大、效益好、辐射带动强的农产品品牌。鼓励农业企业进行品牌整合，引进国内外知名品牌企业参与兼并重组，通过股权投资等方式，组建大企业大集团，形成规模效应，构建集群发展格局。

（六）创建重庆市农产品区域公用品牌

强化顶层设计，统一规划、统一标识、统一口号、统一包装、统一营销，创建覆盖重庆市农业全产业、全品类的农产品区域公用品牌。对重庆市农产品区域公用品牌进行国内外集体商标注册和版权登记，取得产权保护；授权符合要求的合作社和企业使用集体商标；通过国内外专业展会、新闻媒体、网络推介宣传；鼓励各地加强农产品品牌创意设计，融入区域优势、文化特色和健康养生等元素，彰显品牌特征。

（七）建立重庆农产品品牌目录制度

按照影响层级、影响力范围对品牌种类、品种种类进行梳理，形成重庆农产品品牌目录。研究制定农产品品牌征集办法，明确征集范围、对象和程序；研究制定审核办法，明确审核的要求、内容和责任；研究制定评价办法，包括消费者评价、生产者评价和第三方评价，明确产品产量、质量、科技创新水平等评价标准和内容；研究制定列入目录品牌的保护办法；研究制定品牌目录的动态管理办法。

（八）加大品牌农产品宣传营销力度

强化农产品品牌的文化内涵，注重产品包装形象设计，规范产品包装标识，促进产品的深度开发和增值。坚持举办中国西部（重庆）农产品交易会，组织重庆品牌农业企业到国内外重点城市开展大规模、多形式的展示推介活动。鼓励新型农业生产经营主体创新品牌农产品营销方式，大力发展电子商务、直销配送、农超对接、专卖店等营销模式，实现线上线下结合，生产、经营、消费无缝链接。以互联网、电台、电视台、报刊为平台，以车站、港口、机场为节点，构筑重庆品牌农产品国内外宣传网络，大力宣传品牌农产品。努力营造人人宣传品牌、推介品牌的氛围，扩大重庆品牌农产品美誉度和影响力。

【存在的主要问题】　重庆市农产品品牌建设虽取得了一定成效，但与山东、浙江等省份相比仍存在一定差距，与深化拓展区域发展战略要求、与引领现代农业发展还存在较大差距。主要表现在以下四个方面：

一是品牌意识明显增强，但是各级政府、农业部门、农业企业及农户等还缺乏发展品牌、创建品牌的新思维、新方法和新手段。一些地方把农产品原料当成商品卖，把土特产当成品牌卖，原料与产品、土特产与商品、不同层级的商品和品牌还混杂在一起，还没有构建起一个系统的农业品牌建设体系。

二是品牌数量快速增长，但是影响力仅停在有限的时空。截止到2017年9月，重庆市有效期内的重庆名牌农产品231个；无公害农产品1 628个、绿色食品965个、有机食品83个、农业部农产品地理标志产品48个，"三品一标"共2 724个；全国百家合作社百个农产品品牌12个，全国名特优新农产品目录13个，国家级区域公用品牌7个，全国十大好吃米品牌1个。但是多数品牌的影响力还仅仅停留在局部地区，跨省跨区域的品牌不多，国际上知名的品牌就更少。

三是品牌培育方式多样，但是保护制度体系尚未建立。据不完全统计，重庆市各级政府和企业举办的农交会、菜花节、采摘节等各种节会，每年也有100多场次。这些活动加大了品牌的影响力，放大了品牌的效益，

丰富了品牌培育的内容和形式，成为打造农产品品牌的重要举措。与此同时，品牌建设涉及的部门多，管理条块分割，有效协调的工作机制还未建立。

四是品牌知名度不断提升，但国际市场竞争力不强。大多数农产品品牌由于缺乏标准化、规范化的经营管理，产品质量难以得到有效保障，品牌形象难以得到有效宣传，因此重庆市农产品品牌虽然知名度不断提升，但在国内外市场上的影响力仍然较弱，市场占有率也不太高。

四川省品牌农业发展概况

【发展成效】

1. 品牌培育取得丰硕成果。牢记习总书记对"四川农业大省金字招牌不能丢"的殷切重托，积极贯彻省委"建基地、创品牌、搞加工"的部署与要求，争取省政府出台《关于加强农产品品牌建设的意见》，围绕农业供给侧结构性改革主线，以市场需求为导向，以提升农产品供给质量为重点，启动实施品牌孵化、提升、创新、整合、信息建设"五大工程"，先后培育天府龙芽、四川泡菜、大凉山、广元七绝、江之阳、阳光米易等近40个省、市、县级区域品牌，打造通威、新希望、竹叶青、郫县豆瓣等企业（产品）品牌100多个，以及中药材天地网、鱼网天下等电商品牌10余个。积极推进"区域品牌＋企业（产品）品牌"战略，加快川菜、川茶、川果、川药、川猪等"川"字号品牌发展，"苍溪猕猴桃""攀枝花芒果""竹叶青""川藏黑猪""剑门关土鸡""通威鱼"等品牌产品享誉市场。向社会公开推介的10个优秀区域品牌和50个优质品牌农产品，得到新型经营主体和社会各界的一致认可。品牌的地域特色和民族特色得以彰显，品牌效应和竞争优势开始凸显。

2. 市场拓展再上新台阶。坚持"引进来"

和"走出去",积极围绕"粮、油、菜、果、茶、菌、肉、禽、蛋、渔"等优势特色产业,大力推进品牌培育与市场开拓相结合,组织省内农业企业、农民合作社、家庭农场等参加国内外知名农业会展近30场次,"川"字号品牌农产品知名度、美誉度和竞争力再度提升,市场空间进一步拓展扩大。成功主办了"贫困地区品牌农产品展示暨厅、市(州)长农产品品牌推介"活动。在中国首届国际茶叶博览会上,四川省的"蒙顶山茶"被评为"中国十大茶叶区域公用品牌","宜宾早茶"被授予"中国茶叶优秀区域公用品牌"。积极组织开展"互联网+"品牌农产品行动,促进中药材天地网、天虎云商、麦味网、广元七绝等成长为品牌电商平台。全年实现营销促销"川"字号品牌农产品达460亿元。

3. "品牌进村扶贫"促增收。把品牌作为产业扶贫的关键引领,围绕创品牌、拓市场、促增收,助力精准脱贫,指导各级农业部门、农业龙头企业、农民合作社、家庭农场等积极开展"品牌进村扶贫"行动,"遂宁鲜""阳光米易"、高坪甜橙、雅妹子腊肉、通威鱼等百余个"川"字号品牌,带动从事蔬菜、水果、畜牧、渔业生产领域的2 100多个贫困村、18万余户贫困户、63余万人,人均增收480元。与四川电视台合作,在黄金广告时段免费宣传10大优秀农产品区域公用品牌和50个优质品牌农产品,并开设《四川省农业品牌助贫大型公益展播》专栏,对品牌农产品带动产业扶贫、促进农户增收情况开展引导宣传,获得了较好社会反响与评价。

【主要举措】

1. 政策引领促品牌。省第十一次党代会上做出了"建基地、创品牌、搞加工"的重要部署,省政府办公厅印发了《关于加强农产品品牌建设的意见》,省政府召开全省农产品品牌建设工作现场会,制定四川知名农产品品牌创建行动方案和农产品品牌建设"五大工程"实施方案,为农业品牌发展提供强

有力的政策支撑。各市(州)也纷纷落实品牌建设工作的政策保障,成立领导小组,加强对品牌建设工作的组织管理和协调指导。

2. 特色产业创品牌。围绕川茶、川菜、川猪、川果、川药等特色农产品优势区建设,加大品牌创建工作力度,将产业优势转化为品牌优势。在川菜产业上,"四川泡菜"远销100多个国家和地区。在川果产业上,"安岳柠檬""会理石榴""攀枝花芒果"等品牌深受消费者喜爱。在川茶产业上,"天府龙芽""竹叶青""蒙顶山茶"等茶叶品牌响亮国内外。

3. 五大工程强品牌。全面实施农产品品牌建设"孵化、提升、创新、整合、信息"五大工程,全省认定"三品一标"达到4 938个,数量居全国前列、西部第一;培育了四川泡菜、天府源、广元七绝、遂宁鲜等众多区域公用品牌;提升了通威、新希望、竹叶青、郫县豆瓣等大批企业品牌;形成了中药材天地网、麦味网、鱼网天下等专业化、本土化农业电商品牌。新型经营主体申报创建中国著名商标、中国质量奖等2 000余件(个)。全省品牌农产品实现产值1 580亿元。

4. 线上线下亮品牌。在线上,实施"互联网+"四川品牌农产品行动,支持品牌主体自主建立电商平台,积极对接淘宝、天猫、京东等知名电商平台,创新网上营销;整省推进信息进村入户工程,全面打通农产品网络营销和农村信息服务"最后一公里"。在线下,坚持举办茶博会、菜博会、农博会、品牌农产品展示推介会等活动,组织品牌企业参加"川货全国行""万企出国门"等市场拓展活动,在国内国外两个市场唱响了"川"字号品牌农产品的知名度和影响力。

贵州省品牌农业发展概况

【基本情况】 贵州省位于云贵高原东部,平均海拔1 100米左右。境内92.5%的面积

为山地和丘陵，耕地面积 6 815.84 万亩。2016 年，全省第一产业增加值 1 944.66 亿元，占地区生产总值的 15.8%。贵州农业资源富集，境内栽种的粮食、油料、经济作物 30 多种，水果品种 400 余种，可食用的野生淀粉植物、油脂植物、维生素植物主要种类 500 多种，天然优良牧草 260 多种，畜禽品种 37 个，有享誉国内外的地道药材 32 种，是中国四大中药材产区之一，也是茶叶的原产地。

近年来，贵州省委、省政府高度重视品牌和质量工作，成立了质量兴省领导小组，在品牌宣传与市场拓展，标准化生产与加工，基地建设与质量安全等方面，全产业链提升打造，大力培育农产品品牌，建设无公害绿色有机农产品大省，威宁洋芋、都匀毛尖、从江香猪和椪柑、榕江脐橙、贵定酥李和大鲵、麻江蓝莓、龙里刺梨、乌当水果、三都葡萄等逐步成为享誉市场的优质特色农产品。贵州省有茶园面积 670 万亩；蔬菜种植面积 2 000 余万亩，其中夏秋蔬菜畅销南方市场；果园面积 500 多万亩，精品水果品类繁多；畜禽规模化养殖水平大幅提高。贵州农产品名牌培育和创建发展迅速，成效显著，经营主体品牌意识日益提升，品牌效应逐步显现。截止到 2016 年，贵州农产品商标累计注册数达 19 754 个（件），占全省商标注册总数的 22.04%，老干妈、茅贡牌大米、湄潭翠芽、兰馨、石阡苔茶、凤冈锌硒茶、牛头牌牛肉干、兴仁薏仁米、梵净山茶、正安白茶、老干爹等 12 个农产品荣获中国驰名商标称号，创建贵州省名牌农产品 230 个。2017 年，贵州绿茶获得国家农产品地理标志产品，开创了省级茶叶区域农产品地理标志产品保护先河。都匀毛尖获中国十大茶叶区域公用品牌，356 个农产品获贵州省著名商标，一批有影响力的农产品品牌正在形成。

【主要做法】

1. 特色产业引领，持续推进结构调整。近年来，贵州省立足资源禀赋，实施品牌带动，持续推进产业、产品及区域结构调整优化，大力发展生态畜牧业、蔬菜、茶叶、马铃薯、精品水果、大鲵等特色产业。一是加快果蔬产业发展，打造了一批果蔬知名品牌，通过优质安全果蔬品牌培育，全省特色生态蔬菜和特色精品水果整体竞争力得到全面提升。二是主打特色养殖牌，按照"五化"要求，持续推进畜禽养殖标准化示范场创建，持续支撑畜产品品牌发展，推动扩大"三品一标"认证，从江香猪、三穗鸭、长顺绿壳鸡蛋等一大批产品品牌效应迅速扩大。

2. 加强农业标准化，稳步推动"三品一标"认证。围绕农业生产标准体系建设，加快完善贵州省茶叶、辣椒全产业链技术标准体系，促进贵州茶叶、辣椒两大重点优势产业持续健康快速发展。积极开展标准化示范区创建，稳步推进农业标准化和"三品一标"认证工作。截止到 2016 年，全省有效无公害农产品产地 4 731 个，种植业产地面积 2 082.1 万亩，无公害农产品 1 916 个；有效绿色食品企业 28 家，绿色食品产品 39 个，基地面积 84.44 万亩（其中省内基地面积 72.94 万亩）；有机农产品 370 个，种植面积 70.76 万亩。

3. 打造高效农业园区，培育品牌农业主体。积极发挥高效农业园区载体作用，通过资源集中整合、要素集聚保障、措施集合显效，辐射带动农业农村发展，不断提高农业科技含量和效益，推动产业产品升级；积极培育龙头企业和职业农民，鼓励发展农民合作社、家庭农场和生产大户。品牌农业市场主体稳步发展。

4. 加快建设农产品质量安全追溯体系。按照国家农产品质量追溯工作安排，依托贵州农产品质量安全追溯平台，大力开展农产品质量安全追溯工作，截止到 2017 年，全省累计 369 个农产品生产企业入驻贵州省农产品质量安全追溯系统，其中茶业企业 121 个、蔬菜水果企业 213 个、禽蛋企业 27 个、养猪企业 5 个。2016 年年底，贵州省政府办公厅印发《贵州省加快推进重要产品追溯体系建设实施方案》，要求制定食用农产品质量安全追溯体系建设实施方案，建立主要食用农产品质量安全监测、追溯管理信息平台。要加强管理、创新管理，建立完善的质量安全追溯长效运行机制。

5. 大力开展特色农产品宣传推介。成功举办了中国·贵阳国际特色农产品交易会、中国·贵州国际茶文化节暨茶产业博览会、2017 中国·遵义第二届国际辣椒博览会等省内大型农产品促销活动，积极组织省内名优特农产品参与中国西部（重庆）国际农交会、第五届成都国际都市现代农业博览会、2017 甘肃农业博览会、第五届黑龙江国际绿色有机食品产业博览会暨哈尔滨世界农业博览会、第三届西部（西安）现代农业博览会、贵州绿色农产品风行天下广州推介展示会、贵州绿色优质农产品上海招商推介展示会、第五届四川农业博览会等全国性、国际性大型展销会，通过展会舞台，不断提升贵州省农产品整体品牌形象，把贵州特色优质农产品推向省内外市场。

【存在的主要问题】

1. 精品名牌少，影响力不大。品牌多、小、散，现有品牌宣传推广不足，品牌效应不突出，品牌效益难以形成。品牌创建与使用脱节，商标形式简单，内涵不足。

2. 品牌意识不强，品牌培育不足。多数农业经营主体只注重商标注册，忽视品牌形象塑造和优势培育，缺乏品牌创建理念，"酒香不怕巷子深"的传统观念在一定程度上仍然存在。

3. 农产品加工企业实力弱。产业化龙头企业是农产品品牌建设的主体和关键。贵州省农产品加工企业大多规模小、实力弱，特色农产品加工企业起步较晚，农产品深加工不够，加工转化增值能力较弱，附加值较低，

难以为农产品品牌建设提供有力支撑。

云南省品牌农业发展概况

【主要做法及成效】

1. 推进农业标准化和监管，夯实农业品牌化发展的生产基础。坚持用标准提升特色、壮大品牌。大力推进农产品产前、产中、产后各环节的农业标准化建设，为云南农业品牌的树立打牢了基础。截止到 2016 年年底，全省累计制定发布农业地方标准近 1 500 项，农业生产技术规程近 5 000 项。累计支持建设 230 个蔬菜水果茶叶标准园，89 个国家级、297 个省级畜禽养殖标准化示范场，94 个国家级、68 个省级水产健康养殖场。加强农产品监管，全省定量监测样品 5 000 个（批次），综合合格率达 99%，水平居全国前列，通过农产品质量安全流动检测车及县乡农产品检测机构共完成快速检测样品 30.9 万个以上。

2. 开展"三品一标一名牌"认证，集中打造云南农产品品牌。紧紧围绕"推动发展、加强监管、打造品牌、提高效益"的目标，把开展"三品一标"认定和"云南名牌农产品"评选作为推进农业标准化、打造农业品牌、促进农业增效、农民增收和提高农产品质量安全水平的具体措施来抓，集中培育打造云南农产品品牌。截止到 2016 年，全省累计共有"三品一标"有效获证企业 810 家，产品 1 792 个，农产品地理标志产品 74 个，农业部"一村一品"示范村镇 58 个，认定云南名牌农产品 9 批 587 个产品。

3. 开展"六个六"评选，努力培育优质种质资源品牌。发掘云南畜禽、水产、粮食地方品种资源，努力培育具有云南地方特色的优势种质资源品牌。组织开展了云南六大名猪、六大名牛、六大名羊、六大名鸡、六大名鱼、六大名米评选认定活动，进一步提高了社会公众对种植业、畜牧养殖业以及特色农产品的认知度，有效提升了全省特色畜

禽、水产品、粮食种资源的知名度和影响力，为优质特色农产品的生产和农业品牌的打造良好的基础。

4. 发展特色优势产业，积极打造区域农产品品牌。围绕优势特色产业，选择最适宜本区域生产的农产品作为主导产业和产品进行培育和发展，把云南历史悠久、品质优良、规模影响力大的品种和农产品列入地理标志登记保护，积极打造知名特色产业品牌，为农业品牌发展提供了扎实的产业和地域支撑。云茶、云花、云咖、云果、云菜、云畜、云药、云菌等"云系""滇牌"知名产业品牌已享誉国内外。农业科研人员历经30年努力培育出的云岭牛，成为云南拥有自主知识产权的第一头肉牛。云南普洱茶、宣威火腿、文山三七、斗南花卉、昭通天麻、丘北辣椒、蒙自石榴、元谋蔬菜、昭通苹果等一批特色明显的区域品牌远销国内外市场。

5. 依托展示推介活动，积极打造农产品品牌。坚持市场为导向，积极组织展示推介活动，打造云南农产品品牌。积极组织专场推介、产销对接和招商引资等活动，积极组织农业龙头企业、农民专业合作社等新型主体到北京、上海、中国台湾、中国香港等地及南亚、东南亚、欧洲地区展示推介云南高原特色农产品。通过坚持不懈地开展形式多样、形象生动、感受直观的农产品展示推介活动，云南农产品生态优质、丰富多样的特性受到海内外消费者的热烈追捧，"选择云南就是选择健康、选择云南就是选择安全"的消费理念逐渐树立。全省农产品出口已达116个国家和地区，连续多年稳居全省第一大宗出口产品，直接出口额连续多年居西部省份第一。褚橙、大益、戎氏、龙润普洱茶、昌宁红、滇红茶、后谷、朱苦拉咖啡等产品品牌已享有较高的知名度。

【存在困难和问题】

1. 农业品牌发展意识有待提升。有些地方农业行政主管部门对加强农业品牌建设认识上还有偏差，存在误区，缺乏农业品牌化发展的新思维、新办法。部分农业龙头企业、农民专业合作社等新型经营主体长期受小农经济思想的禁锢，认识不到品牌建设在企业发展中的战略地位和作用。

2. 农业品牌建设缺乏统筹协调。各级政府部门对农业品牌建设缺乏统一的规划和引导，工作协调整合机制不健全，建设过程中条块分割、各行其是的情况仍然存在。制定促进农业品牌建设的针对性政策不够，投入推进农业品牌建设专项补贴资金不足等问题没有从根本上得到解决。

3. 农业品牌建设基础仍需夯实。农业生产条件有待改善，农业产业布局仍需科学统筹，农业物流体系建设仍需加强，农业标准化的覆盖面仍需扩大，农产品安全监管工作机构仍需进一步健全，农业品牌宣传推广力度还需进一步加大。

西藏自治区品牌农业发展概况

【基本情况】 一年来，为进一步推动西藏农产品品牌建设，全区各级农牧部门转变观念，拓展思路，积极探索品牌富农、品牌强农的发展之路。通过龙头企业、农牧民合作社、行业协会等申报"三品一标"认证，建设"三品一标"标准化基地，初步形成了"三品一标""品牌＋基地＋农牧户"的产业化经营机制，打造"三品一标"品牌农业。到2017年年底，全区"三品一标"累计达到145个，其中无公害农产品基地165个、绿色食品34个、有机食品13个、农产品地理标志产品13个；2017年9月在北京举办的第十五届中国国际农产品交易会，西藏展团获得3个金奖产品，帕里牦牛、亚东黑木耳2个产品获得中国百强农产品称号。农产品区域公用品牌建设有效起步，波密天麻、那曲虫草、岗巴羊等已声名鹊起，在市场上赢得了好评，站稳了脚跟。

【存在的主要问题】

西藏的农产品品牌建设对推动传统农牧业向现代农牧业转变起到积极作用，但在发展过程中仍存在一些问题。

1. 农产品品牌建设意识淡薄。西藏的一些企业和部门对农产品品牌建设的重大意义和作用认识不足，缺少合作参与竞争的意识。

2. 农产品品牌建设档次不高。西藏虽有一些农产品获得国家农产品质量认证，但大多数农产品仍以初级产品出售，产品层次较低，附加值不高，产业链条不长，竞争力弱。

3. 农产品品牌建设关键环节薄弱。一方面农产品质量检测覆盖面窄，质量安全追溯制度尚未建立，无法真正从源头上控制农产品质量安全；而另一方面农牧区经济合作组织发展相对薄弱，风险共担、利益共享的企农利益联结机制尚不稳固，制约了标准化、规模化生产，进而制约了农产品品牌建设。

陕西省品牌农业发展概况

【主要工作】

1. 认真落实全国农业品牌大会精神。按照农业部安排，参加了全国农业品牌创建推进大会，认真学习领会会议精神。会后，按照农业部等 9 部门《关于开展特色农产品优势区创建工作的通知》（农市发〔2017〕3 号）要求，研究制订了《陕西省特色农产品优势区创建方案》，明确了任务分工，印发了《关于报送特色农产品优势区典型案例的通知》，做好陕西省特色农产品优势区创建工作及典型案例推荐工作。

2. 开展特优区创建，提升品牌。经陕西省政府同意，在先期摸底梳理的基础上，综合考量资源条件、产业基础、产业发展、品牌建设等因素，向农业部、国家发改委、国家林业局推荐洛川苹果、眉县猕猴桃、西乡茶叶、商洛核桃、韩城花椒申报中国特色农产品优势区。同时，将富平奶山羊、太白蔬菜、阎良甜瓜、旬邑苹果等列入省级特色农产品优势区创建，并认真指导相关区县按照《农业部特色农产品优势区建设规划》开展创建工作。

3. 发展"三品一标"，做实品牌。加快推进农产品标准化生产，以整县环境评价为依托，鼓励支持基地、园区、专业合作社等申报无公害农产品、绿色食品、有机食品及农产品地理标志产品等。2017 年，共认证"三品一标"产品 995 个，其中，无公害农产品（种植和水产品）893 个、绿色食品 72 个、有机食品 20 个、农产品地理标志 10 个。陕西省累计通过国家登记并公布的农产品地理标志产品 232 件（其中，农业部审定通过 80 件，国家质检总局通过 82 件，国家工商总局通过 70 件）。

4. 加大营销推介力度，唱响品牌。利用中国国际农产品交易会、杭州中国国际茶叶博览会和济南茶叶博览会等平台举办陕西名优特产品推介会，突出品牌成果展示，讲好陕西农业品牌故事。陕西省汉中仙毫获中国优秀茶叶区域公用品牌；洛川苹果、眉县猕猴桃、大荔冬枣三个区域公用品牌入选 2017 中国百强农产品区域公用品牌，齐峰奇异果、洛川苹果、秦宝牛肉等 11 个产品获得金奖，有力提升了陕西省特色农产品品牌知名度和影响力。支持办好洛川国际苹果博览会、眉县猕猴桃产业发展大会、西部农博会、西部跨采会暨中国（渭南）国际农产品交易会等农业专业展会，开展品牌农产品产销对接，加强品牌农产品营销促销和品牌推广。支持各地结合农民生产生活、农村风情风貌、乡土民俗文化等特色，以品牌农产品为主线，举办各类农业主题活动，向消费者宣传推介地方特色农产品，提高消费者体验度。

5. 开展果品及电商评选，树立品牌。组织开展陕西省果品优秀品牌优秀电商评选，由陕西省农业厅认定了洛川苹果、眉县猕猴桃等 10 个陕西区域公用品牌、25 个陕西苹果优秀企业品牌、16 个陕西猕猴桃优秀企业品牌、20 个陕西苹果优秀电商和 10 个陕西猕猴桃优秀电商，分别在第十届洛川苹果博览会和第六届眉县猕猴桃产业发展大会上予以发布。

6. 开展农产品宣传推介，传播品牌。申请省财政资金 2 100 万元，选择部分市（宝鸡、渭南、安康、延安、商洛及韩城），开展特色优势农产品品牌宣传推介试点，以特色产业产品重点销区市场为主，加强与主流媒体和新媒体合作，推出系列宣传活动，加强农业品牌广告宣传，提高农业品牌的关注度和影响力，努力打造一批"站得稳、叫得响、传得广"的特色优势农产品公用品牌和企业品牌，提升陕西省特色优质农产品的品牌影响力和市场竞争力，助力贫困地区脱贫攻坚。

【存在的主要问题】

1. 农业品牌建设顶层设计有待完善。农业行政部门在农产品品牌培育过程中，公共服务职能发挥还不充分，尚未形成长期的、完善的品牌发展政策支撑体系，农业品牌的顶层设计亟须加强。对应到企业，也缺乏整套的广告宣传策略和商标品牌战略。

2. 行业品牌的影响力仍然比较微弱。全省农业企业、合作社数量虽多，但缺乏统治市场和引领消费的大品牌带动，呈现与农业生产大省尤其果业生产大省很多不相适应的地方。大产业无大品牌（主要是指企业品牌、产品品牌），农业品牌市场占有率低且不平衡，陕西优势特色产业价值远远没有得到体现。

3. 宣传推介力度不够，吸引力不大。缺乏有影响的、长期稳定的宣传推介机制，整体策划和力度不够，思想解放不够，大局意识不强，造成格局小、层次低、效果弱，一大批特色主导产品市场竞争力、占有率难以稳步提升。

甘肃省品牌农业发展概况

【工作完成情况】

（一）组织参加各类农业展会、推介会，扩大甘肃省农产品品牌影响力

1. 组织举办了 2017 甘肃农业博览会。2017 甘肃农博会于 9 月 8～11 日，在甘肃国际会展中心举办，展出面积 3.4 万平方米，展示展销内容涵盖甘肃特色优势农产品、现代农业发展成果、农业科技前沿技术、农产品加工贸易、农业信息化、农资农机等农业全产业链上下游技术和产品。其间举办了品牌农产品市州长联合推介会、农业招商引资项目对接洽谈签约、展示展销、农业供给侧结构性改革高峰论坛、金奖产品和甘肃十大农业区域公用品牌评选等 5 项重大活动。组织评选出了金奖产品 30 个和甘肃十大农业区域公用品牌。甘肃省农牧厅与工商局进行衔接，就农产品品牌一事进行沟通，甘肃省工商局同意将 2017 甘肃农业博览会上评选出的 30 个金奖产品和甘肃十大农业区域公用品牌优先考虑申报国家地理标志商标和驰名商标。同时，甘肃省农牧厅将在产业发展项目中，对金奖产品企业给予重点扶持。另外，在本届农博会举行的农业供给侧结构性改革高峰论坛上，甘肃省重点开展了本省农业品牌建设的研讨与甘肃省特色优势农产品的宣传推介。

2. 组织参加了中国-东盟博览会。中国-东盟博览会于 2017 年 9 月 11～15 日在南宁举办。其间成功举办甘肃省水果、蔬菜、中药材及国际产能合作专题推介会，并组织了 57 家企业、120 个产品在农业国际合作展和农产品展中参展销售，共实现销售额 50 万元。

3. 组织参加第十五届中国国际农产品交易会。按照农业部要求，甘肃省的主要任务：一是搭建省级综合展厅，开展农产品展示和贸易洽谈活动；二是组织甘肃省农产品经销

企业在农产品销售专区，开展现场销售和宣传推介活动。甘肃省及时成立筹备工作领导小组，制定参展方案并下发市州。完成甘肃展厅设计制作、组织企业参展和金奖农产品评选活动等工作。

4. 组织参加了中国国际茶叶博览会。农业部市场与经济信息司于 5 月 18～21 日在杭州举办中国国际茶叶博览会。甘肃省制定了相关要求及参展通知，组织相关茶叶生产企业参展。甘肃展团荣获首届中国国际茶业博览会优秀组织奖及 首届中国国际茶业博览会设计银奖两项殊荣。

（二）开展特色农产品优势区创建工作

为加快特色农业产业发展，促进农业提质增效和农民增收，经农业部等九部委研究决定，在全国开展特优区创建工作。接到通知后，通过省直九部门联合会签，将中央九部委创建工作文件转发给了各市州相关部门，并制定了相关要求。汇总分析了各市州已上报的创建工作措施、建议和方案。按要求对优势区申报材料进行了严格审核，确定定西市安定区（马铃薯）、兰州市榆中县（高原夏菜）、天水市（花牛苹果）三个地方为甘肃省上报的中国特色农产品优势区。

（三）组织实施甘肃特色优势农产品网上销售活动，提高甘肃省农产品品牌市场占有率

加大宣传推广力度，引导甘肃省内企业入驻百合商城、酒泉巨龙网等省内自建网络平台和淘宝网、京东商城等国内知名电子商务平台，逐步开设网络旗舰店、专卖店，重点推广甘肃省无公害、绿色、有机、地理标志农产品，借助网络平台传播速度快、覆盖范围广的优势，不断促进甘肃省特色优势农产品外销，提高甘肃省特色优势农产品市场占有率。

【存在的主要问题】

1. 甘肃省对外开放层次低、规模小、贸易方式单一，组织大型农产品促销、营销活动的经费短缺，经验不足，方法不多，应急处置农产品"卖难"突发问题的能力还比较弱。

2. 甘肃省农产品品牌知名度低，消费者对甘肃省特色农产品优势缺乏认识。运输、保管、包装、加工、配送等辅助性功能薄弱，全面开展农产品电子商务的经验不足，手段不够。

3. 农村电子商务建设、网络宣传方面，资金少，投入不足，农产品促销经费短缺。

青海省品牌农业发展概况

【主要工作】

1. 抓好顶层设计。编制了《青海省"十三五"农畜产品品牌发展规划》，印发了《青海省农牧业品牌推进年工作方案》，草拟了《青海省关于加快推进农畜产品品牌建设的实施意见》《青海省优质农产品联盟章程》等重要指导性文件。深入开展了品牌调研工作，巩固品牌成果、总结经验、查找问题，形成了调研报告《关于推进高原特色农产品品牌建设的探索》。

2. 抓好农产品质量。品牌建设，质量先行。从生产、监管两端发力，落实农畜产品质量安全全程监管，扎实推进标准化生产，实行省级例行监测，推进追溯管理，青海省农畜产品质量安全始终保持平稳向好的发展态势。2016 年，青海省农产品质量安全平均监测合格率位居全国前列，农产品质量安全监管延伸绩效管理工作成绩突出，分别得到农业部的充分肯定及书面表扬。质量安全为推进品牌建设保驾护航。

3. 抓好"三品一标"认证和基地建设。青海省"三品一标"产品达到 749 个，农产品地理标志突破 52 个，不断提升了绿色食品、有机食品和地理标志农产品认证的公信力和权威性。强化了标准实施，推进按标生产，推动农产品质量安全县、追溯试点县实行整建制标准化生产。累计建设了农产品标

准化产基地 111 个，国家绿色食品原料标准化生产基地 10 个。创建了海南藏族自治州肉类产品、海西蒙古族藏族自治州枸杞 2 个出口农畜产品质量安全示范区。

4. 抓好品牌营销战略。加快了青海省优质农畜产品联盟的建设步伐。发挥生产、销售方面的集体优势，制定统一营销战略，联合走市场化道路，实现优质优价。开展了中央电视台"广告精准扶贫"项目筹备工作。中央电视台对青海省牦牛肉、藏羊肉、菜籽油、藜麦等特色农畜产品在中央电视台 5 个频道进行了宣传，提升了青海优质农畜产品的知名度和影响力。

5. 抓好品牌扶持。青海省委、省政府高度重视农产品品牌建设工作，扶持 30 个特色农牧业品牌纳入了省政府考核内容。连续三年每年投入资金 1 470 万元，扶持农畜产品品牌 90 个。连续三年每年投入资金 660 万元，实行"三品一标"认证奖补措施，补助"三品一标"认证产品近 530 个。2017 年扶持的 30 个品牌中，10 多家企业参展了第十五届中国国际农产品交易会，重点展示了青海牦牛肉、藏羊肉、乳品、枸杞、藜麦、油菜、蜂蜜、冷水鱼蟹等名特优新农畜产品，荣获了参展农产品金奖、最具影响力水产品企业品牌等奖项。互助八眉猪、大通牦牛肉上榜 2017 中国百强农产品区域公用品牌。品牌建设对现代农牧业的推动作用明显增强。

【存在的主要问题】

1. 品牌意识淡薄。相关部门和生产经营主体对品牌重要性的认识不够到位，品牌意识和市场意识淡薄，缺乏培育品牌和开拓市场的主动性。各地虽有一些农畜产品加工企业，但在全国的影响力十分有限，不少企业有一定的小农思想，合作意识不强，产品互相压价的现象屡见不鲜。

2. 名牌产品数量少，实力弱。自主创新能力不强，初级产品多，精深加工产品少。品牌产品规模小，竞争力弱，市场占有率低。

优势产业品牌带动能力不足，与青海丰富的农畜产品资源禀赋不相称。

3. 同质化产品多，差异化产品少。同一类型产品认证了"三品一标"产品及注册了著名商标后，尽管产品质量好，但产品特征不明显，没有比较优势，缺乏竞争力。

4. 品牌宣传面不宽，宣传力不够。品牌宣传推广不够，大量富有青海特色、品质优良的地理标志农畜产品有实无名、有名不强或优质不优价。

新疆维吾尔自治区品牌农业发展概况

【主要工作举措及成效】 2017 年 3 月制定了《2017 年新疆农产品品牌建设推进年实施方案》，并下发了《关于开展 2017 年自治区农产品品牌建设推进年活动的通知》和《关于加强新疆农业名牌产品监管工作的通知》（新农办优〔2017〕158 号），督促各地根据方案要求，积极组织，认真落实。在 2017 年新疆特色农产品产销对接活动、第八届新疆农产品北京交易会以及第十五届中国国际农产品交易会等重大营销活动中，将品牌推进年建设工作作为重点任务予以安排，借助交易会组委会力量，对品牌进行宣传、监督，取得了很好的效果。

（一）认真组织开展自治区品牌农产品评定工作

1. 修订《新疆农业名牌产品认定办法（试行）》，广泛征求意见，为新时代打造品牌奠定基础。

2. 根据新疆名推委要求，组织开展新疆名牌产品评选认定工作。加大推荐力度，积极组织有关专家参加新疆名牌战略推进委员会（以下简称新疆名推委）组织的新疆名牌产品农业专业评审会，全年推荐 17 家企业的 18 个产品作为 2017 年度新疆名牌产品（农业类）候选产品，上报新疆名推委办公室。

3. 不断完善新疆农产品品牌建设数据

库。在新疆农业名牌、新疆名牌（农业类）以及全国名特优新农产品评选过程中，由自治区优质农产品产销服务中心负责，不断收集和整理各申报企业的企业简介、产品、产量、销量、销售额、销售区域、认证等情况，逐步建立起了信息较为完善的新疆农产品品牌建设数据库。

4. 组织开展全国名特优新农产品目录申报。依托数据库优势，新疆农业厅在全区进行公开筛选和提炼，推荐申报 2017 年度全国名特优新农产品目录，有 9 个农产品成功进入目录。

（二）加大调研力度，不断修改完善农产品品牌相关办法和意见

根据自治区人民政府安排，2017 年 9～10 月，由自治区党委农办牵头，自治区农产品品牌建设工作领导小组各成员单位组成调研组，分赴喀什地区、阿克苏地区等地开展了农业品牌建设专题调研，并形成《伊犁州、巴州、喀什地区、阿克苏地区、吐鲁番市农业品牌建设情况调研报告》。在此基础上，新疆农业厅组织有关单位和专家，起草了《关于加快推进农业品牌建设的指导意见》（征求意见稿），并对原先施行的《新疆农业名牌产品认定办法》进行了进一步修订和完善，真正做到农产品品牌工作有法可依，有据可循，为新疆发展农业品牌提供可靠的制度环境。

（三）采取有效措施，推进品牌创建

在自治区农产品品牌建设推进年活动中，各地（州、市）积极采取一系列措施，推动农产品品牌建设年活动。阿克苏地区根据农业品牌发展需要，制定印发了《阿克苏地区名牌产品和驰名（著名）商标奖励办法》。对新确认全国知名品牌示范区、全国质量强市示范城市、中国质量奖的单位，由地区行署一次性奖励 50 万元；新确认中国驰名商标企业或地理标志产品运作主体，由地区行署一次性奖励 30 万元；新确认政府质量奖的，由地区行署一次性奖励 30 万元；新确认新疆名牌产品、新疆著名商标、新疆农业名牌产品的企业，由地区行署一次性奖励 20 万元，有效提高了企业发展品牌、宣传品牌的积极性。

（四）紧扣农业供给侧结构性改革，"三品一标"认证工作成效显著

2017 年，新疆农业厅推荐上报"三品一标"产品 535 个，对 14 个地（州、市）"三品一标"获证主体支付补助经费达 200 万元。截止到 2017 年，全区有效期内"三品一标"产品总数达到 1 300 个（无公害农产品 776 个、绿色食品 420 个、有机食品 35 个、登记保护农产品地理标志 69 个）。其中，奇台面粉国家级农产品地理标志示范样板顺利通过农业部验收，成为新疆首个也是全国唯一的面粉类国家级农产品地理标志示范样板。精河枸杞作为农业部推荐的首批 35 个互认地理标志产品被成功纳入中国欧盟互认产品名录。焉耆县全国有机农业（酿酒葡萄）示范基地顺利通过了农业部验收，填补了新疆农业系统有机农业示范基地的空白，成为全疆首个全国有机农业（酿酒葡萄）示范基地。

（五）依托农业展会，不断宣传和推广新疆优势品牌

在第八届新疆农产品北京交易会、第十五届中国国际农产品交易会、首届全国"互联网＋"现代农业新技术和新农民创业创新博览会等大型农业展会举办过程中，新疆农业厅将品牌推进年活动作为一项重点工作予以安排，引入品牌企业开展网络现场直播推荐，品牌推广和宣传的效果突显，企业获益颇多。4 月 17～18 日，新疆农业厅组织 10 家农业名牌产品优秀企业代表，参加了农业部在河南召开的全国农业品牌创建推进大会。阿克苏红旗坡农场作为新疆优质农产品品牌代表参加了十大苹果品牌展区展示活动，备受采购商和消费者瞩目。在第八届新疆农产品北京交易会上，有 54 个农产品品牌获得交易会金奖产品称号；在第十五届中国国际农产品交易会上，红旗坡苹果、音苏提纯牛奶、

屯河番茄酱等 8 个产品获第十五届农交会产品金奖,库尔勒香梨、阿克苏苹果、和田御枣入选中国百强区域公用品牌,奇台面粉获全国地理标志示范样板称号。与此同时,部分地(州、市)依托援疆省市的帮助和支持,自行组织企业赴内地开展产销对接和品牌宣传。其中,借助安徽省的支持,和田地区于 9 月 15 日组团参加了 2017 安徽(合肥)农业产业化交易会,共有 23 家地区级以上农业产业化龙头企业携品牌产品参会,红枣(干枣、鲜枣)、核桃、杏干、大芸、雪菊、玫瑰精油、麻糖、玫瑰花茶、艾德莱丝绸等 58 个特色深加工产品销售量 10 余吨,销售额达 102 万元。

(六)加大培训力度,不断提高农业品牌创建工作的专业化水平

根据 2017 年农产品品牌建设年活动需要,新疆农业厅先后组织了 2017 年农产品市场开拓暨农产品电商培训班,2017 年自治区定点农产品批发市场人员培训班,全区"三品一标"检查员、监管员及企业内检员培训班等,培训人员 360 余人次,分别在电商运营、品牌创建、信息预警、质量检查等方面,邀请业内专家轮流授课,为基层工作人员提供专业指导。在日常工作过程中,保持上下联动,积极通过专家指导,排解问题,取得了很好的效果。

(七)积极做好中国特色农产品优势区申报工作

根据农业部、国家发改委、国家林业局《关于组织开展"中国特色农产品优势区"申报认定工作的通知》(农市发〔2017〕8 号)要求,作为品牌建设年活动的一项重点内容,新疆农业厅联合自治区发改委、林业厅,经过专题座谈、实地调研、专家论证等程序,于 2017 年 8 月,从全区上报的申报资料中,筛选出昌吉回族自治州昌吉市加工番茄、和田地区红枣、阿克苏地区核桃等 5 个特色农产品作为新疆优势区候选单位上报农业部。

【存在的主要问题】

1. 组织体系不健全。品牌管理的核心组织与权威信息缺位,管理部门在组织、协调、服务、监管等方面尚未开发功能、发挥作用。

2. 能力不足。各地普遍存在工作人员知识结构不适应业务开展需求的问题,新疆也缺乏相应的智力支持体系,对新常态下,如何提升新疆农产品的品牌影响力、如何利用信息化手段开展"互联网+"品牌营销等创新型工作存在"本领恐慌",能力提升较慢。

3. 农产品品牌意识薄弱,品牌集聚效力相对不足。存在着"重评比、轻培育"的现象,创奖区域性公用品牌意识不强,农业生产企业之间缺乏协同合作,同类产品不同品牌间尚未形成区域竞争合力,各打各的牌,分散了建设优势品牌的资源,新疆独特的资源优势未能有效转化为品牌优势。

4. 缺乏有效管理。从原产地保护的起源和重点看,保护的对象主要是具有自然属性和人文属性的农产品及其加工品。由于存在部门间职能交叉、管理错位,导致多部门管理,目前尚未形成一个科学的保护制度。

展 览 展 示

- 第 82 届"柏林国际绿色周"
- 第八届中国余姚·河姆渡农业博览会
- 第十七届中国(寿光)国际蔬菜科技博览会
- 第十一届中国国际有机食品博览会
- 第十五届中国国际农产品交易会
- 2017 第十八届中国绿色食品博览会
- 第二十四届杨凌农业高新科技成果博览会

第 82 届"柏林国际绿色周"

【展会时间】 2017 年 1 月 20～29 日
【展会地点】 德国柏林国际展览中心
【展会概况】

柏林国际绿色周（The International Green Week）——德国国际食品工业、农业暨园艺机械博览会始办于 1926 年，是世界食品工业、农业及园艺领域最大、最具影响力的博览会。本届绿色周吸引全球 68 个国家和地区的 1 658 家展商参展，参观者超过 40 万人次，设有多达 26 个场馆，包括世界之旅、农场体验、乡村生活、有机品质、可再生原材料、未来食物等 14 个主题。柏林绿色周为来自世界各地的参展商提供了销售和推介自己产品的良好机会，是我国相关企业开拓海外市场的最佳平台。

【展会内容】

茶、食品、粮食、饮料、酒类、日常用品等。

第八届中国余姚·河姆渡农业博览会

【展会时间】 2017 年 1 月 13～17 日
【展会地点】 浙江省余姚市中塑国际会展中心
【展会主题】 健康、精致、生态、高效
【组织机构】

主办单位：中国渔业协会、浙江省农业厅、宁波市农业局、宁波市海洋与渔业局、余姚市人民政府

承办单位：余姚市农林局、余姚市商务局、余姚市供销联社、余姚市农民合作经济组织联合会、中国塑料城管理委员会

【展会概况】

该展会由每年一届的中国余姚·河姆渡农业博览会和每两年举办一次的第四届中国甲鱼节同时举办，已连续举办 2 年，被评定为全国农业综合类 3A 级展会，已成为国内知名农业类展会。

2017 年的展会共设置展示展销面积约 2.8 万平方米，折合标准展位约 900 余个，与上一届大体一致，其中设特色小吃、传统手工艺展示展销区、余姚市名优农产品和水产品展区、境内优质农产品展区、中国台湾及国际农产品展区、非物质文化遗产展示区及现代农业成果展示区等 6 大展区，展示展销优质农产品、传统美食、非物质文化遗产和现代农业成果。共有参展企业 600 余家，其中余姚市经营主体参展 230 余家，来自境内 20 余个省（自治区、直辖市）的参展商 290 余家、境外 10 余个国家地区参展商 50 余家，室外美食 37 家，参展产品达 3 600 多种，供广大市民前往选购、备购年货和品尝各地风味美食。

据了解，本次农博会以甲鱼产业高峰论坛和甲鱼文化宣传推介展示活动等为重点，同时结合"互联网＋元素""现代农业成果"和"台湾元素"。在农博会现场，余姚市"明凤甲鱼"是当地甲鱼产业中的龙头企业，据企业相关负责人介绍，该企业拥有 1 万亩的甲鱼养殖基地，每 150 亩的养殖池可出货 5 万只甲鱼，年产值达 5 000 万元。每年中秋至春节期间，是甲鱼销售的旺季。该负责人表示，他们每年都来参加农博会，可以直接面对消费者，了解消费者心理，"往年在参展期间，销售额可以达到近 50 万元。"

此外，本届博览会还组织了传统美食区

和非物质文化遗产区前来参展，充分体现和传承余姚市悠久农耕传统文化，扩大省内优质企业展团规模等。同时，邀请中国台湾地区知名企业参展，其中台湾啤酒首次参展，台湾太阳饼、凤梨酥、鱼松、黑糖姜茶等特色产品亦来参展。

第十七届中国（寿光）国际蔬菜科技博览会

【展会时间】 2017 年 4 月 20 日至 5 月 30 日

【展会地点】 山东省寿光市蔬菜高科技示范园

【组织机构】

主办单位：农业部、商务部、中国国际贸易促进委员会、山东省人民政府、中国农业科学院、国家标准化管理委员会、中国农业大学

协办单位：美国、荷兰、墨西哥、俄罗斯、德国、英国、日本、意大利、乌克兰、保加利亚、比利时等驻华使馆，联合国粮食及农业组织驻华代表处、联合国亚太农业工程与机械中心、太平洋岛国贸易与投资专员署、中国丹麦商会、英中贸易协会、日本贸易振兴机构（JETRO）上海代表处、中国哥伦比亚商会、中国意大利商会等国际商协会组织，中国蔬菜协会

承办单位：山东省农业厅、山东省商务厅、山东省质量技术监督局、中国国际贸易促进委员会山东省委员会、山东省农业科学院、潍坊市人民政府、寿光市人民政府

【展会主题】 绿色·科技·未来

【展会概况】

中国（寿光）国际蔬菜科技博览会（简称菜博会）是经商务部批准、国务院备案的年度例会，认定为 5A 级专业展会，每年 4 月 20 日至 5 月 30 日在 4A 级旅游景区——寿光市蔬菜高科技示范园内举办。

第十八届菜博会，围绕推进农业供给侧结构性改革，着力强化科技示范推广、服务"三农"发展、促进经贸交流、助推地域经济发展功能，先后有 200 多个重要代表团参会参展，参观人数达到 210.2 万人次，实现贸易额 127 亿元，取得了圆满成功。本届展会总展览面积 45 万平方米，设 12 个展馆、大棚优质高效示范区、蔬菜博物馆和广场展位区。12 个分展区将全面展示寿光农业产业化、标准化、国际化水平。本届菜博会共展示国内外蔬菜品种 2 000 多个，新增品种 302 个，集中展示生物组培技术、椰糠基质栽培技术、水肥一体化技术、信息化温室远程控制等先进技术 105 项，栽培模式 87 种。

本届菜博会进一步深化蔬菜与文化的融合，将科技、文化、艺术完美地融入蔬菜展览，新设沙漠及热带植物馆、高档花卉花艺馆，共创制 200 余个蔬菜景观，各类大型蔬菜文化景观、园艺景观、廊架景观，观赏效果极佳。同时，设立 5 000 平方米的荷兰设施园艺馆和 4 000 平方米的国际节水农业与水肥一体化展区，吸引诸多来自荷兰、美国、以色列等 42 个国家和地区以及国内 29 个省、自治区、直辖市的参展商。

第十一届中国国际有机食品博览会

【展会时间】 2017 年 5 月 25～27 日

【展会地点】 上海市上海世博展览馆

【展会主题】 绿色生态、绿色生产、绿色消费

【组织机构】

主办单位：纽伦堡国际博览集团、中国绿色食品发展中心

承办单位：纽伦堡会展服务（上海）有限公司

【展会概况】

由中国绿色食品发展中心与纽伦堡国际博览集团共同主办的中国国际有机食品博览会（BIOFACH CHINA）是亚洲最具影响力的有机产品贸易盛会，自2007年以来已成功举办10届。上届展会吸引了来自13个国家和地区的337家参展商参与此次盛会；观众数量达到了16 546名，分别来自37个国家和地区；展览会得到了农业部、国家认证认可监督管理委员会、国际有机农业运动联盟（IFOAM）的大力支持。本届展会展出面积达11 000平方米，展商数达470多家，比上届增加38％，有上千种有机产品参展，博览会现场气氛热烈，商贸洽谈活跃，中外采购商纷纷前来洽谈采购。BIOFACH CHINA已形成了一套国际化的运作模式，打造了专业化的博览会品牌，创立了环保、时尚、可持续的博览会文化，并以其迅猛增长的规模和国际影响力，成为亚洲地区和全球有机食品展示、交易和信息交流的重要平台和风向标。

第十五届中国国际农产品交易会

【展会时间】 2017年9月21～24日

【展会地点】 北京全国农业展览馆

【组织机构】

主办单位：农业部

协办单位：全国农业展览馆

【展会概况】

中国国际农产品交易会（以下简称农交会）是经国务院批准、农业部主办的大型农业行业盛会，已成功举办14届，现已成为我国农业领域规模最大、规格最高、最具权威和影响力的品牌展会，为展示农业发展成就、促进农产品贸易、推广先进技术、推动国际农业交流合作提供了重要平台。党中央、国务院领导给予了高度的重视和关怀，国务院总理李克强为第十四届农交会首场活动"中国—中东欧国家农业部长会议暨国际农业经贸合作论坛"发来贺信。

农交会创立于2003年。作为一个全国性的巡展，14年来，农交会先后在华北、华东、东北、华中和西南等地区的9个城市举办，累计吸引3.4万多家次企业参展，30万采购商到会，近300万人次观众参观，举办了400余场营销活动，贸易额累计达5 695.03多亿元。平均每届吸引15个国家和地区的企业参展，20个国家和地区的采购商到会，展览面积从首届的2.3万平方米发展到第十三届的12万平方米，近年届均8万平方米，形成规模效益。一批参展商借此打开或扩展了市场，一批采购商在农交会上结识了新的贸易伙伴，采购到了称心如意的农产品，一批投资机构找到了新的投资项目，农交会的影响力和吸引力逐年增加。

14年来，农交会充分发挥展示、洽谈、销售三大功能，在突出企业和产品、强化洽谈和销售、拓展展会内容、完善组展机制、扩大展会规模、提供专业化服务等方面，积极探索、大胆尝试，取得了很大成效，规模越来越大，贸易和销售越来越好，吸引力和影响力逐步增加，争办农交会的省份越来越踊跃。

【宗旨、原则和主题】

本届农交会秉承"展示成果、推动交流、

促进贸易"办展宗旨和"精品、开放、务实"办会原则,以"绿色发展、生态优先、品牌引领、产业升级"为主题,集中宣传展示党的十八大以来农业农村经济发展的新成就、新成果,践行"创新、协调、绿色、开放、共享"五大发展理念取得的新进展、新经验,组织开展农业品牌营销推介,推动农业交流合作和贸易洽谈。

【规模和布局】

本届农交会展示展销总面积 3.1 万平方米。其中,室内 2.1 万平方米,主要包括农业成就展区、省级展区、专业展区、海峡两岸农业合作展区和国际展区;室外 1 万平方米为销售洽谈区。本届农交会将安排筹备工作会议、展区规划会议、设计方案审查会议、开幕活动、中国农业品牌发展论坛、风险管理与农业发展论坛、中国农业绿色发展高层论坛、农民合作社发展论坛、农批市场与农业品牌论坛、全球重要农业文化遗产推介与交流、中国水产品品牌大会、中国大米品牌大会、中国油料品牌大会、中国农垦品牌发布大会、第三届全国农产品地理标志品牌推介会、中国蛋品 E20 峰会暨第二届中国蛋品流通大会、2017 农药行业品牌建设交流会和总结大会等重大活动。

2017 第十八届中国绿色食品博览会

【展会时间】 2017 年 8 月 18~21 日

【展会地点】 内蒙古自治区包头市国际会展中心

【展会主题】 绿色生态、绿色生产、绿色消费

【组织机构】

主办单位:中国绿色食品发展中心、内蒙古自治区农牧业厅、包头市人民政府

承办单位:内蒙古自治区绿色食品发展中心、包头市农牧业局

【展会概况】

绿色食品产业最具权威性和影响力的龙头展会和农业精品展会,由农业部中国绿色食品发展中心主办,是集商业洽谈、品牌展示、合作交流和知识普及为一体的专业展览平台。绿博会自 1990 年开始举办,已先后在北京、上海、天津、广州、昆明、福州、烟台、青岛、西安、长春等城市成功举办。绿博会的举办宗旨是展示成果、促进贸易、推动发展。中国绿色食品博览会是国内绿色食品产业专业性最强、规模最大、最具权威的绿色食品贸易盛会,目前已成功举办 17 届。

第十八届中国绿色食品博览会将于 2017 年 8 月 18~21 日在内蒙古包头市国际会展中心举办,届时将同期举办"第五届中国·内蒙古绿色农畜产品博览会和第四届中国·包头国际牛羊肉产业大会"。

本届大会以"绿色理念、绿色生产、绿色消费"为主题,以"展示成果、促进贸易、合作交流、推动发展"为宗旨,共有全国 31 个省(自治区、直辖市)以及新疆生产建设兵团、农垦集团、台湾地区展团及国内高等院校和科研院所展团参展,全面促进现代农牧业领域的合作与交流,带动区域经济发展。博览会展区面积 40 000 平方米,设置 2 000 个标准展位及公共区域,同时设置绿色食品生资展区、电商平台展区、"一带一路"相关国家特色产品展区、牛羊肉精深加工新技术新装备展区、草原民族风情特色展区、现代农牧业机械装备展区和吉尼斯世界纪录大火锅展区。博览会期间还将组织中俄蒙美食文化节、现代农牧业供给侧结构性改革高峰论坛、全国绿色食品监管信息发布会、采购商专场和商务推介专场等一系列会议和活动。

第二十四届杨凌农业高新科技成果博览会

【展会时间】　2017年11月5～9日

【展会地点】　陕西省杨凌农业高新技术产业示范区

【组织机构】

主办单位：科学技术部、商务部、农业部、国家林业局、国家知识产权局、中国科学院和陕西省人民政府

【展会主题】　"一带一路"助推农业现代化

【展会概况】

本届展会共策划安排了国际农业合作交流、现代农业发展研讨、国家农业科技园区协同创新战略联盟暨高等学校新农村发展研究院协同创新战略联盟联展、特色现代农业展览展示、涉农品牌标准成果信息系列发布、"三农"服务咨询培训、项目招商与技术交易、评奖选优等八大板块的活动。设置了10个室内外展馆（区）、18.8万平方米展览面积、36个涉农专题展，将组织40多个国家和地区、120多家境内外媒体、500多名国内外记者、2 000多家企业、8 000多个参展项目、10 000多名专业观众、150万名观众参展参会。杨凌农高会自1994年创办以来，始终秉承"服务三农"的办会宗旨，依托杨凌示范区雄厚的农业科教优势，已成功举办23届，累计吸引了70多个国家和地区以及我国30多个省（自治区、直辖市）的上万家涉农单位、2 600多万客商和群众参展参会，参展项目及产品超过15万项，交易总额累计达到7 000多亿元。

领 导 讲 话

- 韩长赋在全国农产品加工业发展和农业品牌创建推进工作会议上的讲话
- 张桃林在 2017 中国香料品牌论坛上的讲话
- 屈冬玉在 2017 中国国际品牌农业发展高峰论坛上的讲话
- 唐华俊在 2017 中国油料品牌论坛上的讲话
- 马爱国在全国绿色食品有机农产品座谈会上的讲话
- 陈晓华在 2017 第六届品牌农商发展大会上的致辞
- 朱保成在 2017 中国国际品牌农业发展高峰论坛上的讲话
- 朱保成在 2017 第六届品牌农商发展大会上的主旨演讲
- 刘平均在 2017 第六届品牌农商发展大会上的演讲
- 唐珂：品牌强农与乡村振兴

韩长赋在全国农产品加工业发展和农业品牌创建推进工作会议上的讲话

（2017 年 4 月 17 日）

同志们：

今天，我们召开农产品加工业发展和农业品牌创建推进工作会议。这两项工作都非常重要，关联度很高，加工业是品牌建设的基础，只有加工业做好了，唱响品牌才有底气；品牌引领和驱动加工业发展，只有品牌做好了，加工业才能做大做强，二者互为一体、互为表里。党中央国务院对此高度重视。习近平总书记强调，要加快发展农产品加工流通业，打造粮食品牌，培育食品品牌，用品牌增强消费者信心。2016 年，国办印发《关于进一步促进农产品加工业发展的意见》和《关于发挥品牌引领作用推动供需结构升级的意见》，明确了今后一个时期农产品加工业发展和农业品牌建设的主攻方向、目标任务和政策措施。2017 年中央 1 号文件提出，要加快发展现代食品产业，引导加工企业集中发展，推进农产品品牌建设。这次会议主要任务是，贯彻落实中央决策部署，分析形势，交流经验，围绕推进农业供给侧结构性改革这一主线，明确新时期推动农产品加工业转型升级和农业品牌创建的发展思路和工作重点，培育农业农村经济发展新动能，为农业提质增效、农民就业增收提供有力支撑，加快农业现代化发展。

今天上午，大家现场考察了 3 个加工企业，举办了中国农业品牌发展论坛，相信各位对农产品加工和品牌建设有了直观和深刻的感受。刚才，河南、甘肃、湖北、黑龙江、山东和广西等 6 个省（自治区）的代表做了发言，介绍了很多好经验好做法，讲得都很好，值得各地学习借鉴。特别是陈润儿省长介绍了河南省以加工业为抓手，把"天下粮仓"打造成了"全国厨房"和"百姓餐桌"，把农业生产大省打造成加工大省、品牌大省的经验做法，让人深受启发。我们选择在这里开会，就是为了更好地学习借鉴河南的实践探索，推动全国掀起农产品加工业发展和农业品牌创建的高潮。下面，我讲三点意见。

一、充分认识发展农产品加工业的重要意义，抓住难得的历史机遇

农产品加工业一头连着农业、农村和农民，一头连着工业、城市和市民，沟通城乡，亦工亦农，门类多、主体多、覆盖面广，是为耕者谋利、为食者造福的产业。经过多年努力，我国农产品加工业有了长足发展。2016 年，规模以上农产品加工企业 8.1 万家，主营业务收入达到 20 万亿元，实现利润总额 1.3 万亿元。农产品加工业正成为农业现代化的支撑力量，农业农村经济的支柱产业，成为国民经济的重要产业和事关国民营养健康的民生产业。但也要看到，当前我国农产品加工业仍然大而不强，与现代农业产业体系建设不相适应，与工业发展转型要求不相适应，与城乡居民不断升级的消费需求不相适应，加快提升农产品加工能力和水平形势紧迫、意义重大。

第一，发展农产品加工业是推进农业供给侧结构性改革的重要抓手。推进农业供给侧结构性改革，是当前和今后一个时期农业农村经济工作的主线。新形势下，我国农业的主要矛盾由总量不足转变为结构性矛盾，突出表现为：产品结构不合理，一般的、大

路货的多，绿色优质的、品牌的少；产业结构失衡，种养加脱节，强筋弱筋小麦、高油大豆、高蛋白玉米等优质专用原料短缺，需要大量进口；区域布局结构错位，北粮南运、南菜北运成为普遍现象，一方面产区与销区距离远，增加了流通成本，另一方面农业生产与水土资源时空分布不匹配，加剧了资源环境压力。发展农产品加工业有助于引导农户根据市场需求，生产适销对路的产品，优化产品结构；有助于以加工需求为牵引，形成"为加工而种、为加工而养"的种养结构，优化产业结构；有助于加工产能向主产区、优势区聚集，优化区域布局。这必将倒逼和带动种养业的转型升级，用改革的、市场的手段增强农业供给活力，提高农业供给体系的质量和效率。

第二，发展农产品加工业是破解农产品卖难滞销、促进农民增收的重要途径。我国农业是千家万户搞生产、千军万马搞流通，面对的却是千变万化的大市场。由于农产品加工业发展滞后，产后储藏、保鲜、包装、分等分级和商品化处理能力不足，大量农产品都是集中上市，容易造成价格下跌、产品卖难，造成很大的浪费，影响农民增收。近年来，大宗农产品价格总体下行，特别是玉米价格降幅较大，东北主产区农民增收形势不容乐观。通过发展加工业，可以延长农产品保质期，实现错峰销售、均衡上市，促进减损增收、提价增收和就业增收，最大限度地释放农业内部的增收潜力。同时，通过发展加工业，还有助于带动资本回乡、人才返乡、科技下乡，激发农村发展活力，推进农民创业，拓宽就业增收渠道，打造农民脱贫致富的新支柱。比如，四川眉州市东坡区大力发展泡菜加工，从一个小小的泡菜园区发展成为泡菜城，带动周边农民发展43万亩原料基地，农村面貌焕然一新。

第三，发展农产品加工业是推进农业现代化、建设农业强国的重要支撑。判断一个国家是不是农业强国，农产品加工业发展水平是一个重要标志。国际农业竞争的实质是产业体系的竞争，加工是农业产业体系中承前启后的核心环节，没有加工的农业永远是产品农业、弱势农业。从国际经验看，现代农业强国无一不是农产品加工强国。美国农业人口只占全国人口的2%，从事加工流通服务等行业的人口却占全国人口的20%，农产品加工转化率超过85%，加工业与农业产值比超过4:1，玉米加工产品多达3 500种，而我国仅有200多种。我国农业产业体系不完善不健全，一产不强、二产不优、三产不活，一二三产衔接不畅。发展农产品加工业，有利于发挥桥梁纽带作用，促进农业产业的前延后伸，带动农业生产性服务业、电子商务、休闲农业、乡村旅游等新产业新业态的发展，促进一二三产业融合，加快构建现代农业产业体系，为实现农业由大到强的转变提供强大引擎。

当前，我国城镇化、工业化快速推进，新消费主体、消费模式不断涌现，现代工业技术不断向农业领域渗透，加快发展农产品加工业面临难得的历史机遇。城镇居民消费需求快速升级，为加工业发展提供了强大动力。过去，每家每户都有七八口人，80%以上自己在家做饭，家家点火、户户炊烟。现在城镇居民家庭规模显著变小，工作生活节奏加快，加之"80后"、"90后"的消费行为发生了很大变化，对方便快捷、营养安全的加工食品需求剧增；城镇化率提高后，消费加工制品的人数增加，人们也能够承受优质绿色加工食品支出的增加，加工业发展的空间越来越广阔。工业化的快速发展，为加工业转型升级提供了有利条件。现代装备、生物和信息技术快速发展，在农产品加工领域得到有效运用，有利于提高加工的智能化、自动化、精细化水平。比如，包子、花卷、饺子、汤圆等，以往只能手工制作，规模小、产量低、成本高，现在随着自动机械装备水平的提高，这些食品都已经实现了工厂化生产、规模化制作，既保持了传统风味，效率也大大提升。农业规模化经营快速发展，为加工业奠定了坚实基础。过去我国农业生产经营以一家一户的小规模为主，经营分散、品种少、标准化程度低，搞不好加工，只能以卖"原字号"为主。近年来，家庭农场、种养大户、合作社、农业企业加快成长，农产品生产的区域化、规模化、标准化、专业化水平不断提升，为加工业发展注入有生力量，为做精做细做深农产品加工提供了有利条件。

总之，当前发展农产品加工业要求紧迫、条件具备、机遇难得，到了必须加快发展的历史阶段。如果说，过去联产承包责任制、乡镇企业和外出务工是我国农业农村经济发展的三大机遇，那么，农产品加工业是新时期我国农业农村经济发展的又一次重大机遇。抓住了，就能推动传统农业向现代农业跨越发展；抓不住，与世界农业强国的差距就会越拉越大，就会拖农业现代化的后腿。我们要像当年抓乡镇企业那样抓加工业，以只争朝夕、时不我待的精神，再创异军突起的辉煌，要有这样的眼光、气魄和劲头。

二、以贯彻国办意见为动力，推动农产品加工业大发展

2016年12月，国办印发《关于进一步促进农产品加工业发展的意见》，对当前和今后一个时期农产品加工业发展做出系统部署，这是时隔14年之后又一份专门针对农产品加工业的重要文件，具有里程碑意义。各级农业部门必须深刻领会、准确把握精神实质，以高度的责任感、使命感和紧迫感，进一步厘清思路、明确目标，突出重点、狠抓落实，全力开创农产品加工业发展新局面。

在发展思路上，要坚持以改革为动力，以市场需求为导向，创新产业发展体制机制，完善扶持政策体系，尊重企业和农民主体地位，共同做大市场"蛋糕"；坚持以增加农民收入为核心，推动产业向中高端迈进，让加工增值收益更多地留在主产区、留给农民；坚持以转变发展方式为引领，推动数量增长向质量提升、要素驱动向创新驱动、分散布局向集群发展转变；坚持以绿色发展为方向，不以破坏环境、浪费资源为代价，强化环境、质量、安全、卫生标准的约束作用，不达标的坚决不能干；坚持以一二三产融合为路径，围绕消费谋加工，围绕加工谋生产，促进加销一体化发展。

在发展目标上，到2020年，加工业与农业产值提高到2.4∶1，加工转化率提高到68%；到2025年，加工转化率达到75%，结构布局进一步优化、自主创新能力显著增强、基本接近发达国家水平。过去，我国农产品加工业发展很快，年均增长率长期超过两位数，但这种快速扩张依靠的是资源要素大量投入，能耗高、效率低、环境污染严重。今后不能再走这种粗放式发展的老路，要在注重速度目标的同时更加强调质量目标，突出发展速度与质量统一，促进农产品加工业持续稳定健康发展，实现四个方面的转型升级。一是产业体系转型升级，发挥加工业接一连三的作用，构建种养加销一体的全产业链全价值链，推进一二三产业融合发展。二是初加工和精深加工转型升级，完善产地初加工体系，加快精深加工技术装备研发推广，实现"应加工、尽加工""宜精深、全精深"。三是农民与加工主体关系转型升级，将原来农民与企业间的买断和订单关系转变成保底收益、按股分红和社会化服务的关系，打造产业利益共同体、命运共同体。四是市场开拓能力和品牌创建转型升级，着力强化科技支撑，加强质量体系建设和文化塑造，创造更多的企业品牌和产品品牌。

在推进过程中，要立足"农"的发展定位，姓农、靠农、为农，带动农业结构调整，带动农民一起致富，带动农村繁荣发展；要突出"企"的发展主体，让企业唱主角、市场做决定，政府主要是建平台、搞服务、优环境；要遵循"融"的发展路径，用加工业促进生产、流通、消费各环节的互联互通。重点做到五个"大力推进"。

一要优化区域布局，大力推进加工业向重点区域聚集发展。当前农产品加工业布局分散，加工产能与主产区、加工与上下游脱节等问题比较突出，要加强规划和政策引导，积极推动加工业向主产区、主销区、"三区三园"（三区：粮食生产功能区、重要农产品生产保护区、特色农产品优势区，三园：现代农业产业园、科技园、创业创新园）和贫困地区发展，促进"四个结合"。加工与产地结合。产地在发展加工业方面具有天然的资源优势和区位优势。在大宗农产品主产区、特色农产品优势区，通过引进专用品种和技术，打造一批标准化原料基地，通过培育和引进加工企业，促进就地就近加工转化。加工与销地结合。销地的市场规模、消费能力以及距离远近，决定了农产品加工业的发展前景。要结合市场消费新需求，在大中城市郊区推介培育一批主食、方便食品、休闲食品和净菜加工等企业。加工与园区结合。现代农业产业园、农民创业园和特色农产品优势区资源要素聚集，为发展农产品加工业提供了很好的平台和载体。依托这些园区，把原料生产、展示销售有机衔接，培育一批前后相连、上下衔接的全产业链产业集群。加工与扶贫结合。发展加工业是贫困地区脱贫摘帽的现实选择和重要途径。要帮助贫困地区积极引进加工企业，支持农户发展原料生产和绿色加工等，通过发展加工产业实现精准脱贫。

二要培育壮大主体，大力推进利益联结机制创新。加工业的发展关键靠主体。要多渠道支持各类主体发展壮大，加强龙头企业培育，鼓励工商资本投资，支持种养大户、家庭农场、合作社等新型农业经营主体发展加工业，让他们与加工业同发展共壮大。通过将政府支持补贴量化到农户，折股到合作社，龙头企业＋规模种养户＋合作社等共同发展模式，农村产业融合支出项目、"百县千乡万村"示范工程等，支持加工企业建设烘干储藏、直供直销等设施，支持他们抱团闯市场，发展电子商务、休闲旅游、科普教育、养生养老等新产业新业态，分享二三产业增值收益。资本下乡不仅不能剥夺农民的财产权益，也不能剥夺农民的发展机会，尤其是加工业、休闲农业和乡村旅游，不能光老板坐地收钱，"富了老板，亏了老乡"。

三要调整产业结构，大力推进农产品加工重点领域加快发展。当前推进加工业发展，要聚焦初加工、主食加工、精深加工三大领域。大力提升初加工整体水平。针对农产品初加工水平低、设施简陋、工艺落后等问题，2012年开始国家实施了产地初加工补助政策，5年来中央财政累计投资达36亿元，共扶持632个县、近5万个农户。2017年开始，产地初加工补助政策整合到农村一二三产业融合发展支出项目中，力度只会加强，不会减弱。下一步，要聚焦主导产业，重点支持优质特色果品、蔬菜等园艺产品生产，对各类农产品贮藏、烘干、包装和分等分级等环节进行补助。大力发展主食加工。日前，农业部下发了《关于深入开展主食加工业提升行动的通知》，各地要按照通知要求，开发多元化主食产品，培育一批示范企业，宣传推介"原料基地＋中央厨房＋餐饮门店"等模式；发展"餐桌"经济，构建从田头到餐桌的全链条供给模式。增强加工的精深程度。精深加工能够延长产业链条，最大限度提升农产品附加值。目前，我国的农产品精深加工水平普遍较低，加工副产物60％以上没有得到综合利用。要依托农产品加工科技创新联盟，组织开展公共关键技术装备研发和推广，打造一批精深加工领军企业。

四要强化科技支撑，大力推进公共关键技术装备攻关。技术装备过度依赖进口，自主创新能力弱，科技人才缺乏，是我国农产品加工业发展的瓶颈制约，必须加快科技创新步伐，在一些公共关键技术装备方面取得突破性进展。强化协同创新，围绕烘干储藏、冷链物流、营养成分提取、副产物综合利用等薄弱环节，完善国家农产品加工业技术研发体系，加快技术装备集成示范，重点建设一批企业研发分中心和中试基地。强化成果转化，开展全国性、区域性和专业性农产品加工科技创新推广活动，搭建信息化科技成果转化平台，完善"产学研推用"体系建设；支持科技人员通过成果入股创办领办加工企业，实现股权分红。强化吸收引进创新，加强国际技术合作与交流，引进一批适合我国加工业发展的设施设备，学习吸收国际先进成果，增强自我创新能力。强化人才培养，开展农产品加工行业人才培训，加快培育一批创新领军人才、创新团队和技能人才。

五要强化组织保障，大力推进政策落实。国办《关于进一步促进农产品加工业发展的意见》提出的一系列政策措施，很有含金量，有些政策还有实质性突破。比如，在财税上，落实增值税抵扣政策和所得税优惠政策，将农民合作社兴办加工流通列入农业担保体系支持范围；在金融上，鼓励银行业金融机构为农产品生产、收购、加工、流通和仓储等各环节提供多元化服务；在用地用电政策上，城乡建设用地要重点支持农产品初加工和加工园区建设，农产品初加工用电执行农业生产用电政策等。这些政策来之不易，各级农业部门要按照国办《关于进一步促进农产品加工业发展的意见》要求，发挥牵头作用，履行规划、指导、管理、服务等职能，积极争取把农产品加工业纳入党委政府重要议事日程，加强与财政、发改、税务、国土等部门的沟通协调，积极推动政策落地生根、开花结果，创造性开展工作。目前，甘肃、河北、辽宁等省已经出台了关于加

快发展农产品加工业的指导意见，尚未出台的省份要加大工作力度，推动意见制定出台，并结合本地实际创设更多务实管用的政策。2017年下半年，我们将联合有关部门开展一次国办《关于进一步促进农产品加工业发展的意见》落实情况督察。

三、大力推进农业品牌创建，全面提升农产品竞争力和市场号召力

农业品牌贯穿农业供给体系全过程，覆盖农业全产业链全价值链，是农业综合竞争力的显著标志。党中央国务院高度重视农业品牌建设，2017年政府工作报告和中央1号文件对推进品牌建设做出明确部署，提出具体要求，这为新时期推动农业品牌工作指明了方向。我们要深刻理解、全面贯彻，加快推进农业品牌创建。

第一，要充分认识加快推进品牌创建的重要意义。当前，我国已进入质量兴农、品牌发展的新时代。经过近40年的高速发展，我国模仿型、排浪式消费阶段基本结束，个性化、多样性消费成为主流，消费者对农产品品种、品质、品牌提出了更高要求。品牌是生产者信誉的凝结，是消费者高端、个性化消费的首选。人们在享受商品物质功能的同时，更多地要求享受商品的文化和精神价值。老百姓的需要，就是我们奋斗的目标。面对新形势新任务，我们必须加快推进农业品牌创建，以品牌提升质量，以品牌引领消费，提高农业供给体系的质量和效率。

品牌是农业竞争力的核心标志。品牌就是信誉，就是信用，就是信任。世界农业强国无一例外都是品牌强国。当前全球农产品市场格局正在发生根本性变化，市场竞争的制胜法宝已不再取决于规模，而是取决于是否拥有高品质和差异化的品牌优势。适应世界农业产业发展潮流，必须加快品牌创建，创造一批又一批优质农产品品牌，推动我国

农业由数量优势向品牌优势转变。

品牌是农业产业体系的重要引领。农业供给侧结构性改革的一个重要任务，就是要构建现代农业产业体系，这不是种养结构简单的调多调少，而是以市场需求为导向，全面改造提升农业产业链各个方面、各个环节。现在看来，品牌是一条红线，牵住这条线，就能带活全局。构建现代农业产业体系，从顶层设计到各个环节部署推动，都要以品牌为重要引领，靠塑强品牌解决无效低端供给和中高端供给不足的问题，靠打响品牌将资源优势转化为产业优势和市场优势。

品牌是提高市场号召力的重要抓手。没有产不出的产品，只有卖不出的商品。2017年，我们"百乡万户"调查组回来后普遍反映，农民不论是搞种植，还是搞养殖，收入都不是很稳定。一个重要原因就是缺乏品牌，产品市场认可度不高。近些年，各地时不时就出现农产品滞销卖难，那些卖不出去的农产品，绝大多数是没有品牌的产品。品牌作为一种无形资产，就是质量，就是市场号召力，可以增强消费者的忠诚度，形成稳定的市场份额。

我相信，未来5～10年，将是中国农业品牌发展壮大的黄金时期，将有越来越多的中国农业品牌闪亮登场，跻身国际舞台，丰富中国百姓和世界人民的餐桌，向世界展示中国农业的发展力量，弘扬中华农耕文化的独特魅力和深厚底蕴。在现代农业品牌化战略时代，我国现代农业发展必将迎来"潮平两岸阔，风正一帆悬"的绚丽篇章。

第二，要明确推进品牌建设的基本思路。农业品牌创建是全局性战略性工作，我们一定要把品牌这杆大旗举起来，推进品牌与种养加紧密结合，以品牌覆盖带动种养加发展，用品牌覆盖农业全产业链条，打造区域品牌、企业品牌、产品品牌"新三品"，促进种养加上水平、农业质量效益全提升。

与优势区相结合，打造区域公用品牌。

农产品区域公用品牌是特色农业的"地域名片"。洛川苹果、五常大米、西湖龙井、辽参等一大批特色鲜明、质量过硬、信誉可靠的农业品牌，为该区域产业发展、农民增收提供了有力支撑。推进区域品牌创建，要立足资源优势，突出产业特点，与特色农产品优势区建设紧密结合起来，把不同区域农产品差异性体现出来，在消费者心中留下深刻印象，培育和扩大消费市场，以品牌为纽带对接产需，实现优势优质、优质优价。

与安全绿色相结合，打造产品品牌。安全、优质、绿色应该成为农业品牌的"身份证"，成为农业品牌最闪亮的名片。创建产品品牌，要立足农业生态环境保护和建设绿色生产体系，将产品安全、资源节约、环境友好贯穿始终，将绿水青山、绿色产品融入品牌价值，把植五谷、饲六畜、渔樵耕读、耕织结合"小而美"的生态特色，打造成富国足民的"金字招牌"。

与原料基地相结合，打造企业品牌。农业既是产品供给行业，也是重要的原料产业行业。农业企业是农产品原料的主要需求方，也是品牌创建的受益方，应该牢固树立品牌意识，积极培育品牌文化，在技术创新、质量管理、市场营销等方面狠下功夫，充分发挥组织化、产业化优势，与原料基地建设紧密结合起来，积极主动创建自己的企业品牌。要通过专用原料基地建设，大力扶持把握市场需求准、创新能力强、经济效益好、带动作用大的企业发展，打造一批参与国际竞争、占领国际市场的"主力部队"。

第三，强化推进农业品牌创建的重点措施。农业品牌创建是一项系统工程，涉及农业生产加工、流通消费各环节，必须统筹设计、稳步推进、久久为功。

要重点在"三区一园"中创建。把品牌建设与粮食生产功能区、重要农产品生产保护区、特色农产品优势区和现代农业产业园建设相结合，逐个产品、逐个产区制定品牌创建规划，不同层级的规划要有机衔接，形成科学体系。要结合规划，整合相关项目资源，打通财政、金融、土地、环保、水利等政策渠道，研究建立激活民间投资的机制，推动资源要素在品牌引领下集聚，形成园区出品牌、品牌带园区的格局。

要抓好标准完善和协同管理。建立科学的标准体系是品牌发展壮大的基础。要建立健全农产品生产标准、加工标准、流通标准和质量安全标准，推进不同标准间衔接配套，形成完整体系。要加强与发改、商务、海关、工商、质检等部门的协同配合，形成创品牌、管品牌的联动机制。要用部门的合力确保标准的权威性，用标准的"卡尺"确保品牌的"含金量"，以标准促品牌，以品牌带产业。

要构建和完善品牌发展机制。建立健全品牌创建激励保护机制，把中央给的政策用足用好，用政策的手段、金融杠杆的撬动和市场的办法，为品牌创建创造良好条件，让品牌真正产生效益，让地方和农业企业有积极性创品牌。建立健全监管机制，完善品牌诚信体系，构建社会监督体系，坚决杜绝套牌和滥用品牌行为，使品牌货真价实，通过给牌子、发补贴，使品牌所有者名利双收。要探索农业品牌目录制度和星级管理制度，使农业品牌能进能出，成为带动农业转型升级的源头活水。

要多种形式提升品牌营销能力。营销是提升品牌传播力和影响力的重要手段。通过举办丰富多彩的农业展会、产销对接会、农产品推介会等，借助大数据、云计算、移动互联等新技术手段，帮助企业拓宽营销渠道，讲好农业品牌故事，塑造品牌良好形象。要以品牌为纽带，把新型经营主体、行业协会和众多中小农户"绑在一根绳上"，共同维护好品牌的声誉，共享品牌的溢价收益。

最后，我再强调一下特色农产品优势区创建工作。为贯彻落实中央1号文件精神，农业部会同中央农办、国家发展和改革委员会、财政部等8部门联合印发了《关于开展特色农产品优势区创建工作的通知》，正式启动特色农产品优势区创建，这是顺应农业发展新趋势，培育发展新动能，提高市场竞争力的重大举措，也是农业供给侧结构性改革的重要抓手，对促进农村产业融合发展，带动传统农业区和贫困地区脱贫致富具有重大意义。这次会议也是特色农产品优势区创建工作的动员会、布置会。对此，我提三点要求：一要抓紧研究部署，加快贯彻落实。九个部委共同出台一个文件不容易，这说明各方面对这件事的认识是一致的，文件思路清晰，目标明确，任务具体，要尽快行动起来。各地要以这次会议为起点，抓紧向省委省政府汇报，抓紧组织工作力量，抓紧制定工作方案，在省级层面争取资源，形成推动落实的工作合力。二要抓紧摸清情况，明确创建目标。特色农产品优势区创建，贵在特色，亮在优势，不要"眉毛胡子一把抓"，不能人为"垒大户""造盆景"，要切实立足当地实际，把本地特色产业的发展情况摸清楚，明确主导品种和区域，先自下而上创，再自上而下认，形成上下紧密衔接互动的工作格局。三要抓紧制定创建标准，实行先建后补。特色农产品优势区创建，要以标准引领，实行高标准严要求。我们给地方充分的自主权，可以县（市、区）为单位，也可以垦区、林区为单位，但要在特色农产品生产加工、仓储、物流、营销等环节，对标国内国际先进水平，以标准化管理和评价，引领特色农产品产业化、规模化、品牌化发展。2017年，我们将邀请专家从各地创建的特优区中认定100个，实行先建后补。

同志们！大力推进农产品加工业发展和农业品牌创建，是一项必须长期抓经常抓的战略性任务，是农业农村创新的领域，也可以说是农业农村的"双创"，必将为农业转型升级、供给侧结构性改革带来新局面。让我们更加紧密地团结在以习近平同志为核心的党中央周围、开拓创新、真抓实干，为农产品加工业强起来、农业品牌亮起来、广大农民富起来，做出新的更大的贡献，以优异成绩迎接党的十九大胜利召开！

张桃林在 2017 中国香料品牌论坛上的讲话

（2017 年 9 月 21 日）

在党的十九大即将胜利召开之际，我们齐聚在北京，召开 2017 中国香料品牌论坛，共商中国香料品牌建设与可持续发展，这是农业部贯彻落实中央加快品牌建设系列决策部署的重要举措。9 月 14 日，中国优质农产品开发服务协会依托中国热带农业科学院，专门成立了香料分会，并召开了成立大会。借此机会，我谨代表农业部对香料分会的成立和此次论坛的召开表示热烈祝贺，向长期以来一直专注于推动香料产业发展的科技人员、企业、新型经营主体等表示衷心感谢！

下面，我就打造中国特色香料品牌讲三点意见。

一、充分认识实施农业品牌战略，培育知名农业品牌的重大意义

农业品牌贯穿农业供给体系全过程，是农业综合竞争力的重要体现，也是推进农业供给侧结构性改革的重要抓手。党中央国务院高度重视农业品牌化发展，把加强品牌建设作为推进农业供给侧结构性改革、促进现代农业发展的重要战略举措。习近平总书记对品牌建设有明确的指示，"品牌是信誉的凝结""要大力培育食品品牌，用品牌保证人们对产品质量的信心""推动中国产品向中国品牌转变"。农业部高度重视农业品牌建设，将 2017 年确定为农业品牌推进年，并会同中央农村工作领导小组办公室、国家发展和改革委员会、财政部等 8 部门联合印发了《关于开展特色农产品优势区创建的通知》，提出了通过打造区域品牌、企业品牌、产品品牌"新三品"，促进种养加上水平、农业质量效益全提升的品牌建设思路，要求从顶层设计、产区建设、展览展示、营销推介、宣传培训等方面采取一系列措施，切实推进和加快农业品牌建设。

二、打造中国特色的香料品牌任重道远

我国是世界香料生产大国，海南、云南、广东、广西、贵州、甘肃、四川等地是优势种植区域，种植面积超过 3 500 万亩，直接从业人口超过 1 000 万人，有的地方香料产业已成为当地的主导产业和农民增收致富的优势产业。但是，我们也要清醒地认识到，我国香料产业发展并不均衡，品牌建设亟待加强。一是科研水平与产业发展不均衡。经过多年持续努力，我国在香料作物资源收集评价、品种选育、高效栽培、病虫害安全防控以及精深加工等方面取得了长足进展，有的还处于国际先进水平。而另一方面，我国虽然有香料生产企业近 600 家，但其中 90% 以上是小型企业，年销售额在亿元以上的企业只有十多家。因此，整体讲，我国香料产品的市场竞争力还比较弱。二是消费水平与品牌发展不均衡。随着国民经济的快速发展和人民生活水平不断提高，消费者的多样化需求带动了香料产业的快速发展，但我国香料品牌成长却相对滞后，能被消费者普遍知晓、市场知名度高的香料品牌寥寥无几。因此，这两个不均衡，严重制约了我国香料产业的发展，阻碍了我国由香料大国向香料强

国迈进的步伐。

三、多措并举，努力打造中国特色的香料品牌

什么是中国特色的香料品牌，我认为就是在中国香料的优势或特色产区，引入科技力量和科技成果，生产安全、优质、绿色的香料原料，通过科企对接，用先进的加工技术将原料加工成优于其他国家或中国独有的香料成品，并形成市场品牌优势。实现这一点，我们需要重点做好以下三方面工作。

一是以问题为导向，继续加强香料科技创新。要系统梳理香料产业发展中的瓶颈技术难题，根据技术短板，整合优势科技资源，在香料主产区开展联合攻关，构建科学高效的香料产业技术研发体系，加快解决香料产业链条上各环节的技术问题，全面提升香料全产业链的科技含量，为品牌打造奠定坚实科技基础。

二是搭建科企对接平台，合力提高企业应用科技成果的能力和水平。打造香料品牌，既需要政府的支持和引导，也需要发挥好行业协会的作用。香料分会的成立，正好可以发挥承上启下的作用，推动科企对接合作，促进香料科技成果快速转化应用。香料分会要找准定位、提高站位、当好桥梁纽带，在推进香料品牌建设中发挥重要作用。

三是以特色农产品优势区创建为契机，努力打造具有中国特色的香料品牌。特色农产品优势区创建工作是培育发展新动能的重大举措，也是推进农业供给侧结构性改革的重要抓手，对促进农村一二三产业融合发展，带动传统农业区和贫困地区脱贫致富具有重大意义。要在市场导向、标准引领、品牌号召、主体作为、地方主抓的原则下，加快创建一批特色鲜明、产业基础好、发展潜力大的香料优势区，培育一批经济效益好、辐射带动强的香料新型经营主体，打造一批香料知名品牌。

屈冬玉在 2017 中国国际品牌农业发展高峰论坛上的讲话

（2017 年 9 月 21 日）

党中央国务院高度重视农业品牌建设。习近平总书记曾强调，品牌的影响力需要积累，创品牌的过程中，既要有高的标准，更要每一步脚踏实地、扎扎实实，一丝不苟抓好各个环节，最后让市场说话，让群众说话！李克强总理强调要"培育精益求精的工匠精神，增品种、提品质、创品牌"，并在 2017 年《政府工作报告》中明确要求，加快推进农产品标准化生产、品牌创建和保护。中央领导同志的重要指示，彰显了农业品牌发展的重要性，为实施农业品牌发展战略提供了重要遵循，我们要真抓实干，奋发有为，在大众创业、万众创新的时代浪潮下，凝心聚力，久久为功，使农业品牌成为中国品牌的一道亮丽风景线。

首届中国国际品牌农业发展高峰论坛，以"创新引领品牌驱动：深推供给侧改革"为主题，招国内外政商和各界精英"品牌论道"，为推动我国农业品牌发展提供思路、探索路径、贡献智慧。在此，我代表农业部及中国国际农产品交易会（简称农交会）组委会，向出席论坛的各位嘉宾表示热烈的欢迎和衷心的感谢！

纵观中国五千年文明史，品牌，特别是

农业品牌，在我国有着悠久的历史。中国农业品牌的文化渊源和国外先进的品牌建设经验，为我们推动农业品牌发展提供了宝贵借鉴。

近年来，我国农业品牌建设热情高涨，政府强力务实推动，社会主体积极参与，一大批特色鲜明、质量过硬、信誉可靠的农业品牌脱颖而出。当前，中国农业发展已进入品牌时代，随着城乡居民收入水平的进一步提高和消费结构的不断升级，品牌农产品的需求将更加旺盛。农村基础设施的完善，城乡流通渠道的畅通，特别是消费观念的转变和供给结构的调整，品牌农产品将更有魅力。这些正促使品牌消费成为大众化、经常性的消费方式。农业品牌将会迎来前所未有的发展机遇，进入蓬勃发展的新阶段。

当然，我国农业品牌建设方面还存在一些不容忽视的问题：部分政府部门和企业缺乏品牌发展的战略思维、行动上有急功近利的倾向、品牌主体实力不强等，具有较强影响力的自主品牌还比较少，农业品牌建设任重道远。韩长赋部长在郑州全国农业品牌推进会上指出，"农业品牌创建是全局性战略工作，我们一定要把品牌这杆大旗扛起来，用品牌覆盖农业全产业链条，打造区域品牌、企业品牌和产品品牌的'新三品'。"为此，我在这里提出以下五点主张：

一是坚持以"消费者"为中心的发展理念。消费者是品牌产品的需求者，是品牌发展的决定者。满足消费者的追求和赢得消费者的满意，让消费者对农产品生态、安全、营养、健康和文化的要求得以实现，是农业品牌建设的立场、前提和目的。我们要始终贯穿消费者至上，消费者为要的价值导向，将其作为品牌建设的"指挥棒"和"指南针"，尊重消费者，关心消费者，倾听消费者，创造新供给，激活有效需求，把消费者为中心的发展理念熔铸于农业品牌建设中，让消费者获得更多幸福和享受。

二是坚持以"优势特色"为基础的发展定位。我国幅员辽阔，物产丰富，历史悠久，有着壮美秀丽的自然风光、光辉灿烂的传统文化、特色鲜明的农产品，打造农业品牌的优势和潜力巨大。发展农业品牌应立足区域资源禀赋和产业基础，挖掘和发挥农产品自身蕴藏的经济、社会、文化、生态价值，将区位优势和市场优势紧密结合，探求差别化、复合化的品牌发展路径，实现差异竞争、错位发展，突显品牌产品和品牌文化的比较优势，做到"人无我有、人有我优、人优我特"，培育一批"中国第一、世界有名"的农业品牌。

三是坚持以"兴业富民"为目标的发展方向。兴业富民是创建农业品牌的基础，打造农业品牌的根基，发展农业品牌的目的。加强农业品牌建设，必须发挥品牌引领产业发展的作用，用品牌覆盖农业产业全链条，带动传统种养业转型升级，积极拓展农业的多种功能，促进产业多样化、个性化发展，延长产业链，提升价值链；加强农业品牌利益联结机制建设，用品牌将企业、新型经营主体、行业协会和广大农户"绑在一根绳上"，让农民有获得感，共享品牌溢价，提升品牌发展力和竞争力。

四是坚持以"百年老店"为导向的发展方式。"百年老店"是品牌永续传承的必要条件、"工匠精神"长久体现和产业发展的重要标志。历史上，我国出现了上海老城隍庙、山西东湖老陈醋、湖南九芝堂等一批耳熟能详、口口相传的知名农业品牌并流传至今，承载着中国工匠、中国企业追求卓越的创造精神、精益求精的品质精神、用户至上的服务精神。当前，我们既要沿袭前人的恒心、智慧和情怀，又要立足当前社会、经济和文化实际，勇于探索创新，专注产品品质，注重品牌塑造，加强技术研发、产业升级和流通渠道建设，使品牌农产品成为现代农业发展的一个标志、中国制造的一个符号，成为发展农业、造福农村、富裕农民的务实举措。

五是坚持以"文化传承"为内涵的发展特色。中华文化源自农耕，根在农耕，本在农耕。农耕文化因其鲜明的地域性和民族的多元性，在博大精深的中华文化中占据核心位置，唯有浸润和涵养了农耕文化的农业品牌，才能展现蓬勃的生命力。加强农业品牌建设，必须立足地方和民族的历史地理、乡土文化、节庆文化和饮食文化，积极促进农业产业发展与重要文化遗产、民间技艺、乡风民俗等融合，灵活运用传统工艺、创意设计、民事体验和新闻媒体等多种方式，讲好品牌故事，勾勒品牌印象，让消费者爱不释手、流连忘返。

最后，借用韩长赋部长的一句话，"走在品牌路上，农业大有希望"。

唐华俊在2017中国油料品牌论坛上的讲话

（2017年9月22日）

党中央国务院高度重视食品质量安全和农产品品牌创建工作。2016年，国务院办公厅专门印发了《关于发挥品牌引领作用推动供需结构升级的意见》。对增加优质农产品供给，提高农产品质量，打造农产品品牌做出了重要部署。2017年，中央1号文件提出要加快发展现代食品产业，推进农产品品牌建设。

开展国产食用植物油品牌创建，是推进油料产业供给侧结构改革，促进国产食用植物油发展的一件大事情，也是增进全民营养、促进全面小康的重要抓手。

我国是食用植物油消费大国，2 000多年的食用植物油文化传承造就了中国餐饮文化。近年来，我国油料加工业取得长足发展，2015年我国油料处理能力达到1.56亿吨，年精炼能力为4 900万吨，食用植物油产量达2 682万吨，成为现阶段国民经济中重要产业之一。但随着油料产品的全球发展，我国油料产业发展也面临着严峻的挑战。一是原料供给不足，单产和效益低。据统计，2016、2017年度我国植物油消费达3 568万吨，国产油脂仅占1 100万吨，自给率30.8%。二是居民消费不合理。每年人均消费高达24千克，是中国营养学会推荐值的3倍。三是油脂加工业产能过剩。企业效益低，成长慢，国际竞争力弱。四是品牌建设滞后。产品同质化竞争多，知名品牌少，溢价能力低。品牌建设已成为制约我国油料产业发展的一个短板。品牌化发展是推进我国油料产业供给侧结构性改革的重要方向。

习近平总书记2017年5月26日在中国农业科学院院庆之际发来贺信，充分肯定中国农业科学院建院60周年以来取得的成绩和成就，并要求中国农业科学院（以下简称农科院）面向世界农业科技前沿、面向国家重大需求、面向现代农业建设主战场，加快建设世界一流学科和一流科研院所，为实现"两个一百年"奋斗目标、实现中华民族伟大复兴的中国梦做出新的更大的贡献。这为我们的科技创新指明了方向。油料育种等一直是农科院科研的重点，机构设置上有油料作物研究所在武汉，还有作物科学研究所、农产品加工研究所、农业质量标准与检测技术研究所等专业团队。在研究对象上既有油菜、大豆，还有芝麻、花生等主要油料作物品种。在研究领域涵盖了基础研究、应用研究和技术推广等全领域。经过60年努力取得了一大批重大科技成果，完成了中国油菜品种由白菜型向橄榄型物种递进，由中低产向高产转变，由单纯注重产量向产量和效益并重的转变，引领和推动了我国油料生产的三次飞跃。

品牌是质量、创新、服务和信誉的凝结，品牌的背后是科技引领、人才支撑和文化底蕴，可以说不仅是企业自身的标志，更是行业精神的一种象征。抓住了品牌，就抓到了产业发展关键。在此，我对油料品牌的发展提几点建议。

一、加强科技引领，切实提升产品的核心竞争力

中国农业科学院将组织专业研究所和专业团队通过科技创新工程，直接推进油料学科前沿研究和原始创新，深入研究具有重要生理作用的功能脂肪酸成分，建立有利于国人健康营养需要的脂肪酸组织标准。利用现代生物选育突破性的油料作物新品种，建立具有国际竞争力的绿色高效的基建化设施，研究低耗高效的产地绿色浓香植物油，推进油料产业提质增效。

二、加强人才支撑，大力推动产学研协同创新

创新驱动实质上是人才驱动。创新竞争实际上是人才竞争。当前，创新型、科技型、管理型人才的结构性不足严重制约着我国油料产业的竞争力提升。中国农业科学院将以 2017 年启动的青年人才工程为契机，全面加强油料学科人才团队建设，加强领军人才培养和稀缺人才引进，完善激励机制。加强大学、优秀企业之间的协同合作，构建信息共享、优势互补、技术互融的新局面。

三、加强文化培育，牢固树立消费者的品牌意识

文化是品牌的灵魂，是企业经营者共同创造，消费者普遍接受的一种理念。独特的中国餐饮文化是中国人精神文化的重要组成部分。吃得好，吃得香，是我们生活、文化的一个重要方面。做好品牌，也包括要进一步挖掘我国丰富的食用油文化遗产，弘扬中国特色的健康油脂文化，培育深入人心的国产食用油品牌，满足消费者的物质需求和精神享受。

马爱国在全国绿色食品有机农产品座谈会上的讲话

(2017 年 3 月 21 日)

同志们：

这次座谈会要贯彻落实中央 1 号文件、全国农业工作会议和全国推进质量兴农工作会议精神，分析形势，部署工作，非常重要。借此机会，我讲三点意见。

一、充分认识做好绿色食品有机农产品工作的重要意义

绿色食品事业自 1990 年启动已走过了 26 年的历程，获得了长足发展，总量规模逐年扩大，市场影响不断增强，示范带动作用日益明显。依托品牌，绿色食品已形成了一个从基地建设、投入品推广，到产品开发、市场营销较为完整的产业体系。全国绿色食品企业已超过 1 万家，产品接近 2.5 万个，基地面积近 2 亿亩，部分产品已占主要农产品总量的 5%～8%。农业系统有机农产品认证自 2003 年启动以来，也保持了稳步健康发展，目前认证企业接近 1 000 家，产品接近 4 000个，继续保持领先地位。

当前，深入推进农业供给侧结构性改革是农业农村工作的主线，大力发展绿色优质农产品是基本方向，摆在了更加突出的位置。作为我国安全优质农产品的主导品牌，绿色食品、有机农产品工作面临新形势、新任务。我们要站在全局的高度，立足当前，着眼长远，充分认识做好绿色食品、有机农产品工作的重要意义。

一是推进农业绿色生产、促进可持续发展的重要举措。绿色既是农业的属性，更是新时期农业发展的新理念。促进农业绿色发展，增强农业可持续发展能力，是农业现代化的基本内涵，也是生态文明建设的必然要求。绿色食品始终注重产地环境保护，倡导减量化生产，科学合理控制农业投入品使用，追求以生态环境质量促产品质量提升的目标，是农业绿色发展的重要载体和有效途径。目前，绿色食品产地环境监测面积已超过 2 亿亩，占全国耕地面积的 10% 左右。据有关专家测算，按照无机氮肥用量减半的要求，"十二五"期间，绿色食品生产平均每年折合减少施用尿素 268 万吨，减少二氧化碳排放约 3 400 万吨，为控制农业面源污染、缓解环境承载压力起到了积极作用。保护农业生态环境，推动农业绿色生产，需要绿色食品、有机农产品继续发挥领跑作用。

二是推进农业标准化战略、促进农产品质量安全水平提升的重要抓手。实践证明，农产品质量安全要"产""管"齐抓，"产出来"是前提，落到产品上就是要突出抓好绿色优质农产品生产，重点是发展"三品一标"。这就需要不断扩大绿色食品、有机农产品的规模总量和市场份额，带动农业标准化生产水平不断提高，从源头上解决"产出来"的问题。目前，农业部已发布 141 项绿色食品标准，整体达到国际先进水平，各地还结合实际，围绕区域优势农产品、特色产品和主导产业，制订并推广了一大批绿色食品生产操作规程。绿色食品已成为国家现代农业示范园、农业标准化示范县、"三园两场"创建指标之一。2016 年，283 个国家现代农业示范区共发展绿色食品企业 4 385 家、产品 11 355 个，年产量 3 973 万吨，已分别占到绿色食品企业、产品总数、总产量的 44%、47.1% 和 39.5%。

三是推进农业品牌化战略、促进消费转型升级的重要力量。2016 年，我国人均 GDP 已达 8 100 美元，据预测，2027 年将达到 1.29 万美元，跨过 1.25 万美元的高收入门槛。城乡人民收入水平的不断提高，高层次、多元化、个性化消费需求增加，必然要求扩大优质品牌农产品生产。经过多年的深耕和积淀，绿色食品品牌的公信力得到了高度认可，已呈现出生产消费良性互动、线上线下销售两旺的态势。这几年在各地举办的农产品交易会、博览会和展销会上，绿色食品、有机农产品企业纷纷"唱主角"，备受经销商和消费者的青睐，展示出了广阔的发展空间和市场前景，我们要准确把握消费预期，瞄准中高端市场，深入推进品牌化战略，使绿色食品、有机农产品成为绿色优质农产品供给的"主力军"，引领消费市场的"风向标"，促进消费转型升级。

四是推进农业提质增效、促进农民持续增收的重要途径。绿色食品、有机农产品推行标准化生产、品牌化引领、产业化经营的综合发展模式，有利于配置优质资源，提升农业新型经营主体素质，延长农业产业链，促进农业提质增效。目前，发展绿色食品、有机农产品的国家级和省级农业产业化龙头企业已超过 1 500 家，约占总数的 30%。同时一大批农民专业合作社示范社也加入了发展绿色食品、有机农产品的行列。据市场调查，绿色食品比普通农产品价格平均高出 10%～30%，有机农产品高出 50% 以上。借助品牌的社会影响力和市场竞争力，广大农户不同程度实现了增收。特别是在生态环境优良的贫困地区，发展绿色食品、有机农产品生产已成为农民脱贫致富的一条捷径，2016 年国家级贫困县有 606 家企业、1 479 个产品获得绿色食品、有机农产品证书，分别占全年发证总数的 12.4% 和 11.6%。

二、进一步明确绿色食品有机农产品工作的新要求

近年来，党中央、国务院高度重视"三品一标"工作，今年中央 1 号文件明确提出，要支持新型农业经营主体申请"三品一标"认证，强调要加快提升绿色、有机农产品认证的权威性和影响力。我们要深刻理解文件精神，认真贯彻落实，在新形势下把握品牌发展规律，找准工作着力点。

经过多年来的发展，绿色食品、有机农产品已具备了一定的总量规模和良好基础，已成为农业系统主导的公共品牌，农产品质量安全工作的重要组成部分，农产品质量安全水平提升的一个"标杆"。当前，面临前所未有的内外部环境，我们要站在新的历史起点上，紧紧围绕加快提升认证的权威性和影响力的总要求，改革创新，稳中求进，确保绿色食品、有机农产品持续健康发展。

（一）坚守定位、保持特色。优质、安全、环保是绿色食品的产品定位，满足中高端市场需求、参与国际市场竞争是绿色食品的市场定位，促进农业可持续发展、农产品质量安全水平提升、农业品牌战略实施是绿色食品的工作定位。只有明确和坚守这个定位，才能把根扎深，把基础打牢，才能充分体现事业的理念和价值。"从土地到餐桌"全程标准化生产模式，既适合国情又接轨国际先进水平的标准体系，质量审查与标志管理相结合的运作模式，依托品牌构建产业发展体系，这些都是绿色食品的鲜明特色，只有保持这些特色，才能维护我们的权威性和影响力。有机农产品要坚持生态循环理念，遵循国际通行做法，发挥农业系统的优势，因地制宜推动发展，满足特定人群消费需求，

服务出口贸易。

（二）练好内功、打造精品。绿色食品、有机农产品在全社会、国内外已经具有较高知名度，品牌具有较高的"含金量"，要保持好的声誉和口碑，必须做到标准科学先进，产品质量过硬，市场竞争力强；必须保证行业诚信自律，市场秩序规范，维护品牌的良好形象，真正成为消费时尚；必须让广大消费者获得真实满意的消费体验，愿意花钱"埋单"，从而使广大企业和农户通过发展绿色食品、有机农产品赚钱，有实实在在的获得感。

（三）做大产业，做强品牌。要清醒地认识到绿色食品、有机农产品工作存在的"短板"，产业发展质量还有待进一步提升，风险管控能力有待进一步增强，品牌影响力需要进一步提高，优质优价的市场效益还需要进一步体现。我们要聚焦问题，围绕既定的方向和目标，持续发力。绿色食品要继续稳步扩大总量规模，不断优化产业结构，逐步提高市场占有率；要依托品牌，打造原料标准化生产基地、绿色食品生产资料、专业营销、示范园区建设于一体的绿色食品"全产业链"，实现一二三产业融合发展。有机农产品要在巩固竞争优势的基础上，继续挖掘环境和资源潜力，适度加快发展步伐，在国内保持领先地位的同时，在国际上也要占有一席之地。

（四）示范带动，发挥作用。绿色食品、有机农产品根植于"三农"工作，只有全方位服务于国家发展战略，深度融入到农业农村经济发展的主流工作之中，才能有用武之地，发挥不可取代的作用。近年来，围绕绿色发展，国家及有关部门出台的一系列规划、意见和政策，都与我们的工作有关联度。农业部提出的"一控两减三基本"目标，组织开展的现代农业示范区、农产品质量安全县、农业标准化示范县以及"三园两场""五区一园"项目建设等，都将绿色食品、有机农产

品工作纳入其中。要充分利用好这些条件和平台，顺势而为，因势利导，主动入位，进一步发挥绿色食品、有机农产品在推进农业绿色化、标准化、产业化、品牌化中的示范引领、辐射带动作用。

三、努力开创绿色食品有机农产品工作的新局面

发展绿色食品、有机农产品是一项长期任务。农业部刚刚发布的《"十三五"全国农产品质量安全提升规划（2016—2020年）》，明确了"三品一标"工作的目标任务和保障措施；今年的《全国农产品质量安全监管工作要点》，对"三品一标"工作进行了具体部署。在不久前召开的"全国推进质量兴农工作部署会"上，陈晓华副部长对"三品一标"工作提出了明确要求。以上概括起来，就是要以中央1号文件精神为指导，突出深入推进农业供给侧结构性改革这条主线，围绕促进农业标准化和品牌化两大战略实施，推动绿色食品、有机农产品健康发展，不断增加绿色优质农产品供给。为此，我们要把工作的着力点放在以下几个方面：

一要从严把关，确保质量。作为政府主导的公共品牌，绿色食品、有机农产品如果出现问题，社会关注度会更高，也更容易被媒体炒作，我们一定要守住底线，慎之又慎。要严格按照韩长赋部长提出的"稍有不合，坚决不批，发现问题，坚决出局"的要求，坚持"用标准说话"，层层传导责任，强化全程管控，推动关口前移，科学防控风险。要在做好自身跟踪检查的同时，将绿色食品、有机农产品质量抽检纳入各地例行监测、执法抽查、风险评估监测范围，主动及时发布权威的监管信息。要加快推进"三品一标"质量追溯工作，明确主体责任，提高透明度。依法坚决打击标志侵权、假冒、不规范用标等现象和行为，维护良好市场秩序。

二要加大宣传，促进贸易。要全面加大绿色食品、有机农产品营销和宣传力度，通过中国国际农产品交易会、中国绿色食品博览会和名优特农产品博览会等展示展览活动，支持实体营销渠道和电子商务平台建设等途径，搭建绿色食品、有机农产品公共贸易和宣传展示平台。要通过开展国际交流与合作、组织获证企业、产品境外参展等方式，拓宽对外贸易渠道，扩大品牌的国际影响力和竞争力。下个月，农业部将召开"全国农业品牌推进大会"，我们要利用好这个平台，搞好"三品一标"整体品牌展示宣传，办好绿色食品、有机农产品品牌论坛。要通过主流媒体、教学和科研机构，强化消费引导、科普解读、生产指导和知识培训。总之，要通过多种形式和手段，激活市场、搞活流通、促进消费、拉动生产。

三要改革创新，增强动力。要本着科学严谨的态度，对在标准体系、认证程序、监管制度上还存在的不完善、不合理、不适应的地方，要抓紧提出解决方案。对制约事业持续健康发展的深层次问题，要认真谋划，抓紧研究提出对策措施。要将绿色食品、有机农产品工作与当前各类农业生产示范性创建工作有机结合，把终端产品通过"三品一标"认定作为项目验收考核的重要指标。要主动加强与行政主管部门的沟通协调，在产业融合发展、精准扶贫、农产品质量县创建等重点领域，整合资源，形成合力。2016年年底，财政部、农业部联合印发了《建立以绿色生态为导向的农业补贴制度改革方案》，明确提出以绿色生态为导向完善农业补贴政策，各地要结合实际，主动开展工作，为绿色食品、有机农产品生产经营主体积极争取政策支持。

四要加强建设，巩固体系。目前，全国50%以上的市县、80%以上的地市州设立绿色食品工作机构，体系队伍已发展到6 000多人，这是推动绿色食品、有机农产

品发展的重要力量，也是农产品质量安全监管工作的支撑力量。要按照"体系健全、业务精通、管理规范、运转高效"的要求，从农产品质量安全监管工作整体来统筹考虑，巩固好这个体系、建设好这支队伍。要切实加强作风建设，强化服务意识，增强事业心和责任感，为事业发展持续提供有力的保障。

同志们，在刚刚召开的全国"两会"上，习近平总书记在参加四川省代表团审议时指出要"加强绿色、有机、无公害农产品供给"，令人振奋。我们要认真贯彻落实习近平总书记的要求，把握机遇，锐意进取、勇于担当，撸起袖子加油干，推动绿色食品、有机农产品发展迈上新台阶，以优异的成绩迎接党的十九大胜利召开。

谢谢大家！

陈晓华在 2017 第六届品牌农商发展大会上的致辞

（2017 年 6 月 24 日）

各位来宾、同志们：

大家好！

很高兴参加今天的品牌农商大会。本次大会聚焦农业品牌，为广大的农业管理部门、专家学者、产业主体和服务机构搭建了一个很好的交流平台。在此，我代表农业部，对大会的召开表示祝贺，对长期以来关注、支持和推动农业品牌发展的各界人士表示感谢！

农业品牌是农业竞争力的核心标志，是农业产业体系的重要引领，是提高市场影响力的重要抓手。做好农业品牌工作，对于深入推进农业供给侧结构性改革、实现农业提档升级、解决农产品卖难、促进农业增效和农民增收具有重要意义。我国农业要实现从中国产品向中国品牌的转变，就必须顺应农业品牌化发展的大趋势。

党中央、国务院高度重视农业品牌建设工作，相继出台了一系列政策意见。今年的中央 1 号文件和政府工作报告中，均对推进农业品牌建设做出明确部署，提出具体要求，为新时期推动农业品牌工作指明了方向。国务院从今年起，将每年的 5 月 10 日设立为"中国品牌日"，这对我们农业品牌人来说，是一个巨大的鼓舞。

农业部始终将农业品牌建设作为农业农村经济发展的一项重要任务。近年来，积极推进标准化生产，认证登记"三品一标"品牌农产品 10.8 万余个，开展了茶叶、大米、苹果、水产品等行业品牌的评选推荐，通过中国国际农产品交易会、中国绿色食品博览会等展览展销活动，为生产者和消费者搭建品牌宣传推介平台。尤其是今年，农业部将 2017 年确定为农业品牌推进年，从顶层设计、产区建设、展览展示、营销推介、培训宣传等方面推出了一系列措施，切实加快农业品牌建设。前段时间，部里召开了品牌大会，下一步还将开展特色优质区建设等工作。目前，全国范围内已掀起了研究农业品牌、打造农业品牌的热潮。可以说，品牌农业发展正进入一个黄金期。

农业品牌创建是一项系统工程，在推进过程中，要坚持质量为先、企业主体、市场运作、政府推动的原则，激发全社会参与农业品牌建设的积极性和创造性，全面加强农业品牌的培育、管理、保护和传播，打造好区域品牌、企业品牌和产品品牌，推动我国农业由数量优势、资源优势向产业优势、市场优势和品牌优势转变。

一要抓好质量。质量是品牌的生命和基石。要把抓品牌的注意力放在提高产品质量上，牢固树立农业品牌根本在质量的理念，把"质量第一"贯穿农业品牌创建全过程，实现品牌战略与质量战略协同发展。要树立精品意识，发挥工匠精神，打造过硬的产品质量，让安全优质成为农业品牌的标志和名片，把增加绿色优质农产品供给放在更加突出的位置，将产品安全、资源节约、环境友好融入品牌价值。

二要抓好产业。品牌农产品首先是生产出来的。要加大扶持力度，激发主体活力，在技术创新、品质管控、推广营销等方面下大功夫。引导新型生产经营主体发展"三品一标"等品牌农产品，发挥组织化、产业化优势。建立科学的标准体系，通过标准化促进品牌化，通过品牌化带动产业升级、融合发展。

三要抓好市场。品牌要更多地让市场来说话，让消费者来选择。要充分依靠市场手段来动员要素，以市场需求为导向，创造一批又一批具有较高知名度、美誉度和较强市场竞争力的农业品牌，实现产需对接、优质优价，满足公众日益增长的个性化、多样化消费需求。

四要抓好监管服务。政府部门的责任在于为品牌发展创造公平的环境。要建立健全农业品牌监管机制，保护知识产权，打击假冒伪劣。加快构建社会监督体系，加强行业自律，维护良性市场秩序。强化信息化管理水平，完善诚信体系，实现责任主体全程可追溯。要坚决防止出现"砸牌子"的情况，提高农业品牌的"含金量"。

同志们，当前我国已进入质量兴农、品牌发展的新时期，希望大家携起手来，加快推进农业品牌创建，以品牌提升质量，以品牌引领消费，以品牌促进现代农业发展再上新台阶。

最后，预祝本次大会圆满成功。

朱保成在 2017 中国国际品牌农业发展高峰论坛上的讲话

（2017 年 9 月 21 日）

多年来，中国政府和有关方面高度重视品牌建设，为此做出了一系列努力。习近平总书记多次就品牌建设做出重要指示，多次强调农业品牌建设的重大意义，为农业品牌建设指明了方向。今年 9 月 5 日，中共中央、国务院印发《关于开展质量提升行动的指导意见》，在以往行动的基础上，对进一步加强品牌建设做出部署。国务院批准从今年开始，将每年的 5 月 10 日设立为"中国品牌日"，使"中国品牌"有了自己的节日。今年的中央 1 号文件提出"推进区域农产品公用品牌建设，支持地方以优势企业和行业协会为依托打造区域特色品牌，引入现代要素改造提升传统名优品牌"，明确了农业品牌建设的基本方略和路径安排。农业部将今年确定为农业品牌推进年，为农业品牌建设创造了良好的外部环境。

近年来，中国优质农产品开发服务协会（以下简称优农协会）认真学习贯彻党中央"三农"工作决策部署和习近平总书记系列重要讲话精神，紧紧围绕农业部中心工作，立足行业特点和协会特色，以"主攻流通、主打品牌"为主线,在农业品牌建设上做出了积极的努力。加快实施农业品牌战略是推进农业现代化的内在要求,是农业供给侧结构性改革的重要抓手,是做强农业优势特色产业的主要路径和方向,是世界农业强国赢得农业国际竞争优势的通行做法。优农协会将保持准确的行业定位和锲而不舍的工作定力,不遗余力地推动农业品牌建设。在这里,我代表优农协会做出承诺,并向全国农业行业协会发出倡议如下:

一、把好定位,把推进品牌建设作为贯彻新发展理念、推动农业供给侧结构性改革的重要抓手

贯彻落实新发展理念和推进农业供给侧结构性改革,需要以品牌农业的发展来提升中国农业发展的质量、效益和竞争力;需要从我国农业主要矛盾已由总量不足转变为结构性矛盾的实际出发,全面适应市场对农产品发展的要求;需要深刻认识农业发展的阶段性特征,找准定位,提高站位,在推进农业品牌建设中发挥独特作用。这就要求我们紧紧围绕农业品牌建设考虑设计思路,明确工作重点,制订具体方案,采取有效措施,抓好组织实施,以品牌建设引领带动其他工作。

二、当好桥梁,在行业管理和市场调节中主动担当

随着政府职能加速转变,更多社会性、公益性、服务性公共管理职能将交给社团组织。农业行业社团组织在推进品牌建设的政策研究、技术推广、标准制定、行业自律等方面将发挥更大作用。在深化改革的市场环境下,大生产、大市场、大流通、大品牌的现代农业格局正加快形成,推动农业品牌建设摆上更高的战略层面,是行业协会义不容辞的责任。要通过深入调查研究,完善农业品牌发展的思想和理论体系,明晰引导农业品牌建设的政策及制度

安排。以我国深厚的农耕文明为背景,以丰富的特色农业资源及产品为基础,把标准化、现代营销、科技支撑、金融支持等与品牌建设紧密结合起来,加快推进我国现代农业品牌化发展。

三、讲好故事,树立农业品牌良好形象

"酒香也怕巷子深"。农业品牌的成功打造离不开品牌文化的成功塑造,离不开有效的宣传推介。我们要注重挖掘品牌文化内涵,根据农产品品牌的历史、地理、传统、风俗等人文和自然特征,寻找品牌传统文化与现代文化的结合点,实现农产品与消费者之间积极的情感沟通,利用网络、广电、报刊、图书等多种媒体全方位展示品牌形象。要加大品牌产品的展销力度,引导全国重要批发市场搭建品牌农产品展览展销中心,提高农业品牌知名度。要支持鼓励有实力的龙头企业走出去,拓展展销窗口和渠道,讲好中国农业品牌故事,树立中国农产品良好国际形象。

四、搞好管理,不断提升服务品牌农业发展的水平和能力

作为与品牌农业发展有关的协会,要牢固树立促进品牌建设是本职的意识,通过管理和服务活动,使品牌建设有力、有序、有效开展。要主动靠前,服务市场主体,企业和行业在品牌建设中需要什么,我们就做好什么。既要发挥好政府决策的参谋助手作用,也要强化品牌农业发展的战略研究。要抓住品牌农业发展的机遇,着力攻克品牌农业发展难题,以拟定标准、搭建平台、促进流通、强化宣传为重点,不断强化服务工作,提高服务品牌农业发展的能力和水平。要及时总结提炼各地品牌建设的好做法、新典型,借鉴国际品牌农业发展的经验,推进我国品牌农业发展,不断提高协会的功能,增强其生命力、竞争力和影响力。

朱保成在 2017 第六届品牌农商发展大会上的主旨演讲

（2017 年 6 月 24 日）

初夏时节，我们相聚在一起，举行第六届品牌农商发展大会。在此，我谨代表大会主办方，向 5 年多来携手同行的老朋友、不断加入的新朋友表示热烈欢迎，向长期关注与支持中国优质农产品发展的各位领导和来宾表示诚挚谢意！

本届品牌农商发展大会的主题是"新模式、新消费、新业态"。刚才，中央农村工作领导小组办公室主任、中央财经领导小组办公室副主任韩俊进一步深刻阐述了深入推进农业供给侧结构性改革，加快培育农业农村发展新动能的重大意义和实现路径。农业部党组成员、副部长陈晓华强调在加快推进农业品牌创建中，以品牌提升质量，以品牌引领消费，以品牌促进现代农业发展。这些都是品牌农商发展大会的主题指引。

这 5 年，我们一起见证了中国品牌快速发展的黄金期，这突出表现在三个方面：一是发展方向更加明确。习近平总书记指出，要"推动中国制造向中国创造转变、中国速度向中国质量转变、中国产品向中国品牌转变"，并强调要大力培育食品品牌，用品牌保证人们对产品质量的信心。这"三个转变"为我国在新形势下品牌强国、提高经济发展质量和效益提供了基本遵循和科学路径。国务院批准从今年开始将 5 月 10 日确定为"中国品牌日"，这展示了推进品牌发展的坚定决心，标志着品牌建设进入全面发展新时代。二是发展行动更加有力。农业部把 2017 年确立为农业品牌推进年，通过举办农业品牌创建推进大会及中国国际茶叶博览会等一系列活动推进农业品牌发展。各类农业生产经营主体的品牌意识明显增强，农业品牌群体不断扩大，农业品牌质量逐步提升，农业品牌影响力日益彰显，丰富多彩的品牌营销活动正如火如荼展开，成为促进农业增效、农民增收和带动产业扶贫、消费升级的有力助推。三是发展平台更加丰富。这几年，中国优质农产品开发服务协会、中国农产品市场协会等与各位一道，为我国农业的品牌化"鼓与呼"。从率先建议实施农业品牌战略，到推动设立"中国品牌日"；从开展最具影响力农产品区域公用品牌调查发布，到构建国家农业品牌价值评价体系；从创办《优质农产品》杂志、《农民日报·品牌农业周刊》，到利用互联网传播农业品牌故事；从"强农兴邦中国梦·品牌农业中国行"深入各地，到设立13个专业分会，促进农业科技成果转化；从组团参加国际知名展会，推动农业走出去，到牵头创立"国际农业协会联盟"和设立国际贸易分会，参与"一带一路"建设；从支持市县举办特色优质农产品展会，到构建信任平台和 VR 系统，发展农产品电子商务；从设立农业品牌发展扶持基金，到支持会员单位成立农业品牌产业发展基金，推动金融创新等。一个个活动、一件件实事，为促进农业品牌发展，创建了诸多新载体，提供了发展新机遇。

当前，我国农业农村发展已进入新的历史阶段，推进农业供给侧结构性改革，培育农业农村发展新动能，提高农业综合效益和竞争力，是当前和今后一个时期"三农"工作的主线。今年的中央 1 号文件指出，必须顺应新形势新要求，坚持问题导向，调整工作重心；推进农产品区域公用品牌建设，支持地方以龙头企业和行业协会为依托打造区域性特色品牌，引入现代要素改造提升传统名优品牌。因此，在这样一个关键历史节点，大力推进农业品牌化对于推动我国农业发展跃上新水平具有特殊意义。

我们必须认识到，品牌化是农业生产导向转变为消费导向的必然要求。农业供给侧结构性改革要求以市场需求为导向，提高供给体系的质量和效率。农业由生产导向转变为消费导向是题中应有之义。经济发展新常态下，模仿型、排浪式消费阶段基本结束，个性化、多样化消费渐成主流。加之互联网普及及电子商务快速发展，消费者对品质、健康、服务的需求与日俱增。因此，农产品的生产经营决策不能忽视消费需求，现在要比以往任何时候都更加注重满足消费者的多样化多层次需求。

我们必须认识到，品牌化是区域特色资源优势转变为市场竞争优势的必然要求。特色农业资源不仅是大自然的造化，更是珍贵的历史遗产，蕴藏着巨大的经济、社会和文化价值。但现状表明，这些资源优势还远没有转化为产品优势，进而转化为市场优势、品牌价值。差异化正是品牌建设的核心要义，品牌的生命在于"不同"。特色优势通过品牌化建立或强化消费认知，从而让消费者感到"物超所值"，实现市场溢价。尤其是欠发达地区，往往蕴涵着独特的资源禀赋，如何打好特色牌、生态牌，实现差异化竞争、错位发展，往往就是寻求市场优势的一把金钥匙。

我们必须认识到，品牌化是激发农业生产经营主体内生动力的必然要求。现代农业发展离不开各类新型农业生产经营主体，而新型主体必须学会面向市场需求。加强品牌建设顺应消费升级趋势，能够有效增强消费在农业发展中的拉动作用。树立品牌意识和加强品牌建设能够促使农业经营主体更加专注于提高农产品品质，提高品牌的含金量，拓展品牌的发展空间；也有利于淘汰低端过剩产能，减少"大路货"，增加高端农产品供给，提升农业发展质量，进而提振国内农产品消费信心，增强农业发展内生动力。

我们必须认识到，品牌化是延长农业产业链、提升价值链的必然要求。推进农业供给侧结构性改革的一个核心任务是理顺政府与市场的关系，激活市场，激活要素，激活主体。品牌建设不仅塑造一个产品或企业，而是消费者意识在农业生产经营环节的强力介入与表达，或者说把农产品的最终价值体现贯穿在了农业产业链的全过程。品牌建设绝不只是简单的市场营销手段，我们应该特别注重在供需结构动态升级过程中来看待和挖掘品牌的引领作用，在整个产业链中理解和把握品牌价值的累积和传导。

当前，经济发展新常态及农业供给侧结构性改革对我国的品牌建设提出了新的更高要求，传统的品牌战略已经表现出明显的不适应，产销不衔接、优质不优价等农业供给侧结构性矛盾突出，少数地区甚至出现了不在产业发展基础、产品质量上下功夫，而在品牌建设上务虚功的现象，这迫切要求我们准确把握形势发展变化，紧紧围绕市场需求和当地实际，坚持新发展理念，加强统筹协调，强化政策扶持，创新机制，务实打造一批在国内市场上站得住、叫得响，在国际市场上受欢迎、有竞争力的中国农业品牌。当前要着力推进以下几个方面：

一是注重文化嫁接，提高农业品牌软实力。实践表明，任何一个成功的品牌中都蕴藏着强大的文化基因，农业品牌更是如此。在中华民族悠久的农耕文明进程中，浸染和积淀了大量为全国甚至世界人民认同的优秀农业文化，这些应该成为我国农业品牌建设的强大文化基因。在发展农业品牌过程中，不仅要注重农产品的品质与服务，也必须同样重视与农业文化的有机结合，讲好农耕故事，丰富品牌内涵，使农业品牌从一开始就"有文化、有底蕴、有魅力"，并使之成为农业品牌的独特软实力。

二是注重科技创新，提高农业品牌竞争力。农业品牌凝结着品质与安全的承诺，其背后实质是品种培育、生产标准、精深加工、经营管理等诸多要素的有机集成。有技术支撑的品牌才更有能力转化为市场竞争优势，才能够最大限度挖掘市场价值，技术优势往往是许多企业强化品牌建设的基本底气和独门绝技。只有具备技术优势，品牌建设才能耕得深、行得远。当前，我国优质农产品总量偏低，"三品一标"产品占整个农产品的比重不到 20%，加之假冒伪劣农产品充斥市场，这与全面建成小康社会的要求是有差距的。其中一个重要因素就是科技创新动力不足，并体现在农业产业链的各个环节各个方面。因此，农业品牌要有竞争力，必须把科技创新放到更加重要的位置加以推动。

三是注重模式创新，提高农业品牌创造力。现代农业的竞争已经远远不是产品的竞争，而是日益演化为整个农业产业链的竞争，竞争的重点正由生产领域向加工、服务等领域扩散，因此单纯的农业生产与农业营销都很难在日益激烈的市场竞争中特立前行，农商融合创新不仅是整合与重构农业产业链、价值链的一个必然选择，更是现代农业发展中为消费者提供整体解决方案的一体化内在要求。

四是注重金融创新，提高农业品牌推动

力。积极发挥财政资金的引导作用，建立与品牌相关的金融服务平台，支持品牌自主发展，依靠科技做强、依靠金融做大是品牌建设的两大驱动力。比如上海探索推出以品牌为基础的品牌质押贷款服务的做法就值得关注与研究。我们现在已经初步建立了品牌评价体系，下一步要推动品牌价值交易试点，逐步建立品牌价值交易平台。

五是注重理论创新，增强农业品牌发展力。我国品牌理论研究起步晚，农业品牌研究更为滞后，必须从人才、科研、文化、交流等多个领域入手，研究建立品牌价值交易模型、品牌生态指数、品牌政策仿真评估等，并注重理论与实践相互促进，逐步建立中国特色农业品牌理论体系。

农业全球化及品牌国际化发展对于中国农业竞争力提出了更高要求，国内农业产业链、价值链与供应链的优化升级正面临考验。这些都需要创新驱动、品牌引领。中国优质农产品开发服务协会始终致力于中国农业品牌战略研究、模式创新和实践推动。5 年多来，我们会同各主办方搭建这样一个高端对话平台，就是为了让大家更好地探讨如何构建资源集约、优势互补、价值提升的新型农业品牌战略空间。希望中国农业品牌的新思想、新理念、新观点在这里竞相迸发！希望农业和商业领域的企业家、科学家以及专业工作者在这里牵手合作！让我们携起手来，共同为品牌农业的发展贡献自己的力量，以优异成绩迎接党的十九大胜利召开！

刘平均在 2017 第六届品牌农商发展大会上的演讲

（2017 年 6 月 24 日）

今年国务院将每年 5 月 10 日设立为中国品牌日。农业部也把今年确定为农业品牌推进年。李克强总理在政府工作报告中明确提

出，要打造享誉世界的中国品牌。2017 第六届品牌农商发展大会的主题为农业"新模式、新消费、新业态"，这个主题体现了推动供需

结构的产业升级，体现了品牌引领，做大做强农产品品牌，实现中国农产品向品牌的转变。我在此讲三点：

一、设立中国品牌日，不断提高全民品牌意识

2014 年 5 月 10 日，习近平总书记在河南考察时高瞻远瞩地提出了"三个转变"的重要指示，中国制造向中国创造转变，中国速度向中国质量转变，中国产品向中国品牌转变。"三个转变"具有深刻的内涵，又相互关联，质量是基础，创新是灵魂，有了前两者才能实现品牌的加快发展。习近平总书记的"三个转变"具有前瞻性、战略性，为我们从质量经济时代迈向品牌经济时代指明了目标。

大家知道"3·15"晚会影响很大，曝光假冒伪劣产品很有必要，它是保护消费者权益的重要措施，是打击假冒伪劣的重要手段。但目前我国缺少的是品牌正能量的宣传，消费者只知道什么产品不好，却不知道什么产品好，导致大量消费者盲目出国购物。设立品牌日的目的就是要提高全民品牌意识，宣传打造中国品牌的正能量。

每年 5 月 10 日将发布中国知名品牌和国际知名品牌，让广大消费者了解我国众多的优秀品牌，发挥品牌的引领作用，推动供给侧产业的升级。

二、中国品牌特色价值评价机制基本建立

2014 年 1 月，由中国推动，中美联合提案获得世界各国的支持，国际标准化组织（ISO）成立了品牌评价技术委员会，以有形资产、质量、服务、技术创新、无形资产 5 个要素为核心，建立推行一套全球公认的、科学公认的品牌评价标准体系，解决目前国际品牌发布，不分行业、不分产业，而且只有一个财务指标，科学性不够的问题。中国获得秘书国地位以后，国务院发文要求建立

中国的品牌价值评价机制。

在建立中国品牌价值评价机制实践探索中，通过连续 4 年公益评价发布，实现了四个方面的创新：

一是品牌评价价值要素的科学性和完整性。集有形资产、质量、服务、技术创新、无形资产 5 要素的品牌价值发展理论逐渐达成国际共识。

二是实施分类评价和产品品牌的价值评价。目前国际上有很多品牌价值评价，不分行业、不分类别，缺乏一定的合理性，不能科学地体现各行业品牌的价值。而开展同类产品的比较，更能贴近和满足广大消费者的需求。

三是区域品牌的价值评价。主要是对地理标志产品、旅游目的地的城市品牌、产业集群等为代表的区域品牌开展价值评价。

四是以发明专利为切入点的自主创新企业的品牌价值评价。目前是推动大众创业、万众创新，支持有核心技术的中小微企业快速发展。

2016 年，我们还发布了中华老字号的品牌，今年将发布旅游目的地的城市品牌。总结中国特色品牌价值评价机制，就是科学、公正、公开、公认。科学就是以 5 要素为基础的综合评价，公正就是品牌评价为公益行为对企业免费，公开是从申报到发布全流程向社会公开，公认是以国际标准为准则，评价指标和体系得到社会和全球的认可。

三、响应"一带一路"倡议，推动中国品牌走向全球

2013 年习近平总书记审时度势，提出了"一带一路"倡议，通过和平合作、开放包容、互学互建、互利共赢为核心的丝路精神，向世界展示了新的合作理念和合作模式。

今年 5 月"一带一路"国际合作高峰论坛在北京成功举办，是中华人民共和国成立

以来我国规模最大的主场外交。因此，围绕"一带一路"倡议，我们应发挥产品品牌和产业集群的特色，提升我国品牌的国际竞争力和知名度。

一是打造以地理保护标志产品为切入点的农副产品品牌。地理标志保护是世界知识产权保护的一种，我国地理保护标志的产品有2 000多个，超过世界其他国家的总和，其中95%以上是农副产品。

二是打造以产业集群为切入点的制造业品牌。我国的体制机制与欧美不同，美国通过强强联合，实现了品牌的强大之路，在世界百强榜当中拥有52个。德国通过技术创新实现了德国制造百年不衰，在世界品牌百强榜中拥有10个。在我国，很难实现大型企业的强强联合，但可以在政府的指导下利用我们自身的优势和"一带一路"的国际平台，打造产业集群的国际知名品牌，我们将打造中国高铁、中国核电、中国水电、中国粮油、中国丝绸、中国茶叶、中国陶瓷、中国白酒、中国东北大米、中华养生保健产品等十余个产业集群的品牌，参与国际品牌经济的竞争，推动实现"一带一路"倡议的发展。

我国产业集群的品牌和美欧产业集团的品牌是不同经济体之下发展国际知名品牌的不同模式，我们将进一步探索产业集群品牌评价的方法，以推动中国品牌走向世界，最终实现全球不同体制国家的产业集团和产业集群的共同发展。

三是以绿色生态和历史文化为切入点的旅游城市品牌。2016年10月在江西赣州举办了绿色发展论坛，重点研究讨论对北方四省和南方八省就生态规划特色小镇发展生态扶贫进行金融支持，全国政协副主席、国家开发银行原董事长陈元出席并讲话。会上，他提出了以生态换资源，以生态换资金的观点，用金融为绿色发展提供支持，支持特色小镇的发展，打造全方位的一二三产业的健康发展。生态资源的价值当以万亿元的量级进入金融市场。

今年4月，在奥地利举行的国际标准化组织品牌价值评价全体会议上，在我国品牌发展理论的指导下，形成了以5要素为核心的品牌价值评价国际标准，结束了3年的争论，通过了由中国、奥地利牵头制定的国际草案。之后将研究制定分类评价方法指南系列国际标准，在分类评价国际标准项目当中，我国又提出了制定地理标志区域品牌和旅游目的地城市品牌、分类评价的国际标准的提案，得到了各成员国的肯定。这是两个好的提案，让消费者通过地理标志区域品牌，了解到世界各国舌尖上的美食，通过旅游目的地城市品牌知道世界各国的风景名胜。6月28日在中国甘肃召开两个国际标准项目的国际研讨会，意大利、加拿大、墨西哥派出专家专程出席会议，这次研讨会将形成两个项目国际标准的框架。

随着"一带一路"倡议的实施，中国高铁和中国核电已经成功走出国门，作为当今全球第二大经济体，我国还需要打造更多兼具硬实力和软实力的自主品牌作为国家名片，进一步弘扬我国的自主品牌。同样，在各行各业的大力支持下，我们一定能够打造中国品牌的正能量，推动中国品牌走向世界，走出我国品牌建设的成功之路，为实现经济大国向经济强国的转变做出贡献。

唐珂：品牌强农与乡村振兴

实施乡村振兴战略是党的十九大做出的重大战略决策，也是新时代"三农"工作的总抓手。品牌是农业竞争力的核心标志，是现代农业的重要引擎，更是乡村振兴的关键支撑。习近平总书记强调，"品牌是信誉的凝结""粮食也要打出品牌，这样价格好、效益好。"2017年中央1号文件提出，"推进区域农产品公用品牌建设，支持地方以优势企业和行业协会为依托打造区域特色品牌，引入现代要素改造提升传统名优品牌。"当前，我国农业农村经济进入高质量发展的新阶段，"质量兴农、品牌强农"已经成为转变农业发展方式、加快脱贫攻坚、提升农业竞争力和实现乡村振兴的战略选择。

一、品牌强农对乡村振兴意义重大

引领产业升级，实现高质量发展的重要抓手。乡村振兴，产业兴旺是首位。产业兴，百业兴。品牌代表着消费结构和供给体系的升级方向，推进品牌强农，有助于农业由增产导向转向提质导向，促进资本、技术、信息、人才等要素向农业农村流动，加快构建现代农业产业体系、生产体系、经营体系，提高农业全要素生产率，培育农业农村发展新动能，助力农村一二三产业融合发展。

挖掘资源优势，推进脱贫攻坚的重要举措。乡村振兴，实现脱贫是前提。一个品牌可以带活一个产业，富裕一方农民。当前，我国贫困人口多集中于深度贫困地区，推进品牌强农，有助于将贫困地区的生态、人文等资源优势转化为发展优势和市场优势，发挥品牌溢价功能，让贫困地区优质农产品卖出好价钱，促进地方经济发展和农民增收致富。

倡导绿色发展，促进生态文明的重要驱动。乡村振兴，绿色发展是遵循。绿水青山就是金山银山，绿色是品牌的本质属性。推进品牌强农，有助于将绿色发展理念贯穿农业生产经营全过程，构建绿色产业链价值链，推进农业绿色化、优质化、特色化、品牌化，变绿色为效益，实现产业与生态的共建共享，推动人与自然的和谐共生。

弘扬农耕文明，坚定文化自信的重要支撑。乡村振兴，文化传承是根基。文化自信是一个国家、一个民族最深沉、最持久的力量。品牌是文化传播的重要载体。推进品牌强农，有助于传播中华民族悠久的茶文化、酒文化和饮食文化，弘扬工匠精神、诚信意识和价值取向，为传承农耕文化、唤起文化自觉和彰显文化自信提供坚强支撑。

提升竞争能力，参与全球对话的重要路径。乡村振兴，打造竞争力是关键。在全球经济一体化的大背景下，中国农业在国际交流中的地位和作用日益突出，现在比任何时候都更加呼唤品牌。推进品牌强农，有助于国内外两种资源、两个市场的有效利用和融合发展，打造一批叫得响、过得硬、走得出的国家农业品牌，提升中国农业国际竞争力，提高对外合作层次和开放水平。

二、农业品牌建设取得突破性进展

强化统筹推进，"新三品"协同发展。党的十八大以来，农业品牌建设受到高度关注，力度空前，进程加速，已由过去的以地方和企业创建为主，转变为政府强力推动、企业主动创建、社会积极参与的良好局面。2016年，国务院出台《关于发挥品牌引领作用推动供需结构升级的意见》，提出农业品牌建设路径。农业部将2017年确定为农业品牌推进年，召开了全国农业品牌推进大会，统筹推进农业品牌建设。各地加强政策创设，通过印发指导意见和实施方案，建立品牌名录，纳入地方政府综合考核等措施，积极推进区域农业品牌发展。有关行业协会、农业企业、研究机构等热情高涨，积极探索发展路径，推动区域公用品牌、企业品牌、产品品牌"新三品"协同发展。

集聚优势资源，强势品牌崭露头角。近年来，各地根据产业发展实际，加大资源整合，积极培育特色产业，一批新的优势产业区正在稳步发展壮大。目前，国家认定了62个中国特色农产品优势区，建设了13个全国性农产品产地市场，洛川苹果、赣南脐橙、斗南花卉、定西马铃薯等强势品牌脱颖而出。中国百强农产品区域公用品牌、十大茶叶区域公用品牌、十大苹果区域公用品牌、十大大米区域公用品牌、最具影响力30个水产品区域公用品牌以及全国各省（自治区、直辖市）推选出的千余个地方名牌产品，正在赢得消费者信赖，受到社会广泛赞誉。

强化现代营销，品牌影响大幅提升。没有传播就没有品牌。近年来，各地以消费者需求为中心，以市场为出发点，不断创新营销模式和手段，支持鼓励社会参与，充分借助现代传播手段，开展营销推介活动，农业品牌的知名度影响力显著提升。特别是省部长推介品牌农产品、品牌农产品名人公益代言、精品农货采购周等高端品牌推介活动，以及各地相继开展的市县长推介和明星公益代言活动，将农业品牌创建推向高潮。各级政府加大宣传投入，充分利用中央电视台、新华社、人民网等国家媒体和地方媒体扩大品牌影响，在全社会营造了"宣传品牌、支持品牌、发展品牌、保护品牌"的良好氛围。

强化文化塑造，内涵发展行稳致远。"断霞低映，小桥流水，一川平远。柳影人家起炊烟……"农村寄托着浓厚的乡愁和美好的向往。近年来，各地立足乡土人情，深入挖掘历史地理、名人轶事、饮食文化等题材，创新农业文化元素，灵活运用传统工艺、创意设计、民事体验等方式，积极促进农业产业发展与重要文化遗产、民间技艺、乡风民俗等融合，产业文化博物馆、展览馆、体验馆等纷纷建立，文化学术交流活动日益频繁，进一步丰富了农业品牌的内涵和底蕴，增强农业品牌竞争力。

农业品牌建设在各方推动下取得了明显成效，但也存在一些短板。一是品牌整体不大不强。农业品牌整体投入不足，一些农业大市（县）与品牌创建现状不匹配，农产品"有品无牌、牌小无名"，品牌"好的不多、

多的不好"，大产业无大品牌，甚至同一区域还存在同类品牌恶性竞争，品牌同质化发展的现象。二是存在急功近利倾向。政府部门职能较为分散，地理标志认证等一些政策出现了重叠。个别地方认识不到位，缺乏战略思考和配套举措，往往做个规划、搞个推介、得个排行，就认为品牌工作大功告成。一些社会组织和中介机构推出名目繁杂、逐利性强的品牌评选活动，有的假借品牌咨询之名行牟利之实。三是品牌主体动力不足。一些农业企业培育品牌主动性不强，缺乏品牌发展的战略思维、创新办法、有效手段，往往更多关注现实利益，在注册商标、参加评选上不遗余力，而不愿在提高质量上持续加力，久久为功。四是市场监管缺乏手段。我国尚未出台品牌保护的专门法律，政府对品牌的监管保护乏力，知名品牌成为假冒伪劣侵蚀的重灾区，特别是区域公用品牌监管严重滞后，"公地效应"普遍存在，"劣币驱逐良币"的倾向正严重阻碍区域公用品牌发展。

三、推进品牌强农助力乡村振兴

树品牌，把园区建设作为主攻方向。品牌建设要与粮食生产功能区、重要农产品生产保护区、特色农产品优势区和现代农业产业园建设等相结合，将园区优势转化为品牌优势。一是统筹规划，明确发展方向。综合评价区域资源禀赋、基础设施、科技水平和市场空间等要素，筛选出特色鲜明、优势集聚、市场竞争力强的农产品，制定品牌建设规划，明确品牌发展路径。二是强化全程管控，完善标准体系。制定和推行与品牌建设相匹配的生产技术、加工流通和质量安全标准，推进不同标准间衔接配套，强化全流程质量管控，以标准促品牌，以品牌带产业。三是加大扶持力度，注重龙头带动。支持创新能力强、把握市场准、经济效益好、带动作用大的农业企业提升品牌建设能力和水平。农业企业要发挥主力军的作用，增强品牌意

识，集聚优势资源，培育品牌文化，弘扬工匠精神，做大做强自主品牌。四是形成利益联结，提升经营水平。引导具有较强经济技术实力及良好商业信誉的农业企业及农民合作社开展品牌创建，促使其内部并与普通农户间形成利益共享、风险共担的联结机制，共同分享品牌溢价收益。

讲品牌，把宣传推介作为主动作为。宣传推介是品牌营销的必要手段，是提升品牌知名度、美誉度和忠诚度的重要途径。一是展销平台推介品牌。充分利用各类农业展会、产销对接会、产品发布会等营销平台，以丰富多彩的品牌产品展示展销活动和名优产品推选推介活动，扩大品牌农产品影响力。二是批发市场主打品牌。依托农业农村部和省级人民政府共同建设的全国性农产品产地市场，充分发挥价格中心、信息中心、会展中心、物流中心、科技中心的资源优势，打造具有国际竞争力的国家级农业品牌。三是信息化助推品牌。借助大数据、云计算、人工智能、众筹共享等现代信息技术，拓宽品牌认知渠道，让品牌从单向传播转为互动传播，提高品牌传播速度和沟通能力，同时，要防范品牌的负面信息被无限放大。四是新闻媒体讲好品牌。要充分发挥媒体舆论引导和价值传播作用，积极推动媒体宣介与品牌建设联姻，在广而告之中让更多优秀品牌家喻户晓。挖掘品牌内涵，借地、借人、借事、借典、借情讲好品牌故事，引导消费者关注品牌、看重品牌、消费品牌、忠诚品牌。

护品牌，把监管保护作为主要手段。品牌建设要坚持管理与保护并重，发挥政府与市场两个作用，自如运用"看不见的手"和"看得见的手"，推动农业品牌健康发展。一是政府主导。各级政府和农业农村主管部门要将区域公用品牌管理作为一项重要职责，加强顶层设计，做好规划布局，制定政策、标准以及相关管理规定，授权有关协会做好日常管理，构建公平公正、法制健全、自由竞争的品牌发展环境。推动形成部门协作的监督体系，强化授权管理和产权保护，严厉打击假冒伪劣产品，及时处理误导消费者、扰乱市场秩序的行为。充分调动社会组织积极性，做好品牌研究、咨询、策划、营销、培训以及市场开拓等工作。授权社会组织开展品牌评估、评价等活动，坚持公益性、权威性，做到科学、客观、准确、公开。二是协会主力。行业协会要发挥专业优势、组织优势和机制优势，成为联结政府、企业、消费者的桥梁和纽带。积极推进地理标志认证，制定区域公用品牌的授权、维护、监督、退出等管理制度并组织实施。强化行业自律和自我监督，规范产品生产、经营行为和服务质量，应对危机事件，维护品牌声誉，不断提高公信力。组织行业维权，打击各类侵犯品牌权益的行为。三是企业主体。农业企业作为区域公用品牌的使用主体，要树立"一荣俱荣、一损俱损"的母子品牌意识，打造区域公用品牌价值共同体。严格按照政府部门、行业协会的标准规范，坚持创新驱动，加大新产品、新工艺、新设备的研发力度，提高产品品质，打造良好的品牌形象。

扶品牌，把构建机制作为主体职责。农业品牌建设离不开有效的支持服务，政府特别是农业农村主管部门要扬好帆、掌好舵、护好航，善于因势利导，制定科学的管理机制和激励措施。一是合作机制。加强与发改、财政、市场监管、商务、宣传等部门的合作，强化沟通协商，提升农业品牌在国家品牌战略中的地位，形成创品牌、管品牌、树品牌的联动机制。二是扶持机制。综合运用政策工具支持补齐农业品牌建设短板。有条件的地方设立财政专项资金，加大对区域公用品牌的扶持力度。发挥财政资金引导作用，撬动社会资本参与品牌建设。加强与银行、证券等金融机构合作，支持品牌企业融资发展。三是服务机制。探索建立农业品牌目录制度，对进入目录的品牌实行动态管理。鼓励支持开展绿色、有机和地理标志农产品认证。打造全国性、国际性营销平台，扶持农业品牌"走出去"。

"浩渺行无极，扬帆但信风。"未来5～10年，将是中国农业品牌发展的黄金时期，一批"中国第一、世界有名"的农业品牌将闪亮登场，跻身国际舞台，丰富中国百姓和世界人民的餐桌。品牌凝聚共识，品牌引领希望，中国农业品牌发展必将助推乡村振兴战略的全面实施。

法律法规与规范性文件

- 中共中央办公厅、国务院办公厅关于创新体制机制推进农业绿色发展的意见
- 国务院办公厅关于加快推进农业供给侧结构性改革大力发展粮食产业经济的意见
- 农业部关于2017年农业品牌推进年工作的通知
- 农业部　国家发展改革委　国家林业局关于组织开展"中国特色农产品优势区"申报认定工作的通知
- 农业部关于印发《"十三五"全国农产品质量安全提升规划》的通知
- 江苏省关于加快推进农产品品牌建设的意见
- 福建省人民政府办公厅关于加快推进品牌农业建设七条措施的通知
- 福建省农业厅　福建省林业厅　福建省海洋与渔业厅关于印发《福建省著名农业品牌评选认定管理暂行办法》的通知
- 湖南省人民政府办公厅关于进一步加快推进农产品品牌建设的指导意见
- 宁夏回族自治区人民政府办公厅关于加快推进宁夏特色优质农产品品牌建设的意见

中共中央办公厅、国务院办公厅
关于创新体制机制推进农业绿色发展的意见

中办发〔2017〕56号

推进农业绿色发展，是贯彻新发展理念、推进农业供给侧结构性改革的必然要求，是加快农业现代化、促进农业可持续发展的重大举措，是守住绿水青山、建设美丽中国的时代担当，对保障国家食物安全、资源安全和生态安全，维系当代人福祉和保障子孙后代永续发展具有重大意义。党的十八大以来，党中央、国务院做出一系列重大决策部署，农业绿色发展实现了良好开局。但总体上看，农业主要依靠资源消耗的粗放经营方式没有根本改变，农业面源污染和生态退化的趋势尚未有效遏制，绿色优质农产品和生态产品供给还不能满足人民群众日益增长的需求，农业支撑保障制度体系有待进一步健全。为创新体制机制，推进农业绿色发展，现提出如下意见。

一、总体要求

（一）指导思想。全面贯彻党的十八大和十八届三中、四中、五中、六中全会精神，深入贯彻习近平总书记系列重要讲话精神和治国理政新理念新思想新战略，紧紧围绕统筹推进"五位一体"总体布局和协调推进"四个全面"战略布局，牢固树立和贯彻落实新发展理念，认真落实党中央、国务院决策部署，以绿水青山就是金山银山理念为指引，以资源环境承载力为基准，以推进农业供给侧结构性改革为主线，尊重农业发展规律，强化改革创新、激励约束和政府监管，转变农业发展方式，优化空间布局，节约利用资源，保护产地环境，提升生态服务功能，全力构建人与自然和谐共生的农业发展新格局，

推动形成绿色生产方式和生活方式，实现农业强、农民富、农村美，为建设美丽中国、增进民生福祉、实现经济社会可持续发展提供坚实支撑。

（二）基本原则

——坚持以空间优化、资源节约、环境友好、生态稳定为基本路径。牢固树立节约集约循环利用的资源观，把保护生态环境放在优先位置，落实构建生态功能保障基线、环境质量安全底线、自然资源利用上线的要求，防止将农业生产与生态建设对立，把绿色发展导向贯穿农业发展全过程。

——坚持以粮食安全、绿色供给、农民增收为基本任务。突出保供给、保收入、保生态的协调统一，保障国家粮食安全，增加绿色优质农产品供给，构建绿色发展产业链价值链，提升质量效益和竞争力，变绿色为效益，促进农民增收，助力脱贫攻坚。

——坚持以制度创新、政策创新、科技创新为基本动力。全面深化改革，构建以资源管控、环境监控和产业准入负面清单为主要内容的农业绿色发展制度体系，科学适度有序的农业空间布局体系，绿色循环发展的农业产业体系，以绿色生态为导向的政策支持体系和科技创新推广体系，全面激活农业绿色发展的内生动力。

——坚持以农民主体、市场主导、政府依法监管为基本遵循。既要明确生产经营者主体责任，又要通过市场引导和政府支持，调动广大农民参与绿色发展的积极性，推动实现资源有偿使用、环境保护有责、生态功能改善激励、产品优质优价。加大政府支

和执法监管力度，形成保护有奖、违法必究的明确导向。

（三）目标任务。把农业绿色发展摆在生态文明建设全局的突出位置，全面建立以绿色生态为导向的制度体系，基本形成与资源环境承载力相匹配、与生产生活生态相协调的农业发展格局，努力实现耕地数量不减少、耕地质量不降低、地下水不超采，化肥、农药使用量零增长，秸秆、畜禽粪污、农膜全利用，实现农业可持续发展、农民生活更加富裕、乡村更加美丽宜居。

资源利用更加节约高效。到 2020 年，严守 18.65 亿亩耕地红线，全国耕地质量平均比 2015 年提高 0.5 个等级，农田灌溉水有效利用系数提高到 0.55 以上。到 2030 年，全国耕地质量水平和农业用水效率进一步提高。

产地环境更加清洁。到 2020 年，主要农作物化肥、农药使用量实现零增长，化肥、农药利用率达到 40%；秸秆综合利用率达到 85%，养殖废弃物综合利用率达到 75%，农膜回收率达到 80%。到 2030 年，化肥、农药利用率进一步提升，农业废弃物全面实现资源化利用。

生态系统更加稳定。到 2020 年，全国森林覆盖率达到 23% 以上，湿地面积不低于 8 亿亩，基本农田林网控制率达到 95%，草原综合植被盖度达到 56%。到 2030 年，田园、草原、森林、湿地、水域生态系统进一步改善。

绿色供给能力明显提升。到 2020 年，全国粮食（谷物）综合生产能力稳定在 5.5 亿吨以上，农产品质量安全水平和品牌农产品占比明显提升，休闲农业和乡村旅游加快发展。到 2030 年，农产品供给更加优质安全，农业生态服务能力进一步提高。

二、优化农业主体功能与空间布局

（四）落实农业功能区制度。大力实施国家主体功能区战略，依托全国农业可持续发展规划和优势农产品区域布局规划，立足水土资源匹配性，将农业发展区域细划为优化发展区、适度发展区、保护发展区，明确区域发展重点。加快划定粮食生产功能区、重要农产品生产保护区，认定特色农产品优势区，明确区域生产功能。

（五）建立农业生产力布局制度。围绕解决空间布局上资源错配和供给错位的结构性矛盾，努力建立反映市场供求与资源稀缺程度的农业生产力布局，鼓励因地制宜、就地生产、就近供应，建立主要农产品生产布局定期监测和动态调整机制。在优化发展区更好发挥资源优势，提升重要农产品生产能力；在适度发展区加快调整农业结构，限制资源消耗大的产业规模；在保护发展区坚持保护优先、限制开发，加大生态建设力度，实现保供给与保生态有机统一。完善粮食主产区利益补偿机制，健全粮食产销协作机制，推动粮食产销横向利益补偿。鼓励地方积极开展试验示范、农垦率先示范，提高军地农业绿色发展水平。推进国家农业可持续发展试验示范区创建，同时成为农业绿色发展的试点先行区。

（六）完善农业资源环境管控制度。强化耕地、草原、渔业水域、湿地等用途管控，严控围湖造田、滥垦滥占草原等不合理开发建设活动对资源环境的破坏。坚持最严格的耕地保护制度，全面落实永久基本农田特殊保护政策措施。以县为单位，针对农业资源与生态环境突出问题，建立农业产业准入负面清单制度，因地制宜制定禁止和限制发展产业目录，明确种植业、养殖业发展方向和开发强度，强化准入管理和底线约束，分类推进重点地区资源保护和严重污染地区治理。

（七）建立农业绿色循环低碳生产制度。在华北、西北等地下水过度利用区适度压减高耗水作物，在东北地区严格控制旱改水，选育推广节肥、节水、抗病新品种。以土地消纳粪污能力确定养殖规模，引导畜牧业生产向环境容量大的地区转移，科学合理划定禁养区，适度调减南方水网地区养殖总量。禁养区划定减少的畜禽规模养殖用地，可在适宜养殖区域按有关规定及时予以安排，并强化服务。实施动物疫病净化计划，推动动物疫病防控从有效控制到逐步净化消灭转变。推行水产健康养殖制度，合理确定湖泊、水库、滩涂、近岸海域等养殖规模和养殖密度，逐步减少河流湖库、近岸海域投饵网箱养殖，防控水产养殖污染。建立低碳、低耗、循环、高效的加工流通体系。探索区域农业循环利用机制，实施粮经饲统筹、种养加结合、农林牧渔融合循环发展。

（八）建立贫困地区农业绿色开发机制。立足贫困地区资源禀赋，坚持保护环境优先，因地制宜选择有资源优势的特色产业，推进产业精准扶贫。把贫困地区生态环境优势转化为经济优势，推行绿色生产方式，大力发展绿色、有机和地理标志优质特色农产品，支持创建区域品牌；推进一二三产融合发展，发挥生态资源优势，发展休闲农业和乡村旅游，带动贫困农户脱贫致富。

三、强化资源保护与节约利用

（九）建立耕地轮作休耕制度。推动用地与养地相结合，集成推广绿色生产、综合治理的技术模式，在确保国家粮食安全和农民收入稳定增长的前提下，对土壤污染严重、区域生态功能退化、可利用水资源匮乏等不宜连续耕作的农田实行轮作休耕。降低耕地利用强度，落实东北黑土地保护制度，管控西北内陆、沿海滩涂等区域开垦耕地行为。全面建立耕地质量监测和等级评价制度，明确经营者耕地保护主体责任。实施土地整治，推进高标准农田建设。

（十）建立节约高效的农业用水制度。推行农业灌溉用水总量控制和定额管理。强化农业取水许可管理，严格控制地下水利用，加大地下水超采治理力度。全面推进农业水价综合改革，按照总体不增加农民负担的原

则，加快建立合理农业水价形成机制和节水激励机制，切实保护农民合理用水权益，提高农民有偿用水意识和节水积极性。突出农艺节水和工程节水措施，推广水肥一体化及喷灌、微灌、管道输水灌溉等农业节水技术，健全基层节水农业技术推广服务体系。充分利用天然降水，积极有序发展雨养农业。

（十一）健全农业生物资源保护与利用体系。加强动植物种质资源保护利用，加快国家种质资源库、畜禽水产基因库和资源保护场（区、圃）规划建设，推进种质资源收集保存、鉴定和育种，全面普查农作物种质资源。加强野生动植物自然保护区建设，推进濒危野生植物资源原生境保护、移植保存和人工繁育。实施生物多样性保护重大工程，开展濒危野生动植物物种调查和专项救护，实施珍稀濒危水生生物保护行动计划和长江珍稀特有水生生物拯救工程。加强海洋渔业资源调查研究能力建设。完善外来物种风险监测评估与防控机制，建设生物天敌繁育基地和关键区域生物入侵阻隔带，扩大生物替代防治示范技术试点规模。

四、加强产地环境保护与治理

（十二）建立工业和城镇污染向农业转移防控机制。制定农田污染控制标准，建立监测体系，严格工业和城镇污染物处理和达标排放，依法禁止未经处理达标的工业和城镇污染物进入农田、养殖水域等农业区域。强化经常性执法监管制度建设。出台耕地土壤污染治理及效果评价标准，开展污染耕地分类治理。

（十三）健全农业投入品减量使用制度。继续实施化肥农药使用量零增长行动，推广有机肥替代化肥、测土配方施肥，强化病虫害统防统治和全程绿色防控。完善农药风险评估技术标准体系，加快实施高剧毒农药替代计划。规范限量使用饲料添加剂，减量使用兽用抗菌药物。建立农业投入品电子追溯

制度，严格农业投入品生产和使用管理，支持低消耗、低残留、低污染农业投入品生产。

（十四）完善秸秆和畜禽粪污等资源化利用制度。严格依法落实秸秆禁烧制度，整县推进秸秆全量化综合利用，优先开展就地还田。推进秸秆发电并网运行和全额保障性收购，开展秸秆高值化、产业化利用，落实好沼气、秸秆等可再生能源电价政策。开展尾菜、农产品加工副产物资源化利用。以沼气和生物天然气为主要处理方向，以农用有机肥和农村能源为主要利用方向，强化畜禽粪污资源化利用，依法落实规模养殖环境评价准入制度，明确地方政府属地责任和规模养殖场主体责任。依据土地利用规划，积极保障秸秆和畜禽粪污资源化利用用地。健全病死畜禽无害化处理体系，引导病死畜禽集中处理。

（十五）完善废旧地膜和包装废弃物等回收处理制度。加快出台新的地膜标准，依法强制生产、销售和使用符合标准的加厚地膜，以县为单位开展地膜使用全回收、消除土壤残留等试验试点。建立农药包装废弃物等回收和集中处理体系，落实使用者妥善收集、生产者和经营者回收处理的责任。

五、养护修复农业生态系统

（十六）构建田园生态系统。遵循生态系统整体性、生物多样性规律，合理确定种养规模，建设完善生物缓冲带、防护林网、灌溉渠系等田间基础设施，恢复田间生物群落和生态链，实现农田生态循环和稳定。优化乡村种植、养殖、居住等功能布局，拓展农业多种功能，打造种养结合、生态循环、环境优美的田园生态系统。

（十七）创新草原保护制度。健全草原产权制度，规范草原经营权流转，探索建立全民所有草原资源有偿使用和分级行使所有权制度。落实草原生态保护补助奖励政策，严格实施草原禁牧休牧轮牧和草畜平衡制度，防止超载过牧。加强严重退化、沙化草原治

理。完善草原监管制度，加强草原监理体系建设，强化草原征占用审核审批管理，落实土地用途管制制度。

（十八）健全水生生态保护修复制度。科学划定江河湖海限捕、禁捕区域，健全海洋伏季休渔和长江、黄河、珠江等重点河流禁渔期制度，率先在长江流域水生生物保护区实现全面禁捕，严厉打击"绝户网"等非法捕捞行为。实施海洋渔业资源总量管理制度，完善渔船管理制度，建立幼鱼资源保护机制，开展捕捞限额试点，推进海洋牧场建设。完善水生生物增殖放流，加强水生生物资源养护。因地制宜实施河湖水系自然连通，确定河道砂石禁采区、禁采期。

（十九）实行林业和湿地养护制度。建设覆盖全面、布局合理、结构优化的农田防护林和村镇绿化林带。严格实施湿地分级管理制度，严格保护国际重要湿地、国家重要湿地、国家级湿地自然保护区和国家湿地公园等重要湿地。开展退化湿地恢复和修复，严格控制开发利用和围垦强度。加快构建退耕还林还草、退耕还湿、防沙治沙，以及石漠化、水土流失综合生态治理长效机制。

六、健全创新驱动与约束激励机制

（二十）构建支撑农业绿色发展的科技创新体系。完善科研单位、高校、企业等各类创新主体协同攻关机制，开展以农业绿色生产为重点的科技联合攻关。在农业投入品减量高效利用、种业主要作物联合攻关、有害生物绿色防控、废弃物资源化利用、产地环境修复和农产品绿色加工贮藏等领域尽快取得一批突破性科研成果。完善农业绿色科技创新成果评价和转化机制，探索建立农业技术环境风险评估体系，加快成熟适用绿色技术、绿色品种的示范、推广和应用。借鉴国际农业绿色发展经验，加强国际间科技和成果交流合作。

（二十一）完善农业生态补贴制度。建立

与耕地地力提升和责任落实相挂钩的耕地地力保护补贴机制。改革完善农产品价格形成机制，深化棉花目标价格补贴，统筹玉米和大豆生产者补贴，坚持补贴向优势区倾斜，减少或退出非优势区补贴。改革渔业补贴政策，支持捕捞渔民减船转产、海洋牧场建设、增殖放流等资源养护措施。完善耕地、草原、森林、湿地、水生生物等生态补偿政策，继续支持退耕还林还草。有效利用绿色金融激励机制，探索绿色金融服务农业绿色发展的有效方式，加大绿色信贷及专业化担保支持力度，创新绿色生态农业保险产品。加大政府和社会资本合作（PPP）在农业绿色发展领域的推广应用，引导社会资本投向农业资源节约、废弃物资源化利用、动物疫病净化和生态保护修复等领域。

（二十二）建立绿色农业标准体系。清理、废止与农业绿色发展不适应的标准和行业规范。制定修订农兽药残留、畜禽屠宰、饲料卫生安全、冷链物流、畜禽粪污资源化利用、水产养殖尾水排放等国家标准和行业标准。强化农产品质量安全认证机构监管和认证过程管控。改革无公害农产品认证制度，加快建立统一的绿色农产品市场准入标准，提升绿色食品、有机农产品和地理标志农产品等认证的公信力和权威性。实施农业绿色品牌战略，培育具有区域优势特色和国际竞争力的农产品区域公用品牌、企业品牌和产品品牌。加强农产品质量安全全程监管，健全与市场准入相衔接的食用农产品合格证制度，依托现有资源建立国家农产品质量安全追溯管理平台，加快农产品质量安全追溯体系建设。积极参与国际标准的制定修订，推进农产品认证结果互认。

（二十三）完善绿色农业法律法规体系。研究制定修订体现农业绿色发展需求的法律法规，完善耕地保护、农业污染防治、农业生态保护、农业投入品管理等方面的法律制度。开展农业节约用水立法研究工作。加大执法和监督力度，依法打击破坏农业资源环境的违法行为。健全重大环境事件和污染事故责任追究制度及损害赔偿制度，提高违法成本和惩罚标准。

（二十四）建立农业资源环境生态监测预警体系。建立耕地、草原、渔业水域、生物资源、产地环境以及农产品生产、市场、消费信息监测体系，加强基础设施建设，统一标准方法，实时监测报告，科学分析评价，及时发布预警。定期监测农业资源环境承载能力，建立重要农业资源台账制度，构建充分体现资源稀缺和损耗程度的生产成本核算机制，研究农业生态价值统计方法。充分利用农业信息技术，构建天空地数字农业管理系统。

（二十五）健全农业人才培养机制。把节约利用农业资源、保护产地环境、提升生态服务功能等内容纳入农业人才培养范畴，培养一批具有绿色发展理念、掌握绿色生产技术技能的农业人才和新型职业农民。积极培育新型农业经营主体，鼓励其率先开展绿色生产。健全生态管护员制度，在生态环境脆弱地区因地制宜增加护林员、草管员等公益岗位。

七、保障措施

（二十六）落实领导责任。地方各级党委和政府要加强组织领导，把农业绿色发展纳入领导干部任期生态文明建设责任制内容。农业部要发挥好牵头协调作用，会同有关部门按照本意见的要求，抓紧研究制定具体实施方案，明确目标任务、职责分工和具体要求，建立农业绿色发展推进机制，确保各项政策措施落到实处，重要情况要及时向党中央、国务院报告。

（二十七）实施农业绿色发展全民行动。在生产领域，推行畜禽粪污资源化利用、有机肥替代化肥、秸秆综合利用、农膜回收、水生生物保护，以及投入品绿色生产、加工流通绿色循环、营销包装低耗低碳等绿色生产方式。在消费领域，从国民教育、新闻宣传、科学普及、思想文化等方面入手，持续开展"光盘行动"，推动形成厉行节约、反对浪费、抵制奢侈、低碳循环等绿色生活方式。

（二十八）建立考核奖惩制度。依据绿色发展指标体系，完善农业绿色发展评价指标，适时开展部门联合督查。结合生态文明建设目标评价考核工作，对农业绿色发展情况进行评价和考核。建立奖惩机制，对农业绿色发展中取得显著成绩的单位和个人，按照有关规定给予表彰，对落实不力的进行问责。

国务院办公厅关于加快推进农业供给侧结构性改革大力发展粮食产业经济的意见

国办发〔2017〕78号

各省、自治区、直辖市人民政府，国务院各部委、各直属机构：

近年来，我国粮食连年丰收，为保障国家粮食安全、促进经济社会发展奠定了坚实基础。当前，粮食供给由总量不足转为结构性矛盾，库存高企、销售不畅、优质粮食供给不足、深加工转化滞后等问题突出。为加快推进农业供给侧结构性改革，大力发展粮食产业经济，促进农业提质增效、农民就业增收和经济社会发展，经国务院同意，现提出以下意见。

一、总体要求

（一）指导思想。全面贯彻党的十八大和十八届三中、四中、五中、六中全会精神，深入贯彻习近平总书记系列重要讲话精神和治国理政新理念新思想新战略，认真落实党中央、国务院决策部署，统筹推进"五位一体"总体布局和协调推进"四个全面"战略布局，牢固树立创新、协调、绿色、开放、共享的发展理念，全面落实国家粮食安全战略，以加快推进农业供给侧结构性改革为主线，以增加绿色优质粮食产品供给、有效解决市场化形势下农民卖粮问题、促进农民持续增收和保障粮食质量安全为重点，大力实施优质粮食工程，推动粮食产业创新发展、

转型升级和提质增效，为构建更高层次、更高质量、更有效率、更可持续的粮食安全保障体系夯实产业基础。

（二）基本原则。

坚持市场主导，政府引导。以市场需求为导向，突出市场主体地位，激发市场活力和企业创新动力，发挥市场在资源配置中的决定性作用。针对粮食产业发展的薄弱环节和制约瓶颈，强化政府规划引导、政策扶持、监管服务等作用，着力营造产业发展良好环境。

坚持产业融合，协调发展。树立"大粮食""大产业""大市场""大流通"理念，充分发挥粮食加工转化的引擎作用，推动仓储、物流、加工等粮食流通各环节有机衔接，以相关利益联结机制为纽带，培育全产业链经营模式，促进一二三产业融合发展。

坚持创新驱动，提质增效。围绕市场需求，发挥科技创新的支撑引领作用，深入推进大众创业、万众创新，加快体制机制、经营方式和商业模式创新，积极培育新产业、新业态等新动能，提升粮食产业发展质量和效益。

坚持因地制宜，分类指导。结合不同区域、不同领域、不同主体的实际情况，选择适合自身特点的粮食产业发展模式。加强统

筹协调和政策引导，推进产业发展方式转变，及时总结推广典型经验，注重整体效能和可持续性。

（三）主要目标。到2020年，初步建成适应我国国情和粮情的现代粮食产业体系，产业发展的质量和效益明显提升，更好地保障国家粮食安全和带动农民增收。绿色优质粮食产品有效供给稳定增加，全国粮食优质品率提高10个百分点左右；粮食产业增加值年均增长7%左右，粮食加工转化率达到88%，主食品工业化率提高到25%以上；主营业务收入过百亿的粮食企业数量达到50个以上，大型粮食产业化龙头企业和粮食产业集群辐射带动能力持续增强；粮食科技创新能力和粮食质量安全保障能力进一步提升。

二、培育壮大粮食产业主体

（四）增强粮食企业发展活力。适应粮食收储制度改革需要，深化国有粮食企业改革，发展混合所有制经济，加快转换经营机制，增强市场化经营能力和产业经济发展活力。以资本为纽带，构建跨区域、跨行业"产购储加销"协作机制，提高国有资本运行效率，延长产业链条，主动适应和引领粮食产业转型升级，做强做优做大一批具有竞争力、影响力、控制力的骨干国有粮食企业，有效发挥稳市场、保供应、促发展、保安全的重要载体作用。鼓励国有粮食企业依托现有收储网点，主动与新型农业经营主体等开展合作。培育、发展和壮大从事粮食收购和经营活动的多元粮食市场主体，建立健全统一、开放、竞争、有序的粮食市场体系。（国家粮食局、国务院国资委等负责）

（五）培育壮大粮食产业化龙头企业。在农业产业化国家重点龙头企业认定工作中，认定和扶持一批具有核心竞争力和行业带动力的粮食产业化重点龙头企业，引导支持龙头企业与新型农业经营主体和农户构建稳固的利益联结机制，引导优质粮食品种种植，

带动农民增收致富。支持符合条件的龙头企业参与承担政策性粮食收储业务；在确保区域粮食安全的前提下，探索创新龙头企业参与地方粮食储备机制。（国家发展改革委、国家粮食局、农业部、财政部、商务部、工商总局、质检总局、中储粮总公司等负责）

（六）支持多元主体协同发展。发挥骨干企业的示范带动作用，鼓励多元主体开展多种形式的合作与融合，大力培育和发展粮食产业化联合体。支持符合条件的多元主体积极参与粮食仓储物流设施建设、产后服务体系建设等。鼓励龙头企业与产业链上下游各类市场主体成立粮食产业联盟，共同制订标准、创建品牌、开发市场、攻关技术、扩大融资等，实现优势互补。鼓励通过产权置换、股权转让、品牌整合、兼并重组等方式，实现粮食产业资源优化配置。（国家发展改革委、国家粮食局、工业和信息化部、财政部、农业部、工商总局等负责）

三、创新粮食产业发展方式

（七）促进全产业链发展。粮食企业要积极参与粮食生产功能区建设，发展"产购储加销"一体化模式，构建从田间到餐桌的全产业链。推动粮食企业向上游与新型农业经营主体开展产销对接和协作，通过定向投入、专项服务、良种培育、订单收购、代储加工等方式，建设加工原料基地，探索开展绿色优质特色粮油种植、收购、储存、专用化加工试点；向下游延伸建设物流营销和服务网络，实现粮源基地化、加工规模化、产品优质化、服务多样化，着力打造绿色、有机的优质粮食供应链。开展粮食全产业链信息监测和分析预警，加大供需信息发布力度，引导粮食产销平衡。（国家发展改革委、国家粮食局、农业部、质检总局、国家认监委等负责）

（八）推动产业集聚发展。深入贯彻区域发展总体战略和"一带一路"建设、京津冀

协同发展、长江经济带发展三大战略，发挥区域和资源优势，推动粮油产业集聚发展。依托粮食主产区、特色粮油产区和关键粮食物流节点，推进产业向优势产区集中布局，完善进口粮食临港深加工产业链。发展粮油食品产业集聚区，打造一批优势粮食产业集群，以全产业链为纽带，整合现有粮食生产、加工、物流、仓储、销售以及科技等资源，支持建设国家现代粮食产业发展示范园区（基地），支持主销区企业到主产区投资建设粮源基地和仓储物流设施，鼓励主产区企业到主销区建立营销网络，加强产销区产业合作。（国家发展改革委、国家粮食局、工业和信息化部、财政部、商务部、中国铁路总公司等负责）

（九）发展粮食循环经济。鼓励支持粮食企业探索多途径实现粮油副产物循环、全值和梯次利用，提高粮食综合利用率和产品附加值。以绿色粮源、绿色仓储、绿色工厂、绿色园区为重点，构建绿色粮食产业体系。鼓励粮食企业建立绿色、低碳、环保的循环经济系统，降低单位产品能耗和物耗水平。推广"仓顶阳光工程"、稻壳发电等新能源项目，大力开展米糠、碎米、麦麸、麦胚、玉米芯、饼粕等副产物综合利用示范，促进产业节能减排、提质增效。（国家发展改革委、国家粮食局、工业和信息化部、农业部、国家能源局等负责）

（十）积极发展新业态。推进"互联网＋粮食"行动，积极发展粮食电子商务，推广"网上粮店"等新型粮食零售业态，促进线上线下融合。完善国家粮食电子交易平台体系，拓展物流运输、金融服务等功能，发挥其服务种粮农民、购粮企业的重要作用。加大粮食文化资源的保护和开发利用力度，支持爱粮节粮宣传教育基地和粮食文化展示基地建设，鼓励发展粮食产业观光、体验式消费等新业态。（国家粮食局、国家发展改革委、工业和信息化部、财政部、农业部、商务部、

国家旅游局等负责）

（十一）发挥品牌引领作用。加强粮食品牌建设顶层设计，通过质量提升、自主创新、品牌创建、特色产品认定等，培育一批具有自主知识产权和较强市场竞争力的全国性粮食名牌产品。鼓励企业推行更高质量标准，建立粮食产业企业标准领跑者激励机制，提高品牌产品质量水平，大力发展"三品一标"粮食产品，培育发展自主品牌。加强绿色优质粮食品牌宣传、发布、人员培训、市场营销、评价标准体系建设、展示展销信息平台建设，开展丰富多彩的品牌创建和产销对接推介活动、品牌产品交易会等，挖掘区域性粮食文化元素，联合打造区域品牌，促进品牌整合，提升品牌美誉度和社会影响力。鼓励企业获得有机、良好农业规范等通行认证，推动出口粮食质量安全示范区建设。加大粮食产品的专利权、商标权等知识产权保护力度，严厉打击制售假冒伪劣产品行为。加强行业信用体系建设，规范市场秩序。（国家粮食局、国家发展改革委、工业和信息化部、农业部、工商总局、质检总局、国家标准委、国家知识产权局等负责）

四、加快粮食产业转型升级

（十二）增加绿色优质粮油产品供给。大力推进优质粮食工程建设，以市场需求为导向，建立优质优价的粮食生产、分类收储和交易机制。增品种、提品质、创品牌，推进绿色优质粮食产业体系建设。实施"中国好粮油"行动计划，开展标准引领、质量测评、品牌培育、健康消费宣传、营销渠道和平台建设及试点示范。推进出口食品农产品生产企业内外销产品"同线同标同质"工程，实现内销转型，带动产业转型升级。调优产品结构，开发绿色优质、营养健康的粮油新产品，增加多元化、定制化、个性化产品供给，促进优质粮食产品的营养升级扩版。推广大米、小麦粉和食用植物油适度加工，大力发

展全谷物等新型营养健康食品。推动地方特色粮油食品产业化，加快发展杂粮、杂豆、木本油料等特色产品。适应养殖业发展新趋势，发展安全环保饲料产品。（财政部、国家粮食局、国家发展改革委、工业和信息化部、农业部、工商总局、质检总局、国家林业局等负责）

（十三）大力促进主食产业化。支持推进米面、玉米、杂粮及薯类主食制品的工业化生产、社会化供应等产业化经营方式，大力发展方便食品、速冻食品。开展主食产业化示范工程建设，认定一批放心主食示范单位，推广"生产基地＋中央厨房＋餐饮门店""生产基地＋加工企业＋商超销售""作坊置换＋联合发展"等新模式。保护并挖掘传统主食产品，增加花色品种。加强主食产品与其他食品的融合创新，鼓励和支持开发个性化功能性主食产品。（国家粮食局、工业和信息化部、财政部、农业部、商务部、工商总局等负责）

（十四）加快发展粮食精深加工与转化。支持主产区积极发展粮食精深加工，带动主产区经济发展和农民增收。着力开发粮食精深加工产品，增加专用米、专用粉、专用油、功能性淀粉糖、功能性蛋白等食品以及保健、化工、医药等方面的有效供给，加快补齐短板，减少进口依赖。发展纤维素等非粮燃料乙醇；在保障粮食供应和质量安全的前提下，着力处置霉变、重金属超标、超期储存粮食等，适度发展粮食燃料乙醇，推广使用车用乙醇汽油，探索开展淀粉类生物基塑料和生物降解材料试点示范，加快消化政策性粮食库存。支持地方出台有利于粮食精深加工转化的政策，促进玉米深加工业持续健康发展。强化食品质量安全、环保、能耗、安全生产等约束，促进粮食企业加大技术改造力度，倒逼落后加工产能退出。（国家发展改革委、国家粮食局、工业和信息化部、财政部、食品药品监管总局、国家能源局等负责）

（十五）统筹利用粮食仓储设施资源。通过参股、控股、融资等多种形式，放大国有资本功能，扩展粮食仓储业服务范围。多渠道开发现有国有粮食企业仓储设施用途，为新型农业经营主体和农户提供粮食产后服务，为加工企业提供仓储保管服务，为期货市场提供交割服务，为"互联网＋粮食"经营模式提供交割仓服务，为城乡居民提供粮食配送服务。（国家粮食局、国家发展改革委、证监会等负责）

五、强化粮食科技创新和人才支撑

（十六）加快推动粮食科技创新突破。支持创新要素向企业集聚，加快培育一批具有市场竞争力的创新型粮食领军企业，引导企业加大研发投入和开展创新活动。鼓励科研机构、高校与企业通过共同设立研发基金、实验室、成果推广工作站等方式，聚焦企业科技创新需求。加大对营养健康、质量安全、节粮减损、加工转化、现代物流、"智慧粮食"等领域相关基础研究和急需关键技术研发的支持力度，推进信息、生物、新材料等高新技术在粮食产业中的应用，加强国内外粮食质量检验技术标准比对及不合格粮食处理技术等研究，开展进出口粮食检验检疫技术性贸易措施及相关研究。（科技部、质检总局、自然科学基金会、国家粮食局等负责）

（十七）加快科技成果转化推广。深入实施"科技兴粮工程"，建立粮食产业科技成果转化信息服务平台，定期发布粮食科技成果，促进粮食科技成果、科技人才、科研机构等与企业有效对接，推动科技成果产业化。发挥粮食领域国家工程实验室、重点实验室成果推广示范作用，加大粮食科技成果集成示范基地、科技协同创新共同体和技术创新联盟的建设力度，推进科技资源开放共享。（科技部、国家粮食局等负责）

（十八）促进粮油机械制造自主创新。扎实推进"中国制造2025"，发展高效节粮节能成套粮油加工装备。提高关键粮油机械及仪器设备制造水平和自主创新能力，提升粮食品质及质量安全快速检测设备的技术水平。引入智能机器人和物联网技术，开展粮食智能工厂、智能仓储、智能烘干等应用示范。（工业和信息化部、国家粮食局、国家发展改革委、科技部、农业部等负责）

（十九）健全人才保障机制。实施"人才兴粮工程"，深化人才发展体制改革，激发人才创新创造活力。支持企业加强与科研机构、高校合作，创新人才引进机制，搭建专业技术人才创新创业平台，遴选和培养一批粮食产业技术体系专家，凝聚高水平领军人才和创新团队为粮食产业服务。发展粮食高等教育和职业教育，支持高等院校和职业学校开设粮食产业相关专业和课程，完善政产学研用相结合的协同育人模式，加快培养行业短缺的实用型人才。加强职业技能培训，举办职业技能竞赛活动，培育"粮工巧匠"，提升粮食行业职工的技能水平。（国家粮食局、人力资源社会保障部、教育部等负责）

六、夯实粮食产业发展基础

（二十）建设粮食产后服务体系。适应粮食收储制度改革和农业适度规模经营的需要，整合仓储设施资源，建设一批专业化、市场化的粮食产后服务中心，为农户提供粮食"五代"（代清理、代干燥、代储存、代加工、代销售）服务，推进农户科学储粮行动，促进粮食提质减损和农民增收。（财政部、国家粮食局、国家发展改革委等负责）

（二十一）完善现代粮食物流体系。加强粮食物流基础设施和应急供应体系建设，优化物流节点布局，完善物流通道。支持铁路班列运输，降低全产业链物流成本。鼓励产销区企业通过合资、重组等方式组成联合体，提高粮食物流组织化水平。加快粮食物流与信息化融合发展，促进粮食物流信息共享，提高物流效率。推动粮食

物流标准化建设，推广原粮物流"四散化"（散储、散运、散装、散卸）、集装化、标准化，推动成品粮物流托盘等标准化装载单元器具的循环共用，带动粮食物流上下游设施设备及包装标准化水平提升。支持进口粮食指定口岸及港口防疫能力建设。（国家发展改革委、国家粮食局、交通运输部、商务部、质检总局、国家标准委、中国铁路总公司等负责）

（二十二）健全粮食质量安全保障体系。支持建设粮食质量检验机构，形成以省级为骨干、以市级为支撑、以县级为基础的公益性粮食质量检验监测体系。加快优质、特色粮油产品标准和相关检测方法标准的制修订。开展全国收获粮食质量调查、品质测报和安全风险监测，加强进口粮食质量安全监管，建立进口粮食疫情监测和联防联控机制。建立覆盖从产地到餐桌全程的粮食质量安全追溯体系和平台，进一步健全质量安全监管衔接协作机制，加强粮食种植、收购、储存、销售及食品生产经营监管，严防不符合食品安全标准的粮食流入口粮市场或用于食品加工。加强口岸风险防控和实际监管，深入开展农产品反走私综合治理，实施专项打击行动。（国家粮食局、食品药品监管总局、农业部、海关总署、质检总局、国家标准委等负责）

七、完善保障措施

（二十三）加大财税扶持力度。充分利用好现有资金渠道，支持粮食仓储物流设施、国家现代粮食产业发展示范园区（基地）建设和粮食产业转型升级。统筹利用商品粮大省奖励资金、产粮产油大县奖励资金、粮食风险基金等支持粮食产业发展。充分发挥财政资金引导功能，积极引导金融资本、社会资本加大对粮食产业的投入。新型农业经营主体购置仓储、烘干设备，可按规定享受农机具购置补贴。落实粮食加工企业从事农产品初加工所得按规定免征企业所得税政策和国家简并增值税税率有

关政策。（财政部、国家发展改革委、税务总局、国家粮食局等负责）

（二十四）健全金融保险支持政策。拓宽企业融资渠道，为粮食收购、加工、仓储、物流等各环节提供多元化金融服务。政策性、商业性金融机构要结合职能定位和业务范围，在风险可控的前提下，加大对粮食产业发展和农业产业化重点龙头企业的信贷支持。建立健全粮食收购贷款信用保证基金融资担保机制，降低银行信贷风险。支持粮食企业通过发行短期融资券等非金融企业债务融资工具筹集资金，支持符合条件的粮食企业上市融资或在新三板挂牌，以及发行公司债券、企业债券和并购重组等。引导粮食企业合理利用农产品期货市场管理价格风险。在做好风险防范的前提下，积极开展企业厂房抵押和存单、订单、应收账款质押等融资业务，创新"信贷＋保险"、产业链金融等多种服务模式。鼓励和支持保险机构为粮食企业开展对外贸易和"走出去"提供保险服务。（人民银行、银监会、证监会、保监会、财政部、商务部、国家粮食局、农业发展银行等负责）

（二十五）落实用地用电等优惠政策。在土地利用年度计划中，对粮食产业发展重点项目用地予以统筹安排和重点支持。支持和加快国有粮食企业依法依规将划拨用地转变为出让用地，增强企业融资功能。改制重组后的粮食企业，可依法处置土地资产，用于企业改革发展和解决历史遗留问题。落实粮食初加工用电执行农业生产用电价格政策。（国土资源部、国家发展改革委、国家粮食局等负责）

（二十六）加强组织领导。地方各级人民政府要高度重视粮食产业经济发展，因地制宜制定推进本地区粮食产业经济发展的实施意见、规划或方案，加强统筹协调，明确职责分工。加大粮食产业经济发展实绩在粮食安全省长责任制考核中的权重。要结合精准扶贫、精准脱贫要求，大力开展粮食产业扶贫。粮食部门负责协调推进粮食产业发展有关工作，推动产业园区建设，加强粮食产业经济运行监测。发展改革、财政部门要强化对重大政策、重大工程和重大项目的支持，发挥财政投入的引导作用，撬动更多社会资本投入粮食产业。各相关部门要根据职责分工抓紧完善配套措施和部门协作机制，并发挥好粮食等相关行业协会商会在标准、信息、人才、机制等方面的作用，合力推进粮食产业经济发展。（各省级人民政府、国家发展改革委、国家粮食局、财政部、农业部、国务院扶贫办等负责）

国务院办公厅
2017 年 9 月 1 日

农业部关于 2017 年农业品牌推进年工作的通知

农市发〔2017〕2 号

各省、自治区、直辖市农业（农牧、农村经济）、农机、畜牧、兽医、农垦、农产品加工、渔业厅（局、委、办），新疆生产建设兵团农业局，部各有关司局、有关直属事业单位和行业协会，有关单位：

为贯彻落实中央经济工作会议、中央农村工作会议、全国农业工作会议的有关精神，加快品牌创建，深入推进农业供给侧结构性改革，提高农业综合效益和竞争力，促进农业增效和农民增收，我部决定将 2017 年确定为农业品牌推进年，现就有关事项通知如下。

一、工作思路

全面贯彻党中央、国务院决策部署，积极践行创新、协调、绿色、开放、共享的发展理念，紧紧围绕推进农业供给侧结构性改革这个主线，以创新为动力，以市场需求为导向，以提高农业质量效益和竞争力为中心，着力强化农业品牌顶层设计和制度创设，加快培育一批具有较高知名度、美誉度和较强市场竞争力的农业品牌。通过开展丰富多彩的品牌创建活动，激发全社会参与农业品牌建设的积极性和创造性，凝聚各方共识，提振发展信心，加速建设进程，确保农业品牌工作取得实质性进展。

二、工作原则

（一）政府推动，市场运作。坚持政府搭台、企业唱戏，构建合作共赢的发展机制。政府部门做好农业品牌推进年总体设计和工作安排，提供必要条件，确保实现既定目标。充分依靠市场手段动员要素，激发市场主体活力，提高社会参与度。

（二）部省协同，合力推进。坚持部省协作、上下联动，形成合力推进农业品牌建设的工作格局。农业部负责顶层设计和统筹指导，推动开展重点工作。各地农业部门主动谋划，积极参与，务求实效，并因地制宜开展相关工作，形成全国共同推进、多点突破、全面开花的工作局面。

（三）创新思路，突出重点。坚持创新发展、问题导向，积极拓宽工作思路，创新工作方法，精准谋划，突出重点，把握节奏，探索模式，构建品牌发展长效机制，发挥品牌引领作用，多方式、多业态、多渠道推动产业发展，确保农业品牌工作取得重要进展。

三、工作内容

（一）完善顶层设计。成立农业部农业品牌工作领导小组，统筹协调全国农业品牌工作。根据《国务院办公厅关于发挥品牌引领作用推动供需结构升级的意见》精神，制定《农业部关于加快推进农业品牌发展的指导意见》，进一步明确我国农业品牌的发展方向、工作重点和实现路径。

时间安排：2017年1～5月

（二）召开中国农业品牌发展大会。组织召开中国农业品牌发展大会，总结交流各地推进农业品牌工作的好做法和好经验，研究部署新时期农业品牌重点工作。同时，套开中国农业品牌发展论坛等活动，展览展示农业品牌建设成果，发布100个国家级农产品区域公用品牌、100个国家级农业企业品牌和100个特色农产品品牌，交流分享发展和建设经验。

时间安排：2017年1～6月

（三）开展特色农产品优势区建设工作。根据各地特色农产品产业发展和建设情况，探索总结成功经验和做法，组织认定首批特色农产品优势区，推动杂粮杂豆、蔬菜瓜果、茶叶蚕桑、花卉苗木、中药材和特色养殖等特色产业提档升级，推进特色农产品品牌建设。

时间安排：2017年1～12月

（四）办好农业展会。办好第十五届中国国际农产品交易会等农业展会，突出品牌成果展示和品牌培育创建。支持地方举办农业展会，推动开展品牌培育塑造和营销促销等活动。

时间安排：2017年5～12月

（五）做好品牌营销推介。举办苹果、大米、水产品、油料等大宗农产品品牌大会，组织开展京津冀品牌农产品对接等营销推介活动。支持各地开展品牌农产品产销对接，加强品牌农产品营销促销。

时间安排：2017年6～12月

（六）加强农业品牌培训和宣传。开展农业品牌专题培训，强化经验交流，推进协同合作，进一步提升农业部门农业品牌建设与管理的能力和水平。加强与中央主流媒体和网络新媒体合作，推出系列宣传活动，强化农业品牌的宣传推广。

时间安排：2017年1～12月

四、工作要求

（一）加强组织协调。各地要高度重视农业品牌推进年工作，加强组织协调和资源统筹，积极参与重点工作。同时，要结合工作实际，加强政策创设，组织开展特色鲜明的品牌活动，加快推动农业品牌建设。

（二）制定工作方案。各地要按照我部农业品牌推进年工作的总体要求，认真谋划，精心安排，尽快制定本地农业品牌推进年的工作方案，提出具体的工作思路和举措，并于2017年3月20日前报送我部。

（三）重视宣传推广。各地要积极调动媒体资源，深入基层和企业，加强农业品牌宣传报道。充分用好新媒体新技术，形成全媒体报道格局，多角度全方位地宣传农业品牌推进年各项活动，提高农业品牌工作的关注度和影响力。

（四）做好活动总结。各地要注重总结农业品牌推进年的工作进展，总结农业品牌建设的好经验好做法，及时报送简报信息，并请于2017年12月10日前提交本地开展农业品牌推进年活动的工作总结。

联系人：刘月姣　白玲，单位：农业部市场与经济信息司流通促进处，电话：010-59193279，59191598，传真：010-59193147，邮箱：nybscc@126.com。

农业部

2017年1月22日

农业部　国家发展改革委　国家林业局关于组织开展"中国特色农产品优势区"申报认定工作的通知

农市发〔2017〕8号

各省、自治区、直辖市及新疆生产建设兵团农业（农牧、农村经济、畜牧、农垦、渔业）厅（局、委、办）、发展改革、林业主管部门，黑龙江省农垦总局、广东省农垦总局，内蒙古、吉林、龙江、大兴安岭、长白山森工（林业）集团公司：

为贯彻落实中央1号文件和中央农村工作会议关于开展特色农产品优势区建设的部署，根据《农业部　中央农村工作领导小组办公室　国家发展改革委　财政部　国家林业局　科技部　国土资源部　环境保护部水利部关于开展特色农产品优势区创建工作的通知》（农市发〔2017〕3号）和《特色农产品优势区建设规划纲要》（征求意见稿）的有关要求，在前期各地争创特色农产品优势区的基础上，经农业部、国家发展改革委、国家林业局研究决定，组织开展"中国特色农产品优势区"（以下简称为"中国特优区"）申报认定工作。现将有关事项通知如下。

一、申报条件

（一）主导品种选择。各地要以《特色农产品优势区建设规划纲要》（征求意见稿）对重点品种（类）和区域布局的总体要求为指导，立足本地产业发展实际，充分挖掘资源文化优势，综合考虑市场消费需求，统筹兼顾粮经产品、园艺产品、畜产品、水产品和林特产品等五大类特色农产品，在重点品种（类）内自主选择特色主导品种，科学合理申报特色鲜明、优势集聚、产业融合、市场竞争力强的中国特优区。

（二）创建区域布局。原则上以县（市、区，林区，垦区）为单位申报。区域内特色主导品种相同、特色产业基础相似、特色产业链条衔接紧密、利益联结机制完善的地级市可单独申报，地级市区域内的部分县（场）也可联合申报。联合申报的地区须加强规划引导，能够有效整合区域内财税、土地、环境、水利、金融等方面的政策，构建起完善的利益分配机制，统筹好中国特优区内产业链条建设，实现产业持续均衡发展。

（三）申报基本要求。拟申报的中国特优区，应符合《中国特色农产品优势区创建认定标准》（附件1）中的创建条件，并达到以下要求。一是产业特色优势显著。产业资源特色鲜明、比较优势明显、产品市场认可、创建措施有力，特色主导产品在全国具有较强代表性和竞争力，具备发展"中国第一，世界有名"特色产业的基础条件。二是市场机制运转有效。产业发展规模适度，产加销、贸工农一体化协调推进，特色主导产品市场供销稳定，市场主体创新能力强，市场管理机制健全。三是推进措施务实具体。地方政府高度重视特色产业发展，在产业支持保护、持续发展、金融政策、价格机制和品牌创建等方面措施有力，取得较好成效。四是引领示范作用突出。在特色产业生产基地、加工基地、仓储物流基地，科技支撑体系、品牌建设与营销体系、质量控制体系等方面经验丰富，对特色产业发展具有较强的带动作用。

二、申报安排

（一）申报数量。根据中国特优区的重点品种（类）和区域布局，此次申报数量为125个。在充分考虑各地农业综合区划、种养传统、生产规模、产业基础及发展潜力等因素基础上，确定了分省申报控制数（附

件2）。

（二）申报程序。省级特优区创建工作领导小组负责本省中国特优区申报工作的统筹安排和组织协调，省级农业部门牵头，联合发展改革、林业等部门负责具体实施工作。地方政府自愿申报，省级特优区创建工作领导小组审核遴选，经省政府同意后统一上报。计划单列市计入本省指标，由所在省统筹安排上报。黑龙江省农垦总局、广东省农垦总局，内蒙古、吉林、龙江、大兴安岭、长白山森工（林业）集团公司直接报送农业部、国家林业局。

（三）申报材料。中国特优区申报主体需填写《中国特色农产品优势区申报书》和《中国特色农产品优势区创建基础数据表》（附件3、附件4），并提供创建工作方案及证明材料。省级特优区创建工作领导小组负责填写《中国特色农产品优势区申报信息汇总表》（附件5），明确推荐顺序，并将纸质材料一式六份（加盖公章，每部门3份）及电子版于2017年8月30日前报至农业部、国家林业局。

三、认定管理

（一）专家委员会。农业部、国家发展改革委、国家林业局将组织成立中国特优区认定专家委员会，选择熟悉中国特优区建设支持政策、长期从事特色产业发展研究、掌握农业农村经济发展形势的专家，开展中国特优区的评价认定、指导咨询以及绩效考核等工作。

（二）指标体系。围绕中国特优区的内涵与主要特征，从资源禀赋、产业发展、科技支撑、质量控制、品牌建设、利益机制、绿色发展和管理保障八个方面，制定了定量与定性相结合的中国特优区创建认定标准。

（三）评审公示。为确保评审结果公开、公平、公正，农业部、国家发展改革委、国家林业局组织中国特优区认定专家委员会根

据中国特优区创建认定标准，对各地申报材料进行评审，提出中国特优区认定名单。名单确认后，在中国农业信息网、中国林业网进行公示，公示期为5个工作日。

（四）发布反馈。公示无异议后，农业部、国家发展改革委、国家林业局联合发文予以认定。对达到创建条件、暂未达到认定条件的，中国特优区认定专家委员会将向申报主体反馈填平补齐建设重点和建议。

四、有关要求

（一）加强组织领导。各省级特优区创建工作领导小组及相关单位要高度重视，加强组织领导，明确任务分工，坚持公开公平公正和自愿原则，组织做好申报工作。

（二）严把材料质量。各省级特优区创建工作领导小组要严格按照国家建设重点，择优选择品种和区域，严格审核申报材料，确保申报材料的完整性、真实性和准确性。

（三）按时报送材料。中国特优区申报工作时间紧、要求高，各省及垦区、林区要迅速组织开展申报工作，科学确定推荐名单，在规定时间内完成报送。对于数据不实、材料不全或滞后报送的将不纳入本次申报认定范围。

联系方式：

农业部市场与经济信息司

联系人：沈国际

电　话：010-59193102，010-59193147（传真）

电子邮件：nybscc@126.com

国家发展改革委农村经济司

联系人：李东

电　话：010-68502177，010-68502631（传真）

电子邮件：ny68502631@163.com

国家林业局农村林业改革发展司

联系人：李斌

电　话：010-84238203，010-84239372（传真）

电子邮件：lxjj8203@163.com

附件：1. 中国特色农产品优势区创建认定标准

2. 2017年各省中国特色农产品优势区申报控制数

3. 中国特色农产品优势区申报书

4. 中国特色农产品优势区创建基础数据表

5. 中国特色农产品优势区申报信息汇总表

6. 中国特色农产品优势区联系表

农业部

国家发展和改革委员会

国家林业局

2017年8月10日

农业部关于印发《"十三五"全国农产品质量安全提升规划》的通知

农质发〔2017〕2号

各省、自治区、直辖市及计划单列市农业（农牧、农村经济）、农机、畜牧、兽医、农垦、农产品加工、渔业（水利）厅（局、委、办），新疆生产建设兵团农业局、水产局，部直属单位：

为贯彻落实党中央、国务院决策部署，稳步提升农产品质量安全水平，确保农业产业健康发展和公众"舌尖上的安全"，我部研究编制了《"十三五"全国农产品质量安全提升规划》。现印发你们，请结合实际，认真贯彻执行。

农业部

2017 年 3 月 8 日

"十三五"全国农产品质量安全提升规划

农产品质量安全关系公众身体健康和农业产业发展，是农业现代化建设的重要内容。"十三五"是全面建成小康社会的决胜阶段，对强化农产品质量安全监管、提升农产品质量安全水平提出了新的更高要求。根据《国民经济和社会发展第十三个五年规划纲要》《"健康中国 2030"规划纲要》《"十三五"国家食品安全规划》和《全国农业现代化规划（2016—2020 年）》部署要求，制定本规划。

一、"十二五"农产品质量安全工作进展

"十二五"时期，各级农业部门认真贯彻中央决策部署，紧紧围绕"两个千方百计、两个努力确保、两个持续提高"目标，坚持产管并举，全面强化农产品质量安全工作，取得了阶段性的进展。2015 年全国蔬菜、畜禽和水产品例行监测合格率为 96.1%、99.4%和 95.5%，分别比"十一五"末提高 3.0、0.3 和 4.2 个百分点；5 年间没有发生重大农产品质量安全事件，重大活动保障有力。农产品质量安全形势总体平稳向好，为农业农村经济实现稳中有进、稳中提质、稳中增效做出了贡献。

——监管队伍基本构建。全国所有省（区、市）、86%的地市、75%的县（区、市）、97%的乡镇建立了农产品质量安全监管机构，落实监管人员 11.7 万人。30 个省（区、市）、276 个地市和 2 332 个县（区、市）开展了农业综合执法。组织开展全国农产品检测技术比武练兵活动，不断提高执法

检测的能力和水平。深化实施全国农产品质量安全检验检测体系建设规划，支持建设部、省、地、县四级农产品质检机构 3 332 个，落实检测人员 3.5 万人，每年承担政府委托检测样品量 1 260 万个。

——标准化生产全面启动。制定农药残留限量标准 4 140 项、兽药残留限量标准 1 584 项，基本覆盖我国常用农兽药品种和主要食用农产品。制定发布农业行业标准 5 121 项，各地制定农业生产技术规范 1.8 万项。创建园艺作物标准园、热带作物标准化生产示范园、畜禽养殖标准化示范场和水产健康养殖示范场 10 059 个，创建标准化示范县 185 个。全国有效期内的无公害、绿色、有机和地理标志产品总数达到 10.7 万个。

——执法监管深入推进。持续实施农药、"瘦肉精"、生鲜乳、兽用抗菌药、水产品、生猪屠宰、农资打假等专项治理行动。全国共查处各类问题 17 万余起，查处案件 6.8 万件。三聚氰胺连续 7 年监测全部合格，"瘦肉精"监测合格率处于历史最好水平。国家例行监测范围扩大到 151 个大中城市、117 个品种、94 项指标，基本涵盖主要城市、产区、品种和参数。各地例行监测工作全面启动，监督抽查和专项监测依法开展。

——应急处置水平大幅提高。考核认定 100 家农产品质量安全风险评估实验室和 145 家风险评估实验站，对隐患大、问题多的农产品品种和环节组织开展农产品质量安全专项评估，广泛开展农产品质量安全政策咨询、科普解读、热点回应、宣传培训等工作。建立全天候舆情监测制度和上下联动、区域协同、联防联控的应急机制，妥善处置农产品质量安全突发问题。

——质量安全县创建扎实开展。按照国务院统一部署，全面开展国家农产品质量安全县创建，命名首批 107 个国家农产品质量安全县，30 个省同步开展了省级创建工作，创建省级农产品质量安全县 477 个。推动各

地落实责任、加大投入、创新机制,大力推进监管体系建设、标准化生产、全链条监管、全程可追溯管理和诚信体系建设。

——监管制度机制逐步理顺。全国人大常委会修订了《食品安全法》,国务院对食品安全监管体制进行重大调整。农业部、食品药品监管总局签订了农产品质量安全全程监管合作协议,联合印发了加强农产品质量安全监管工作指导意见,厘清职责分工,建立无缝衔接工作机制。农业部加快推进国家农产品质量安全追溯管理信息平台建设,组织各地开展追溯试点,努力建立"从农田到餐桌"全链条监管体系。

但同时,农产品质量安全问题和风险隐患仍然存在,农兽药残留超标和产地环境污染问题在个别地区、品种和时段还比较突出。由于农产品质量安全工作起步晚、基础弱,基层缺人员、缺经费、缺手段的情况仍较普遍,个别地方监管责任不落实、工作难到位的现象时有出现。公众对农产品的要求已从过去只求吃饱变成吃好、吃得安全放心和营养健康,农产品质量安全已成为全面建成小康社会、推进农业现代化需要着力解决的重大问题。

二、指导思想、基本原则和发展目标

(一)指导思想

深入贯彻党的十八大及十八届三中、四中、五中、六中全会和习近平总书记系列重要讲话精神,牢固树立并切实贯彻绿色发展理念,坚持质量兴农,把农产品质量安全作为推进农业供给侧结构性改革、建设现代农业和健康中国的重要任务,坚持"产出来""管出来"两手抓、两手硬,大力推进标准化生产、绿色化发展、规模化经营、品牌化创建、法制化监管,带动农业转型升级,提高质量效应,逐步探索出一套符合中国国情和农情的农产品质量安全监管模式,切实保障农业产业健康发展和公众"舌尖上的安全"。

(二)基本原则

1. 源头治理,全程管控。强化农产品产地安全管理,综合防治农业面源污染,严格农业投入品监管,大力推进农产品标准化、绿色化、规模化、品牌化生产,建立"从农田到餐桌"的全程质量管控体系。

2. 突出重点,风险防范。抓住农产品质量安全领域矛盾最突出、需求最迫切的重大问题,集中力量实施专项整治。开展农产品质量安全风险监测、风险评估和风险预警,努力消除隐患和防患于未然。

3. 部门联动,分级负责。界定责任分工,加强部门协调配合,消除监管空白,形成监管合力。全面落实属地管理责任,提升生产经营主体责任意识。

4. 创新驱动,社会共治。推进农产品质量安全科技创新和体制机制创新,充分运用大数据与现代信息技术,积极探索有效监管模式。加快农业信用体系建设,调动各方面参与农产品质量安全工作,形成社会共治格局。

(三)发展目标

力争通过 5 年努力,全面提升农产品质量安全源头控制能力、标准化生产能力、风险防控能力、追溯管理能力和执法监管能力。

——农产品质量安全水平稳步提升,主要农产品例行监测合格率稳定在 97% 以上;系统性、区域性的问题隐患得到有效解决,违法违规行为明显遏制,确保不发生重大农产品质量安全事件。

——农兽药残留限量标准总数达到 1 万项,覆盖所有批准使用的农兽药品种和相应农产品;全国"菜篮子"主产县规模以上生产主体基本实现标准化生产。"三品一标"年均增长 6% 以上。

——全国农产品质量安全追溯体系基本建立,农业产业化国家和省级重点龙头企业、有条件的"菜篮子"产品及"三品一标"规模生产主体率先实现可追溯，品牌影响力逐步扩大，生产经营主体的质量安全意识明显增强。

——国家农产品质量安全县创建基本覆盖"菜篮子"大县，探索形成因地制宜、产管并举、全程控制的县域监管模式。

三、主要任务

（一）大力推进农业标准化

1. 完善标准体系。实施《加快完善农兽药残留标准体系行动方案》，加快制定农兽药残留、畜禽屠宰、饲料安全、农业转基因等国家标准，完善促进农业产业发展和依法行政的行业标准，基本实现农产品生产有标可依、产品有标可检、执法有标可判。支持地方加强标准集成转化，制定与国家标准、行业标准相配套的生产操作规程，让农民易学、易懂、易操作。鼓励规模生产主体制定质量安全内控制度，实施严于食品安全国家标准的企业标准。积极参与或主导制定国际食品法典等国际标准，开展技术性贸易措施官方评议，加快推进农产品质量安全标准和认证标识国际互认。

2. 强化标准实施。开展农业标准化示范区（县）创建和园艺作物、畜禽水产养殖、畜禽屠宰加工标准化示范创建。鼓励各地因地制宜创建农业标准化生产示范园（区）、示范乡（镇）、示范场（企业、合作社），推动全国"菜篮子"大县的规模种养基地全程按标生产。推进新型农业经营主体和农业示范园（区）率先实行标准化生产，通过"公司＋农户""合作社＋农户"等多种方式发展规模经营，建立质量安全联盟，带动千家万户走上规范安全生产轨道。把农产品质量安全知识纳入新型职业农民培训、农业职业教育、农村实用人才培养等培训计划，每年培训100万人次以上。

3. 推进"三品一标"发展。加快发展无公害农产品，积极发展绿色食品，因地制宜

发展有机农产品，稳步发展地理标志农产品，打造一批知名区域公共品牌、企业品牌、农产品品牌，以品牌化引领农业标准化生产。加大政策扶持力度，支持创建"三品一标"生产基地，全面推行质量追溯管理，推动规模生产经营主体发展"三品一标"。借助农产品展示展销活动和网络电商平台，开展"三品一标"宣传推介，提高安全优质农产品的品牌影响力和市场占有率。严格"三品一标"产品的准入条件，加强"三品一标"证后监管，提高"三品一标"品牌公信力。

（二）扎实推进全程执法监管

1. 加强产地环境治理。坚定不移打好农业面源污染治理攻坚战，强化废旧农膜、秸秆、畜禽粪便综合利用，切断污染物进入农田的链条。完善农产品产地环境监测网络，开展农产品产地环境与对应农产品质量安全协同监测评估，切实摸清污染底数。根据监测结果推行产地分级管理，加强耕地重金属污染治理。实施耕地质量保护与提升行动，科学保护和合理利用水资源，保证农业种养殖用水安全。

2. 严格投入品监管。深入开展化肥农药零增长行动和兽用抗菌药治理行动，实施果菜茶有机肥替代化肥计划，推行统防统治、绿色防控、配方施肥、健康养殖和高效低毒农兽药使用等质量控制技术。严格农业投入品登记许可制度，依法推行高毒农药定点经营和实名购买，指导农资生产经营者建立电子化购销台账。构建农资打假省际协调联动网络，实行假劣农资案件线索共享、案件通报、联防联控，强化大要案件查处。

3. 强化生产督导巡查。开展日常巡查检查，督促生产经营主体按标生产、合理用药、科学施肥，落实禁限用规定和休药间隔期、生产记录等制度。推动县级以上农业部门建立规模生产经营主体监管名录，根据风险监测和日常巡查情况实施风险分级管理，对违法主体增加抽检频次，情节严重的列入黑名

单实行联合惩戒。发挥乡镇监管服务机构和村级协管员作用，构建网格化监管体系，对普通散户开展巡查指导和宣传引导，实现监管工作县、乡、村三级全覆盖。加强农产品从采收到进入批发市场、零售市场和加工企业前收贮运环节的监管，采取质量追溯、安全承诺、出具合格证等方式，督促收贮运主体自觉履行责任。

4. 深化专项整治。聚焦非法添加、违禁使用、制假售假、私屠滥宰等突出问题，开展农产品质量安全专项治理行动，保持高压态势，严厉打击违法违规行为，切实解决面上存在的风险隐患。对风险高、隐患大的农产品，在重点环节、重点时段和重点区域加大执法抽检频次，定期曝光典型案例，有效形成执法监管的震慑力。加强行政执法与刑事司法衔接，按照有关法律规定和司法解释严惩重处违法犯罪行为。严格生猪定点屠宰和奶站管理，全面落实畜禽屠宰企业、奶站质量安全主体职责，落实屠宰进场检查登记、肉品检验、"瘦肉精"自检等制度。健全病死畜禽水产品和不安全农产品无害化处理制度，认真落实畜禽无害化处理措施。

（三）全面强化风险监测评估预警

1. 健全监测网络。科学界定各级农业部门农产品质量安全监测职责，倡导部省以风险监测为主，省地以监督抽查为主，县乡以速测筛查为主，避免上下一般粗、监测指标重叠、监测对象重复。依法推进政府购买第三方检测服务。制定全国统一的农产品质量安全监测计划，形成以国家为龙头、省为骨干、地市为基础、县乡为补充的农产品质量安全监测网络。深化农产品质量安全例行监测和监督抽查，深入实施农兽药残留、水产品药物残留、饲料及饲料添加剂监控计划，增加监测样本量，保证监测工作的代表性、连续性和系统性。建立监督抽查发现问题、查处问题的激励机制。加强监测结果的会商分析，建立监测信息报告制度，逐步实现全

国农产品质量安全监测信息互联互通、监测数据统一共享、监测结果互认共用。

2. 推进风险评估。深入实施农产品质量安全风险评估计划，将"菜篮子"和大宗粮油产品全部纳入评估范围，摸清风险因子种类、危害程度、产生原因，跟进实施科学研究和技术攻关，提出各类农产品全程管控的关键点及技术规范和标准制修订建议。各地结合产业实际，逐个品种开展风险隐患摸底排查，有针对性地采取管控措施，推动风险评估服务于产业发展和执法监管。依托农产品主产区（基地、企业、合作社、家庭农场、种养"大户"），规划设定一批农产品质量安全风险评估国家观测点，动态观测农产品质量安全风险隐患消长变化情况及趋势。全面开展农产品营养功能和品质规格评价，为优势农产品区域布局和绿色优质农产品品牌创建提供技术支撑，指导优质农产品品牌化发展，引导居民科学膳食和健康消费。

3. 加强应急处置。制定和修订农产品质量安全应急预案，明确任务分工，完善相关应急程序和制度，建立快速反应、信息通畅、上下协同、跨区联动的应急机制。配备必要的装备和物资，强化指挥调度能力建设，经常性开展演练和培训，切实提升全系统应急保障水平。强化舆情监测和分析研判，及时掌握舆情动态，做到心中有数、快速反应。加强应急值守，有力有序有效处置各类突发问题，及时消除风险隐患，将负面影响降到最低程度。

4. 强化风险交流。高度重视并妥善应对农产品质量安全虚假信息和谣言传言，及时进行科普辟谣，研究建立健全谣言治理机制。针对公众关注的热点敏感问题，积极利用微信、网络、电台、报纸、图书等形式，开展常态化多样化的风险交流和科普宣传，提升公众质量安全意识和科学识别判断能力。加强农产品质量安全专家组建设，组织开展政

策咨询、产地调研、技术指导、科普解读等工作，将专家组打造成监管工作的重要智囊和"外脑"。建立稳定有效的风险交流机制，畅通政府、企业、公众、媒体和专家之间的风险交流渠道。

（四）加快建设追溯体系

1. 推进平台建设。实施国家农产品质量安全追溯管理信息平台建设项目，完善追溯管理核心功能。按照"互联网＋农产品质量安全"理念，拓宽追溯信息平台应用，扩充监测、执法、舆情、应急、标准、诚信体系和投入品监管等业务模块，建设高度开放、覆盖全国、共享共用、通查通识的智能化监管服务信息平台。出台国家农产品质量安全追溯管理办法，建立统一的编码标识、信息采集、平台运行、数据格式、接口规范等关键技术标准和主体管理、追溯赋码、索证索票等追溯管理制度。推动各地、各行业已建的追溯平台与国家追溯信息平台实现对接，实现追溯体系上下贯通、数据融合。

2. 实施追溯管理。组织部分基础条件好的省份开展追溯信息平台试运行工作。选择苹果、茶叶、生猪、生鲜乳、大菱鲆等农产品统一开展追溯试点。优先将国家级和省级龙头企业以及农业部门支持建设的各类示范基地纳入追溯管理。鼓励有条件的规模化农产品生产经营主体建立企业内部运行的追溯系统，带动追溯工作全面展开，实现农产品源头可追溯、流向可跟踪、信息可查询、责任可追究。积极推行食用农产品合格证制度，强化生产经营主体责任。探索追溯工作与项目支持相挂钩的工作机制，争取追溯试点奖补政策，鼓励社会资本介入，为规模生产经营主体配备追溯必需的信息化设备，调动其开展追溯的积极性。发挥追溯机制倒逼作用，推动生产经营者增强自律意识，自觉落实安全控制措施，更好地树立品牌形象，提高市场竞争力，促进产业提质增效。

3. 推动智慧监管。利用互联网、大数据、云计算与智能手机等新型信息技术成果，探索运用"机器换人""机器助人"等网络化、数字化新技术和新型监管方法，推动农产品质量安全监管方式改革创新。借助互联网监管服务平台、手机终端APP、手持执法记录仪和移动巡检箱等设施设备，实现实时监管和风险预警，切实提升监管效能。加强数据收集挖掘和综合分析，探索农产品质量安全大数据分析决策，研判趋势规律，锁定监管重点，实行精准监管。

（五）深入推进质量安全县创建

1. 扩大创建规模。继续抓好首批创建试点工作，根据创建总体安排并结合各地试点情况，进一步修改完善国家农产品质量安全县创建活动方案、考核要求和管理办法。按照县创、省评、部公布征询意见的方式，每年确定一批县（区、市）作为创建试点单位，力争"十三五"末覆盖到所有"菜篮子"大县。统筹建立质量安全县创建扶持政策和激励机制，加大项目安排、资金投入等方面倾斜力度，为创建工作提供有力保障。

2. 提升创建水平。加强创建工作的调研督导和宣传培训，督促试点县（区、市）人民政府落实属地管理责任，加大投入力度，实施全程监管，创新制度机制，提高监管能力和水平，真正做到生产标准化、发展绿色化、经营规模化、产品品牌化、监管法制化、率先实现网格化监管体系全建立、规模基地标准化生产全覆盖、从田头到市场到餐桌的全链条监管、主要农产品质量全程可追溯和生产经营主体诚信档案全建立。加强国家农产品质量安全县命名后的监督管理，实行定期考核、动态管理，对考核不合格或发生重大农产品质量安全事故的，严格执行退出机制，保证农产品质量安全县的示范引领和公信力。

3. 发挥辐射带动作用。鼓励各创建试点单位针对监管重点难点问题，形成一批可推广可复制的经验做法，把质量安全县打造成

"标准化生产、全程监管、监管体系建设和社会共治"的四个样板区。加强对创建工作的统筹调度，及时转化创建成果，推广好经验好做法，充分发挥质量安全县创建的示范辐射带动作用。鼓励各地因地制宜开展省级农产品质量安全县创建和农产品质量安全乡（镇）创建，调动各方面资源共同参与创建工作，营造人人关心、人人参与、共建共享的良好氛围。

（六）着力加强监管队伍能力建设

1. 健全监管队伍。全面落实国办《关于加强农产品质量安全监管工作的通知》（国办发〔2013〕106号），建立健全农产品质量安全监管机构，"菜篮子"大县全部建立监管机构，充实监管人员，落实监管经费。推进乡镇农产品质量安全监管服务机构标准化建设，统一明确乡镇监管站（所）的机构职能、人员配备、设施能力、管理制度和工作开展等要求，通过"特岗计划"等方式为乡镇充实一批专业技术人员。支持有条件的地区，加快配备村级农产品质量安全协管员，协助开展技术指导服务和督导巡查工作。加强农业综合执法队伍建设，将农产品质量安全作为农业综合执法重要任务。组织开展农产品质量安全法律法规、标准、认证、质量安全县创建、追溯管理、应急处置等培训。加强国际交流合作，学习借鉴国外风险评估、全程控制先进技术，培养农产品质量安全国际交流与合作的专业人才。

2. 提升检测能力。加强农产品质检体系建设和运行管理，加快投资建设项目实施进度，强化已验收项目质检机构的资质认定与考核，督促地方充实检测人员，落实工作经费。按照大农业架构和综合建设方向，稳步推进农业系统检验检测资源整合，逐步形成与食品安全检验检测相互衔接、并行共享的全国统一的农产品质量安全检验检测体系。积极推动实施农产品质量安全检测员职业资格制度，开展农产品质量安全检测技术比武、岗位练兵和技术培训，不断提升检测人员的能力素质和技术水平。

3. 加强硬件装备配置。实施农产品质量安全工程，强化农业执法监管能力建设，建立省级监管指挥调度中心和县级追溯点。改善监管条件，逐步为县级农产品质量安全监管机构配备日常巡查、执法交通、案件受理、取证检测等装备，根据需求配备必要的不合格农产品无害化处理设备，加强基层农产品质量安全监管机构办公场所标准化建设，重点建设提升50家国家农产品质量安全风险评估实验室和50家主产区农产品质量安全风险评估实验站的评估能力。

4. 强化科技支撑。实施农产品质量安全科技创新战略，将农产品质量安全纳入国家重大科学研究重点，开展农产品质量安全全程控制技术研究，研发快速、精准、便捷的农产品质量安全监测评估技术、分析方法、标准物质和仪器设备，研究建立农产品等级规格品质标样和数据库。积极推进农产品质量安全现代产业技术体系和各大类农产品质量安全与营养品质评价研究岗位的设立，扩充一批农产品质量安全学科重点实验室和科学数据中心（分中心）。强化农产品质量安全科研人才队伍建设，推进省级农产品质量安全专业技术研究机构全覆盖和整建制研究能力提升，推动地方设立农产品质量安全科技规划项目。鼓励和支持科研院所、大专院校、公司、学会等积极参与推动农产品质量安全科技进步。

（七）健全完善制度机制

1. 推动法制建设。加快推进《农产品质量安全法》修订，尽快实现与新的《食品安全法》等相关法律法规的有机衔接。不断完善农业投入品、畜禽屠宰、监督抽查、质量追溯、风险评估、生产经营主体责任等法规制度，配套制定相关实施细则和管理规范。推动农产品质量安全地方立法，健全农产品质量安全全程监管法律制度。

2. 加强协作联动。强化与卫生计生、工

商、食药、公安等部门的协调配合，加强部门会商研判和协同合作，健全产地准出与市场准入、行政执法与刑事司法衔接机制，构建联席会商、信息通报、案件移送、涉案产品处置等协作机制，联合开展重大问题调研、重大问题整治和重大案件查处；动员和利用现有农业行政、执法、检测、"三品一标"、风险评估、科研推广等公共资源，聚焦重点任务，落实监管责任，加快推动形成上下贯通、相互联动的农产品质量安全监管工作机制。

3.实施社会共治。支持社会力量参与农产品质量安全监督，建立农产品质量安全和农资打假举报投诉奖励制度，畅通投诉举报渠道。依法公开行政许可、行政处罚、监督抽查等信息，实现监管工作透明公开。推进农产品质量安全信用和农业征信体系建设，构建农产品质量安全信用数据库，完善信用信息归集、共享、公开、应用机制。鼓励相关行业协会开展信用评价和行业自律，引导农业投入品和农产品生产经营者自觉遵守农产品质量安全相关法律法规和技术规范。

四、保障措施

（一）加强组织领导。各级农业部门要将农产品质量安全作为质量兴农、推进农业供给侧结构性改革、加快转变农业发展方式、推动现代农业建设和保障公众健康的重要内容，纳入农业农村经济发展总体规划统筹推进。各地要结合本地区、本行业实际，制定切实可行的农产品质量安全提升规划或发展意见，细化目标任务，明确职责分工，加大推进力度。

（二）加大政策扶持。积极争取发改、财政、科技等部门支持，加大农产品质量安全执法监督、风险评估、例行监测、监督抽查、投入品管理、标准制修订和质量安全县创建等工作的支持力度，推动建立农产品质量安全县、"三品一标"、农产品质量追溯等财政奖补政策。探索建立政府、企业、社会等多元化的农产品质量安全投入机制，鼓励和引导社会资金推动农产品质量安全事业。

（三）强化责任落实。按照"守土有责、党政同责"要求，进一步明确和夯实地方政府对农产品质量安全属地管理责任。研究制定农产品质量安全执法监管规范，细化责任分工，通过签订责任状、致函、约谈、通报等形式，推动逐级监管责任落实。加强农产品生产经营者宣教培训，提高其诚信守法意识和质量安全管理水平，落实生产经营主体责任。健全责任追究机制，坚决惩治监管不作为、乱作为现象，确保各项措施落到实处。

（四）严格考核评价。推动各地将农产品质量安全工作纳入地方政府绩效考核范围，对农产品质量安全监管机构建立、质量安全县创建、质量安全追溯管理、农业投入品执法、"三品一标"发展、例行监测、督导检查、条件保障和经费预算落实等重要指标进行量化考核。对工作表现突出、成效优异的单位和个人，适时予以表扬。农业部将加强对本规划实施情况的督导检查，定期组织考核评价。

江苏省关于加快推进农产品品牌建设的意见

苏农市〔2017〕1号

各市、县（市、区）农工办（农工部、农工委）、农委（农业局、农林局、林牧业局）：

品牌化是农业现代化的标志。为更好发挥品牌引领作用，推进农业供给侧结构性改革，推动现代农业建设迈上新台阶，现就加快推进农产品品牌建设提出以下意见：

一、充分认识推进农产品品牌建设的重要性

习近平总书记对品牌建设高度重视，提出"品牌是信誉的凝结"，"要大力培育食品品牌，用品牌保证人们对产品质量的信心"，"推动中国产品向中国品牌转变"。《国务院办公厅关于发挥品牌引领作用推动供需结构升级的意见》（国办发〔2016〕44号）明确要抓紧"实施供给结构升级工程""增加优质农产品供给""打造农产品品牌和地理标志品牌"。《全国农业现代化规划（2016—2020年）》指出，要"提升品牌带动能力""构建农业品牌制度""打造一批知名公共品牌、企业品牌、合作社品牌和农户品牌"。《江苏省"十三五"推进农业现代化规划》《江苏省政府办公厅关于推进农村一二三产业融合发展的实施意见》（苏政办发〔2017〕4号）以及《江苏省"十三五"现代农业发展规划》都对农产品品牌建设提出了明确要求。推进农产品品牌建设，已经成为推动农业转方式、调结构，加快推进农业现代化的一项紧迫任务。各地要充分认识农产品品牌建设的重要性、紧迫性，把农产品品牌建设作为推进农业供给侧结构性改革的重要内容，加大扶持，加强引导，积极培育、保护和发展农产品品牌，促进农业提质增效转型升级，助推江苏率先实现农业现代化。

二、明确农产品品牌建设的总体要求、基本原则和目标任务

（一）总体要求

以习近平总书记关于品牌建设的重要指示精神为指引，牢固树立和贯彻落实创新、协调、绿色、开放、共享的发展理念，紧紧围绕农业供给侧结构性改革这一主线，切实发挥品牌引领作用，大力实施"苏牌"农产品品牌创建行动，加快推进标准化生产、产业化经营、市场化运作，集中力量培育一批品质优良、产品竞争力强、市场美誉度高的农产品著名品牌和区域公用品牌，推进农业产业结构向中高端发展，提升农业质量效益和市场竞争力，推动现代农业建设迈上新台阶。

（二）基本原则

——坚持市场主导。充分发挥市场在资源配置中的决定性作用，引导新型农业经营主体增强品牌意识，有效整合资源优势、生态优势、文化优势，打造农产品品牌、树立良好形象，创建独具特色的江苏农产品品牌形象。

——坚持政府推动。强化政府公益服务，完善品牌发展政策体系，加强品牌展示展销与宣传推介，建设一批品牌专业化服务平台，为农产品品牌创建提供有效服务，营造农产品品牌培育、发展与保护的良好环境。

——坚持创新驱动。鼓励品牌创建主体加强管理方式创新、发展模式创新，加大技术研发投入，积极开发具有自主知识产权的新技术、新产品，增强品牌发展活力、潜力和后劲，提高农产品品牌整体竞争力。

——坚持协同推进。充分发挥企业的主体作用、政府的推动作用、行业协会的自律作用、专家的指导作用和媒体的传播作用，鼓励社会公众共同参与、生产者与消费者良性互动，形成齐抓共管、共建共享新格局。

（三）目标任务

到2020年，全省初步建成"三品一标"为基础、企业品牌为主体、区域公用品牌为龙头的农产品品牌体系，培育形成一批标志性的江苏农产品著名品牌。

——农产品品牌培育取得显著成效，累计培育江苏名牌产品280个，农产品地理标志60个，分区域、分品种、分层级打造一批

在全省乃至全国有影响力的农产品区域公用品牌；

——农产品商标得到广泛注册和使用，获得中国驰名商标认定保护的农产品商标总数达到 50 件，累计培育江苏省著名商标 500 件；

——品牌农产品质量明显提高，种植业食用农产品"三品"产量比重达到 55%，品牌农产品质量安全总体合格率稳定在 98%以上；

——农产品品牌对现代农业推动作用明显增强，江苏农产品品牌名录中的品牌农产品销售额年增长 8%以上，农产品品牌的影响力不断提升。

三、夯实农产品品牌培育基础

（四）大力推进农业标准化生产。深入实施以质取胜战略，把农业标准化生产与农产品品牌培育紧密结合起来，完善农业标准化体系和品牌农产品质量标准体系，提升农产品质量竞争力。加大农业地方标准的制修订力度，健全覆盖农产品产地环境、生产过程控制、采收贮藏运输等关键环节的农业标准体系。推行品牌农产品标准化生产，做到产前、产中、产后各环节都有技术标准和操作规范，实行全过程标准化管理。推进实施农业标准化试点示范，支持国有农场、龙头企业、农民合作社等率先实现农业标准化生产。

（五）着力强化农产品质量过程监管。实行产地准出和市场准入制度，推进农产品质量安全追溯体系建设，健全从农田到市场的监管体系。探索建立农产品质量安全全程追溯协作机制，完善省级追溯管理信息平台，推进部省市县平台互联互通。创建一批国家级和省级农产品质量安全县，探索建立有效的县域农产品质量安全监管模式。全省农产品质量安全总体合格率稳定在 97%以上，消费者对农产品质量安全满意度不断提升。

（六）实施"三品一标"质量品牌建设工程。大力发展无公害农产品、绿色食品、有机农产品、农产品地理标志，扩大"三品一标"农产品覆盖面，调优"三品一标"农产品结构，扩大安全优质农产品生产规模。加大绿色食品标准化生产技术推广应用，创建一批无公害农产品、绿色食品、有机农产品和农产品地理标志生产示范基地。力争到 2020 年，全省"三品一标"有效数稳定在 1.7 万个以上，种植业食用农产品"三品"产量占食用农产品产量比重每年提高 5 个百分点。

四、加大农产品品牌培育力度

（七）增强新型农业经营主体品牌意识。加快引导农业龙头企业、农民合作社、家庭农场等新型农业经营主体提高品牌化发展意识，主动适应市场化、信息化和消费升级的要求，培育发展自主品牌。鼓励农业龙头企业整合资源，促进农民合作社规范提升、抱团发展，推进家庭农场集群集聚，形成协同打造品牌农业建设的利益共同体。推动农产品行业协会开展行业自律，强化协作，推进联合联盟发展，引领带动新型农业经营主体打造品牌、推介品牌、树立品牌。

（八）培育发展各类农产品品牌。积极挖掘区域资源，塑造地方优势产业主导产品，引导优势农产品和特色农产品向优势产区集中，打造优势农产品产业带，形成建设一个基地、带动一个优势产业、培育一系列品牌产品的格局。鼓励、引导、支持农业生产经营主体依托优势产业特色产品，申请注册商标，争创中国驰名商标、江苏省著名商标、江苏名牌产品，打造多元丰富的品牌体系。建立农产品品牌评价、推介机制，定期向社会推介一批影响大、效益好、辐射带动强的"江苏农产品著名品牌"。

（九）打造农产品区域公用品牌。引导

各类农产品品牌创建主体加强联合与协作，借助原产地保护、地理标志保护等手段，共同打造农产品"地域名片"。充分发挥农产品行业协会等社会组织的作用，鼓励通过"公用品牌＋行业协会＋农户""公用品牌＋企业＋农户"等形式，发展"母子"品牌、全产业链品牌以及品牌联盟等模式，积极打造农产品区域公用品牌。力争到2020年，全省入选"中国农产品区域公用品牌价值排行榜"的农产品区域公用品牌达到40个。

（十）提高品牌科技含量。加快农业品种、农业重大技术、农业新兴产业科技创新步伐，突出种源农业、生物农业、设施农业、生态农业、农产品加工流通、信息农业等重点领域，尽快形成一批"苏"字头农业自主创新成果。推进品牌创建主体加强产学研联合，加大新品种引进、新技术运用、新产品开发力度，不断提升农产品品牌的生机与活力。充分利用移动互联网、大数据、云计算等科技手段，在产品开发、创意设计、用户体验、市场营销等方面加强创新，满足多样化消费新需求。

五、创新农产品品牌推介方式

（十一）做大做强推介平台。发挥好各类农产品展示展销平台作用，做优做响江苏国际农业展览中心、上海西郊国展中心江苏名优农产品展销馆、苏宁易购中华特色馆·江苏馆、京东商城江苏农产品馆等，通过设立专台、专柜、专栏，推介江苏农产品品牌，提高品牌农产品销售比例。开展"最受消费者喜爱的江苏农产品品牌""江苏最有影响力的农产品品牌"推介活动，提升品牌农产品的知名度，增强消费者对品牌农产品的消费信心，引导生产经营者发展壮大农产品品牌。

（十二）加大展示展销力度。充分利用农产品推介会、展示展销会、评奖评优活动以及"互联网＋"等平台，加大品牌农产品展

示展销力度，增强品牌影响力，提升品牌美誉度。利用赴欧美、东盟、日韩等境外促销活动，向国际市场推介江苏农产品品牌。引导各地结合实际，因地制宜，针对不同产品、不同目标市场，搭建不同层次、不同功能的平台，通过建设优质农产品展示展销中心、利用地方农事和节庆活动等形式，扩大品牌知名度。

（十三）创新品牌营销模式。引导品牌创建主体大力发展新型营销模式，实现线上、线下结合，生产、经营、消费无缝对接。支持和鼓励品牌创建主体在国内大中城市或大型批发市场、超市等固定场所，建立直营店、专卖店、连锁店，进行专柜专销、直供直销，常年展示和销售江苏品牌农产品。支持品牌创建主体组建产销联盟，协作拓展国内外市场，形成互利共赢格局。

六、健全农产品品牌建设长效机制

（十四）建立农产品品牌目录制度。研究制定江苏农产品品牌目录制度，明确纳入目录制度农产品品牌的范围、对象、程序以及动态管理办法，从认证、评优、宣传、推介等方面优先进行政策扶持，定期发布，动态管理。组织专业机构、行业专家等开展农产品品牌评价研究，细化操作规范，组织开展评价，科学反映农产品品牌价值和市场竞争力水平，并遴选出市场竞争力强和发展潜力大的区域公用品牌和产品品牌，推出一批标志性的江苏农产品品牌。

（十五）加大农产品品牌保护力度。对品牌农产品产地环境、生产过程、产品质量进行全方位管控，组织开展巡查工作并建立检查记录档案，适时开展重点专项检查，确保产品质量合格，维护品牌公信力。加强农产品品牌信用分类管理，完善信用"黑名单"制度，以农产品质量"创牌立信"活动为抓手，督促农产品品牌创建主体强化自律意识，不断提高产品质量和经营管理水平，自觉维

护品牌形象。加强品牌保护和品牌监管，对认定的品牌产品实行动态监管，建立准入和退出机制。

（十六）健全品牌建设服务体系。建立定期培训机制，邀请国内知名农业品牌专家及农业系统专业人士等，针对各级农业主管部门、新型农业经营主体、行业协会等农产品品牌建设负责人、业务骨干开展专题培训，增强品牌建设意识，提升品牌培育业务水平。建立"互联网＋"农产品品牌信息数据库，实现品牌目录综合管理、品牌声誉及信用、产品质量及溯源等实时监管。鼓励相关事业单位、行业协会和中介组织为品牌创建主体提供信息咨询、认证咨询、品牌推介、商标代理、品牌策划、品牌营销以及品牌评价等服务。

七、加强农产品品牌建设的组织领导

（十七）构建工作推进机制。省农委建立农产品品牌建设统筹协调工作机制，市场与经济信息处负责协调、统筹农产品品牌建设工作的开展，各有关单位在各自职能范围内做好相关工作。各地要将农产品品牌建设工作纳入重要议事日程，加强组织领导，主动做好与相关部门的沟通与协调，制定实施方案，明确工作目标，落实工作责任，切实提高组织保障水平。

（十八）加大政策扶持力度。进一步加大公共财政对农产品品牌建设的扶持力度，建立稳定的投入机制，充分发挥财政资金的引导和撬动作用，积极整合现有资金，优化支出结构，同时通过提供担保贴息、设立发展基金以及创新信贷、保险等金融产品与服务等，吸引社会资本共同参与，为农产品品牌建设提供有效资金保障。

（十九）营造浓厚舆论氛围。充分利用网络、广播、电视、报纸等形式，构筑江苏品牌农产品宣传网络，传播江苏农产品的品牌故事，扩大农产品品牌美誉度、知名度和影响力。大力宣传农产品品牌建设的相关知识、典型经验和政策措施，提高农产品品牌建设的社会参与度，营造农产品品牌建设的良好氛围，叫响一批江苏农产品品牌。

江苏省农业委员会

2017年1月23日

福建省人民政府办公厅关于加快推进品牌农业建设七条措施的通知

闽政办〔2017〕90号

各市、县（区）人民政府，平潭综合实验区管委会，省人民政府各部门、各直属机构，各大企业，各高等院校：

为加快品牌农业建设，增加优质、绿色农产品供给，推进农业供给侧结构性改革和特色现代农业发展，经省政府研究同意，现提出以下措施：

一、加快优质专用品种选育推广

实施种业创新与产业化工程（2017—2020年），组织开展农作物、畜禽、水产、林木优质种质资源的普查、收集与保护，支持提纯改良、提升优性、增强抗性。支持开展联合育种攻关，力争选育优质、专用、特色新品种50个以上，鼓励支持引进示范推广

国内外优质品种。每年支持建设粮油、茶树、果树、蔬菜、食用菌、畜禽、水产、林木等优质特色良种扩繁基地 20 个以上。优化品种区域布局，加快优质、专用、特色新品种推广，提升品牌农产品生产专业化、规模化水平。到 2020 年，全省种植、养殖主推品种实现新一轮更新换代，良种覆盖率达 98％以上，优质专用率达 85％以上，打牢品牌农业建设的基础。

责任单位：省农业厅、林业厅、海洋渔业厅、财政厅、发改委，各市、县（区）人民政府

二、积极推进农业标准化生产

建立健全农业标准化体系，加快农业地方标准制定、修订，指导农产品生产企业建立配套的生产技术规范和操作规程。支持企业开展 GMP、GAP、HACCP 等国际通行的各类产品和质量管理体系认证，推动内销与出口产品的标准接轨，加快出口农产品质量安全示范区建设，每年扶持创建国际标准农产品生产示范基地 20 个。加大支持农业标准化生产技术示范推广力度，每年新建省级以上农业标准化生产示范基地（场）200 个，示范带动全省 3 000 个以上规模标准化生产基地建设。到 2020 年，国际标准农产品生产示范基地（场）达到 150 个以上，省级以上标准化生产示范基地（场）达到 2 000 个以上，水产养殖标准化生产面积达 25 万亩以上，辐射带动全省主要农产品规模生产基地全部实现按标生产。

责任单位：省质监局、福建出入境检验检疫局，省农业厅、林业厅、海洋渔业厅、财政厅，各市、县（区）人民政府

三、严格农产品质量全程管理

坚持绿色发展理念，加强农产品产地环境净化和保护，实施年度监测监管；严格农药、兽药等投入品监管，推进绿色防控、

健康养殖。督促农产品生产企业、农民合作社落实农产品生产记录制度，建立农产品质量诚信档案。加快全省农资监管信息平台和农产品质量追溯监管信息平台推广应用，进一步推动品牌农产品二维码标识销售，逐步实现品牌农产品质量即时远程追溯。健全农产品产地准出与市场准入无缝对接机制，强化品牌农产品质量全程有效监管。

责任单位：省农业厅、林业厅、海洋渔业厅、食品药品监管局、商务厅，各市、县（区）人民政府

四、加快发展"三品一标"农产品

大力发展无公害农产品、绿色食品、有机农产品和地理标志农产品，持续扩大认证数量和生产规模。进一步健全"三品一标"认证服务体系，简化申报流程，提高认证效率。强化咨询、培训、技术服务，积极培育、支持各类生产经营主体申请"三品一标"认证。加强认证后跟踪服务和规范化管理，不断提高质量效益和社会影响力。到 2020 年，全省认证登记的"三品一标"累计达到 4 000 个以上，全省"三品一标"生产基地的面积或产量占全省农产品的 40％以上。

责任单位：省农业厅、海洋渔业厅、财政厅，各市、县（区）人民政府

五、着力打造具有福建特色的农业品牌

加快区域公用品牌创建，突出优势产业、地域特色、龙头带动，以优质特色品种为主攻方向，着力科技创新、文化创意、标准创设，对地域相近、生产相似、产品类同、品质相当的不同品牌进行整合，打造一批区域特征明显、资源禀赋独特、产业优势突出、具有文化内涵、省内影响力强、全国知名度高的农产品区域公用品牌。每年组织评选认定 10 个"福建农产品区域公用品牌"，到 2020 年"福建农产品区域公用品牌"达到 30

个以上。

责任单位：省农业厅、林业厅、海洋渔业厅、财政厅、工商局、质监局，各市、县（区）人民政府

积极培育茶叶、水果、食用菌、畜禽、水产、竹木、花卉等优势农产品品牌，大力发展百香果、富硒农产品等特色农产品品牌，打造一批生产规模较大、产品品质优异、创新驱动强劲、消费者广泛认可、市场前景广阔、能有效促进农民增收的农产品品牌。每年组织评选认定 20 个以上"福建名牌农产品"，到 2020 年"福建名牌农产品"达到 100 个以上。支持出口农产品品牌建设，实施促进出口食品农产品品牌行动计划，打造一批产品质量好、出口数量大、经济效益高的自主品牌，提升国际影响力和竞争力。

责任单位：省农业厅、林业厅、海洋渔业厅、财政厅、福建出入境检验检疫局，各市、县（区）人民政府

实施农产品加工提升工程，围绕特色优势农产品延伸上下游关联产业，大力发展农产品产后处理、精深加工业，推进农产品系列开发。支持龙头企业利用技术、资源、品牌优势，通过兼并重组、参股经营做大做强，促进资本向品牌集中、技术向品牌集成、人才向品牌集合、资源向品牌集聚，进一步做大做强。培育一批品牌影响力大、产品系列开发、产业链条完整、科技创新能力强、社会形象好、综合实力行业领先、年销售收入 10 亿元以上的农业龙头企业。

责任单位：省农业厅、林业厅、海洋渔业厅、财政厅，各市、县（区）人民政府

六、大力支持品牌宣传营销

突出"清新福建、绿色农业"主题，组织开展农业品牌系列宣传，支持新型农业经营主体和行业影响力大、农产品品质优良、销售量大的品牌企业在各类媒体、平台投放广告。各地要充分利用当地广播、电视、报刊、网络等媒体，在重要时段、重要位置安排品牌公益宣传。支持品牌企业参加"农交会""绿博会""林博会""农博会""渔博会""世博会""有机博览会""地标农产品专展"等各类国家级展销会，深入开展"闽茶海丝行"活动，支持品牌企业走出去，加大品牌农产品国际宣传推介力度，不断扩大福建品牌农产品的国际影响力和国际竞争力，大力拓展国际市场。实施出口自主品牌战略，探索"闽货供应商＋国际物流企业＋海外华人超市"模式，建设海外直销平台，加快自主品牌"走出去"。

责任单位：省农业厅、林业厅、海洋渔业厅、财政厅、商务厅、交通运输厅、新闻出版广电局、福建出入境检疫检验局，各市、县（区）人民政府

七、强化组织保障

加大财政扶持力度，2017－2020 年，省级每年安排专项资金，支持品牌农业发展。建立由省农业厅负责召集、省直有关部门参加的联席会议制度，整合各部门有关资金和资源，统筹协调全省品牌农业建设工作。省直有关部门要各司其职，分工协作，形成合力，构建"政府引导、企业和农民主体、市场运作"的品牌农业工作机制。各市、县（区）要将品牌农业建设纳入重要议事日程，明确牵头单位，完善工作机制，统筹推进品牌农业建设，促进品牌农业加快发展。

责任单位：省农业厅、林业厅、海洋渔业厅、财政厅、商务厅、交通运输厅、发改委、工商局、质监局、食品药品监管局、新闻出版广电局、福建出入境检疫检验局，各市、县（区）人民政府

福建省人民政府办公厅
2017 年 7 月 22 日

福建省农业厅　福建省林业厅　福建省海洋与渔业厅 关于印发《福建省著名农业品牌评选 认定管理暂行办法》的通知

闽农绿〔2017〕203号

各设区市农业、林业、海洋与渔业行政主管部门，平潭综合实验区农村发展局：

根据《福建省人民政府办公厅关于加快推进品牌农业建设七条措施》（闽政办〔2017〕90号）精神，为规范福建省著名农业品牌评选认定工作，推进品牌农业的发展，现将《福建省著名农业品牌评选认定暂行办法》印发给你们，请认真遵照执行。

附件：福建省著名农业品牌评选认定暂行办法

福建省农业厅
福建省林业厅
福建省海洋与渔业厅
2017年10月19日

附件

福建省著名农业品牌评选认定 暂行办法

第一章　总　　则

第一条　为促进品牌农业发展，根据《福建省人民政府办公厅关于加快推进品牌农业建设七条措施》的要求，特制定本暂行办法。

第二条　福建省著名农业品牌评定包括每年评选认定"年度福建十大农产品区域公用品牌"和20个以上"年度福建名牌农产品"，由省农业厅、省林业厅、省海洋与渔业厅联合授予称号，予以奖励。

第三条　福建省著名农业品牌评定实行总量控制、动态管理，遵循自愿、公开、公平、公正的原则。

第二章　组织管理

第四条　成立福建省著名农业品牌评定委员会（以下简称"省品评委"），负责组织领导评选认定工作。省品评委由省直相关单位负责人组成，省农业厅厅长任主任委员。

第五条　省品评委下设办公室（以下简称"省品评办"），挂靠福建省绿色食品发展中心，负责品牌评定方案制定、组织协调和日常工作。

第六条　设区市、平潭综合试验区农业、林业、海洋与渔业行政主管部门负责本行政区域内的组织申报、推荐工作。

第三章　申请条件

第七条　申请"年度福建十大农产品区域公用品牌"称号，应具备下列条件：

（一）申请人具有独立法人资格，注册地、农产品产地在福建省境内；

（二）拥有农业部门"农产品地理标志登记"、工商部门"地理标志证明商标"、质监部门"地理标志保护产品"之一；

（三）产品知名度大，同类产品省内市场占有率高；产业规模大，总产值超过1亿元，促进农民增收效果显著；

（四）品牌管理制度完善，授权用标企业生产管理规范，标识使用企业占比达95%以上，近三年无质量安全事故；

（五）公共服务体系完善，宣传有力，政府支持。

第八条　申请"年度福建名牌农产品"称号，应具备下列条件：

（一）申请人具有独立的法人资格和产品商标，注册地在福建省；

（二）产品具有明显的福建地方特色或区域优势，在福建省有固定的生产基地，有三年以上的生产历史；

（三）产品按照先进标准组织生产，食用农产品必须通过无公害农产品或绿色食品或有机食品认证；

（四）产品知名度高，市场占有率居省内同类产品前列，产品销售额达到 4 000 万元以上，带动农民增收效果显著；

（五）质量管理体系健全，产品质量可追溯，近三年各级质量安全例行监测、专项抽检和监督抽查等无不合格记录，无质量安全事故。

第四章　评定程序

第九条　申请人向设区市、平潭综合试验区农业、林业、海洋与渔业相应行政主管部门提出书面申请，提交"年度福建十大农产品区域公用品牌"或"年度福建名牌农产品"申报书及相关材料。

第十条　设区市、平潭综合试验区农业、林业、海洋与渔业行政主管部门分别对各申报材料的真实性、完整性进行审核。符合条件的签署意见上报相应省级行政主管部门。不符合条件的在 15 个工作日内书面通知申报人，并告之理由。

第十一条　省农业厅、省林业厅、省海洋与渔业厅分别对种植和畜牧业类、林产类、水产类申报材料的真实性、完整性进行复核。不符合条件的在 15 个工作日内书面通知设区市、平潭综合试验区行政主管部门。

第十二条　省农业厅、省林业厅、省海洋与渔业厅分别组织种植和畜牧业类、林产类、水产类评审专家组进行初评，提出正选名单和备选名单报省品评办，由省品评办组织在福建农业信息网、福建林业信息网、福建海洋与渔业信息网公示 7 天，公示无疑议的形成评审表决名单，提交省品评委评审，2/3 以上委员赞成的确定通过。

第十三条　省品评委最终确定的名单由省农业厅、省林业厅、省海洋与渔业厅联合发布公告，颁发证书和标牌。

第十四条　福建省著名农业品牌称号有效期为 3 年。有效期满后，可申请复评。

第五章　监督管理

第十五条　获得福建省著名农业品牌称号的主体，可在产品及其包装、装潢、说明书、广告宣传、展览以及其他业务活动中使用相关称号。

第十六条　获得福建省著名农业品牌的主体有以下情形之一的，由各行业省级主管部门撤销其称号，收回证书和标牌：

（一）因产品质量引发重大事件，生产经营出现重大问题的；

（二）有违法违规行为的；

（三）产品连续两次在省级以上质量安全例行监测、专项抽检和监督抽查等工作中出现不合格记录的；

（四）有弄虚作假行为的；

（五）转让、买卖、出租证书或扩大使用范围的。

第十七条　各级农业、林业、海洋与渔业行政主管部门应对所在地获得福建省著名农业品牌称号的主体，适时进行监督检查，相关企业应主动配合。

第十八条　参与评选认定的有关工作人员应严格遵守法律、法规规定。在工作中徇私舞弊、滥用职权、玩忽职守、泄露秘密或者干扰评选认定工作导致评选认定不公正者，依照有关法律法规追究责任。

第十九条　任何单位和个人可以向省品评办举报评选认定工作中存在的违纪违法问题。省品评办对举报、申诉的问题进行调查，并做出答复。依照法律和有关规定保护举报、申诉者的合法权益。

第六章　附　　则

第二十条　本办法由福建省著名农业品牌评定委员会负责解释。

第二十一条　本办法自发布之日起施行。

湖南省人民政府办公厅关于进一步加快推进农产品品牌建设的指导意见

湘政办发〔2017〕2号

各市州、县市区人民政府，省政府各厅委、各直属机构：

为深入推进农业供给侧结构性改革，贯彻落实省第十一次党代会提出"建设以精细农业为特色的优质农副产品供应基地"的新思路，培育一批竞争力强的农产品品牌，增强"湘"字号农产品市场竞争力，提升农业发展质量效益，加快现代农业发展步伐。经省人民政府同意，现就进一步推进我省农产品品牌建设提出如下意见：

一、明确农产品品牌创建总体要求

（一）指导思想。深入贯彻创新、协调、绿色、开放、共享五大发展理念和习近平总书记"推动中国产品向中国品牌转变"的指示精神，围绕农业供给侧结构性改革总体目标，以特色农业资源、产业为依托，以现有传统优势品牌为基础，以科技创新为动力，以农业增效、农民增收为核心，着力打造一批品质优、科技含量高、市场竞争力强的"湘"字号农产品品牌。以农产品品牌建设，推进农业区域化布局、标准化生产和产业化经营，促进农业加快转型升级，提升农产品品牌品质，实现价值链升级，增加有效供给，提高农产品供给体系的质量和效率，走出一条具有湖湘特色的品牌强农兴农之路。

（二）基本原则。

坚持市场主导。适应城乡居民多样化、个性化消费需求，依托各地资源优势、地域文化和产业特色，培育一批农产品知名品牌，提高农产品市场影响力和竞争力。

坚持企业主体。引导新型农业经营主体强化品牌意识，加大品牌培育和营销推介力度，运用品牌理念推进农业标准化生产和科技创新，不断提升农产品质量和技术水平，培育一批在全国有影响力的农业经营主体。

坚持政府引导。加大政策扶持力度，完善品牌培育机制，营造依法诚信经营氛围，努力形成全社会重视、支持和保护品牌建设的良好格局。

（三）目标任务。建立完善农产品品牌培育、发展和保护体系，形成标准化生产、产业化经营、品牌化营销的现代农业发展新格局，大幅增加品牌农业经济总量，着力构建以区域公用品牌和企业产品品牌为主体的湖南农产品品牌体系。到2020年，打造农产品知名品牌50个，其中区域公用品牌15个，企业品牌35个。培育年综合产值100亿元以上的区域品牌10个，50亿元以上的30个；年销售收入100亿元以上的企业品牌5个，50亿元以上的10个。实现农产品品牌对农业经济的贡献率达到60%以上。

二、进一步夯实农产品品牌创建基础

（一）突出农产品品牌发展规划引领。根据我省农业资源优势、产业发展现状和地域文化特色，科学制定农产品品牌发展规划，进一步明确农业主导产业、地方小宗特色农产品和农产品加工龙头企业的品牌创建数量、区域布局、发展定位和目标市场，构建结构合理、规模适度、特色各异、优势互补的农产品品牌体系，引导农产品品牌建设有序推进。重点围绕粮食、畜禽、蔬菜、水果、油料、水产品、茶叶等优势产业，创建一批在全国有影响力的知名品牌，带动农业产业结构、品种结构和生产结构调整优化，形成特色鲜明、比较优势突出的生产布局，建设各具特色的规模化品牌农业基地和优势产业带。

（二）推进农业标准化生产。加强农业标准体系建设，制定完善农业投入品使用、农产品分等分级、产地准出和质量追溯、贮藏运输、包装标识等方面的标准，形成既与国际标准接轨又适合农业产业发展需要的农业标准体系。巩固农业标准化省市共建成果，开展现代农业综合标准化示范试点，每年支持 20 个县开展省级示范创建。以农业企业和农民合作社为主体，以无公害农产品、绿色食品、有机食品（简称"三品"）认证为载体，以标准化菜（果）园、标准化茶园、畜禽标准化养殖小区、水产标准化养殖基地为重点，集中连片开展农业标准化示范基地创建活动。支持新型农业经营主体开展"三品一标"认证，推进农产品商标注册便利化。到 2020 年"菜篮子"主产县生产基地基本实现标准化生产，创建 100 个绿色、有机食品示范基地，发展 50 个农产品地理标志品牌，实现"三品"认证占农产品商品量 35% 以上。鼓励龙头企业开展 HACCP、ISO22000 等管理体系认证。

（三）强化农产品产地环境保护治理和质量安全监管。以农业生产基地为主体，广泛开展产地环境检测，实施耕地质量保护提升和化肥农药使用量零增长行动，推进农作物病虫害专业化统防统治和绿色防控，最大限度减少农业面源污染。建立健全农产品质量安全监管体系，严格落实属地管理责任，全面推行高毒农药定点经营、实名购买制度，强化农业投入品管理，重点查处违禁农（兽）药生产、销售、使用等违法行为。建立完善省、市、县、乡镇检测机制，支持企业建立第三方检测体系，加大产地和市场检测力度，建立监测结果通报制度和质量诚信体系，促进产地准出和市场准入有效衔接。加强农产品质量安全追溯能力建设，推行农产品条形码制度，实现生产记录可存储、产品流向可追踪、储运信息可查询，逐步实现农产品质量安全可追溯，力争到 2020 年 50% 以上农业基地建立产地标识管理和产品条形码制度。

（四）培育壮大农产品品牌创建主体。认真组织实施"百企千社万户"工程，加快培育壮大农业企业、农民专业合作社、家庭农场等农产品品牌创建主体。做大做强农产品加工龙头企业，重点扶持行业重点龙头企业技改扩建、上市融资，力争到 2020 年培育具有自主创新能力、年产值过亿元的品牌农业企业 100 家。大力扶持农民专业合作社发展，深入推进省级示范社创建，鼓励农民合作社以品牌为纽带，开展土地、劳动力、资金、技术等要素入股，到 2020 年拥有自主品牌的省级农民合作社示范社达到 100 家以上。结合农村土地确权，依法有序推进土地向拥有品牌的专业大户、家庭农场集中，发展适度规模经营，力争 5 年内达到品牌规模经营的家庭农场 500 个以上。

三、着力打造农产品知名品牌

（一）加强农产品区域品牌建设。支持各地以优势企业和行业协会为依托打造区域特色品牌，引入现代要素改造提升传统名优品牌。引导长株潭地区、洞庭湖地区、湘南地区、大湘西地区四大农业板块，立足特色各异的资源禀赋、产业基础和传统农耕文化，培育竞争力强的区域农产品品牌。长株潭地区重点围绕都市农业发展，积极培育精致农业品牌；洞庭湖地区重点围绕商品粮、水产等产业发展，积极培育湖区农业品牌；湘南地区重点围绕丘岗山地，积极培育特色农业品牌；大湘西地区重点围绕山区特色种养产业发展，积极培育生态农业品牌。到2020年，力争每个农业板块培育1～2个区域公用品牌。鼓励各市州依托优势特色产业，培育1个区域公用品牌。支持龙头企业依托区域公用品牌，发展特色农产品生产、加工、销售及品牌相关配套服务，构建完整的农产品区域公用品牌经济链。

（二）推动农产品品牌强强联合。按照"政府引导、市场运作、企业互利"的要求，结合农业主导产业发展和品牌建设现状，鼓励行业优势品牌利用资金、技术、设备和市场营销等优势，采取参股、控股、兼并、收购等方式，开展跨区域行业整合。重点在粮食、畜禽、水果、茶叶、水产等加工企业中，选择1～2家优势品牌，开展品牌资源整合试点，打造一批市场占有率高、社会影响力大的"湘"字号农产品品牌。支持行业重点企业发挥品牌辐射带动作用，采用发展订单农业、推行"公司＋基地＋农户"等模式，跨区域建设规模化农产品基地，打造一批知名公用品牌、企业品牌和合作社品牌。

（三）挖掘培育地理标志性农产品。把地理标志品牌作为农产品区域公用品牌建设的重要载体，充分发挥地理标志农产品天然品牌化、区域性优势，加大地理标志农产品挖掘、培育、登记和知识产权保护力度，促进地理标志品牌与产业协同发展。在全省范围内开展农产品地理资源普查，全面掌握符合地理标志保护要求的农产品资源状况、数量、类型、分布、品质特征等情况，引导有一定资源优势、产业规模和市场知名度的地理标

志农产品率先注册地理标志证明商标或集体商标。加快地理标志农产品的品牌定位、技术革新和品种开发，深入挖掘商标潜力和文化内涵，重点加强地理标志品牌内涵的市场沟通，推动市场对地理标志品牌的认知与认可，引导消费者形成地理标志品牌市场联想，全面提升地理标志农产品的市场竞争力。

四、切实提升农产品品牌管理服务水平

（一）加大农产品品牌营销推介力度。继续办好中国中部（湖南）农博会等展会活动。创新营销推广手段，统筹谋划产品选择、品牌名称、渠道和营销策略、传播策略等，制定特色化、差异化的品牌营销推广战略。大力实施"湘品出湘"工程，在北京、上海、广州、宁夏建立湖南名特优农产品展销中心的基础上，进一步扩大辐射范围。鼓励品牌企业以主要大中城市为支点，以车站、港口、机场为节点，建设连锁店、专卖店等品牌营销宣传窗口。加大农产品电商平台建设力度，开通市县品牌农产品特色馆，促进品牌农产品网上销售。

（二）增强农产品品牌建设科技创新支撑。支持有实力的农业龙头企业建立研发中心、实验室，加强与高等院校、科研院所合作，开展农业共性关键技术攻关，加快突破制约农业发展的技术瓶颈，推动创新发展。围绕市场新需求、新趋势和新特点，力争研发一批拥有自主知识产权的新技术、新产品。支持农业龙头企业利用互联网技术建立大数据平台，动态分析市场变化，精准定位消费需求，不断创新服务和营销模式。深入实施"万名"工程，开展科技特派员农村创业行动，建立一批农业科技成果转化、孵化基地，加速创新成果转化成现实生产力，为加快农产品品牌建设提供科技支撑。

（三）提升农产品品牌建设软实力。加大对农产品品牌评价理论研究机构和农产品品牌评价机构的建设力度，组织开展农产品品牌基础理论、价值评价、发展指数研究，发

布客观公正的农产品品牌价值评价结果以及农产品品牌发展指数，逐步提高公信力。开展农产品品牌评价标准建设工作，完善农产品评价标准，制定操作规范，提高标准的可操作性。加强人才队伍建设，发挥农业龙头企业家领军作用，培养引进品牌建设管理专业人才。加快建立健全品牌运营管理制度，按照"一个公用品牌、一套管理制度、一套标准体系、多个经营主体和产品"思路，设立农产品品牌运营平台。发挥好行业协会桥梁作用，加强中介机构能力建设，为品牌建设提供专业有效的服务。

（四）建立农产品品牌动态管理机制。加强品牌认定和评估，形成政府领导、行政主管部门管理、社会团体和行业协会共同参与的品牌认定和评估机制。农委、工商、质监等部门要加强对品牌产品的跟踪动态管理，建立实时状态的品牌企业数据库，定期向全社会公布农产品品牌名录，建立重点支持的农产品品牌企业和产品目录。强化日常监督管理，开展品牌质量评估与社会公众测评，建立健全品牌届期续查、年度审查、动态抽查以及公众监督等动态复核办法，形成能上能下、优胜劣汰的品牌动态管理机制。

五、积极优化农产品品牌创建环境

（一）加强组织领导。各级人民政府要把实施农产品品牌带动战略作为农业供给侧结构性改革的重中之重。省县域经济工作领导小组具体负责全省农产品品牌建设工作的组织、协调、督查工作。各有关部门要按照职责分工共同推进农产品品牌建设工作。市州、县市区人民政府要将农产品品牌建设工作纳入重要工作日程，明确农产品品牌发展目标，制定年度工作方案，建立和完善工作协调机制，定期研究部署本市县农产品品牌发展工作，积极构建"政府推动、部门联动、企业主动、社会促动"的农产品品牌建设长效机制。

（二）强化政策扶持。加大对农村产业发展专项中用于县域经济发展方面的扶持力度，重点支持农产品品牌建设。加强涉农担保体系建设，各级政策性投资担保机构要加大对龙头企业、合作社、家庭农场的支持力度，放宽担保条件，优惠担保费率。发改、商务、国土资源、交通运输、工商、税务等部门要认真落实各项优惠政策，主动搞好服务。鼓励金融机构向农业企业提供以农产品品牌为基础的商标权、专利权等质押贷款。进一步完善政策性农业保险保费补贴政策，健全农业保险基层服务体系，不断扩大试点规模和险种种类。

（三）加大品牌保护力度。加快制定和完善农产品品牌权益保护规章制度，依法保护品牌，维护品牌质量、信誉和形象。严格农产品商标管理，防止商标恶意抢注和侵权行为，从严查处假冒伪劣行为，营造诚信守法经营良好氛围。加大对经营主体知识产权、品牌维护、品牌保护等方面的培训力度，提高商标、品牌保护意识和能力，完善市场防控体系，改进防伪技术，维护合法权益。各级工商、质监、农委等部门要不断完善打假协调机制，加强监管，规范秩序，维护品牌企业的合法权益。

（四）加大宣传力度。各级人民政府和有关部门要组织新闻媒体精心策划，积极宣传《商标法》《农产品质量安全法》《农产品包装和标识管理办法》等相关法律法规，推广普及农产品商标注册、"三品一标"、农产品区域公用品牌等相关知识，大力宣传品牌农业发展扶持政策，提高全社会的品牌意识和参与积极性。开展自主农产品品牌公益宣传，讲好"湘"字号农产品品牌故事，介绍典型经验，提高自主农产品品牌影响力、认知度、美誉度和市场竞争力，营造"湘"字号农产品品牌建设的良好氛围。

湖南省人民政府办公厅
2017 年 1 月 10 日

宁夏回族自治区人民政府办公厅关于加快推进宁夏特色优质农产品品牌建设的意见

宁政办发〔2017〕85号

各市、县（区）人民政府，自治区政府各部门、各直属机构：

为深入推进农业供给侧结构性改革、加快培育农业农村发展新动能，切实把"枸杞之乡""滩羊之乡""甘草之乡""硒砂瓜之乡""马铃薯之乡"的区域品牌宣传推广好，把我区享誉盛名的"原字号""老字号""宁字号"农产品品牌打出去，充分发挥我区特色优势农业产业的引领带动作用，全面提升现代农业的整体效益，促进农民持续增收，现就加快推进我区特色优质农产品品牌建设提出以下意见。

一、总体要求

（一）指导思想。按照特色产业、高品质、高端市场、高效益的"一特三高"现代农业发展思路，以"塞上江南美、特色农业优"为主题，主攻优质粮食和草畜、蔬菜、枸杞、葡萄"1+4"特色优势产业，用品牌引导消费、带动市场，传承弘扬黄河文化、红色文化和农耕文明的历史积淀，彰显品牌的文化内涵，全面提升农产品品牌效应，加快农业提质转型升级步伐，努力实现我区从农产品生产小省区到品牌农业强省区的转变。

（二）基本原则。

坚持品牌带动的原则。积极引导和充分发挥龙头企业、合作社和家庭农场在农产品品牌创建和品牌营销中的主体作用，推进品牌建设。鼓励他们通过商标注册、质量管控、文化创意、科技创新、市场营销等手段，创建自主品牌，做优做强以品牌价值为核心的现代农业。

坚持市场导向的原则。充分发挥市场在资源配置中的决定性作用，促进资源和要素自由流动、平等交换，主动适应国内国际两个市场需求，对农产品品牌进行市场定位，培育宁夏农产品品牌集群，塑造具有宁夏特色的农产品品牌形象。

坚持政府推动的原则。强化政府的组织、推动责任，不断完善品牌农业的金融和财政扶持政策体系，加强引导、大力推进。强化市场监管，依法保护品牌主体的合法权益，加强品牌营销体系和宣传平台建设，营造发展保护农产品品牌的社会氛围，努力扩大宁夏优质农产品的对外知名度。鼓励和保障公众积极参与农产品品牌评价和监管。

坚持质量取胜的原则。加强标准化建设，确保品牌农产品具有特性特质，实现优质优价。建立健全品牌农产品质量保证体系，增强宁夏品牌农产品的美誉度。

坚持试点先行的原则。依托资源优势，根据自治区农业产业布局、产品结构的现状及发展趋势，按层级、有计划、有步骤地征集、筛选、确定重点培育的农产品品牌。围绕枸杞、滩羊、硒砂瓜、马铃薯等特色优势产业，以农产品质量标准体系建设和市场营销体系建设为突破口，选择部分市县重点抓好相关优质农产品品牌建设，发挥示范引领作用。

（三）发展目标。在国内国际市场上，打造享有较高知名度和影响力的宁夏农产品整体品牌形象，培育一批特色鲜明、知名度较高、发展潜力大、带动能力强的宁夏农产品区域公用品牌、企业品牌和产品品牌。力争到 2020 年，培育农产品区域公用品牌超过 30 个，各类国家级农业产业化龙头企业及知名企业超过 50 个，特色优质农产品品牌超过 100 个，农产品电商品牌超过 10 个，使我区农产品品牌价值得到大幅提升。

二、主要任务

（四）加强品牌农业标准化生产。树立"质量为本、以质取胜"的理念，制（修）订优质粮食、蔬菜、马铃薯、滩羊、肉牛、奶牛、硒砂瓜、长枣、水产品等产业整套生产管理技术标准，支持鼓励各地制定符合当地农业生产实际的技术规范，全面推进特色优质农产品标准化生产应用；制（修）订宁夏枸杞优质基地建设和全产业链各环节技术标准；制定宁夏贺兰山东麓葡萄酒产区葡萄种植管理标准、酒庄酒生产工艺规范。加快完善分等分级、包装标识、贮藏运输、产地准出和质量追溯等制度，促进农产品按标生产、按标上市、按标流通。以优质粮食、草畜、蔬菜、枸杞、葡萄酒等特色农产品为重点，积极开展无公害、绿色、有机农产品认证，重点发展地理标志农产品，加快"宁夏菜心""宁夏牛奶"等地理标志登记保护，支持建设一批绿色、有机农产品标准化生产基地和蔬菜标准园、畜禽水产养殖示范场，全面推进农业标准化生产。（责任单位：自治区农牧厅、财政厅、林业厅、葡萄产业发展局、质监局、食品药监局、宁夏检验检疫局、宁夏农科院，各市、县（区）人民政府）

（五）依靠科技创新提升品牌建设。以农业科技提升工程为抓手，加大对生物育种、农机装备、生态环保、节本增效、新产品研发等领域和环节的科技攻关，提升科技创新对产业转型升级的支撑能力。落实"一控两减三基本"措施，全面改善农业生产环境，促进品牌农业可持续发展。加快产学研深度融合，支持以龙头企业和科研院所为主体，建立具有自主知识产权的品牌农产品研发机构和队伍，构建品牌农产品新品种、新技术、新工艺、新机械研发推广体系。加快农业科技成果的转化应用，推动农业特色优势产业质量标准体系建设，提高农产品质量。引导企业与国内外高校和科研院所合作，引进人才技术，培育壮大一批农产品产研销一体化企业。切实抓好农业专家团队、基层农技人员、农村实用人才队伍建设，培育品牌农业发展动力源。（责任单位：自治区农牧厅、教育厅、科技厅、财政厅、人力资源社会保障厅、林业厅、葡萄产业发展局、宁夏农科院，各市、县（区）人民政府）

（六）大力培育品牌农业建设主体。鼓励农业龙头企业、合作社、行业协会等主体加强协作，积极培育、申报生态原产地保护和地理标志证明商标、集体商标，打造农业区域公用品牌。鼓励龙头企业、合作社、家庭农场等申请注册商标，争创中国驰名商标、宁夏著名商标、宁夏名牌产品，培育发展一批大米、枸杞、优质牛羊肉、葡萄酒、供港蔬菜、硒砂瓜、马铃薯等企业品牌和产品品牌。鼓励龙头企业、合作社等新型经营主体，通过订单生产、产供销对接、社会化服务等方式，带动农户品牌农业生产统一管理，质量全程追溯，产业化经营销售，建立紧密企农利益共享机制。引导生产经营主体牢固树立法纪和诚信意识，对自己的生产经营行为负责，自觉接受社会监督。（责任单位：自治区农牧厅、财政厅、工商局、林业厅、葡萄产业发展局、商务厅、宁夏农科院，各市、县（区）人民政府）

（七）打造宁夏特色农产品区域公用品牌。发挥中国"枸杞之乡""滩羊之乡""甘草之乡""硒砂瓜之乡""马铃薯之乡"品牌优势，提升"宁夏枸杞""宁夏大米""宁夏菜心""中宁枸杞""盐池滩羊""贺兰山东麓葡萄酒""西吉马铃薯""香山硒砂瓜""灵武长红枣"等已有区域公用品牌的价值和地位，充分挖掘农业历史文化，新培育"宁夏牛奶"

"宁夏马铃薯""六盘山牛肉""六盘山冷凉菜""宁夏鲤鱼""宁夏甘草"等一批宁夏农产品区域公用品牌。研究设计特色农产品整体品牌形象标识、图案卡通、广告语、创意包装等,推出整体品牌形象,并进行国内外地理标志、集体商标、证明商标注册和版权登记,取得产权保护,授权、指导企业规范使用地理标志、集体商标或证明商标。把"原字号""老字号""宁字号"农产品通过整合资源、扩规上档,注入文化、生态、现代营销、服务等新内容,提升活力,形成宁夏农业与文化有机结合的品牌模式,提升品牌溢价效益。积极开发利用富硒资源,发展宁夏富硒农业经济,打造特色优势产业富硒品牌。(责任单位:自治区农牧厅、财政厅、发展改革委、工商局、商务厅、粮食局、文化厅、林业厅、葡萄产业发展局、地税局、交通运输厅、金融工作局,各市、县(区)人民政府)

(八)建立宁夏农产品品牌目录制度。将具有一定影响力的区域公用品牌、企业品牌和产品品牌形成宁夏农产品品牌目录,统一发布,动态管理。研究制定农产品品牌征集办法,明确征集范围、对象和程序;研究制定审核办法,明确审核的要求、内容和责任;研究制定评价办法,包括消费者评价、生产者评价和第三方评价,明确产品产量、质量等评价标准和内容;研究制定列入目录品牌的保护办法;研究制定品牌目录的动态管理办法。对进入宁夏农产品品牌目录的农产品,严格实行质量安全监管,对不按照标准生产的经营主体,坚决予以查处,保护消费者合法权益,维护品牌的市场信誉,保护注册商标专用权,严厉打击侵犯他人商标专用权的违法行为。(责任单位:自治区农牧厅、工商局、质监局、林业厅、葡萄产业发展局、财政厅)

(九)拓展品牌农产品市场销售渠道。创新品牌农产品销售方式,大力发展直销配送、农超对接等新型营销模式。壮大农民经纪人队伍,培养农产品运销专业合作社。改造提升一批农产品物流市场,打造枸杞、牛羊肉、葡萄酒、瓜菜、马铃薯等全国或区域性特色农产品集散中心。充分发挥资本市场在农产品品牌建设中的作用,通过资本市场的运作,在农业产业化经营的各个环节之间建立以资本为纽带的农业龙头企业与农户的利益关联机制,鼓励龙头企业开拓市场、建立基地、带动农户,依靠四通八达的信息网络收集、加工和处理信息,及时根据消费结构变化,发现潜在市场,占得市场先机。鼓励龙头企业等新型农业经营主体,在国内大中城市建设宁夏品牌农产品展示展销中心、外销窗口,组织宁夏农产品品牌目录中的农产品,整体打包进入国内知名超市,设立宁夏品牌农产品销售专区或店中店。实施"互联网+品牌农产品"行动计划,依托国内外知名电商平台,大力发展农产品电子商务。(责任单位:自治区农牧厅、发展改革委、财政厅、商务厅、林业厅、葡萄产业发展局、信息化建设办,各市、县(区)人民政府)

(十)加强品牌农产品质量安全监测监管。健全自治区、市、县、乡四级农产品质量安全检验检测和监管体系,建立农业投入品在线管理和农产品质量安全可追溯体系。加大农药、兽药、饲料添加剂等投入品使用监管,集中力量重点收缴清除违禁农兽药。加强蔬菜、牛羊肉、水产品等"菜篮子"产品例行监测,完善市场准入、产地合格证制度。统一印制推广"宁夏"农产品质量安全追溯二维码,将新型经营主体生产加工的农产品全部纳入追溯范围,逐步实现农产品生产、收购、贮藏、运输、销售全程可追溯。建立健全监测结果通报制度和生产经营主体的诚信档案。(责任单位:自治区农牧厅、发展改革委、财政厅、质监局、食品药监局、商务厅、林业厅、葡萄产业发展局、宁夏检验检疫局,各市、县(区)人民政府)

三、保障措施

（十一）加强组织领导。自治区成立特色优质农产品品牌建设工作领导小组，自治区人民政府分管领导任组长，自治区人民政府联系农业工作的副秘书长和自治区农牧厅、党委宣传部、发展改革委、科技厅、财政厅、交通运输厅、商务厅、文化厅、林业厅、葡萄产业发展局、粮食局、地税局、工商局、质监局、食品药监局、金融工作局、宁夏农科院、宁夏检验检疫局等单位负责同志为成员。领导小组下设办公室，办公室设在自治区农牧厅，负责全区农产品品牌建设的统筹、协调、督查和考评工作（不另行文）。自治区各相关厅局和各市、县（区）都要成立相应的工作（领导）小组，把农产品品牌建设纳入重要工作日程，建立工作机制，明确发展目标，制定政策措施，定期研究和大力推进农产品品牌建设工作。

（十二）明确职责分工。自治区各有关部门和单位要根据各自职责将农产品品牌建设纳入工作重要内容，明确分工，落实责任。自治区农牧厅牵头负责对全区农产品品牌建设做出总体规划，明确农产品品牌发展定位，分产业、分阶段、分区域逐步宣传推进；制定宁夏农产品品牌目录制度，负责组织"三品一标""一村一品"申报、认定等服务工作。自治区林业厅、葡萄产业发展局等部门要按照各自职能，抓好分管农产品品牌建设相关政策和配套措施的落实。自治区工商局负责全区"驰名商标""地理标志证明商标""集体商标""著名商标"的培育、申报、认定等服务工作。自治区质监局负责组织"宁夏名牌产品"申报、评审等工作。自治区发展改革、财政、交通运输、商务、文化、地税、金融、保监、检验检疫、铁路、民航、海关等部门都要在职责范围内，为农产品品牌建设、宣传和市场开拓提供全方位支持和服务。各市、县（区）人民政府是农产品品牌培育的责任主体，负责制定本地农产品品牌建设规划，抓好农产品品牌形象宣传推介、营销和农产品质量安全监测监管等工作。固原市负责马铃薯产业、中卫市负责硒砂瓜产业、盐池县负责滩羊和甘草产业、中宁县负责枸杞产业的农产品品牌建设工作。

（十三）加大政策扶持。自治区各地、各有关部门要把农产品品牌建设工作放在重要位置，加大政策和资金支持。2017 年，自治区各有关部门和各市、县（区）要加大资金统筹和整合力度，安排一定的资金用于农产品品牌建设。自治区财政将逐年加大对农产品品牌建设的支持力度，安排专项资金支持品牌农业发展。按照财权和事权相匹配的原则，自治区各有关部门要适当调整预算结构，增加农产品品牌建设支出，各市、县（区）要统筹安排一定的资金支持当地品牌农业建设。要采取有效的办法和措施调动各类市场主体的积极性，参与农产品品牌建设，研究建立政府推动、企业主体的农产品品牌培育机制，营造公平公开的竞争环境。要瞄准目标市场，把进入大中城市的大中型超市作为主攻方向，扶持有实力的区内外企业扩大宁夏特色优势农产品营销，鼓励开展合作联营，探索建立农产品全产业链营销体系。鼓励支持经营流通主体在全国主要中心城市建设宁夏特色农产品专卖店或体验店。支持企业开展品牌设计、品牌塑造传播、品牌保护和参加国际农产品交易会展览会、中国绿博会等国内知名展会、推介会，宣传推介我区农产品。

（十四）加强宣传推介。加大宁夏特色优质农产品区域公用品牌宣传。在电视、网络等各类媒体的主要时段和重要节点播放宁夏特色优质农产品专题宣传片、广告片；抓住农产品经营流通的关键主体，利用每年 7 月至 9 月的黄金旅游季和春节前 2 个月的关键时段，在一二三线城市飞机场、火车站、港口、中心广场等重要场所和农产品推介会、交易展销会等平台，对我区区域公用农产品品牌进行广告宣传，扩大影响力。建立宁夏品牌农产品微信公众号，开展农产品品牌征文比赛、摄影大赛、微电影大赛、巡回推介等宣传推广活动，组织中央及各省区市全媒体来宁就农产品基地、企业、特色农产品等进行集中采访、集中刊播，营造良好氛围，不断扩大宁夏自主品牌农产品的美誉度和影响力。

（十五）强化管理保护。自治区各级人民政府和各有关部门要不断加强对品牌农产品的监督管理，对宁夏农产品品牌目录实行动态管理，严格准入和退出机制。研究制定宁夏农产品整体品牌使用的授权和监管办法，严格规定宁夏品牌农产品的包装标识。加大对"中宁枸杞""盐池滩羊""贺兰山东麓葡萄酒""香山硒砂瓜""西吉马铃薯"等地理标志农产品商标、品牌的保护，建立经营主体自我保护、行政保护和司法保护"三位一体"的品牌保护体系，农牧、公安、工商、质监、商务等部门要形成联动机制，严厉查处商标侵权、恶意抢注、非法使用标识等违法行为，建立健全农产品品牌保护跨区域合作机制，加强市场营销和流通环节农产品品牌的保护和管理。

宁夏回族自治区人民政府办公厅

2017 年 5 月 2 日

品牌农业好文

让自然芳香在世间绽放

——北京爱与花芳香科技有限公司董事长张磊创业史

随着"中国优质农产品开发服务协会香料分会"在海南兴隆的正式成立和"2017中国香料论坛"的成功举办，一位年轻的企业家——张磊，以中国香料产业新秀的身份，走进了公众视野。直到此时，她为一家玫瑰种植企业把脉问诊、规避上亿元损失的经历才渐渐"浮出水面"。

她不像一个企业家，倒像一位诗人和哲学家，而她自己更乐意接受"科学工作者"的称谓。优雅得体的谈吐中处处折射出睿智与思辨，她不但能将原本枯燥的故事讲得富有诗意，而且还会带领倾听者，一同走进她所描述的那个神奇的情景。当然，最让人称道的还是她的超人之处——闻香识人。她能根据人们对某种香味的喜好，迅速判断出此人的爱好、性格，甚至修为。这话听起来貌似夸张，但大量的事实却一再佐证，她确实有超越常人的禀赋。也许，闻香识人，所凭借的就是一种超越常规的内在潜质。正是她的这一特质，给她带来了无限的动能和欣喜，因而，她的公司也便有了一个很诗意化的名字——北京爱与花芳香科技有限公司。

与生俱来的"花痴"情结

张磊从小就喜欢花草——那些绽放在田间地头的各种花草，那些散发着美妙幽香的花草，不但给她带来了感官的满足，更给她带来了灵魂的愉悦。长大后她敏锐地意识到，面朝黄土背朝天的父老乡亲们发展的最大瓶颈，就是教育的贫乏和科学技术的缺失。因此，高考时她选择了山东农业大学园艺学院。

4年的大学生活，张磊是学院里第一个主动要求到田间进行实习的学生，她也是第一个将屋顶绿化和芳香植物相结合做创意的在校大学生，她的插花作品也是学生们考花卉园艺师资格证书插花考试的模板。

如果说大学是张磊人生中的象牙塔，那么在云南省农业科学院热区生态农业研究所工作的时光，是她人生中为了追逐梦想绽放光彩的起点。那里是处于云南金沙江流域的一个干热河谷地带——以发现元谋人遗迹而闻名的元谋县。这里年平均气温近23℃，降水极少，是天然的温室大棚。张磊基于当地脆弱的生态环境，水土流失严重的现状，通过调查了解到海南有一种特殊的极度耐贫瘠、耐盐碱的植物——单叶蔓荆，她很快将它引进到了元谋，从种植到开花结果，历经120天，她无微不至精心呵护，就连定植水，也是她咬紧牙关，从山下用扁担一桶桶挑上来的。应当说，她把人生中第一次超强度的劳动，奉献给了这些开着紫花的极其耐贫瘠的芳香植物，那一年她才刚满24岁。现在，单叶蔓荆仍然在云南省农业科学院热区生态农业研究所的坡地上茂盛地生长着。

为了掌握更多的科研数据，张磊这位基层农业科研工作者，几乎走遍了国内所有芳香植物的基地。

思维升华带她进入芳香产业

机缘巧合之下，张磊来到了中国农业科学院。前沿的科技信息、优良的实验设备，让这个怀揣梦想的年轻科学工作者如鱼得水。

应当说，很多科学数据都是在实验室里完成的。但由于结婚生子，她不得不离开心爱的实验室。但她并没有停止对花草的追求和研究，并师从金韵蓉老师，参加国际芳疗师学习,使她对芳香有了除科学数据认知以外的觉察,并在此浓厚兴趣的驱使下,于2015年成立了爱与花芳香工作室。

为了更深入地了解芳香产业发展的现状,她先后到福建武夷山区、云南砚山六诏山脉、云南昆明德馨香水博物馆、北京妙峰山玫瑰谷、广东中山市小榄镇、海南等地及摩洛哥等国家进行考察,对苦橙花、茉莉花、依兰、白兰花、大马士革玫瑰、荼薇玫瑰、百叶玫瑰、平阴玫瑰、紫枝玫瑰、薰衣草、华盖木等芳香植物进行了全方位的调研。

特别是2015年,她的工作室在云南大学成功举办了"首届芳香产品检测会议",产生了良好的社会效益。会议一结束,就应参会企业之邀,到其基地进行考察。她精准的判断,为对方减少了近1亿元因玫瑰品种选错而造成的经济损失,近6 000亩玫瑰产业规划被重新评估。让她在体验到成就感的同时,也深感中国香料产业人才的缺失,并产生了一种强烈的使命感:如何为中国的种植业者,尤其是香料产业种植者寻找一条真正的出路?她感觉到责任重大、使命光荣,于是决定正式进军香料产业,并在中国农业科学院、中国热带农业科学院、中国医学科学院药用植物研究所、云南省农业科学院、云南农业大学香料研究中心等科研机构的帮助下,于2016年成立了北京爱与花芳香科技有限公司,也是中国香料行业内唯一一家以技术服务为主营业务的科技型公司,主要为市场提供香料产业配套应用技术、产品检测、专业主题培训、芳香品牌孵化、国际芳香文化传播、基地扶贫等服务。旨在搭建科研系统和企业、农户之间沟通的桥梁,让应用技术能有效运用于市场,市场需求导向促使配套科学技术水平提升。

芳香事业在艰难起航

张磊自称是个芳香游子,哪里有花哪里就有她。2016年7月,她在对大理宾川地区香叶天竺葵产区考察时,得知该地区自20世纪60年代始,引进种植香叶天竺葵,在20世纪80年代曾有近3万余亩的规模。但近年来,由于鲜食葡萄的利润更高,使得香叶天竺葵的种植面积大幅度减少,尽管如此,香叶天竺葵的贸易额仍占世界贸易额的50%左右,但香叶天竺葵精油却一直以初级原料加工的方式进行简单生产,而消费者从各种渠道买到的天竺葵精油价格是产区的100倍以上,农民由于没有收入上的激励,导致出现品种退化严重、农民毁园、更换作物、过量使用农药等情况,他们无法在技术上实现创新,无法精品化生产,也无法在国际市场上占有话语权,整个产业即将面临灭绝的风险。

通过走访调查,张磊发现该县的村子里几乎家家户户都有加工香叶天竺葵的小型作坊,而且此地临近著名的佛教圣地鸡足山风景区,具备打造天然芳香小镇的基础,张磊很快决定将大理宾川县作为公司成立以来我国传统芳香植物种植区域的经济扶持项目之一。

为了确保该项目的顺利实施,张磊通过云南农业大学香料研究中心的老师,找到了当地一直从事天竺葵精油贸易的何智明。当何智明听了张磊的"奇思妙想"后,颇有些激动,他体会到了张磊的良苦用心,并且很快帮助张磊具体实施。让张磊感到意外的是,在张磊等人离开大理宾川地区后,何智明这位尽管没有任何头衔、生活安稳幸福的当地人,却无怨无悔地为这个项目奔走,这让张磊颇有些振奋。事业,也因何智明的存在而变得温暖鲜活。在张磊看来,他是真正为宾川人民服务的人,是项目落地实施的先驱。但令人遗憾的是,何智明这位张磊项目的积极推进者却在一场意外车祸中身亡。张磊痛定思痛,选择了继续前行。因为她坚信,只有让作为整个产业发展源头的农户意识到,他们的劳动具有举足轻重的价值,尊重自然规律,精品化种植、生产,产业才能得到良性的发展。

力争中国香料话语权

应当说，对中国香料关注的人不在少数，但真正"痴迷"者却是凤毛麟角。也正是因为张磊如此的专注，才达到了别人难以企及的高度——闻香识人。张磊能根据每个人对某种香味的喜好，迅速判断出该人的特质、精神状态、当下的心境等。比如，她在华德福国际夏令营做助教时，得知一个外国小男孩特别喜欢一种特殊的味道，张磊就知道该男孩此时此刻正在思念他的妈妈，这让这个男孩惊讶不已，于是，这个小男孩就在张磊的指导下，调配出了那种在脑子里渴望的味道，从而迅速降低了对母亲的思念。又如，一位女士告诉张磊，她特别喜欢一款香水的味道，张磊闻过后，知晓该女士特别喜欢小孩，一下子击中了该女士的软肋，这让该女士佩服得不得了。张磊这样的特质，被熟悉的朋友誉为"特异功能"。其实，在张磊看来，每个人都有各自喜欢的味道，在不同的时期，也会喜欢不同的味道。她不过是比别人多了一些特殊的感知能力，这也许就是所谓的天赋。她也因此成了一个很好的"树洞"，同时她也将认识的这些美好的特质保存下来，作为气味宝库，供产品开发之用。

当然，张磊更在意中国香料产业未来的发展道路，在她看来，中国香料产业是一个竞争激烈的行业，差异化是必由之路，通过平台的搭建和资源优势整合孵化芳香品牌是事业的核心。但环视目前中国的香料产业，从种植规模和量产化上都位列前茅，但遗憾的是，在国际市场上却没有话语权。比如，中国的平阴玫瑰，如果以香水、化工的运用途径和保加利亚、土耳其、摩洛哥产区相互竞争，不占优势，但是作为药食同源植物，却具有一定的优势。因此，她和她的团队，为平阴玫瑰做产品规划时就积极建议：在大健康产业背景下，它成为最香、最馥郁的药是其他品种的玫瑰所不具备的条件，促使山东地区大力发展以食用、药用为功能需求的玫瑰产业。张磊还认为，中国香料产业，若想突破国际话语权的瓶颈，就必须培育优质产区，运用全球化视野，将资源合理分配组合，并且在抓好基地建设的同时，加速芳香品牌的孵化。

2017年，张磊团队孵化了首个校园护肤品牌"兰村"，以创新的理念和全新的运营模式获得了十佳香料品牌的称号，至今她仍然扎根在海南大学为该品牌提供技术服务，并结合海南香岛建设，开展新的乡村扶贫项目。

张磊认为新的消费时代已然到来，个性化的体验，大数据的运用，人工智能的出现都会对整个社会的价值体系造成巨大冲击，她的整个事业都是基于有共同的价值观，尊重自然，尊重个体发展，尊重人类天然对美好生活的向往的需求去开展的。无论她走在乡间，还是奔走在各个城市，无论她和德国大学生一起在华德福夏令营里带领孩子体验自然生活，还是在摩洛哥的绿洲旁和阿拉伯世界的农户在一起劳作，她的初心不会改变，那就是基于爱和美，自然与和谐，看见并挖掘价值，让每个个体（品牌、产业）都能获得成长的空间，让自然的芳香在世间绽放。

（田地　本文原载于《优质农产品》2017年第12期）

杨晓萍：诚信是最有价值的品牌

"我愿意永远做农民的领头羊，我这一生给自己确定的目标是牵手全县的农民共同致富，打造庆禾香大米品牌，让庆安大米走出中国，走向全世界！"东禾农业集团总经理杨晓萍如是说。

这个场面，我是第一次见到，颇有些惊讶：台上，彩旗飘飘，1 016 万元现金，堆成一面人民币墙。媒体记者扛着相机对着这面墙"咔咔咔"地拍照，电视台的主持人在现场忙着直播。

台下，人头攒动，坐在前两排的人，胸前佩戴着大红花，脸上洋溢着领取"年终奖"的喜悦。最多的，一个人领到了9.3万元！

这是2017年8月19日，黑龙江省庆安县东禾农业集团的分红大会现场。

"父老乡亲们，让我们一起撸起袖子加油干！大家跟着我，我一定能让你们的腰包鼓起来！"讲话的是东禾农业集团总经理杨晓萍。她的话朴实，却底气十足，赢得台下农民朋友经久不息的掌声。

8月19日，记者采访杨晓萍的时候，她特地邀请记者第二天来她的分红会现场。记者如约而至，见到了这个热闹的场面，也见证了这个女企业家信守承诺的优秀品质。这个把诚信当作最有价值品牌的女强人，背后有很多动人的故事。

天道酬勤

杨晓萍出生在黑龙江省海伦市的一个农村家庭。小时候，她家里很贫穷。年幼的她在思考人生这个大问题，她发誓这辈子一定要走出这个小山村，一定要做个有钱人，一定要让别人瞧得起她。她觉得人生的路，要靠自己一步一步去走，不能抱怨生活，不能抱怨命运，更不能抱怨自己的出身。因为，每个人都不能选择父母，只能靠自己的努力去改变命运。

17岁那年，命运跟杨晓萍开了一个玩笑，她没有考上大学。靠读书改变命运的路没有走通，她便出来打拼，到黑河市一家百货商店当售货员，自食其力。后来，她在黑河市自主创业，从摆地摊卖大米开始，到后来开了大米销售实体店、批发店，她从此与大米结下了不解之缘。每天，她都给客户送米上门。几十斤重的大米，她往肩上一扛就走。客户都亲热地叫她"大米姐"。

"2007年，我出了一场车祸；2013年，我得了一场癌症。"几次与死神擦肩而过，杨晓萍却轻描淡写，能从容面对人生，"生活给我了磨难，我报之以奋斗"。自1992年进入粮食行业，杨晓萍已经走过了20多个春夏秋冬。对记者谈起她的创业之路时，她用3个10年概括她和企业的成长——前10年销售大米，完成资本的原始积累，赚取第一桶金；第二个10年，从事稻米加工、销售，使资金急剧放大；未来10年，主营水稻种植、仓储、加工、销售，达成集团上市的目标。

在黑河自主创业期间，在与大米打交道的过程中，杨晓萍发现庆安县是块宝地，这里千里沃野，九河七源，人杰地灵，是中国第一届绿色食品节的诞生地，还是黑龙江省第一个设置"绿色食品办公室"的县。这里生产的稻谷，粒长、味香，消费者反映特别好。"黑土地、油汪汪，不施肥也打粮"是庆安农民的口头禅。这说明庆安的土地开发晚，土壤腐殖层厚，有机质和微量元素含量丰富，虫害少，无污染。少有的洁净土地与空气，造就了水稻的绿色有机品质。这给杨晓萍生产绿色、有机稻米提供了良机。

2005年4月，杨晓萍到庆安县创办了丰林米业有限责任公司，专门加工、销售庆安大米。当时，有的商家认为杨晓萍用高价从农民手中收稻谷，扰乱了市场，心生怨恨，一把火将杨晓萍的粮仓烧了。但是，杨晓萍并没有放弃，熬过一段艰难的时期，她的企业走上了正轨。

在创建黑龙江东禾农业集团之初，庆安县原有一粮库由于经营不善，宣告破产，多数职工买断工龄回了家，少数留守职工每人每月靠400元的生活费勉强度日。

杨晓萍见到这个场景十分难过，迅速把心痛转化为行动，决定在粮库基础上，建立股份制东禾农业集团有限公司,把庆安大米做大做强。

这个国有粮库改制成功后,杨晓萍与庆安县政府密切合作,建起2条年加工能力30万吨的日本佐竹生产线,50万吨仓储粮库。东禾农业集团安排原国有粮库老职工35人,农村富余劳力145人,职工每月领到3 000多元工资,他们的脸上绽放了满意的笑容。在国家政策的扶持下,东禾农业集团给中国储备粮管理集团有限公司做代储,快速挖掘到第一桶金。

几十年来,杨晓萍都没有好好地休息一下,一直在奋斗的路上跋涉。长期的劳累,积劳成疾。2013年,杨晓萍被查出患了癌症,需要住院动手术。当时,正值企业收粮的黄金期。病痛没有把杨晓萍打垮,她一边在北京的医院做化疗,一边用电话办公。在化疗期间,杨晓萍每周五都从北京乘飞机返回庆安,来到田间地头,亲临收粮现场。周日晚上,她坐飞机返回北京,继续接受化疗。杨晓萍,一个企业负责人、一个女人、一个病人,硬是靠着这股拼劲,严把质量关,把好大米送给消费者,让人感动不已。

打造自己的大米品牌

这么多年来,杨晓萍一直有一个梦想,就是想有自己的品牌。然而,创立品牌的路是漫长且艰辛的。

"如人饮水,冷暖自知。"一路走来,经历了诸多磨难的杨晓萍说,"通过这么多年的努力,我解决了温饱,实现了年少时的理想。在经过了几次跟死神擦肩而过之后,我更加珍惜生命,珍惜现在的每一寸时光。品牌对于我个人来说,是一个梦想,是一种渴望,也是一种追求。我是企业的经营者,我的企业要经久不衰,不管市场怎么变化都能屹立在那里,一定要有自己的品牌。我希望在我的有生之年,塑造属于东禾农业集团的响当当的大米品牌。"

在杨晓萍眼中,诚信是最有价值的品牌。她说:"好的品牌来自品质,好的品质来自基地,基地来自农民。我把农民定位为我的家人,把消费者比作我远方的亲人。我希望自己能带动农民致富,让消费者花钱买到他们真正想买到的东西。我的企业,是诚实守信的企业。对于我来讲,做人要讲诚信,经营企业更是要讲诚信,有良心,有责任心。"杨晓萍的言语中,诚信两个字的分量最重。

自丰林米业有限公司成立,直到2012年组建东禾农业集团,杨晓萍和她的团队一直在下大功夫,打造自主品牌。她把国内的大米市场细分为高端精品市场、中高端消费市场和中低端大宗市场,以"庆禾香""香禾林""食禾汇"3个品牌产品对应三大市场,满足不同消费层次人群的需求。

现在,在东禾农业集团的三大品牌中,"庆禾香"牌大米成为京西宾馆和中国航天员培训中心的指定用米,并在2016年"中国十大好吃米饭"评选活动中名列第五位,在"放心365杯国际大米擂台赛"中荣获全国总决赛擂主的殊荣。在发表获奖感言时,杨晓萍动情地说:"我是'庆禾香'牌大米的缔造者,这个奖项不仅是颁发给我的,也是颁发给我们庆安的父老乡亲、东禾农业集团的合作社社员的!"

面对东北大米行业多年来稻强米弱的困局,杨晓萍和她的团队创新思维,在营销上采取新模式,强化品牌经营,弱化中间环节,采取终端直营的方式,增强了企业品牌的竞争力。杨晓萍说:"目前,公司已经在一线城市开设了53家旗舰店,预计到2017年年底将达到100家的规模。从牌匾设计到店面装修、店内陈设、员工培训,全部标准化。这些举措为品牌宣传、品牌形象打造,起到了示范作用。"

如今,东禾农业集团的品牌建设快速转型,也在最短的时间内完成了精准定位。杨晓萍表示："为食者谋福,为耕者创利。现在,我的企业重中之重,就是把所有的资金都投入到品牌化建设上。"

2017年,公司投资31 760万元,建设有机米、功能米、五谷米生产线及日本佐竹低温循环塔、物联网、智慧农业等基础设施。其中,公司投资5 000万元,新上两条功能米生产线,生产庆禾香牌GABA(γ-氨基丁酸)胚芽米,已正式投入市场;推出庆禾香牌生命100功能米(GABA、胚芽),产品富含γ-氨基丁酸、谷维素等,受到消费者的喜爱。

当记者询问杨晓萍,在品牌建设方面还有哪些想法的时候,杨晓萍脱口而出:"如今中国老百姓的生活水平提高了,越来越注重生活品质。那么,我们生产的大米,不仅要解决温饱,还要注重健康。我作为一个企业的领导,一定要从良心出发,将产品提档升级,做到完美无瑕,让每一款产品都得到市场的认可,得到消费者的认可。这对我自己来说也是一种挑战,也是一种动力。随着GABA胚芽米正式上市,我们将陆续推出新的功能米。2018年,我们将推出一种利用美国技术种植的抗癌大米。美国的科研人员用蔬菜提取出一种液体,用这种液体浇灌水稻,生产出来的大米能预防肿瘤的发生。"

一生只做一件事

杨晓萍深知,一个好品牌的背后,必须要有好品质支撑。弄虚作假,不讲诚信,就会砸自己的牌子。

"不断探索,稳步前进,我们一直在路上。"说起东禾农业集团的保优质的创新路,杨晓萍如数家珍,"几年前,我得了癌症,抗癌的经历让我认识到人类无节制地向大自然索取,疯狂地掠夺大自然,最后的结果就是在伤害和消灭自己。比如,有的地方,农民为了追求产量,滥施化肥、农药,导致稻米的农药残留超标,最终影响的是消费者,是

人类自己。"

为了让企业的品牌"庆禾香"一如既往地保持优质,杨晓萍和她的团队一直在探索、创新。东禾农业集团公司成立之初,杨晓萍就不惜成本保优质,为消费者提供放心的粮食、优质的大米。近些年来,东禾农业集团以工补农,投入1 350万元,流转农民2万亩土地,采用施农家肥、人工摆栽、人力锄草、生物除虫、人工收割等"古法种植",进行绿色、有机种植。"我们的水稻选择机器插秧还是手工插秧,主要是根据品种而定。我们种植的'庆禾香'牌水稻,采取早育苗、早插秧、人工插秧的方式种植,这样生产出来的大米口感特别好。"杨晓萍对我说。

东禾农业集团受庆安县政府委托,经营庆安县久宏现代农业示范园区,发挥园区的引领作用。2016年,杨晓萍投资500万元,建起1.3万平方米的连体大棚和物联网监控大厅,久宏园区中心区面积达到了2万亩,辐射区面积达到了5万亩。采取超早钵育新技术育出了龙江第一苗。水稻大棚育苗结束后,秧苗移出棚室后,大棚全部进行二次利用,栽种各种蔬菜、瓜果,做观光采摘园,年接待游客1.2万人次,稻农每公顷多增收8 000元。从绿色种植向有机种植转化,公司提高了大米品质,收入也稳步增长,每亩稻谷比普通稻谷增收200元。

2017年3月28日,黑龙江省委书记王宪奎亲临东禾农业集团久宏现代农业园区视察指导,对杨晓萍的工作给予了充分肯定和高度评价。

共同致富

"我从米贩子发展为企业老总,又从死神手里夺回生命。现在,我看淡钱财名利,但带领稻农奔小康的信念却日益坚定。"杨晓萍不忘初心,对我娓娓道来,"我不是一个很有钱的人,但却是农民心目中最亲近的人。我采取'公司+合作社+农户'的抱团联结机

制，走订单农业之路，形成了'你中有我，我中有你'密不可分的一体化格局，让利于农民。"

东禾农业集团每年都为合作社农民制定一系列扶农助农的优惠政策。

1. 年初出台高于市场价回收合作社农民水稻的价格，让农民早知道收购价格，分品种每吨为 50 元、100 元、200 元、400 元、1 200 元等。

2. 对因土地被企业流转而失地的农户，年龄在 18～45 岁的农民，东禾农业集团负责安置就业。

3. 企业与农户签订 12 年连续种植优质品种水稻合同，在指导价加分红的基础上，以 2016 年为基准，以后每年每吨再次分红 20 元，累计叠加直至 2027 年为止。

4. 每个合作社理事长每年按所在合作社农民入库水稻数量，每吨绩效工资 10 元标准给付。每年 8 月，企业从加工收益增值部分对订单送粮农户进行二次分红。2015 年兑现分红款 600 万元，2016 年兑现分红款 800 万元，2017 年分红达到 1 016 万元。同时，东禾农业集团兑现合作社理事长工资，绿洲源合作社理事长 2015 年得到绩效工资达 15 万元。

2017 年，在农民分红前后，杨晓萍做了一个调研。分红前，农民们都在盼望着分红款的发放，并且计划着分红款的用途。东禾农业集团决定在这个季节分红是因为这个季节正是农民资金青黄不接的时期，比如孩子上学、购买和修理农业机械、购置房屋、孩子结婚的费用等。因此，农民像过节一样数着日子期盼着分红。分红的当天，农民们穿上节日的盛装，早早来到现场，身披彩带戴上大红花，上台领取属于自己的分红款，喜悦的心情洋溢在脸上。这就是文章开头描绘的场景。

分红第二天，杨晓萍又做了跟踪调研，看到有的农民去买秋收用的收割机，有的去买儿子的婚房，有的去交上大学的学费，有的去买柴油……一个和杨晓萍签了订单的农民，紧紧握住杨晓萍的手，激动地说："这张看似普通的订单，里面却藏着我全家的希望！我的手中有它，收入有了保障！以后每年再签订单的时候，请您及时告诉我，我一定会早早地签！"

看到分红款真正解决了农民的燃眉之急时，杨晓萍开心地笑了！

杨晓萍自己富了，却不忘自己来时的路，帮助需要帮助的人。几年来，杨晓萍累计帮助五保户、孤寡老人、贫困职工、贫困大学生共 16 人次，资金 8 万余元。2015 年，她帮助考入大学的贫困学生 3 名，每名大学生资助 3 000～4 000 元，一直资助他们完成学业。

"我是一名癌症患者，我无法决定生命的长度，但我通过奋斗来决定生命的宽度！"杨晓萍语气坚定地说，"作为一个农民的女儿，我诚实守信的本质永远不会改变！我愿意永远做农民的领头羊，我这一生给自己确定的目标是牵手全县的农民共同致富，打造庆禾香大米品牌，让庆安大米走出中国，走向全世界！"

（周晓英　本文原载于《优质农产品》2017 年第 9 期）

让种植者"阔"起来

司马迁在《史记·货殖列传》里有句名言："天下熙熙皆为利来，天下攘攘皆为利往。夫千乘之王，万家之侯，百室之君，尚犹患贫，而况匹夫……"意思是说，普天之下芸芸众生为了各自的利益而劳累奔波乐此不疲。即使王家贵族也忧患于贫，何况普通老百姓呢？

中国在改革开放之前，人与人之间羞于谈利，谈利似乎有铜臭之嫌。实际上，人们骨子里最看不起的还是收入低微的行业。比如，曾几何时，从事种植业的农民最被人看不起，为什么？因为他们干又脏又累的活，却收入微薄。

改革开放后，中国迎来了社会主义市场经济，生产与经营自然少不了谈利益或利润。亏本的买卖自然不愿意做了。

为调动农民种田的积极性，国家几年前取消了农业税，减轻农民的负担，使农民休养生息，让农民自己种地养活自己还有所赚头。但即使这样，纯粹靠种地富起来的农民仍然是少数。

种植能不能生利？回答是肯定的，能。只要种植得法，收获后营销创新，赚钱肯定是不成问题的。南方有句方言："这个人阔了"。这里的"阔"，是指富有。种田也可以阔起来，一点不假。

这些年靠种植阔起来的，大多是企业下乡，运用新技术，进行农商对接，实行集约化的主体农业种植经营。

为引导规范主体农业经营，近日中共中央办公厅、国务院办公厅印发了《关于加快构建政策体系培育新型农业经营主体的意见》（以下简称《意见》），以不断提升新型农业经营主体适应市场能力和带动农民增收致富能力，进一步提高农业质量效益，促进现代农业发展。

《意见》要求，引导新型农业经营主体多路径提升规模经营水平。鼓励农民按照依法自愿有偿原则，通过流转土地经营权，提升土地适度规模经营水平。支持新型农业经营主体带动普通农户连片种植、规模饲养，并提供专业服务和生产托管等全程化服务，提升农业服务规模水平。引导新型农业经营主体集群集聚发展，参与粮食生产功能区、重要农产品生产保护区、特色农产品优势区以及现代农业产业园、农业科技园、农业产业化示范基地等建设，促进农业专业化布局、规模化生产。支持新型农业经营主体建设形成一批一村一品、一县一业等特色优势产业和乡村旅游基地，提高产业整体规模效益。

这一指导性意见，犹如及时雨，提出了怎么将分散的小农纳入新型农业经营主体集群里，怎么让小农户更为有效地对接大市场，无疑有利于搞活农产品的生产与经营，促进农民增收。

就在此前不久，世界商界两位大腕级人物在讲演中都表示看好中国农业。2017年3月24日比尔·盖茨在北京大学演讲时认为，中国有4个领域引人瞩目，其中第二大领域是农业。农业发展不仅解决了基数巨大且不断增长的中国人口的温饱问题，还促进了国民营养和健康水平的改善、农村收入的增加和贫困人口的下降，并向其他产业提供劳动力，从而在整体上推动了中国经济发展。

马云最近在一篇演讲中认为，未来最赚钱的行业，居第二位的是绿色食品产业。他说，随着生活水平的提高和消费观念的转变，以及环境污染和资源破坏问题的日益严峻，有利于人们健康的无污染、安全、优质营养的绿色食品已成为时尚，越来越受到人们的青睐。开发绿色食品已具备了深厚的市场消费基础。未来，绿色食品无论在国内还是国外，开发潜力都十分巨大，它是集经济、生态和社会效益于一体的特殊产业，有极大的经济发展空间。

这两位大腕级人物的话很有道理。我国优质农产品的生产与经营将成为赚钱的产业。有心进入主体农业经营领域的有识之士，你准备好了吗？

（王谨　本文原载于《优质农产品》2017年第7期）

遮放贡米：让"谷魂"回归稻谷

德宏傣族景颇族自治州地处云南西部。"德宏"是傣语的音译，"德"为下，"宏"指怒江，所以德宏的意思是：怒江下游。

德宏是一片古老而又神奇的土地，傣族和景颇族人民在这里休养生息，密密的寨子紧紧相连，弯弯的怒江水碧波荡漾，美丽的孔雀带来幸福吉祥美妙的歌声……

在德宏自治州，有一个叫作遮放的小镇，这里出产的遮放贡米被称之为云南第一米。早在明朝末年的时候，遮放还是一片荒蛮之地，农田开垦极少，辖区的主要任务只是通关护道。时任土司多思谭因出兵讨伐有功，被木匠皇帝明熹宗召入京城加以封赏。多思谭面圣时带了当地种植稻米及其他农特产品、珠宝前去，本只想做一下特产展示，未曾料到见惯了奇珍异宝的皇帝对他带来的宝贝虽然不以为意，但是吃了遮放稻米后却龙颜大悦，赞不绝口，遂钦封遮放稻米为贡米。

当时遮放水稻种植面积较少，进贡的稻米原为土司自家田里所种，数量亦不多，自被封为"贡米"后，稻米产量成了第一大难题。回到家乡后，土司不敢懈怠，第一件事就是发动百姓大力开垦农田，广种贡米。这一来便不可收拾，遮放逐步发展成为云南著名的优质米生产基地，被南来北往的人交口称赞。1956 年，周恩来总理品尝遮放米并了解其产量后将其定为国务院接待外宾国宴用米。

传统与现代种植的结合

遮放贡米这一沿袭百年的大米品牌发展至今，又注入了新的活力。作为遮放贡米品牌的持有者，德宏遮放贡米集团在其中发挥了巨大的作用。

德宏遮放贡米集团应用现代科学解读历史，适应当代中高档次消费人群的物质文化需求，谱写着"谷魂"文化的新乐章。在集团公司董事长王加勇的带领下，德宏遮放贡米集团公司坚持"公司＋合作社＋基地＋科技＋农户"的经营理念，利用德宏优质生态资源，传承德宏农耕文化，创立了"遮放贡"品牌。

传统的遮放贡米是一种高秆、晚熟的低产作物，靠自然水肥生长，米粒细长，晶莹剔透，煮出饭来香松酥软，冷不回生，营养丰富。但是遮放贡米集团并不满足于已有的优渥条件，为了让传统稻米更符合现代人的消费需求，德宏遮放贡米集团公司从云南省农业科学院种子资源库引来遮放贡米的原生品种，从缅甸引回外流品种，在遮放贡米的原产地建立试验基地，与当地延续种植的品种进行对比试验，建立了遮放贡米的良种体系和产品质量标准，并按照试验数据，将遮放贡米区分为"毫枇""谷魂""毫贡""毫文"四个类别，实施了大面积推广种植；根据遮放贡米的生长特点要求，完成了遮放贡米地理标志产品认证，确定了适宜种植范围，划定了芒市辖区内 20 万亩遮放贡米种植保护区，全州 60 万亩产业发展基地；按照有机、绿色食品生产标准，建立遮放贡米有机、绿色种植规程，并通过了 2 000 亩有机食品基地双认证，51 180 亩绿色食品基地认证。

在提升品质的同时，德宏遮放贡米集团公司也非常注重构建遮放贡米的品牌影响力。

为了讲好遮放谷米的品牌故事，德宏遮放贡米集团创造性地构建出了遮放贡米的"谷魂文化"。为品牌赋予文化内涵的同时，也极大地促进了品牌的传播力。

如今的"遮放贡"牌大米，已经被评选为"云南省著名商标""云南六大名米""云南名牌产品""云南名牌农产品"，多次获得国内国际食品博览会食味品评金奖、首届中国"优佳好食味"有机大米金奖。2017年，遮放贡米更是在中国优质农产品开发服务协会举办的"中国十大好吃米饭"评选中以其优异的品质获得了专家和消费者的一致好评，最终成为"中国十大好吃米饭"之一。这些成就不仅是对遮放贡米品质的认可，也证明了德宏遮放贡米集团已经成功地树立了遮放贡米的品牌形象。

赢得荣誉　回馈社会

20多年前，德宏遮放贡米集团公司的前身还是街边的一个小米铺，到了2016年，德宏遮放贡米集团公司的资产总额已经达到6亿元，年销售额4.5亿元，纳税总额1 278万元、利润总额4 083万元。与此同时，德宏遮放贡米集团公司还先后被评选为国家粮食局、中国农业发展银行重点扶持的粮食产业化龙头企业，云南省农业产业化经营重点龙头企业，创新型试点企业，全国放心粮油进农村进社区示范工程示范加工企业，国家绿色食品生产示范企业，有机食品生产基地。

在发展的过程中，德宏遮放贡米集团不仅获得了成功和荣誉，也义无反顾地担负起了责任和使命。

德宏遮放贡米集团从总公司到子公司再到生产基地，都以造福社区、回报社会为目标，与当地政府和社区建立了良好的共建关系。更为重要的是，企业始终将维护农户利益放到第一位，他们坚持订单种植，保护价收购，自公司成立以来遮放贡米稻谷收购价从最初的每千克1.8元提高到现在的每千克5.07元，同时还带动了整个德宏州优质稻收购价格的提升，每年全州稻谷收购单位的收购价基本上都要看遮放贡米的收购价出台后才会公布，起到了农民增收，公司增效，政府增税的目的。

在环境保护、安全生产、资源综合利用方面，德宏遮放贡米集团也充分承担起了自己的社会责任。企业所有的生产环节全部执行有机、绿色的内循环流程，完全采取符合环保的生产方式，各子公司之间形成内部循环经济产业链，资源循环互补利用，并充分利用天然元素，靠先进设备技术和运营管理模式，最大限度地减少对环境的破坏。目前，企业下属的2 000亩有机食品基地已经获得中绿华夏有机食品认证中心认证，62 180亩绿色食品基地通过中国绿色食品发展中心认证。对于未来的发展方向，德宏遮放贡米集团也已经有了明确的规划。公司提出，未来20年，公司将全面贯彻党的十八大精神，抓住瑞丽国家开发开放试验区实施的战略机遇，充分利用境内境外两种资源、两个市场，努力发展云南高原特色农业，向着"一、二、三、四、五"的战略目标迈进：

一个目标。到2020年达到年产精米5万吨，产酒1 500吨、产肥猪1万头、特种猪1万头、仔猪10万头，争取实现年创产值10亿元目标。

两手抓。一手抓有机、绿色产业提升，树牢米、酒、猪三个品牌；一手抓员工队伍素质建设，打造能打硬仗的企业团队。

三完善。芒市、遮放、陇川三区产业布局，完善循环经济产业链，建成三个精品产业基地，以质量和信誉开拓市场。

四巩固。米、酒、猪、产业文化旅游购物四大产业，公司庄园文化旅游一条街建成，把遮放贡米集团打造成民营粮食行业云南最大，全国最优的产业实体。

五兼顾。兼顾农民、员工、企业、国家、社会五大利益。

作为遮放贡米品牌的拥有者，德宏遮放贡米集团不仅实现了将这一传统名牌价值最大化的目标，也坚定不移地承担起了保护和传播传统文化、带领当地人民致富、造福社会的伟大使命。未来，他们将朝着更高更远的目标奋力前行。

（戈旭皎　本文原载于《优质农产品》2017年第7期）

创建热带地区现代农业示范基地

——记海南润达现代农业股份有限公司总经理李宝尤

这是一个神奇的植物王国——蔬菜种在"摩天轮"上，辣椒结在3米高的"树"上，黄瓜离地三尺竟然还比在地上的长得快……在海南陵水现代农业示范基地，仿佛一下穿越时空到达未来：温室大棚里的农作物几乎都不长在土地上，传统的浇水、耕地、施肥等工序全部被这套垂直旋转耕种系统取代。

高高架起的吊蔓，让圣女果枝蔓长到了10~18米，而农民种植的圣女果枝蔓一般只有2米长。"采用高架吊蔓无土栽培的种植方式既增加了产量，又实现周年循环生产。普通农民种植的圣女果每亩产量是3~4吨，我们这里亩产10吨以上。"海南陵水现代农业示范基地负责人、海南润达现代农业股份有限公司总经理李宝尤表示，目前在国内他们是唯一一家使用这套垂直旋转耕种系统的。通过引进先进的科学技术和最新的高产品种，使海南陵水现代农业示范基地实现了农产品品质和效益双增长，引领了当地农民脱贫致富，业已成为海南近年来发展热带特色现代农业的一个缩影。

水肥使用量精确到"滴"

这套新加坡垂直耕种系统是海南陵水现代农业示范基地在考察了以色列、韩国、日本、新加坡和马来西亚后引进的，该设备采用的是电机化模式来操作，于阳光、水和养分三功能为一体，整个13米的架子8个小时旋转一圈。每个架子有20个栽培槽，槽内的叶菜需要的阳光是有限的，通过立体的模式从而使每一个栽培槽都能够按照植物生长需求获得阳光和水。既提高单位面积空间利用率，又保证了24小时全天候生产，1亩的产出效益相当于传统种植的10亩。利用数学模型公式，可实现精准生产，每天有多少订单采摘多少。

系统的底部区域是从荷兰引进的水肥一体化技术。在中央控制室，工作人员通过计算机，便可实现对整个大棚生产的监控和管理。计算机根据不同区域、不同果蔬生长所需要的温度、湿度、水肥等，进行自动化分析，算出不同蔬菜所需生长环境，进而使其成长的效果和质量、成熟期及产量都能够达到最佳状态。水肥控制中心可将水肥的使用量精确到以"滴"为单位，通过管道输送到各个大棚当中，如圣女果每分钟只需要8滴。

系统可以用很少的能源带动整个结构进行阳光的自给自足和水肥体系的补充，每一个栽培槽里还有一个探测器，连接到控制中心，通过物联网智能化调控水肥的量和营养成分。

"在海南最热的时候，周边其他农户或温室大棚基本停止了生产，而我们能达到全天候24小时生产和产出。"李宝尤表示，"我们的目标就是要做到从选种、育种到栽培、采摘包装、物流配送加工一直到消费者的餐桌，每个环节都做到可监控和可追溯，进一步达到可管理，形成一个整体的产业化体系。要打造一套海南瓜果蔬菜的标准化产业体系，为了实现这个目标，所有的技术都是引进世界目前最先进的。"

推动产业转型升级

据了解，海南润达现代农业股份有限公司成立于2012年，注册资金1亿元，位于海南省陵水黎族自治县英州镇。公司于2013年正式启动建设"海南陵水现代农业科技示范基地"项目。基地总规划面积 5 231 亩，为海南省重点项目，预算总投资 17.2 亿元，由科研培训展示区、生产试验区、生产示范区、物流加工交易区、国际热带农业论坛接待区及农业休闲观光带"五区一带"组成。

目前其已累计完成投资 3.6 亿元，科研培训展示区和生产试验区已全部建设完成。据李宝尤介绍，示范基地全部使用现代化的农业设施，并引进国际领先的农业技术。除垂直旋转耕种系统外，还有绿色黄瓜无土栽培系统、高产叶菜育苗及生产示范车间等，充分展现现代农业种植技术；建成了国内最大的单体薄膜温室中荷农业示范园，培训农民 6 000 余人次；引进新加坡、荷兰、以色列高技术农业企业入驻基地开展合作；生产试验区已建设完成设施蔬菜种植大棚 3 万平方米，主要用于生产精品小西瓜、番茄、荷兰黄瓜等高品质蔬菜，年亩产叶菜约 30 吨，可实现全天候生产，年亩产效益约 30 万元。

目前，南海大数据应用研究院农业大数据中心在陵水现代农业科技示范基地正式挂牌成立。李宝尤认为，大数据应用是驱动农业智慧化发展的新动力，能为现代农业的生产决策、行业管理服务、农产品流通等提供坚实的信息支撑，对推动传统产业转型升级具有重要意义。

以科技促发展

带动和引领农业产业的转型升级，关键还是要靠科技支撑，才能够打造一个技术含量高、市场前景广阔的现代农业示范平台。而海南陵水现代农业科技示范基地无论从建设规模还是建设内容上，都是海南省最大的现代农业示范基地，所运用的现代农业高新技术也属国内先进。

基地已与中国热带农业科学院、浙江大学、海南大学、海南省农业科学院等高校及科研院所开展了合作，并积极引进新加坡、

荷兰、以色列的先进农业企业入驻基地。与美国密歇根州立大学、意大利农业技术联盟、荷兰卓越集团、以色列耐特菲姆公司等建立了合作关系。聘请中国工程院吴孔明、尹伟伦、张齐生院士等国内知名农业专家为基地顾问。

据李宝尤介绍，"海南陵水现代农业科技示范基地"项目计划在 2019 年完全建成，届时将成为中国热带地区集"种苗繁育、蔬菜栽培、热带水果种植、南药资源开发、精细加工、物流仓储、科研培训、旅游接待"等于一体的农业综合产业基地。李宝尤强调，该基地力争建设成一项"惠民、富民、兴民"的科教扶农工程，通过培育新型职业农民，促进农民增收致富，引领海南"高科、高效、高产"农业的发展，以工业化思维推动热带特色现代农业发展模式的升级与创新。

模式创新突破传统

解决困扰中国农民发展的根本问题，是小生产、大市场。李宝尤指出，"我们通过建立大园区、小业主的模式，统一品牌、统一标准、统一市场，无形中将产业规模增加到5 万亩，这样我们就有了自己的定价权。农民能够拿到的就是整个全产业链的收益而不只是田间地头那一块。通过统筹安排，农民有效避免了盲目生产、胡乱生产和瞎生产。"

农业经营主体的改变，同时为培育新型职业农民，提升劳动者素质提供了尝试的方向。李宝尤形象地说，农民通过我们的培训得到技术，他们的职责就是管理好一个"车间"，家里两三个人就是"车间"的工人，按照我们的技术要求来组织生产、种植、管理，然后统一采摘，再统一进行包装加工，推向市场。农民只是负责其中的一个环节，不用考虑市场和风险。李宝尤认为，他们的整个生产模式可以面向全县推广复制。"5 万亩大约有 1 000 座农业大棚，按计划将在 2018 年之前建成，整个产业规模年产量可达 50 万

吨，年产值就是 50 亿元。这样一来职业农民将达到 2 万人，算上一个个的家庭，实际上影响的人口可以达到 10 万人。"李宝尤深有感触地说，在中国，政府对农业的支持非常大，"只要你能够做好、做精、做出品牌，政府从种子、技术、基础设施到产业化等方面都有很大支持。"因此，李宝尤深信，陵水现代农业示范基地必将建设成为海南领先、全国一流、世界知名的现代农业示范基地。

（张学珍　本文原载于《优质农产品》2017年第 5 期）

品牌主体

- 黑龙江省京福龙农牧科技开发有限公司
- 黑龙江信诚龙牧农业集团
- 重庆市荣牧科技有限公司
- 通江县巴山生态牧业科技有限公司
- 深圳农畎食品开发集团有限公司
- 河北裕丰京安养殖有限公司
- 安徽省花亭湖绿色食品开发有限公司
- 黑龙江农垦雁窝岛集团酿酒有限公司
- 上海松林工贸有限公司
- 湘村高科农业股份有限公司

黑龙江省京福龙农牧科技开发有限公司

黑龙江省京福龙农牧科技开发有限公司成立于 2011 年，为国家高新技术企业。自与厦门大学生命科学学院连玉武教授合作以来，视科技为企业的生命线，坚持走自主研发、自我创新和追求卓越之路，现已先后研发出植物酵素、动物酵素、环保酵素和人体酵素等四大品类 95 个生物酵素产品，并获多项国家发明专利认证。公司历经 6 年建设，现已形成集生物科技领域投资、健康产业开发和实施生物酵素技术产业化发展的企业集团。

黑龙江信诚龙牧农业集团

黑龙江信诚龙牧农业集团注册资金 5 000 万元，总资产 2.6 亿元，集团下辖全资分公司、子公司十余家。拥有玉泉山生态养殖基地一处、专业养殖合作社百余家。集团通过整合相关产业资源，已形成集种植—生物饲料加工—生猪养殖—屠宰分割—猪肉食品精深加工—互联网＋O2O＋F2C 销售模式—全程冷链运输—生态农业观光旅游项目于一体的现代化大型综合性农牧产业集团。

重庆市荣牧科技有限公司

重庆市荣牧科技有限公司成立于 2012 年 4 月，是一家从事畜牧产业发展的现代创新型市级龙头国资控股企业。公司注册资金 5 000 万元，肩负着荣昌猪品牌推广，整合"生态荣昌猪"全产业链资源的重要使命。

本公司以"荣牧猪肉"为主导品牌，集育种研发、养殖生产、鲜肉销售、产品深加工于一体。经过努力，荣牧牌生态荣昌猪已获得了国家地理标志证明商标、绿色食品认证、无公害农产品认证、中国人寿质量保险、重庆市名牌农产品等荣誉。

通江县巴山生态牧业科技有限公司

通江县巴山生态牧业科技有限公司成立于 2011 年 5 月，注册资金 3 500 万元，总部设立于通江县工业园区，主要从事青峪猪的保种及全产业链开发，现拥有青峪猪原种场 1 个，扩繁场 5 个，放牧基地若干个，自建有机屠宰加工厂 1 个及冷链物流销售体系，资产总额 9 800 万元。主要产品为有机土猪冷鲜、冷冻肉及腊肉、香肠、罐头等。

公司自成立以来，严格按照有机猪生产标准组织生产，产品已连续 4 年通过国内有机认证，并于 2013 年通过欧洲联盟有机认证，为省内猪业第一个，此外还取得了国家工商行政管理总局颁发的青峪猪地理商标认证和中国绿色食品发展中心颁发的绿色食品认证。公司现为四川省农业产业化重点龙头企业，巴中市农业产业化重点龙头企业，"转型中国"低碳先锋企业，先后获得了世界农场动物福利组织颁发的"金猪奖""四川省优秀诚信企业""转型中国·低碳先锋企业""中国十大小康特别贡献企业""巴中市统筹城乡、追赶跨越、加快发展先进企业"称号。创始人张育贤总经理也获得了四川省"优秀诚信企业家"的殊荣。

公司创立了"龙头企业＋银行＋保险＋基地＋养殖农户"的利益联结机制，开展五方联动。预计利用近 5 年的发展，带动 20 000 户养殖农户，年出栏达到 50 万头。为带动全县现代畜牧产业的发展和促进农户增收脱贫做出自己的贡献。

公司聘请畜牧、兽医、肉食品加工、管理、运营等方面专家，组建专家团队，成立青峪猪工程技术研究中心，并与中国农业科学院、中国农业大学、西南大学、四川农业大学、四川省畜牧科学院等院、所紧密合作，实现青峪猪品种纯繁、扩繁、基因系谱、风味开发、疾病防控等"官、产、学、研、销"大联动。

目前，公司开发的高品质猪肉主要供应国内大、中城市且供不应求。相信随着人们生活水平的提高，环保及健康意识的增强，生态有机食品在国内外都有着广阔的发展前景，巴山牧业亦将迎来发展的黄金时期。

深圳农畎食品开发集团有限公司

农畎是专注于高端农产品开发、生产和销售的农业品牌。农畎猪肉是由中国农业大学的许剑琴教授和北京农学院的刘凤华教授带领专家团队，历经 20 多年耕耘，共同研发而成的。我们精选品种，以药食同源的福利养殖方式为理念，筛选天然植物组成保健食谱，在 100 余种养生食材中提取精华，呵护农畎精品猪健康成长，还原了原始、生态的猪肉品质，并实现了多项指标的领先。

河北裕丰京安养殖有限公司

河北裕丰京安养殖有限公司始创于 1994 年，是农业产业化国家重点龙头企业。现有员工 2 000 多人，总资产 16 亿元，年产值达 30 亿元。拥有种猪繁育、商品猪养殖、屠宰销售、绿色种植、饲料加工、环境保护、生物质能源、有机肥制造等多个板块。

安徽省花亭湖绿色食品开发有限公司

安徽省花亭湖绿色食品开发有限公司创建于 2006 年 7 月，是全国独家专业从事国家级珍稀畜禽保护品种——安庆六白猪的保种、扩繁、育肥、加工和销售一体化的科技民营企业。公司被评为省级农业产业化重点龙头企业、省市品牌工作先进单位、省医学养生研究会常务理事单位；"程岭"品牌获省市著名商标。公司养殖基地被认定为国家级科普示范基地、农业科技推广示范单位、珍稀畜禽资源保种场、省级标准化畜禽养殖示范场、农业科技示范园、循环经济示范单位。公司产品通过有机认证、ISO9001 质量管理体系认证。"太湖六白猪"成功注册国家工商行政管理总局的地理标志证明商标。公司现有千亩有机饲料种植基地、饲料加工厂、肉类加工厂、全省最大的地方猪微生态深山养殖基地（六白猪保种场、扩繁场、育肥场），年出栏达 20 000 头以上。其产品除畅销麦德龙、家乐福、绿地、永旺等系列商超，远销京、辽、苏、浙、沪、皖等地，并受到广大商家及消费者的一致好评。2014 年和 2015 年，中央电视台中文国际频道《走遍中国》栏目分别以"土种土味六白猪"和 2016 年中央电视台军事·农业频道《农广天地》栏目以"吃软饭的黑猪更值钱"为题材多次特别报道了程岭品牌系列猪肉产品；中央电视台军事·农业频道《农广天地》的《从农田到餐桌》节目组又围绕"程岭黑猪肉为什么是最高端猪肉？"而从猪的品种、养殖环境、饲养过程、屠宰加工及冷链物流等环节全程如实进行了跟踪采访报道……

公司以人类食品质量安全为己任，回归传统生产养殖模式，将自然资源与现代科技完美结合，打造世界级顶尖猪肉，切实走出了一条成功的现代农业发展之路。

黑龙江农垦雁窝岛集团酿酒有限公司

黑龙江农垦雁窝岛集团酿酒有限公司特色养猪场主要饲养森林秧歌猪。森林秧歌猪是以东北民猪为母本培育的优质猪种，产仔多，耐粗饲，耐寒，肉质色、香、味俱全。猪场成立于 2013 年，场址位于黑龙江省八五三农场一分场五队，猪场占地面积 3.38 万平方米，森林秧歌猪放养林地 10 945 亩，能繁母猪有 875 头，年出栏 18 000 余头。企业本着"安全、健康、营养"的理念开发黑猪产品，采取自繁、自育、自配料、自种青饲料结合林地放养与酵素饲养技术，生产"生态、原味、醇香"的猪肉产品，为消费者提供安全、放心的营养食品。

上海松林工贸有限公司

上海松林工贸有限公司现有 4 个大型种猪基地，饲养生产母猪近 6 000 头，肉猪由公司所属合作社 79 个种养结合家庭生态农场饲养，年上市商品猪可达 15 万头。上海松林工贸有限公司生猪屠宰加工厂，设备全部为国内外引进的最先进的生产流水线，年生猪屠宰加工能力 100 万头，主要生产分割冷鲜猪肉食品，以及深加工的冷冻调理食品、腌腊食品和熟制品。公司还开设有 200 多家"松林牌"猪肉专卖店（柜）、直营点、加盟店和电子商务销售平台，形成了集种猪繁育、肉猪生产、饲料加工和产品销售为一体的养猪产业链。

公司还利用种养结合家庭生态农场以及黄浦江上游水质保护区沿岸水净、地净、空气净的生长环境优势，选用自己培育、适宜在本地区种植的优良品种开展优质水稻生产，种植面积达 5 000 亩。公司以猪粪为有机肥生产的松林牌优质大米，已获得国家地理标志保护产品称号。2016 年，松林优质水稻种植面积已达 1.5 万亩，2018 年将达到 3 万亩，形成公司另一条产业链。

湘村高科农业股份有限公司

湘村高科农业股份有限公司（股票代码为835920）是国家级优良猪种"湘村黑猪"产业开发项目的唯一承担单位，集种、养、加、销为一体的高新技术企业和农业产业化龙头企业，注册资本11 588万元。

公司业务涵盖猪品种选育、繁育推广、商品猪养殖与销售、肉制品加工、冷链配送、饲料生产、沼气能源生产与销售等，获得ISO14001、ISO9001、有机产品和欧盟麦咨达等质量认证。公司建有湘村黑猪原种场、第一核心育种场、扩繁场、生态示范养殖场等4个猪场以及肉制品加工厂、饲料加工厂、销售运营中心等20多个生产或经营单元，拥有6家全资子公司，总资产10亿元，2015年实现营业收入超过4亿元。公司实施品牌营销战略，已完成长三角、环渤海、珠三角市场布局，迅速占领高端消费市场。湘村黑猪目前是内地唯一供港的活体黑猪，湘村黑猪产品进驻中国大陆山姆会员店，并荣获"2016中国自主品牌100佳"。公司于2016年2月在新三板挂牌交易并于6月进入新三板创新层，目前已进入IPO阶段。

以高品质为产品依托，湘村黑猪产品迅速占领全国的重要市场。2012年8月，湘村黑猪长沙营运中心建成投入运营，拥有高标准的分割加工车间、全程冷链的配送体系、全产业链的产品溯源体系等。目前长株潭（长沙、株洲、湘潭）城市群已运营各类门店72家，以及农贸市场专营店、品牌店、礼品渠道和餐饮酒店等销售渠道；2013年10月，湘村北京销售公司成立，目前在北京城区已签约商超200多家，并进入天津、石家庄等城市，正式营业门店100家；2014年9月，湘村深圳销售公司成立，立足深圳，辐射广州市和香港特区，2015年公司与香港华润五丰行签订合同，湘村黑猪正式进入香港特区市场，7月，第一批湘村黑猪跨越深圳口岸走向香港市场，成为国内第一个出口的黑猪品种。

湘村股份在董事长杨文莲的带领下，以"做中国黑猪产业化创导者"为使命、"打造中国高品质猪肉第一品牌"为愿景，坚守"敬业诚信、坚韧有为、创新超越"的核心价值观，以育种为核心，将育种成果转化为优质消费品，通过未来3年的努力，创建一套完整的湘村模式，从现有的自主养殖和销售转变为供应优质种猪与缔造终端消费品牌并重的新商业模式，为社会提供健康、安全的产品，让更多的普通市民吃上高品质放心猪肉。

统 计 资 料

- 2017 年绿色食品发展总体情况
- 2017 年分地区有效用标绿色食品单位与产品数
- 2017 年分地区当年绿色食品获证单位与产品数
- 绿色食品产品结构（按产品类别）
- 绿色食品产地环境监测面积
- 分类别绿色食品获证产品数量与产量（按 5 大类 57 类产品）
- 分地区绿色食品原料标准化生产基地面积与产量
- 全国绿色食品生产资料获证企业与产品数
- 分地区绿色食品生产资料获证企业与产品数

2017 年绿色食品发展总体情况

指　　标	单位	数量
当年获证单位数	个	4 422
当年获证产品数	个	10 093
获证单位总数①	个	10 895
获证产品总数②	个	25 746
国内年销售额	亿元	4 034
出口额	亿美元	25.45
产地环境监测面积	亿亩	1.52

注：①截至 2017 年 12 月 10 日，有效使用绿色食品标志的单位总数。

　　②截至 2017 年 12 月 10 日，有效使用绿色食品标志的产品总数。

2017 年分地区有效用标绿色食品单位与产品数

地区	企业数（家）	产品数（个）
总计	10 895	25 746
北京	58	269
天津	57	156
河北	276	823
山西	79	171
内蒙古	202	630
辽宁	477	992
吉林	270	791
黑龙江	928	2 495
上海	189	271
江苏	907	2 027
浙江	743	1 182
安徽	819	2 237
福建	329	553
江西	255	581
山东	1 388	3 330
河南	265	662
湖北	569	1 601
湖南	442	1 157
广东	320	575
广西	135	205
海南	38	68
重庆	318	761
四川	471	1 197

（续）

地区	企业数（家）	产品数（个）
贵州	35	52
云南	301	793
西藏	14	35
陕西	172	298
甘肃	378	759
青海	88	285
宁夏	101	240
新疆	268	546
境外	3	4

2017 年分地区当年绿色食品获证单位与产品数

地区	企业数（家）	产品数（个）
总计	4 422	10 093
北京	23	85
天津	28	62
河北	106	299
山西	37	80
内蒙古	87	268
辽宁	147	286
吉林	128	379
黑龙江	407	998
上海	59	82
江苏	401	841
浙江	277	466
安徽	405	1 049
福建	121	185
江西	98	231
山东	554	1 250
河南	109	256
湖北	218	640
湖南	168	418
广东	110	188
广西	55	82
海南	17	28
重庆	152	347
四川	174	402

（续）

地区	企业数（家）	产品数（个）
贵州	14	21
云南	111	262
西藏	6	26
陕西	76	128
甘肃	154	305
青海	38	118
宁夏	49	125
新疆	91	184
境外	2	2

绿色食品产品结构（按产品类别）

产品类别	产品数（个）	比重（%）
农林及加工产品	19 629	76.3
畜禽类产品	1 345	5.2
水产类产品	643	2.5
饮品类产品	2 253	8.8
其他产品	1 876	7.2
合计	25 746	100.0

注：其他产品指方便主食品、糕点、糖果、果脯蜜饯、食盐、淀粉、调味品、食品添加剂。

绿色食品产地环境监测面积

产　　地	单位	面积	比重（%）
农作物种植	万亩	7 229.91	47.68
粮食作物	万亩	5 768.21	38.04
油料作物	万亩	387.57	2.56
糖料作物	万亩	250.55	1.65
蔬菜瓜果	万亩	800.16	5.28
其他农作物	万亩	23.42	0.15
果园	万亩	780.80	5.15
茶园	万亩	286.65	1.89
林地	万亩	475.53	3.14
草场	万亩	3 363.90	22.19
水产养殖	万亩	562.02	3.71
其他	万亩	2 463.44	16.25
合计	万亩	15 162.24	100.00

注：其他指蜜源植物、湖盐等面积。

分类别绿色食品获证产品数量与产量（按 5 大类 57 类产品）

产 品	数量（个）	产量（万吨）
一、农林产品及其加工产品	19 629	7 276.41
小麦	76	141.45
小麦粉	824	517.45
大米	3 775	1 464.14
大米加工品	65	10.68
玉米	201	445.57
玉米加工品	190	56.30
大豆	130	85.27
大豆加工品	260	62.57
油料作物产品	58	10.03
食用植物油及其制品	390	106.26
糖料作物产品	0	0.00
机制糖	77	365.89
杂粮	265	89.70
杂粮加工品	265	34.76
蔬菜	7 290	2 050.39
冷冻蔬菜	48	17.09
蔬菜加工品	142	26.47
鲜果类	3 991	1 187.31
干果类	299	80.72
果类加工品	177	15.97
食用菌及山野菜	586	104.86
食用菌及山野菜加工品	68	0.94
其他食用农林产品	351	291.30
其他农林加工品	101	111.29
二、畜禽类产品	1 345	95.30
猪肉	269	4.54
牛肉	172	4.17
羊肉	164	2.39
禽肉	128	9.79
其他肉类	9	0.85
肉食加工品	142	1.17
禽蛋	162	13.57
蛋制品	77	3.20
液体乳	43	49.95
乳制品	43	4.20

（续）

产　品	数量（个）	产量（万吨）
蜂产品	136	1.46
三、水产类产品	643	20.43
水产品	495	15.44
水产加工品	148	4.99
四、饮品类产品	2 253	417.39
瓶装饮用水	80	260.06
碳酸饮料	0	0.00
果蔬汁及饮料	95	25.71
固体饮料	4	0.05
其他饮料	46	13.42
冷冻饮品	23	0.68
精制茶	1 491	7.61
其他茶	125	1.10
白酒	119	6.44
啤酒	39	89.27
葡萄酒	103	3.68
其他酒类	128	9.35
五、其他产品	1 876	2 229.68
方便主食品	319	36.12
糕点	113	3.54
糖果	31	0.96
果脯蜜饯	79	3.92
食盐	650	1 797.00
淀粉	190	271.60
调味品	490	105.69
食品添加剂	4	10.85
总计	25 746	10 039.20

分地区绿色食品原料标准化生产基地面积与产量

地区	基地数（个）	面积（万亩）	产量（万吨）
全国总计	678	16 387.4	10 673.2
北京	3	18.5	29.5
天津	1	11.2	5.6
河北	13	147.6	101.0
山西	3	24.0	20.5
内蒙古	46	1 672.5	1 079.4

（续）

地区	基地数（个）	面积（万亩）	产量（万吨）
辽宁	19	350.4	189.5
吉林	23	371.4	232.1
黑龙江	158	6 398.8	3 034.1
江苏	48	1 789.9	1 227.7
安徽	45	841.1	392.9
浙江	3	23.3	13.8
福建	16	148.8	90.7
江西	44	833.2	544.1
山东	24	344.3	365.5
河南	3	60.2	33.7
湖北	21	288.1	320.0
湖南	41	592.6	551.2
广东	6	64.3	73.4
广西	3	28.4	38.9
四川	61	902.9	865.2
陕西	4	162.0	217.6
甘肃	16	187.7	174.2
宁夏	14	196.7	151.6
青海	8	105.4	76.5
云南	1	6.7	3.3
新疆	54	817.4	841.2

全国绿色食品生产资料获证企业与产品数

产品类别	企业（家）	产品（个）
肥料	69	133
农药	18	66
饲料及饲料添加剂	29	116
兽药	0	0
食品添加剂	16	17
总计	132	332

分地区绿色食品生产资料获证企业与产品数

地区	企业（家）	产品（个）
北京	3	14
天津	5	6
河北	9	18

（续）

地区	企业（家）	产品（个）
山西		
内蒙古	9	31
辽宁	4	9
吉林	2	3
黑龙江	8	17
上海	1	8
江苏	14	37
浙江	4	6
安徽	3	5
福建	1	4
江西		
山东	14	34
河南	6	11
湖北	4	5
湖南	5	5
广东	4	10
广西	2	2
海南		
四川	8	35
贵州		
云南	4	28
西藏		
陕西	3	7
甘肃		
宁夏		
青海	14	17
新疆	2	2
重庆	1	3
境外	2	15
总计	132	332

注：境外包括德国、韩国。

大事记

- 2017 年大事记

2017 年大事记

1 月

1 月 15 日，中国优质农产品开发服务协会（以下简称中国优农协会）等单位联合主办的"发现中国好食材高层研讨会暨品牌食材企业发布"活动在北京举行。

1 月 25 日，中国优农协会组团参加第 82 届柏林国际绿色周，中国展区以"二十四节气"为主题。

3 月

3 月 4 日，全国政协委员、中国优农协会会长朱保成在李克强总理参加的中国人民政治协商会议第十二届全国委员会第五次会议经济、农业界别联组讨论会上发言。

3 月 9 日，朱保成会长在全国政协十二届五次会议举行第二次全体会议上作大会发言，提出关于进一步深入推进农村土地实行"三权分置"的建议。

4 月

4 月 7 日，由中国优农协会、中华美食频道共同主办，中国畜牧业协会、新华社全媒体和《优质农产品》杂志协办，中国品牌农业网承办的"品牌猪肉盛典暨全国优质品牌猪肉大赛　争霸赛"在北京举行。

4 月 16 日，由云南省普洱市人民政府、中国优质农产品开发服务协会、中国农产品市场协会及《农民日报》社共同举办的"强农兴邦中国梦·品牌农业中国行——助力普洱"活动在普洱市举行。

4 月 16～17 日，全国农产品加工业发展和农业品牌创建推进工作会议在河南省郑州市召开。中国优农协会按照农业部统一部署，组织获得 2016 年"中国十大大米区域公用品牌"和"中国大米区域公用品牌核心企业"以及"中国十大好吃米饭"单位进行了成果展示。

5 月

5 月 10 日，中国优质农产品开发服务协会在北京举办了"庆祝设立'中国品牌日'推进农业品牌建设座谈会"。农业部有关单位和部门负责人、专家、企业负责人、社会组织负责人及媒体记者近百人参加了座谈，与会人员围绕"深化供给侧结构性改革，开启农业品牌发展新时代"的主题，就设立"中国品牌日"的价值意义及农业品牌的发展态势进行了深入交流，大家一致认为，"中国品牌日"的设立意义重大、影响深远，中国农业品牌发展必将迎来战略机遇期。

5 月 16～21 日，首届中国国际茶叶博览会在浙江杭州举办。

5 月 24 日，"强农兴邦中国梦·品牌农业中国行——走进齐齐哈尔"活动启动仪式在黑龙江省齐齐哈尔市举办。

6 月

6 月 24～25 日，2017第六届品牌农商发展大会在北京举行，会议主题是"新模式、新消费、新业态"。中央农村工作领导小组办公室主任、中央财经领导小组办公室副主任韩俊出席并演讲。

7 月

7 月 22 日，精准扶贫与梦同行暨"强农兴邦中国梦品牌农业中国行——走进石城"活动在江西省石城县举行，来自全国多地的农业专家共同把脉石城农业品牌建设，为当地精准扶贫、产业扶贫献计献策。中国优农协会与石城县人民政府签订战略合作协议，共同推动石城品牌农业建设，促进当地经济发展、农民增收。

8 月

8 月 17～18 日，"强农兴邦中国梦·品牌农业中国行——走进庆安"活动在黑龙江省庆安县举行。

9月

9月5日,"强农兴邦中国梦·品牌农业中国行——走进武汉"活动在湖北省武汉市举行,同时中国优质农产品开发服务协会油料产业分会成立。

9月7日,中国优质农产品开发服务协会与读者集团在兰州签署了"农业＋读者产业融合发展"合作框架协议。双方将在农业文化示范产业园建设、农业品牌活动推广、出版合作、农业文创产品开发等方面开展深入合作。

9月11~12日,中国优农协会蓝莓产业分会在云南省曲靖市揭牌并承办了"2017国际蓝莓大会"。

9月14日,"强农兴邦中国梦·品牌农业中国行——走进兴隆"暨中国优质农产品开发服务协会香料产业分会成立大会在海南省万宁市举办。

9月21日,2017首届中国国际品牌农业发展高峰论坛在北京举行。本次论坛由第十五届国际农交会组委会主办,中国优质农产品开发服务协会承办。

9月21日,第十五届中国国际农产品交易会组委会主办、中国优农协会承办的"2017中国大米品牌论坛"在北京举行。

9月21日,第十五届中国国际农产品交易会组委会主办、中国优农协会承办的"中国香料品牌论坛"在北京举行。

9月22日,第十五届中国国际农产品交易会组委会主办、中国优农协会承办的"中国油料品牌论坛"在北京举行。

9月26日,"强农兴邦中国梦·品牌农业中国行——走进溧水"暨"无想田园"品牌发布活动在江苏省南京市溧水区举行。

附

录

- 2017 年度全国名特优新农产品目录
- 关于 100 个 "2017 最受消费者喜爱的中国农产品区域公用品牌" 调查结果的通报
- 中华人民共和国农业部令
- 农产品质量安全检测机构考核办法
- 农业部办公厅关于公布 2017 年休闲渔业品牌创建主体认定名单的通知
- 农业部关于认定第二批国家农产品质量安全县（市）创建试点单位的通知
- 现行有效的全国无公害农产品检测机构名录（2017 年 12 月）
- 中华人民共和国农业部公告第 2486 号
- 全国优质品牌猪肉大赛获奖企业公示
- 关于发布 2017 十佳香料创新品牌产品的通知
- 关于发布 2017 第一批 "中国优质农产品示范基地" 认定结果的通知

2017 年度全国名特优新农产品目录

农业部优质农产品开发服务中心公告（第 02 号）

为深入挖掘、保护、培育和开发各地名特优新农产品资源，推进农产品品种改良、品质改进和品牌创建，大力发展优质安全农产品，促进农业增效、农民增收，满足广大消费者对优质安全农产品的消费需求，按照农业部种植业管理司印发的《关于做好 2017 年度全国名特优新农产品目录申报工作的通知》（农农（经作）〔2017〕9 号）要求，农业部优质农产品开发服务中心组织对各地申报的 2017 年度全国名特优新农产品申报材料进行了形式审查、专家审核、公示，提出了包括粮油、蔬菜、果品、茶叶及其他 5 大类别、696 个产品、927 家生产单位的"2017 年度全国名特优新农产品目录"（附件 1-5），现予以发布。

全国名特优新农产品目录每两年发布一次。本次目录有效期自公告之日起两年内有

效。目录实行动态管理，如发现不符合规定要求的，将予以公告退出。

特此公告。

附件：1.2017 年度全国名特优新农产品目录（粮油类）

2.2017 年度全国名特优新农产品目录（蔬菜类）

3.2017 年度全国名特优新农产品目录（果品类）

4.2017 年度全国名特优新农产品目录（茶叶类）

5.2017 年度全国名特优新农产品目录（其他）

农业部优质农产品开发服务中心
2017 年 11 月 30 日

附件 1：

2017 年度全国名特优新农产品目录（粮油类）

序号	省（自治区、直辖市）	申报单位	申报产品	申报单位推荐的生产单位
1	河北省	南和县农业局	南和金米	邢台市自然农庄农产品有限公司
2		唐山市开平区农林畜牧水产局	开平甜玉米	唐山鼎晨食品有限公司
3		武安市农牧局	武安小米	河北仓盛兴粮油工贸有限公司
				武安市洺河源土特产有限公司
				河北华瑞农源小米加工有限公司
4		阳原县农牧局	泥河湾绿豆	河北泥河湾农业发展股份有限公司
5		邯山区农牧局	黄粱梦小米	河北省黄粱梦米业有限公司
6	山西省	大宁县农业委员会	大宁红皮小米	山西辰康生物科技有限公司
7		古县农业委员会	古县小米	古县金米香系列产品加工厂
8		山西省晋中市榆社县	河峪小米	榆社县河峪小米专业合作社
9		灵丘县农业委员会	灵丘荞麦	山西大山食品有限责任公司

（续）

序号	省（自治区、直辖市）	申报单位	申报产品	申报单位推荐的生产单位
10	山西省	左云县农业委员会	左云苦荞	山西雁门清高食业有限责任公司
11	内蒙古自治区	阿鲁科尔沁旗农业局	赤峰绿豆	赤峰市蒙天粮油购销有限责任公司
12		阿鲁科尔沁旗农业局	赤峰小米	赤峰市蒙天粮油购销有限责任公司
13		巴林左旗农牧局	巴林左旗毛毛谷小米	巴林左旗大辽王府粮贸有限公司
14		清水河县农牧业局	清水河小米	呼和浩特市金利小杂粮种植加工农民专业合作社
15		五原县农牧业局	五原小麦	内蒙古双福面业有限责任公司 五原县新民食品有限公司
16		五原县农牧业局	五原向日葵	内蒙古三瑞食品有限公司 巴彦淖尔市心连心食品有限责任公司
17		敖汉旗农技中心	敖汉荞麦	内蒙古爱在仁间食品有限公司 内蒙古敖汉惠隆杂粮种植农民专业合作社
18	辽宁省	东港市农村经济局	东港大米	东港市五四农场 辽宁鸭绿江米业（集团）有限公司
19		黑山县农村经济发展局	黑山花生	辽宁绿色芳山有机食品有限公司
20		康平县农村经济局	康平甘薯	沈阳悫馥土特产品有限公司
21		海城市农村经济局	海城大米	海城市海清湾家庭农场
22		营口市农业中心	营口大米	营口鹏昊米业有限公司 大石桥市洪喜米业有限公司
23	吉林省	柳河县农业和畜牧业局	柳河大米	吉林省柳俐粮食有限公司 柳河国信社稷尚品农业开发有限公司 柳河县姜家店芳谷米业有限公司
24		梅河口市农业局	梅河大米	吉林梅河大米有限公司
25		农安县农业局	红石砬小米	长春市圣泉春实业有限公司
26		前郭县农业局	吉林大米	松原市二马泡有机农业开发有限公司 吉林北显生态农业集团有限公司
27		昌邑区农业水利局	吉林大米	吉林市东福米业有限责任公司
28		四平辽河农垦管理区农业局	吉林大米	四平辽河农垦管理区鑫旺家庭农场 四平市龙湖米业有限公司
29		前郭县农业局	松原小米	吉林北显生态农业集团有限公司
30		前郭县农业局	吉林鲜食玉米	吉林北显生态农业集团有限公司
31		舒兰市农业局	舒兰大米	吉林宝龙仓农产品开发有限公司 舒兰市吉米粮食有限责任公司 舒兰市永丰米业有限公司
32		洮南市农业局	洮南绿豆	洮南市物资粮油贸易有限责任公司
33		伊通满族自治县农业和畜牧业管理局	伊通大米	吉林省绿枫源农产品有限公司 伊通满族自治县华瑞米业有限公司

（续）

序号	省（自治区、直辖市）	申报单位	申报产品	申报单位推荐的生产单位
34		哈尔滨市阿城区农业局	阿城粘玉米	哈尔滨市阿城区顺达农副产品加工有限公司
35		哈尔滨市阿城区农业局	阿城大米	哈尔滨金水河农业发展集团有限公司
36		哈尔滨市阿城区农业局	杨树小米	哈尔滨天一生态农副产品有限公司
37		龙江县农业局	龙江小米	黑龙江省龙江县龙泽农民专业合作社联社
38		嫩江县农业局	嫩江小麦	嫩江县天丰小麦种植专业合作社联社
39		农垦宝泉岭管理局绿色食品办公室	界江红红小豆	黑龙江北大荒农业股份有限公司二九〇分公司
40		农垦宝泉岭管理局绿色食品办公室	梧桐河大米	黑龙江省梧桐河农场
41		农垦红兴隆管理局农业局	乌苏里江大豆	黑龙江红兴隆农垦垦威谷物种植农民专业合作社
42		农垦红兴隆管理局农业局	乌苏里江芸豆	黑龙江红兴隆农垦垦威谷物种植农民专业合作社
43		农垦牡丹江管理局绿色食品办公室	兴凯湖大米	黑龙江省富坤粮食加工有限公司
44		密山市农业局	兴凯湖大米	密山市盈收水稻专业合作社
45		萝北县农业局	萝北大米	萝北县宏图粮油实业有限公司 萝北县亚芳水稻种植专业合作社
46		萝北县农业局	萝北红小豆	萝北县北方贸易有限公司
47	黑龙江省	木兰县农业局	木兰大米	哈尔滨新宝鹏现代农业发展有限公司 哈尔滨市新民米业有限责任公司
48		庆安县农业局	庆安大米	黑龙江省博林鑫农业集团有限责任公司 庆安东禾金谷粮食储备有限公司 庆安鑫利达米业有限公司
49		松北区农林畜牧兽医局	万宝大米	哈尔滨市松北区宝泰隆现代农业农机农民专业合作社
50		泰来县农业局	泰来大米	泰来县云桥米业有限责任公司 泰来县农人科技种植专业合作社 泰来县六水香生态农业有限公司
51		通河县农业局	通河大米	黑龙江省五谷信合优质水稻农民专业合作社
52		肇东市农业局	肇东小米	肇东市黎明镇长富村俊龙谷物种植专业合作社 肇东市俐江谷物种植专业专业合作社
53		肇源县农业局	古龙小米	大庆市乾绪康米业有限公司 肇源县原古粮食种植专业合作社 大庆市肇源县二站镇娄家寨粮食种植专业合作社
54		肇源县农业局	肇源大米	肇源县鲶鱼沟万基谷物加工有限责任公司 肇源县松花江精制大米有限公司 肇源县靖丰米业加工有限公司

（续）

序号	省（自治区、直辖市）	申报单位	申报产品	申报单位推荐的生产单位
55	黑龙江省	肇州县农业局	肇州糯玉米	大庆老街基农副产品有限公司
56		肇州县农业局	托古小米	黑龙江托古食品有限公司
57		宝清县农业局	宝清大米	宝清县冷硒现代农业科技服务有限公司
				宝清县丰收人谷物种植农业专业合作社
				黑龙江省禾东田园科技有限公司
58	江苏省	常州市金坛区农林局	金坛大米	常州市金坛江南春米业有限公司
				常州市金坛区金土地有机稻米专业合作社
59		东海县农业委员会	东海大米	连云港天谷米业有限公司
60		如皋市农业委员会	如皋大米	江苏长寿集团如皋广兴米业有限公司
61		泗阳县农业委员会	泗阳大米	江苏贵嘴米业有限公司
62		苏州市吴江区农业委员会	吴江大米	吴江市北库粮油有限公司
				苏州同里现代农业发展有限公司
				吴江市震泽齐心粮食专业合作社
63		泰州市姜堰区农业委员会	姜堰大米	泰州市姜堰区粮食购销总公司
				泰州市三安河横有机农产品专业合作社
64		泰州市姜堰区农业委员会	姜堰油菜籽	泰州市益众油脂有限责任公司
65		兴化市农业局	兴化大米	兴化市绿佳源米业有限公司
66		盐城市大丰区农业委员会	大丰大米	盐城市兴谷米业有限公司
				江苏焦点农业科技有限公司
				江苏绿州米面厂
67	安徽省	当涂县农业委员会	姑溪河大米	安徽盛农农业集团有限公司
				马鞍山粮满仓谷物种植有限公司
68		凤台县农业委员会	凤台糯米	凤台县店集粮油工贸有限公司
				凤台县国武粮油工贸有限公司
69		怀宁县农业委员会	怀宁大米	安徽省福宁米业有限公司
				安徽稼仙金佳粮集团股份有限公司
70		怀远县农业委员会	怀远糯米	蚌埠市香飘飘粮油食品科技有限公司
				蚌埠市兄弟粮油食品科技有限公司
				安徽省怀远县鑫泰粮油有限公司
71		霍邱县人民政府农业委员会	霍邱大米	安徽环宇米业有限公司
				安徽乐民米业有限公司
				安徽鑫溢米业有限公司
72		金寨县农业发展委员会	金寨高山米	金寨县映山红农业发展有限公司
73		临泉县农业委员会	临泉芝麻	安徽阜阳宝鼎粮油有限责任公司
74		全椒县农业委员会	全椒香米	全椒县崇明米业有限公司
				全椒县光明米业有限公司
				安徽省全椒县龚记米业有限公司

（续）

序号	省（自治区、直辖市）	申报单位	申报产品	申报单位推荐的生产单位
75	安徽省	桐城市农业委员会	桐城大米	安徽省桐城青草香米业集团有限公司
				安徽省绿福农业科技股份有限公司
76		望江县农业委员会	望江大米	安徽联河股份有限公司
77		颍上县农业委员会	颍上大米	安徽鑫泉米业有限公司
78	福建省	宁化县农业局	宁化薏米	宁化县淮土镇金糯薏米专业合作社
79		连城县农业局	连城红心地瓜干	连城县福农食品有限公司
				连城县保健食品厂
				福建紫心生物薯业有限公司
80	山东省	青州市农业局	青州红豆	青州市一正有机农牧开发有限公司
81		青州市农业局	青州绿豆	青州市一正有机农牧开发有限公司
82		荣成市农业局	荣成大花生	荣成市副食品有限公司
83		泗水县农业局	泗水花生	泗水县锦川花生食品有限公司
84		泗水县农业局	泗水地瓜	泗水利丰食品有限公司
85		滕州市农业局	滕州马铃薯	滕州市其祥马铃薯专业合作社
				滕州市建信农产品产销专业合作社
86		鱼台县农业局	鱼台大米	山东中垦美晶米业有限公司
87		诸城市农业局	诸城花生	山东诸城相府工贸有限公司
88	河南省	固始县农业局	固始香米	固始县顺兴粮油有限责任公司
89		渑池县农业畜牧局	坻坞贡米	渑池县仁村乡坻坞贡米专业合作社
90		原阳县农林畜牧局	原阳大米	原阳县旺盛种植专业合作社
91	湖北省	赤壁市农业局	赤壁香米	湖北畅健生态农业科技有限公司
92		掇刀区农业局	掇刀大米	湖北兴农粮食产业发展有限公司
93		鄂州市梁子湖区农林局	梁道大米	湖北联和有机农业有限公司
94		恩施市农业局	恩施大米	恩施市楚丰现代农业有限公司
95		武汉市黄陂区农业委员会	黄陂大米	武汉兴正实业有限公司
96		南漳县农业局	南漳大米	南漳县东巩官米有限责任公司
				南漳县华茂粮油有限责任公司
97		潜江市农业局	潜江虾稻	湖北虾乡食品股份有限公司
98		团风县农业局	东坡银粘	黄冈东坡粮油集团有限公司
99		孝感市农业局	孝感香米	湖北禾丰粮油集团有限公司
				湖北香润生态农业科技有限公司
100		宣恩县农业局	宣恩贡米	宣恩县珠山粮食购销公司
				宣恩县沙道粮食购销公司
101		远安县农业局	瓦仓村软香米	湖北瓦仓谷香生态农业有限公司
102		钟祥市农业局	钟祥长寿村大米	钟祥市长寿长丰米业有限公司
103		竹溪县农业局	竹溪贡米	湖北双竹生态食品开发股份有限公司

（续）

序号	省（自治区、直辖市）	申报单位	申报产品	申报单位推荐的生产单位
104	湖南省	江华瑶族自治县农业委员会	瑶珍大米	江华瑶族自治县同丰粮油食品有限责任公司
105		澧县农业局	城头山大米	湖南城头山村农耕产业发展有限公司
106		望城区农林局	乌山贡米	望城隆平乌山贡米种植专业合作社
107		永顺县农业局	松柏大米	永顺县松柏溪州米业专业合作社
108	广东省	连山壮族瑶族自治县科技和农业局	连山大米	连山壮族瑶族自治县民族食品有限公司
109		龙门县农业局	龙门优质米	龙门县龙江镇惠兴粮食加工厂
110		梅江区农业局	客家丝苗米	梅州市稻丰实业有限公司
111	广西壮族自治区	宾阳县农业局	宾阳古辣香米	广西九龙腾农业科技有限公司
112		象州县农业局	象州大米	广西象州县高丰米业有限责任公司
113		忻城县农业局	忻城珍珠糯玉米	忻城县珍珠糯玉米加工厂
114		永福县农业局	永福香米	桂林永福福寿米业有限公司
115	重庆市	奉节县农业委员会	奉节红土大米	重庆红土米业有限责任公司
116		忠县农业委员会	忠县东坡阴米	重庆源龙脉食品有限公司
117		万州区农业委员会	白土高山大米	重庆市万州区白土坝水稻农机专业合作社
118	四川省	广汉市农业局	四川大米	四川省川粮米股份有限公司
119		井研县农业局	井研大米	井研县林翔米业有限责任公司
				乐山市奇能米业有限公司
120		蓬安县农牧业局	石孔贡米	蓬安县粒粒香大米种植农民专业合作社
121		平昌县农业局	平昌香米	平昌县板庙源生农业开发有限公司
122		西充县农牧业局	西充甘薯	西充薯宝宝专业合作社
123	贵州省	从江县农业局	从江香禾糯	贵州月亮山九芗农业有限公司
124		黎平县农业局	黎平香禾糯	贵州省黎平县侗乡米业有限公司
125		施秉县农业（局）推广站	舞阳河大米	贵州舞阳河米业有限公司
126		惠水县农村工作局	惠水黑糯米	贵州金晨农产品开发有限公司
127		平塘县农村工作局	摆洗贡米	平塘县粮油购销有限责任公司
128	陕西省	城固县农业局	汉中御贡香米	汉中顺丰农业科技发展有限责任公司
129		汉中市农业局	汉中大米	汉中市成祥米业有限责任公司
130		宁强县农业局	宁强羌荞	宁强县荞力宝实业有限公司
131		神木市农业局	神木小米	陕西兰花花生态农产品开发有限公司
132		西乡县农业局	西乡大米	西乡县利民粮油工贸有限责任公司
133		洋县农业局	洋县槐树关红薯	洋县康原生态农业有限责任公司
134		洋县农业局	洋县五彩米	陕西双亚粮油工贸有限公司
				洋县永辉农业产业发展有限公司
				洋县乐康生态农业发展有限公司
135		榆阳区农业局	榆阳香谷米	榆林市榆阳区陕北兄弟杂粮专业合作社

（续）

序号	省（自治区、直辖市）	申报单位	申报产品	申报单位推荐的生产单位
136	新疆维吾尔自治区	巩留县农业局	巩留甜糯玉米	巩留九河谷食品有限责任公司
137		温宿县农业产业化办公室	阿克苏大米	温宿天山雪特色农产品有限公司
138	新疆生产建设兵团	第四师六十六团	新疆兵团四师大米	伊犁金梁子粮业加工厂
139		第四师农业局	新疆兵团四师大米	察布查尔伊香米业有限责任公司
140	宁波市	宁海县农林局	胡陈洋芋	宁海七彩农业开发有限公司

附件2：

2017 年度全国名特优新农产品目录（蔬菜类）

序号	省（自治区、直辖市）	申报单位	申报产品	申报单位推荐的生产单位
1	北京市	门头沟区农业局	红头香椿	北京泗家水香椿种植专业合作社
2		延庆区农村工作委员会	延庆番茄	北京绿富隆农业有限责任公司
3		通州区农村工作委员会	通州黑木耳	北京北菜园农业科技发展有限公司
4		通州区农村工作委员会	通州杏鲍菇	北京专平生物科技发展有限公司
				北京恒通晟业农业科技有限公司
5	天津市	北辰区种植业发展服务中心	岔房子山药	天津岔房子农产品保鲜专业合作社
6		西青区农业技术推广服务中心	沙窝萝卜	天津市曙光沙窝萝卜专业合作社
7	河北省	磁县农牧局	磁州白莲藕	磁县禾下土种植业专业合作社
8		遵化市农业畜牧水产局	绕坡香黄瓜	遵化市山坡香果蔬专业合作社
9		南宫市农业局	南宫黄韭	南宫市润农粮棉果蔬种植专业合作社
10		青龙满族自治县农牧局	青龙黑木耳	青龙满族自治县县客援红菌业有限公司
11	山西省	平遥县农业委员会	平遥长山药	平遥晋伟中药材综合开发专业合作社
12	辽宁省	海城市农村经济局	海城茄子	海城市马倩蔬菜种植专业合作社
				海城市云洋生态农业有限公司
13		康平县农村经济局	康平鲜金针菇	沈阳恒生生物科技有限公司
14		新宾满族自治县农村经济发展局	新宾香菇	新宾满族自治县红升香菇有限责任公司
15	吉林省	公主岭市农业局	公主岭油豆角	公主岭市怀德镇三里堡红旗棚膜园区
16		蛟河市农业局	黄松甸黑木耳	蛟河市青娥食用菌有限公司
17		洮南市农业局	洮南辣椒	吉林省金塔实业（集团）股份有限公司
18	黑龙江省	海林市农业局	海林黑木耳	海林市北味天然食品有限公司
				海林市森宝源天然食品有限公司
19		讷河市农业局	讷河桔红心大白菜	讷河市绿之都蔬菜种植加工农民专业合作社
20		海林市农业局	海林鲜香菇	海林市富源菌业有限责任公司
21	上海市	奉贤区农业委员会	奉贤黄秋葵	上海艾妮维农产品专业合作社
22		青浦区农业委员会	练塘茭白	上海练塘叶绿茭白有限公司
23	江苏省	宝应县农业委员会	宝应慈姑	宝应县紫圆慈姑产销专业合作社

（续）

序号	省（自治区、直辖市）	申报单位	申报产品	申报单位推荐的生产单位
24	江苏省	常州市金坛区农林局	建昌红香芋	常州市昌玉红香芋专业合作社
25		灌南县农业委员会	灌南杏鲍菇	江苏丽莎菌业股份有限公司
				江苏香如生物科技股份有限公司
26		靖江市农业委员会	靖江香沙芋	靖江市祖师香沙芋专业合作社
27		溧阳市农林局	溧阳白芹	溧阳市勤农蔬菜开发有限公司
28		沭阳县农业委员会	沭阳杏鲍菇	绿雅（江苏）食用菌有限公司
29		苏州市吴江区农业委员会	吴江香青菜	吴江市盛泽镇盛澜菜庄
30		苏州市吴中区农业局	吴中水八仙	苏州市吴中区甪直镇车坊江湾农产品专业合作社
31		宿迁市宿豫区农业委员会	丁嘴金菜	宿迁市仓基莲唱有限公司
				宿迁市秋香丁庄大菜专业合作社
				宿迁市腾飞丁庄大菜专业合作社
32		响水县农业委员会	响水西兰花	盐城万洋农副产品有限公司
33		兴化市农业局	兴化龙香芋	兴化市美华蔬菜专业合作社
34		兴化市农业局	兴化香葱	兴化市美华蔬菜专业合作社
35		盐城市大丰区农业委员会	大丰南阳辣根	盐城市南翔食品有限公司
36	浙江省	安吉县林业局	安吉冬笋	浙江两山农业发展有限公司
				安吉福灵竹笋专业合作社
37		长兴县农业局	长兴绿芦笋	长兴许长蔬菜专业合作社
				长兴忻杰生态农业开发有限公司
				长兴龙果芦笋专业合作社
38		嘉善县农业经济局	嘉善芦笋	嘉善尚品农业科技有限公司
39		南湖区农业经济局	新丰生姜	浙江省嘉兴市南湖区生姜技术协会
40		庆元县农业局	庆元灰树花	庆元县方格药业有限公司
41		庆元县农业局	庆元香菇	浙江江源菇品有限公司
				庆元县绿尔佳食品有限公司
42		台州市黄岩区农业林业局	黄岩双季茭白	台州市黄岩利民茭白专业合作社
43		龙泉市农业局	龙泉黑木耳	浙江芳野食品有限公司
44	安徽省	黄山市黄山区农业委员会	黄山竹笋	黄山市黄山区三兄弟笋业有限公司
45		界首市农业委员会	界首马铃薯	安徽丰絮农业科技股份有限公司
46		桐城市农业委员会	桐城水芹	桐城市牯牛背农业开发有限公司
47		涡阳县菜篮子工程办公室	涡阳苔干	安徽省义门苔干有限公司
48		岳西县农业委员会	岳西茭白	岳西县高山蔬菜协会
49	福建省	安溪县农业与茶果局	安溪淮山	安溪县山格淮山专业合作社
50		德化县农业局	德化淮山	德化县英坑珍贵淮山农民合作社
51		长泰县农业局	长泰石铭芋	长泰县益民果蔬专业合作社
52		建瓯市农业局	吉阳白莲	建瓯市光祥莲子专业合作社

（续）

序号	省（自治区、直辖市）	申报单位	申报产品	申报单位推荐的生产单位
53	福建省	建瓯市农业局	连地白笋	建瓯市房道农产品专业合作社
54		建宁县农业局	建宁通心白莲	福建文鑫莲业股份有限公司
				福建闽江源绿田实业投资发展有限公司
55		顺昌县农业局	顺昌海鲜菇	福建神农菇业股份有限公司
				福建省顺昌齐星农产品开发有限公司
				福建省顺昌聚来福生物科技有限公司
56		武平县农业局	武平西郊盘菜	福建省武平县农欣果蔬专业合作社
57		云霄县农业局	马铺淮山	漳州何氏农业开发有限公司
58		云霄县农业局	云霄蕹菜	云霄县合纵果蔬专业合作社
59	江西省	德兴市农业局经济作物站	德兴秋葵	德兴市东东农业科技开发有限公司
60		上饶市铅山县农业局	铅山红芽芋	江西省江天农业科技有限公司
61		瑞昌市农业局	瑞昌山药	瑞昌市绿源山药产业开发中心
62	山东省	博山区农业局	池上桔梗	山东山珍园食品科技股份有限公司
63		昌邑市农业局	昌邑大姜	山东宏大生姜市场有限公司
				山东琨福农业科技有限公司
64		菏泽市定陶区农业局	陈集山药	定陶天中陈集山药专业合作社
65		桓台县农业局	马踏湖白莲藕	桓台县利农白莲藕种植农民专业合作社
66		济南市长清区农业局	灵岩御菊	济南晋康食品有限公司
67		济宁北湖省级旅游度假区农业服务中心	南阳湖黄瓜	山东济宁南阳湖农场
68		济宁北湖省级旅游度假区农业服务中心	南阳湖辣椒	山东济宁南阳湖农场
69		济宁市任城区农业局	济宁二十里铺草菇	济宁忠诚农业科技股份有限公司
70		金乡县农业局	金乡朝天椒	金乡县京信种植专业合作社
71		莱阳市农业局	莱阳芋头	莱阳恒润食品有限公司
72		青州市农业局	高柳茄子	青州市九州农庄蔬菜专业合作社
73		青州市农业局	赤涧西红柿	青州鲁威有机果蔬专业合作社
74		乳山市农业局	乳山生姜	威海吉利食品有限公司
75		微山县农业局	微山湖菱角	微山县远华湖产食品有限公司
76		微山县农业局	微山湖芡实	微山县远华湖产食品有限公司
77		枣庄市薛城区农业局	沙河崖青萝卜	枣庄顺兴农业科技有限公司
78		寿光市农业局	桂河芹菜	山东省寿光蔬菜产业集团有限公司
79		潍坊市寒亭区农业局	潍县萝卜	潍坊市寒亭区俊清蔬果专业合作社
80		阳谷县农业局	阳谷朝天椒	阳谷先运辣椒专业合作社
81		诸城市农业局	诸城韭菜	诸城市康盛源农业科技有限公司
				诸城市天美益农业发展有限公司

（续）

序号	省（自治区、直辖市）	申报单位	申报产品	申报单位推荐的生产单位
82	山东省	淄博市淄川区农业局	张庄香椿	淄博商厦远方有机食品开发有限公司
83		淄川农业局	淄川西红柿	淄博淄川裕翔德富硒农产品专业合作社
84		邹城市农业局	邹城食用菌（鲜金针菇）	济宁利马菌业有限公司
				山东常生源菌业有限公司
				山东友和菌业有限公司
85		邹城市农业局	邹城食用菌（鲜杏鲍菇）	山东福禾菌业科技有限公司
				山东福友菌业有限公司
86	河南省	扶沟县蔬菜生产管理局	扶沟辣椒	扶沟县遍地红辣椒专业合作社
87		固始县农业局	固始萝卜	固始县锦绣园果蔬开发有限公司
88		淮阳县农牧局	淮阳黄花菜	淮阳县金农实业有限公司
89		温县农林局	温县铁棍山药	怀山堂生物科技股份有限公司
				焦作市健国怀药有限公司
				温县岳村乡红峰怀药专业合作社
90		舞阳县农林局	舞阳香菇	舞阳县华宝食用菌种植农民专业合作社
91		新野县农业局	新野甘蓝	新野县宛绿蔬菜专业合作社
92	湖北省	长阳土家族自治县农业局	长阳番茄	湖北长阳福荣农业科技有限公司
93		大冶市农业局	东角山有机辣椒	湖北鑫东生态农业有限公司
94		大冶市农业局	东角山有机茄子	湖北鑫东生态农业有限公司
95		黄州区农业局	黄州藜蒿	黄冈市黄州区春阳蔬菜专业合作社
96		黄州区农业局	黄州萝卜	湖北地之蓝农业科技有限公司
97		黄州区农业局	叶路大蒜	湖北福耕投资有限公司
98		南漳县农业局	南漳香菇	南漳县裕农菌业有限责任公司
99		潜江市农业局	潜江虾荚	潜江市湖美人家生态养殖专业合作社
100		天门市农业局	张港花椰菜	天门市鑫天农业发展有限公司
101		仙桃市农业局	仙桃富硒西兰花	湖北简优农业发展有限公司
102		襄阳市襄城区农业局	茅庐山药	襄阳市卧龙山药专业合作社
103		钟祥市农业局	钟祥香菇	钟祥兴利食品股份有限公司
				湖北浩伟科技股份有限公司
104	湖南省	湘阴县农业局	樟树港辣椒	湖南省阳雀湖农业开发有限公司
105		涟源市农业局	涟源菜薹	涟源市桥头河蔬菜种植专业合作社
106		龙山县农业局	龙山百合	龙山县喜乐百合食品有限公司
107		湘潭县农业局	湘莲	湖南莲冠湘莲食品有限公司
				湖南莲美食品有限公司
108	广东省	佛山市高明区农林渔业局	合水粉葛	佛山市高明区合水粉葛专业合作社
109		佛山市三水区农林渔业局	三水黑皮冬瓜	佛山市三水区白坭镇康喜莱蔬菜专业合作社
				佛山市三水区大塘镇金瑞康蔬菜专业合作社

（续）

序号	省（自治区、直辖市）	申报单位	申报产品	申报单位推荐的生产单位
110	广东省	惠东县农业局	惠东冬种马铃薯	惠东县奕达农贸有限公司
111		乐昌市农业局	乐昌香芋	乐昌市粤宝农副产品流通专业合作社
112		连州市科技和农业局	连州菜心	连州市绿康农业发展有限公司
113		茂名市电白区农业局	水东芥菜	广东天力大地生态农业股份公司
				茂名市正绿菜业有限公司
114		新丰县农业局	新丰佛手瓜	新丰县兆丰佛手瓜专业合作社
115		阳山县科技和农业局	阳山食用菌	阳山县鑫浩生物科技有限公司
116	广西壮族自治区	宾阳县农业局	宾阳胡萝卜	广西农垦国有东湖农场
117		贺州市八步区农业局	贺街淮山	贺州市贺街业旺蔬菜专业合作社
118		横县农业局	横县双孢蘑菇	广西仁泰生物科技有限公司
119		荔浦县农业局	荔浦马蹄	桂林爱明生态农业开发有限公司
120		东兴市农业局	东兴市红姑娘红薯	防城港市广源农业开发有限公司
121	重庆市	潼南区农业委员会	潼南萝卜	重庆赐康果蔬有限公司
122		巫溪县农业委员会	巫溪洋芋	重庆市潼南区大地升辉蔬菜种植专业合作社
				巫溪县薯光农业科技开发有限公司
123		巫溪县农业委员会	巫溪高山大白菜	巫溪县祥胜食用菌股份专业合作社
124		巫溪县农业委员会	巫溪灵芝	巫溪县云祥食用菌股份专业合作社
125		璧山区农业委员会	璧山儿菜	重庆绿雅蔬菜专业合作社
126		璧山区农业委员会	大路黄花	重庆巴将军古老寨农业发展有限公司
127		彭水苗族土家族自治县农业委员会	彭水香椿	彭水县百业兴森林食品开发有限公司
128		永川区农业委员会	永川香珍	重庆蕊福农食用菌种植有限公司
129	四川省	高坪区农牧业局	高坪南瓜	南充市广丰农业科技有限公司
130		南部县农牧业局	升钟湖桑枝竹荪	南部县蜀昇源中药菌业农民专业合作社
131		郫都区农业和林业局	唐元韭黄	郫县锦宁韭黄生产专业合作社
132		青川县农业局	青川竹荪	青川翊瑞农产品有限责任公司
133		青川县农业局	青川黑木耳	四川省青川县川珍实业有限公司
134		渠县农林局	渠县黄花	四川省宕府王食品有限责任公司
135		天全县农业局	二郎山山药（雅山药）	天全县西蜀雅禾生态农业开发有限公司
136		通江县农业局	通江银耳	四川裕德源生态农业科技有限公司
137		自贡市贡井区农牧林业局	成佳大头菜	自贡市泰福农副产品加工厂
138	贵州省	毕节市七星关区农牧局	毕节白萝卜	七星关区碧秀佳蔬菜专业合作社
139		大方县农牧局	大方冬荪	贵州乌蒙腾菌业有限公司
140		金沙县农牧局	金沙湾子辣椒	贵州隆喜食品有限责任公司
141		织金县农牧局	织金竹荪	织金县果蔬协会
				织金县王氏竹荪销售有限责任公司
				贵州织金县四维产业发展有限公司

（续）

序号	省（自治区、直辖市）	申报单位	申报产品	申报单位推荐的生产单位
142	陕西省	留坝县农业局	留坝黑木耳	陕西天美绿色产业有限公司
143		留坝县农业局	留坝香菇	汉中天佑农业科技有限责任公司
144		西乡县农业局	西乡香菇	陕西东升生物科技有限公司
145		兴平市农林局	兴平黄花菜	陕西臻农商贸有限公司
146		兴平市农林局	兴平辣椒	兴平市秦一辣椒制品有限公司
147	甘肃省	酒泉市肃州区农牧局	酒泉洋葱	酒泉舜天菜业开发公司
148		金塔县农牧局	金塔番茄	甘肃西域阳光食品有限公司
149		临洮县农牧局	临洮百合	临洮雪源金正百合有限责任公司
150		临洮县农牧局	临洮鹿角菜	临洮恒德源农业发展有限公司
151		临洮县农牧局	临洮地耳	临洮恒德源农业发展有限公司
152	西藏自治区	南木林县农牧局	艾玛土豆	南木林县农牧综合服务中心
153	青岛市	即墨市农业局	白庙芋头	青岛白庙芋头专业合作社
154		胶州市农业局	胶州大白菜	青岛盛河蔬菜种植专业合作社
155		莱西市农业局	店埠胡萝卜	青岛有田农业发展有限公司
156		平度市农业局	姜家埠大葱	青岛市姜家埠蔬菜专业合作社
157		平度市农业局	蟠桃大姜	青岛福乐奥英食品饮料有限公司
158		平度市农业局	大黄埠樱桃番茄	青岛奥森农产品有限公司
159	宁波市	慈溪市农业局	慈溪西兰花	慈溪市海通时代农业发展有限公司
160		鄞州区农林局	鄞州雪菜	宁波市鄞州三丰可味食品有限公司
				宁波引发绿色食品有限公司
				宁波新紫云堂水产食品有限公司
161		余姚市农林局	余姚茭白	余姚市河姆渡农业综合开发有限公司

附件3：

2017 年度全国名特优新农产品目录（果品类）

序号	省（自治区、直辖市）	申报单位	申报产品	申报单位推荐的生产单位
1	北京市	平谷区人民政府果品办公室	平谷大桃	北京金果丰果品产销专业合作社
				北京华磊果品产销专业合作社
				北京绿水峡谷果蔬产销专业合作社
2		海淀区农村工作委员会	四季青樱桃	北京市海淀区四季青果林所
3		延庆区农村工作委员会	延怀河谷葡萄	北京金粟种植专业合作社
4		海淀区农村工作委员会	凤凰岭樱桃	北京市西山农场
5		大兴区农村工作委员会	大兴西瓜	北京老宋瓜果专业合作社
				北京庞安路西瓜专业合作社
				北京庞各庄乐平农产品产销有限公司

（续）

序号	省（自治区、直辖市）	申报单位	申报产品	申报单位推荐的生产单位
6	北京市	大兴区农村工作委员会	大兴精品梨	北京安定贾尚精品种植园
				北京台达梨产销专业合作社
				北京壁海林果有限公司
7		大兴区园林绿化局	大兴精品梨	北京圣泽林生态果业有限公司（安定镇）
				北京台达梨产销专业合作社（长子营镇）
8		通州区农村工作委员会	通州大樱桃	北京聚隆农业农民专业合作社联合社
9		门头沟区农业局	京白梨	北京市门头沟区军庄镇孟悟村股份经济合作社
10		怀柔区园林绿化局	怀柔板栗	北京老栗树聚源德种植专业合作社
11		顺义区园林绿化局	七连庄苹果	北京龙湾麒麟果品产销专业合作社
12		密云区园林绿化局	穆家峪酥梨	北京庄头峪潮河果品专业合作社
13		密云区园林绿化局	新城子富士苹果	北京市密云区新城子镇果树产业协会
14		昌平区园林绿化局	昌平苹果	北京营坊昆利果品专业合作社
15	河北省	临城县农业局	临城核桃	河北绿岭果业有限公司
16		乐亭县农牧局	乐亭大桃	乐亭县雷刚果树专业合作社
				乐亭县万事达果蔬专业合作社
17		临城县农业局	临城南沟苹果	河北南沟绿森林果有限公司
18		曲周县农牧局	曲周葡萄	曲周县德众葡萄种植专业合作社
19		遵化市农业畜牧水产局	遵化草莓	遵化市亚太食品有限责任公司
20		永年区农牧局	永年葡萄	邯郸市永年区现海葡萄专业合作社
21	山西省	临汾市尧都区农林委	贺家庄鲜桃	临汾市尧都区卧源种植专业合作社
22		临汾市尧都区农业林业委员会	尧都核桃	临汾市尧都区江忠种植专业合作社
23		太谷县农业委员会	太谷壶瓶枣	太谷县兴谷枣业有限公司
24		永济市农业委员会	开张冬枣	永济市东开张枣业专业合作社
25		芮城县农业委员会	芮城苹果	芮城县惠丰果业专业合作社
26		隰县农业委员会	隰县梨	山西省临汾市广鑫贸易有限公司
27		古县农业委员会	古县核桃	古县惠多丰农业发展有限公司
28	辽宁省	海城市农村经济局	海城南果梨	海城市祝家庄南果梨种植专业合作社
29		绥中县农村经济发展局	绥中蓝莓	辽宁豪远农业科技有限公司
30		新民市农村经济局	新农寒富苹果	新民市靠山屯寒富苹果种植专业合作社
				新民市新浓香苹果种植专业合作社
31		法库县农村经济局	法库苹果梨	法库县龙宝林果专业合作社
32		新民市农村经济局	柳河沟香瓜	新民市旺农水果种植专业合作社
33		东港市农村经济局	东港草莓	辽宁广天食品有限公司
				东港市佳明食品有限公司
34		法库县农村经济局	法库山楂	沈阳市山山伟业食品有限公司

（续）

序号	省（自治区、直辖市）	申报单位	申报产品	申报单位推荐的生产单位
35	上海市	浦东新区农业委员会	南汇 8424 西瓜	上海田博瓜果专业合作社
				上海拓园果蔬专业合作社
				上海越亚农产品种植专业合作社
36		浦东新区农业委员会	南汇水蜜桃	上海桃咏桃业专业合作社
				上海申凤桃业专业合作社
				上海浦东新区川沙甜得来优质桃基地发展中心
37		浦东新区农业委员会	南汇翠冠梨	上海昌汇瓜果专业合作社
				上海地杰蔬果专业合作社
38		青浦区农业委员会	白鹤草莓	上海金瓶蔬果专业合作社
				上海永胜瓜果专业合作社
39		浦东新区农业委员会	南汇甜瓜	上海庭娆果蔬专业合作社
40		嘉定区农业委员会	马陆葡萄	上海马陆专业葡萄合作社
41		松江区农业委员会	仓桥水晶梨	上海仓桥水晶梨发展有限公司
42	江苏省	盐城市大丰区农业委员会	恒北早酥梨	盐城市大丰区麋鹿早酥梨专业合作社
43		宜兴市农林局	湖㳇杨梅	宜兴市云峰生态杨梅园
44		南京市溧水区农业局	溧水蓝莓	南京白龙有机农业科技开发有限公司
45		南京市溧水区农业局	溧水黑莓	南京中亮有机蔬果食品有限公司
46		海门市农业局	海门葡萄	海门市旺盛农副产品有限公司
47		泰兴市农业委员会	泰兴白果	泰兴市银杏协会
48		东台市农业委员会	东台西瓜	东台市诺亚农业开发有限公司
49		张家港市农业委员会	张家港葡萄	张家港市神园葡萄科技有限公司
				张家港市七彩明珠农业科技专业合作社
50		赣榆区农业委员会	赣榆蓝莓	江苏沃田集团股份有限公司
51		苏州市吴中区农业局	西山青种枇杷	苏州市吴中区金庭镇秉场里农产品专业合作社
52	浙江省	淳安县委淳安县人民政府农业和农村工作办公室	千岛湖枇杷	淳安千岛湖垚硕果蔬专业合作社
				淳安县汪宅果蔬合作社
53		嘉善县农业经济局	嘉善葡萄	嘉兴碧云花园有限公司
54		玉环市农业局（市林业特产局）	玉环柚	玉环县垟根文旦专业合作社
				玉环县秀丽文旦种植专业合作社
				玉环县白云果蔬专业合作社
55		中共淳安县委淳安县人民政府农业和农村工作办公室	千岛湖无核柿	淳安千岛湖红姑娘无核柿专业合作社
56		长兴县农业局	长兴葡萄	长兴红稔葡萄专业合作社
				长兴三河葡萄专业合作社
				长兴四合园果蔬专业合作社

（续）

序号	省（自治区、直辖市）	申报单位	申报产品	申报单位推荐的生产单位
57	浙江省	中共淳安县委淳安县人民政府农业和农村工作办公室	千岛湖水蜜桃	淳安小标农业开发有限公司
				淳安县千岛湖德尧果蔬专业合作社
58		青田县农业局	青田杨梅	青田县杨梅产业协会
59		临海市农业林业局	临海蜜桔	浙江忘不了柑桔专业合作社
				浙江省临海市涌泉岩鱼头桔场
				临海市涌泉柑桔专业合作社
60		温岭市农业林业局	温岭西瓜	浙江省温岭市玉麟果蔬专业合作社
61		诸暨市农林局	诸暨猕猴桃	浙江喜盈天农业开发有限公司
62		临海市农业林业局	临海杨梅	临海枝昌农副产品保鲜技术有限公司
				浙江永丰鲜果专业合作社
				临海市弘宝杨梅专业合作社
63		临海市农业林业局	临海葡萄	临海市草帽头果蔬专业合作社
				临海市银宇果蔬专业合作社
				临海市北洋葡萄产业园
64		长兴县农业局	长兴水蜜桃	长兴城山沟桃源山庄生态农业开发有限公司
				长兴湖景水蜜桃专业合作社
65		南湖区农业经济局	凤桥水蜜桃	嘉兴市未谷生态农业有限公司
66		温岭市农业林业局	温岭葡萄	温岭市滨海葡萄专业合作社
				温岭市清江塘葡萄专业合作社
67		平湖市农业经济局	平湖西瓜	平湖市金平湖西瓜专业合作社
68		庆元县农业局	庆元甜桔柚	庆元县志东果业有限公司
				庆元县外婆家水果专业合作社
				庆元县齐圣水干果专业合作社
69		永康市农林局	永康方山柿	永康市新楼农业开发有限公司
70	安徽省	砀山县农业委员会	砀山酥梨	砀山县园艺场
				砀山县利华水果专业合作社
				砀山县三佳利水果专业合作社
71		当涂县农业委员会	姑溪河葡萄	马鞍山金农葡萄种植有限公司
72		颍泉区农业委员会	闻集草莓	阜阳市颍泉区火营果蔬专业合作社
				颍泉区草莓协会
73		潜山县农业委员会	天柱山瓜蒌籽	潜山县传文瓜子有限公司
				安徽有余跨越瓜蒌食品开发有限公司
				潜山县金福农业科技有限公司
74		怀远县农业委员会	怀远晚秋黄梨	怀远县晚秋黄梨专业合作社
75		萧县农业委员会	萧县葡萄	安徽省萧县园艺总场
76		金寨县农业发展委员会	金寨猕猴桃	金寨金果乡猕猴桃农民专业合作社联合社

（续）

序号	省（自治区、直辖市）	申报单位	申报产品	申报单位推荐的生产单位
77	福建省	武夷山市农业局	五夫白莲	武夷山市五夫白莲专业合作社
				武夷山市喊山特产农民专业合作社
78		建宁县农业局	建宁黄花梨	建宁县绿源果业有限公司
				建宁县福胜果业有限公司
79		云霄县农业局	下河杨桃	云霄县盈漳果蔬农民专业合作社
80		武夷山市农业局	武夷山甜桔柚	武夷山市桔柚专业合作社
81		漳州市芗城区农林局	天宝香蕉	漳州万桂农业发展有限公司
82		福安市农业局	福安芙蓉李	福安市新绿缘农业发展有限公司
83		泉州市永春县农业局	永春芦柑	永春县日升农副产品科技咨询有限公司
84		福安市农业局	福安葡萄	福安市葡萄协会
85		福安市农业局	福安苏阳梅	福安市屏中种植专业合作社
86		福安市农业局	福安穆阳水蜜桃	福安市水蜜桃协会
87		南平市建阳区农业局	建阳巨峰葡萄	南平市俱丰果蔬专业合作社
88		仙游县农业局	度尾文旦柚	福建省仙游县度尾仙溪果业专业合作社
89		长泰县农业局	长泰脆蜜青枣	长泰县明昊农业开发有限公司
90		长泰县农业局	岩溪晚芦	长泰县岩溪镇五四农场
91		南平市建阳区农业局	建阳桔柚	南平市建阳区仁山桔柚生态果园
92		顺昌县农业局	顺昌芦柑	顺昌县新庄稼人果蔬农民专业合作社
93		云霄县农业局	云霄枇杷	云霄县蕉坑农民专业合作社
				云霄县臣果经贸有限公司
94		长乐市农业局	长乐青山龙眼	长乐青山贡果龙眼合作社
95		诏安县农业局	诏安红星青梅	诏安荣华食品有限公司
				福建省诏安四海食品有限公司
				福建省诏安福益食品有限公司
96	江西省	奉新县农业局	奉新猕猴桃	江西菲乐奇果农业开发有限公司
				江西新西蓝生态农业科技有限公司
97	山东省	枣庄市山亭区农业局	徐庄板栗	枣庄市永兴板栗加工有限公司
98		博山区农业局	博山猕猴桃	淄博博山舜丰农业发展有限公司
99		潍坊市寒亭区农业局	寒亭葡萄	潍坊昇君庄园有限公司
100		淄博市淄川区农业局	淄博池梨	淄博淄川梨硕池梨专业合作社
101		肥城市农业局	肥城桃	山东省肥城桃开发总公司
102		招远市农业局	烟台苹果	招远市宏源果业专业合作社
				山东灵山集团公司
103		荣成市农业局	荣成苹果	荣成市华峰果品有限公司
				荣成市将之乡果蔬有限公司
				山东悦多果业有限公司

（续）

序号	省（自治区、直辖市）	申报单位	申报产品	申报单位推荐的生产单位
104	山东省	荣成市农业局	荣成无花果	荣成市朝阳港无花果专业合作社
105		昌乐县农业局	昌乐西瓜	昌乐县华安瓜菜专业合作社
				昌乐宝城瓜菜专业合作社
				昌乐乐都瓜菜专业合作社
106		蓬莱市农业局	蓬莱苹果	蓬莱鑫园保鲜食品有限公司
				烟台市仙阁果品专业合作社
				蓬莱长运果蔬有限公司
107		乳山市农业局	乳山草莓	乳山市新自然草莓专业合作社
108		栖霞市农业局	栖霞苹果	栖霞德丰食品有限公司
				烟台玉益果蔬食品有限公司
109		青州市农业局	青州银瓜	青州付欣果蔬种植专业合作社
110		肥城市农业局	王晋甜瓜	肥城市仪阳王晋有机甜瓜专业合作社
111		菏泽市定陶区农业局	南王店西瓜	定陶县友诚果蔬种植专业合作社
				定陶县华飞家庭农场
112		威海临港经济技术开发区农业经济发展局	威海苹果	山东樱聚缘农业科技发展股份有限公司
113		青州市农业局	青州山楂	山东皇尊庄园山楂酒有限公司
114		高密市农业局	阚家葡萄	高密市春华秋实农业有限公司
				高密市丽珠源种植专业合作社
				山东玉玲珑农业科技股份有限公司
115		青州市农业局	青州蜜桃	青州市尧王山蜜桃专业合作社
				青州金色田园农业开发有限公司
116		东明县农业局	东明西瓜	东明县西瓜协会
117		博山区农业局	博山蓝莓	山东山里阿哥农业科技有限公司
118		泗水县农业局	泗水西瓜	泗水县富华瓜菜种植专业合作社
119		沂源县农业局	沂源苹果	山东华盛果品股份有限公司
120		枣庄市山亭区农业局	山亭火樱桃	枣庄市山亭区棠棣峪火樱桃种植专业合作社
121		枣庄市山亭区农业局	店子长红枣	枣庄市山亭区枣店香大红枣种植专业合作社
122	河南省	荥阳市农业农村工作委员会	荥阳河阴石榴	郑州乾诚榴业农业科技有限公司
123		洛宁县园艺局	洛宁上戈苹果	洛宁县上戈绿色果品开发有限公司
				洛阳众森农业有限公司
				洛宁海升现代农业有限公司
124		西峡县农业局	西峡猕猴桃	西峡县华实果业有限公司
				河南水源地农业科技有限公司
125	湖北省	宣恩县农业局	宣恩贡水白柚	宣恩县富源农业发展有限公司
126		宜都市农业局	宜都蜜柑	湖北省宜都市创绿柑橘专业合作社

（续）

序号	省（自治区、直辖市）	申报单位	申报产品	申报单位推荐的生产单位
127	湖北省	老河口市果品办	老河口大仙桃	湖北仙仙果品有限公司
128		公安县农业局	公安葡萄	湖北省金秋农业高新技术股份有限公司
129		宜昌市夷陵区农业局	宜昌蜜桔	湖北星翔农产品专业合作社联合社
130	湖南省	澧县农业局	澧县葡萄	湖南农康葡萄专业合作社
131		澧县农业局	复兴苹果柚	湖南复润苹果柚专业合作社
132		凤凰农业局	凤凰猕猴桃	凤凰县红心猕猴桃农民专业合作社
133		永兴县农业局	永兴冰糖橙	湖南华大农业科技发展有限公司 永兴县兴邦果业有限公司（永兴县兴邦果业合作社）
134		江华瑶族自治县农业委员会	瑶山雪梨	江华瑶族自治县六月香果业有限公司
135		江永县农业委员会	江永香柚	江永县香柚开发总公司
136		浏阳市农业局	浏阳金桔	浏阳市沿溪金桔专业合作社
137		泸溪县农业局	泸溪椪柑	泸溪县红山椪柑有限责任公司 泸溪县椪柑公司
138	广东省	大埔县农业局	大埔蜜柚	广东顺兴种养股份有限公司
139		连州市科技和农业局	连州水晶梨	连州市金山水晶梨果场 连州市嘉农现代农业发展有限公司
140		廉江市农业局	廉江红橙	广东岭南红橙有限公司
141		平远县农业局	平远慈橙	梅州南台果业有限公司
142		高州市农业局	高州荔枝	高州市燊马生态农业发展有限公司
143		惠东县农业局	惠东荔枝干	惠州市四季鲜绿色食品有限公司
144		梅县区农业局	梅州金柚	广东十记果业有限公司 广东李金柚农业科技有限公司
145		翁源县农业局	翁源三华李	翁源县锦源三华李专业合作社
146		东莞市农业局	东莞荔枝	东莞谢岗银峰荔枝专业合作社
147		江门市新会区农林局	新会柑	江门市新会区祥益陈皮有限公司
148		和平县农业局	和平猕猴桃	和平县下车镇高峰猕猴桃种植专业合作社
149		仁化县农业局	长坝沙田柚	韶关金果农业生态园有限公司
150		河源市东源县农业局	东源板栗	东源县板栗发展有限公司 河源富万家农业发展有限公司
151	广西壮族自治区	富川瑶族自治县农业局	富川脐橙	广西农垦国有立新农场 广西贺州秀峰有机农业科技有限公司
152		荔浦县农业局	荔浦砂糖桔	荔浦周记农产品专业合作社 荔浦亮靓果园种植专业合作社
153		灵山县农业局	灵山荔枝	灵山县龙武农场
154		钟山县农业局	钟山贡柑	钟山县昱成水果种植专业合作社

（续）

序号	省（自治区、直辖市）	申报单位	申报产品	申报单位推荐的生产单位
155	广西壮族自治区	阳朔县农业局	阳朔金桔	广西遇龙金丹农业科技有限公司
156		南宁市武鸣区农业局	武鸣火龙果	广西佳年农业有限公司
157		恭城瑶族自治县农业局	恭城月柿	桂林恭城丰华园食品有限公司
158		北流市农业局	北流桂圆肉	北流市大同果业有限公司
159	重庆市	璧山区农业委员会	卫寺蜜柚	重庆市璧山区卫寺蜜柚股份合作社
160		铜梁区农业委员会	铜梁玫瑰香葡萄	铜梁区家泽现代农业科技园有限公司
161		万州区农业委员会	万州玫瑰香橙	重庆市万州区天奥农业有限公司 重庆视界农业开发有限公司
162		永川区农业委员会	五间西瓜	重庆益保西瓜种植专业合作社
163		巫溪县农业委员会	巫溪香脆李	巫溪县酒泉种植专业合作社
164		万州区农业委员会	万州柠檬	重庆市万州区白羊双龙柠檬专业合作社
165		巴南区农业委员会	巴南接龙蜜柚	重庆市美亨柚子种植股份合作社
166		奉节县农业委员会	奉节脐橙	重庆奉节生态农业发展有限公司
167		开州区农业委员会	开县春橙	重庆市开州区绿周果业有限公司
168		璧山区农业委员会	璧山葡萄	重庆市方家蔬菜有限公司 重庆市璧山区黄氏葡萄种植农民专业合作社 重庆市璧山区天河葡萄种植有限公司
169		潼南区农业委员会	潼南柠檬	重庆汇达柠檬科技集团有限公司
170		万州区农业委员会	万州古红桔	重庆市万州区古红桔专业合作社联合社
171	四川省	泸州市合江县农业局	合江真龙柚	合江县密溪乡天平真龙柚种植有限公司
172		遂宁市安居区农业局	安居黄金梨	遂宁市安居区尝乐黄金梨专业合作社
173		蒲江县农业和林业局	蒲江丑柑	四川阳光味道果业有限公司 四川陶然农业科技发展有限公司
174		蒲江县农业和林业局	蒲江猕猴桃	佳沃（成都）现代农业有限公司 四川阳光味道果业有限公司
175		德昌县农牧局	德昌精品梨	德昌县精品梨农民专业合作社
176		德昌县农牧局	德昌早春枇杷	德昌县观音铺优质果蔬专业合作社
177		德昌县农牧局	德昌冬草莓	德昌县众康果蔬专业合作社
178		华蓥市农业局	广安蜜梨	四川欧阳农业集团有限公司
179		泸州江阳区农林局	泸州桂圆	泸州市邓氏土特产品有限公司
180		南充市高坪区农牧业局	高坪甜橙	四川本味农业产业有限公司
181		自贡市贡井区农牧林业局	白庙血橙	自贡市白庙塔罗科血橙专业合作社
182		石棉县农业局	石棉黄果柑	石棉县坪阳黄果柑专业合作社
183		威远县农林局	威远无花果	四川久润泰科技有限公司
184		成都市龙泉驿区农村发展和林业局	龙泉驿水蜜桃	成都龙泉长松水蜜桃专业生产合作社 成都市龙泉驿区山泉镇水玲珑水蜜桃产销农民专业合作社

（续）

序号	省（自治区、直辖市）	申报单位	申报产品	申报单位推荐的生产单位
185	四川省	泸州市龙马潭区农业局	泸州九狮柚	泸州市龙马潭区九狮柚专业合作社
186		绵竹市农业局	绵竹猕猴桃	四川华胜农业股份有限公司
187		西昌市农牧局	西昌有机冬枣	西昌佑君镇站沟村神农缘冬枣种植专业合作社
188		安岳县柠檬产业局	安岳柠檬	安岳县宏发果业有限公司
				四川省鑫柠乐果业有限公司
				安岳县稼润农业科技服务有限公司
189		苍溪县农业局	苍溪红心猕猴桃	四川华朴现代农业股份有限公司
190		西充县农牧局	充国香桃	西充县金科种养殖有限公司
191		井研县农业局	井研柑橘	井研县顺溜现代农业专业合作社
192		雅安市雨城区农业局	雨城猕猴桃	四川省益诺仕农业科技有限公司
193		攀枝花市农牧局	攀枝花芒果	攀枝花市锐华农业开发有限责任公司
194		会理县农牧局	会理石榴	会理县石榴生产协会
195	贵州省	修文县农业局	修文猕猴桃	贵州圣地有机农业有限公司
				修文谷堡沁香猕猴桃生态园
196		黄平县农业局	黄平蓝莓	贵州金佰瑞农业股份有限公司
197		镇宁自治县农业局	镇宁蜂糖李	镇宁自治县新力量李子种植基地
198		沿河土家族自治县农牧科技局	沿河沙子空心李	沿河土家族自治县鑫兴李王农民专业合作社
199		麻江县果品办公室	麻江蓝莓	麻江县睿林蓝莓有限公司
200		普定县农业局	普定金刺梨	普定县元贞农业发展有限责任公司
201		水城县农业局	水城猕猴桃	贵州黔恒农业发展有限公司
				贵州润永恒农业发展有限公司
202		福泉市农村工作局	福泉金谷福梨	贵州省福泉市福江农业发展公司
203		荔波县农村工作局	荔波蜜柚	荔波县拉岜蜜柚专业合作社
204		江口县农牧科技局	江口红心猕猴桃	贵州村华秋实现代生态农业有限公司
205	陕西省	铜川市印台区果业管理局	印台大樱桃	铜川市三联果业有限公司
206		铜川市印台区果业管理局	印台苹果	陕西九州果业有限公司
207		黄龙县农业局	黄龙核桃	黄龙县干果公司
208		陇县农业局	陇州苹果	陇县盛源果品有限责任公司
209		洛川县农业局	洛川苹果	洛川富百苹果专业合作社
210		铜川市耀州区果业管理局	耀州苹果	铜川海升现代农业有限公司
211		铜川市耀州区果业管理局	耀州草莓	铜川海升现代农业有限公司
212		旬邑县果业服务中心	旬邑苹果	旬邑富硒农特产农民专业合作社联合社
213		神木市农业局	神木红枣	陕西兰花花生态农产品开发有限公司
214		渭南市临渭区农业局	临渭葡萄	渭南裕美现代农业设施工程有限公司
215	甘肃省	玉门市农牧局	祁连清泉人参果	玉门市清泉乡康源果蔬农民专业合作社
216		徽县农牧局	徽县银杏果仁	甘肃省徽县雅龙银杏产业开发有限责任公司

（续）

序号	省（自治区、直辖市）	申报单位	申报产品	申报单位推荐的生产单位
217	甘肃省	庆阳市果业局	庆阳苹果	庆阳恒丰源苹果农民专业合作社
				庆城县金诚果蔬有限公司
218		平凉市果业开发办公室	平凉金果	平凉市果业开发办公室
219		靖远县农牧局	靖远枸杞	甘肃金杞福源生物制品股份有限公司
220	新疆维吾尔自治区	克拉玛依区农林水牧局	克拉玛依西瓜	克拉玛依绿成农业开发有限责任公司
221		吐鲁番市高昌区乡镇企业局	吐鲁番葡萄干	新疆葡萄凰果业有限责任公司
222		温宿县农业产业化服务办公室	阿克苏核桃	温宿县木本粮油林场
223		阿瓦提县农业局	阿克苏大枣	阿瓦提县多浪红枣果品公司
224		呼图壁县农业局	呼图壁县红提葡萄	呼图壁县西域兴业农业科技有限公司
225		巩留县农业局	巩留树上干杏	伊犁万邦农业科技有限公司
226		吐鲁番市高昌区乡镇企业局	火焰山哈密瓜	吐鲁番皇家瓜园农业发展有限公司
227	新疆生产建设兵团	新疆生产建设兵团第三师农业局	新疆兵团四十八团红枣	新疆叶河源果业股份有限公司
228		新疆生产建设兵团第三师农业局	图木舒克大枣	新疆天昆百果果业股份有限公司
229		新疆生产建设兵团第五师农业局	北疆红提葡萄	新疆北疆果蔬产业发展有限责任公司
230		新疆生产建设兵团第四师七十八团农业科	特克斯苹果	伊犁伊帅外贸有限公司
231		新疆生产建设兵团第二师二十九团农业科	库尔勒香梨	新疆生产建设兵团第二师二十九团农业科
232		新疆生产建设兵团第十二师二二一团	吐鲁番无核白葡萄	新疆生产建设兵团第十二师二二一团
233	青岛市	平度市农业局	祝沟小甜瓜	青岛道乐果蔬专业合作社
234		平度市农业局	大黄埠西瓜	青岛奥森农产品有限公司
235		平度市农业局	大泽山葡萄	平度市大泽山葡萄协会
236		平度市农业局	旧店苹果	青岛旧店果品专业合作社
237	大连市	大连金普新区农业局	金州大樱桃	大连佛伦德农业科技有限公司
				大连老虎山水果专业合作社
238		瓦房店市农村经济发展局	瓦房店红富士苹果	大连东马屯果业有限公司
239		瓦房店市农村经济发展局	瓦房店小国光苹果	大连东马屯果业有限公司
240		瓦房店市农村经济发展局	瓦房店油桃	大连千禧苗木果品专业合作社
241		大连金普新区农业局	三十里堡苹果	大连金州国营农场
242		庄河市农村经济发展局	庄河草莓	大连金线沟草莓专业合作社
243		庄河市农村经济发展局	庄河蓝莓	大连来宝现代农业科技有限公司
244		旅顺口区农林水利局	旅顺大樱桃	大连仙缘果业产销专业合作社
245	宁波市	余姚市农林局	余姚蜜梨	余姚市舜水果蔬专业合作社
				余姚市乔龙蜜梨种植专业合作社
				余姚市聚德丰果蔬专业合作社

（续）

序号	省（自治区、直辖市）	申报单位	申报产品	申报单位推荐的生产单位
246	宁波市	象山县农林局	象山柑橘	象山葆元农业发展有限公司
				象山鹤浦丰产家庭农场
247		余姚市农林局	余姚杨梅	余姚市梅老大杨梅专业合作社

附件 4：

2017 年度全国名特优新农产品目录（茶叶类）

序号	省（自治区、直辖市）	推荐单位	区域公用品牌名称	申报单位推荐的生产单位
1	江苏省	常州市金坛区农林局	茅山青锋	江苏茅山青锋茶叶有限公司
				常州市金坛茅麓茶厂
2		常州市金坛区农林局	金坛雀舌	江苏鑫品茶业有限公司
				江苏方麓茶场有限公司
				金坛区生态良种茶场
3		溧阳市农林局	天目湖白茶	溧阳市天目湖玉枝特种茶果园艺场
				溧阳市天目湖茶叶研究所
				江苏松岭头生态茶业有限公司
4		苏州市吴中区农业局	洞庭山碧螺春	苏州三万昌茶叶有限公司
5		宜兴市农林局	宜兴红	宜兴市岭下茶场
				宜兴市御茶农林生态园有限公司
				宜兴市盛道茶业有限公司
6		宜兴市农林局	阳羡雪芽	宜兴市红岭茶业有限公司
				江苏南山坞生态农林有限公司
7	浙江省	安吉县农业局	安吉白茶	浙江安吉宋茗白茶有限公司
				安吉龙王山茶叶开发有限公司
8		长兴县农业局	长兴紫笋茶	浙江长兴百岁爷茶业有限公司
9		缙云县农业局	缙云黄茶	缙云县日月盛农产品发展有限公司
				缙云县黄贡茶业有限公司
10		开化县特产局（茶叶局）	开化龙顶茶	浙江益龙芳茶业有限公司
11		磐安县农业局	磐安云峰	浙江磐安绿水丫丫茶业有限公司
				磐安县龙山银针茶专业合作社
12		泰顺县农业局	三杯香	浙江泰龙制茶有限公司
				浙江御茗茶业有限公司
13		西湖区农业局	西湖龙井	杭州顶峰茶业有限公司
14		舟山市普陀区农林水利围垦局	普陀佛茶	普陀特产有限责任公司
				舟山大立有机食品有限公司
15		中共淳安县委淳安县人民政府农业和农村工作办公室	千岛湖龙井茶	杭州千岛湖硕园农业开发有限公司

（续）

序号	省（自治区、直辖市）	推荐单位	区域公用品牌名称	申报单位推荐的生产单位
16	浙江省	诸暨市农林局	诸暨绿剑茶	浙江省诸暨绿剑茶业有限公司
17		临海市农业林业局	羊岩勾青茶	临海市羊岩茶厂
18	安徽省	黄山市黄山区农业委员会	太平猴魁茶	黄山市猴坑茶业有限公司
19		黄山市黄山区农业委员会	黄山毛峰茶	黄山毛峰茶业集团有限公司
				黄山松谷茶业有限公司
20		黄山市徽州区农业委员会	黄山毛峰茶	谢裕大茶叶股份有限公司
21		黟县农业委员会	黄山毛峰茶	安徽省黄山市黟县五溪山茶厂有限公司
22		黄山市休宁县农业委员会	新安源有机茶	黄山市新安源有机茶开发有限公司
23		枞阳县农业委员会	黄公山白茶	安徽省上行山茶叶有限公司
24		广德县农业委员会	广德云雾茶	安徽乌松岭农业生态有限公司
25		广德县农业委员会	广德白茶	安徽乌松岭生态农业有限公司
26		怀宁县农业委员会	龙池香尖	安庆市高河龙池茶业有限责任公司
27		霍山县农业委员会	霍山黄芽	霍山汉唐清茗茶叶有限公司
				安徽省抱儿钟秀茶业股份有限公司
28		绩溪县农业委员会	"金山时雨"名茶	绩溪瀚徽农业开发有限公司
29		金寨县农业发展委员会	六安瓜片	安徽一笑堂茶业有限公司
30		泾县农业委员会	汀溪兰香茶	安徽兰香茶业有限公司
31		泾县农业委员会	涌溪火青茶	安徽泾县其华涌溪火青茶叶有限公司
32		旌德县农业委员会	旌德白茶	旌德县白地白茶有限公司
33		郎溪县农业委员会	郎溪黄魁茶	安徽宏云制茶有限公司
34		祁门县农业委员会	祁门红茶	黄山市祁门香茶业有限公司
				安徽省祁门红茶发展有限公司
35		黟县农业委员会	祁门红茶	黄山市黟县五溪山茶厂有限公司
36		太湖县农业委员会	天华谷尖	太湖县茶叶开发有限公司
37		桐城市农业委员会	"桐城小花"茶	桐城小花茶叶开发有限公司
38		休宁县农业委员会	休宁松萝茶	黄山王光熙松萝茶业股份公司
39	福建省	安溪县农业与茶果局	安溪铁观音	福建八马茶业有限公司
				华祥苑茶业股份有限公司
				中闽魏氏茶业股份公司
40		福州市仓山区农林水局	福州茉莉花茶	福建春伦茶业集团有限公司
				闽榕茶业有限公司
				福州东升茶厂
41		建瓯市农业局	东峰矮脚乌龙	建瓯市成龙茶厂
42		建瓯市农业局	南路水仙茶	建瓯市松清茶业有限公司
43		宁化县农业局	宁化孔坑茶	福建一笔峰茶业有限公司
44		仙游县农业局	仙游郑宅茶	福建金溪茶业有限公司

（续）

序号	省（自治区、直辖市）	推荐单位	区域公用品牌名称	申报单位推荐的生产单位
45	福建省	华安县农业局	华安铁观音	福建哈龙峰茶业有限公司
46		南安市农业局	南安绿茶	福建省泉州市日泰茶业有限公司
47		平和县农业局	平和白芽奇兰	福建省天醇茶业有限公司
48		沙县农业局	沙县红边茶	福建省沙县宏苑茶业有限公司
49		寿宁县茶业管理局	寿宁高山红茶	寿宁县张天福生态茶场
50		松溪县农业局	松溪绿茶	松溪县龙源茶厂
51		武平县农业局	武平绿茶	武平县如金茶叶有限公司
				福建鑫宏峰茶业有限公司
52		武夷山市茶业局	武夷岩茶	武夷山香江茶业有限公司
				武夷星茶业有限公司
				福建省武夷山市永生茶业有限公司
53		永春县农业局	永春闽南水仙	永春县魁斗莉芳茶厂
54		尤溪县农业局	尤溪绿茶	尤溪县云富茶业有限公司
55		尤溪县农业局	尤溪红	福建省尤溪县光兴茶业有限公司
56		漳平市农业局	漳平水仙茶	福建大用生态农业综合发展有限公司
57		漳平市农业局	永福高山茶	福建漳平鸿鼎农场开发有限公司
				福建漳平台品茶业有限公司
58		政和县农业局	政和白茶	福建省隆合茶业有限公司
59		周宁县茶业管理局	周宁高山云雾茶	福建海雾茶业发展有限公司
60	江西省	浮梁县茶业局	浮梁茶	浮梁县昌南茶叶有限公司
61		黎川县农业局	黎川船屋白茶	江西省黎川县船屋农业开发有限公司
62	山东省	济南市长清区农业局	长清茶	山东立泰山茶业科技发展有限公司
				济南南湖玉露茶叶科技开发有限公司
63		日照市茶叶技术推广中心	日照绿茶	日照淞晨茶业工贸有限公司
				日照浏园生态农业有限公司
				山东省五莲县富园茶场
64		乳山市农业局	乳山绿茶	乳山市正华农林科技示范园有限公司
				威海威茗茶业有限公司
65		诸城市农业局	诸城绿茶	诸城市颖青茶厂
				诸城市碧龙春茶业有限公司
66	河南省	光山县茶产业办公室	信阳毛尖	河南蓝天茶业有限公司
				光山县净居寺茶场
67		新县农业局	信阳毛尖	新县陈店乡云山茶场有限公司
68		罗山县农业局	信阳毛尖	罗山县灵山茶业有限责任公司
				罗山县亿峰生态林业开发有限责任公司

（续）

序号	省（自治区、直辖市）	推荐单位	区域公用品牌名称	申报单位推荐的生产单位
69	河南省	浉河区农业局	信阳毛尖	信阳市安信茶业有限责任公司
				信阳祥云茶业有限公司
70		新县农业局	新县蒸青绿茶	河南新林茶业有限公司
71		罗山县农业局	信阳红	罗山县灵山茶业有限责任公司
72		浉河区农业局	信阳红	信阳祥云茶业有限公司
73		桐柏县农业局	桐柏玉叶茶	桐柏宏源农业种植专业合作社
				桐柏县鑫茗农业有限公司
74	湖北省	巴东县农业局	巴东郡贡茶	巴东县桃园村生态农业有限公司
75		赤壁市茶产业发展局	赤壁米砖茶	湖北省赵李桥茶厂有限责任公司
76		赤壁市茶产业发展局	赤壁青砖茶	湖北省赵李桥茶厂有限责任公司
77		恩施市农业局	恩施富硒茶	恩施花枝山生态农业股份有限公司
				恩施市富之源茶叶有限公司
				恩施西特优生态农业开发有限公司
78		恩施市农业局	恩施玉露	恩施市润邦国际富硒茶业有限公司
				恩施亲稀源硒茶产业发展有限公司
79		谷城县农业局	襄阳高香茶	湖北汉家刘氏茶业股份有限公司
				湖北玉皇剑茶业有限公司
80		宜都市农业局	宜都宜红茶	湖北宜红茶业有限公司
				湖北省宜都市安明有机富锌茶业有限公司
				湖北省宜都市潘家湾富锌茶业有限公司
81		十堰市农业局	武当道茶	武当道茶业有限公司
82		孝昌县农业局	周巷凤凰茶	孝昌县凤凰茶叶有限责任公司
83		宣恩县农业局	宣恩伍家台贡茶	恩施州伍家台富硒贡茶有限责任公司
				宣恩县伍台昌臣茶业有限公司
				湖北绿可生态茶业有限公司
84		英山县农业局	英山云雾茶	湖北志顺茶业股份有限公司
				湖北英山云雾茶业股份有限公司
85		远安县农业局	远安黄茶	远安县鹿苑茶叶专业合作社
86		竹溪县农业局	梅子贡茶	十堰梅子贡茶业股份有限公司
87	湖南省	古丈县农业局	古丈毛尖	湖南英妹子茶业科技有限公司
88		澧县农业局	太青双上绿芽茶	澧县太青山有机食品有限公司
89		沅陵县农业局	碣滩茶	湖南省沅陵碣滩茶业有限公司
				湖南省沅陵县碣滩茶场
90	广东省	潮州市潮安区农业局	凤凰单丛茶	广东南馥茶业有限公司
				广东天池茶业股份有限公司
				潮州市吉云祥茶业有限公司

（续）

序号	省（自治区、直辖市）	推荐单位	区域公用品牌名称	申报单位推荐的生产单位
91	广东省	大埔县农业局	大埔乌龙茶	广东省大埔县西岩茶叶集团有限公司
				广东凯达茶业股份有限公司
92		英德市农业局	英德红茶	英德市上茗轩茶叶有限责任公司
				英德市怡品茗茶叶股份有限公司
93		饶平县农业局	岭头单丛茶	宋凰生态茶业有限公司
94		仁化县农业局	仁化白毛茶	仁化县红山镇富农茶叶专业合作社
				仁化县红丹舒茶业有限公司
95	广西壮族自治区	贺州市八步区农业局	开山白毛茶	贺州市八步区开山萌诸岭开山白毛茶加工厂
96		横县农业局	横县南山白毛茶	广西南山白毛茶业有限公司
97		灵山县农业局	灵山绿茶	广西正久茶业有限公司
				灵山县桂灵茶业有限公司
				灵山县石瓯山茶场
98		三江侗族自治县农业局（三江县农业局）	三江茶	三江侗族自治县仙池茶业有限公司
				柳州市侗天湖农业生态旅游投资有限公司
99		覃塘区农业局	覃塘毛尖	广西贵港市覃塘富伟茶业有限公司
100	重庆市	巴南区农业委员会	巴南银针	重庆市二圣茶业有限公司
101		綦江区农业委员会	古剑山茶	重庆市綦江区古剑山祺茗茶业有限公司
102		万州区农业委员会	"万县"太白银针	重庆市新天地高新农业开发（集团）有限公司
103		永川区农业委员会	永川秀芽	重庆市永川区永荣茶厂
				重庆市云岭茶叶科技有限责任公司
104	四川省	宝兴县农业局	夹金山茶叶	四川宝兴海鑫茶业有限公司
105		北川羌族自治县农业局	北川苔子茶	北川羌族自治县羌山雀舌茶业有限公司
106		翠屏区农林畜牧局	天府龙芽绿茶	四川省茶业集团股份有限公司
107		翠屏区农林畜牧局	天府龙芽红茶	四川省茶业集团股份有限公司
108		翠屏区农林畜牧局	天府龙芽花茶	四川省茶业集团股份有限公司
109		翠屏区农林畜牧局	叙府龙芽绿茶	四川省茶业集团股份有限公司
110		都江堰市农业和林业局	青城雪芽	四川都江堰青城茶叶有限公司
111		都江堰市农业和林业局	青城道茶	四川都江堰青城茶叶有限公司
112		高县农业局	宜宾早茶（绿茶）	四川峰顶寺茶业有限公司
				四川早白尖茶业有限公司
113		高县农业局	宜宾早茶（红茶）	四川峰顶寺茶业有限公司
				四川早白尖茶业有限公司
114		筠连县农业局	筠连红茶	宜宾市双星茶业有限责任公司
115		平昌县农业局	巴中云顶	四川蜀山秀农业开发有限公司
116		青川县农业局	七佛贡茶	广元白龙茶叶有限公司
117		邛崃市农业和林业局	邛崃黑茶	四川省花秋茶业有限公司

（续）

序号	省（自治区、直辖市）	推荐单位	区域公用品牌名称	申报单位推荐的生产单位
118	四川省	通江县农业局	罗村茗眉	四川省通江县罗村茶业有限责任公司
119		万源市农业局	万源富硒茶	四川巴山雀舌名茶实业有限公司
				万源市蜀韵生态农业开发有限公司
				万源市巴山富硒茶厂
120		万源市农业局	巴山雀舌富硒茶	四川巴山雀舌名茶实业有限公司
				万源市蜀韵生态农业开发有限公司
121		旺苍县农业局	米仓山茶	四川米仓山茶业集团有限公司
122		雅安市名山区农业局	蒙顶山黄芽	四川蒙顶山跃华茶业集团有限公司
123		雅安市名山区农业局	蒙顶山茶（绿茶）	四川蒙顶山跃华茶业集团有限公司
124		雅安市雨城区农业局	雅安藏茶	雅安茶厂股份有限公司
				四川吉祥茶业有限公司
				四川雅安周公山茶业有限公司
125	贵州省	凤冈县茶叶产业发展中心	凤冈锌硒茶	贵州凤冈县仙人岭锌硒有机茶业有限公司
				贵州省凤冈县浪竹有机茶业有限公司
				贵州聚神轩万壶缘茶业有限公司
126		湄潭县茶产业发展中心	遵义红	贵州琦福苑茶业有限公司
127	陕西省	汉中市农业局	汉中仙毫	宁强千山茶业有限公司
				汉中山花茶业有限公司
				宁强凤源茶业有限公司
128		西乡县农业局	汉中仙毫	西乡县南山茶业有限责任公司
129		镇巴县农业局	汉中仙毫	陕西怡溪春茶业科技有限公司
130		紫阳县农林科技局	紫阳富硒绿茶	紫阳县盘龙天然富硒绿茶有限公司
131	青岛市	黄岛区农村经济发展局	琅琊海青茶	青岛钰雪家庭农场有限公司
132	宁波市	奉化区农林局	奉化曲毫茶	宁波市奉化区雪窦山茶叶专业合作社
133		宁海县农林局	望海茶	宁波望海茶业发展有限公司

附件 5：

2017 年度全国名特优新农产品目录（其他）

序号	省（自治区、直辖市）	申报单位	申报产品	申报单位推荐的生产单位
1	吉林省	抚松县人参产业发展中心	长白山人参	吉林长白明珠森林食品有限公司
				抚松县传奇生态参业有限公司
2	江苏省	苏州市吴江区农业委员会	吴江石斛	苏州神元生物科技股份有限公司
3	浙江省	桐乡市农业经济局	桐乡杭白菊	桐乡新和保健品有限公司
				桐乡市春发菊业有限公司
				桐乡市土特产有限责任公司

（续）

序号	省（自治区、直辖市）	申报单位	申报产品	申报单位推荐的生产单位
4	浙江省	诸暨市农林局	枫桥香榧	冠军集团有限公司
5		丽水市莲都区农业局	处州白莲	浙江六江源绿色食品有限公司
6		龙泉市农业局	龙泉灵芝	浙江龙泉佳宝生物科技有限公司
				浙江科达生物科技有限公司
7	安徽省	金寨县农业发展委员会	金寨灵芝	安徽省康美来大别山生物科技有限公司
				安徽金寨乔康药业有限公司
8	山东省	冠县农业局	冠县灵芝	冠县广义灵芝养殖专业合作社
9	广东省	高州市农业局	高州铁皮石斛	茂名市惠生源生物科技有限公司
10		江门市新会区农林局	新会陈皮	江门市新会区金稻田农业专业合作社
11	广西壮族自治区	东兴市农业局	东兴石斛	广西东兴山峰石斛有限公司
12		永福县农业局	永福罗汉果	桂林永福县林中仙罗汉果有限责任公司
13	重庆市	彭水苗族土家族自治县农业委员会	彭水苏麻	重庆市黔中道紫苏种植专业合作社
14	四川省	崇州市农村发展局	崇州铁皮石斛	成都润惠农业开发有限公司
15		达州市达川区农业局	达州青花椒	达州市九岭青花椒种植专业合作社

关于 100 个 "2017 最受消费者喜爱的中国农产品区域公用品牌" 调查结果的通报

中优协〔2017〕23 号

各有关单位：

"2017 最受消费者喜爱的中国农产品区域公用品牌"评选工作在中国优质农产品开发服务协会组织下开展。根据《关于开展"2017 最受消费者喜爱的中国农产品区域公用品牌"评选活动的通知》规定的范围和程序，活动经过组织征集、网络调查、专家评审、结果公示等程序，最终产生了 100 个"2017 最受消费者喜爱的中国农产品区域公用品牌"，现予以通报。

经过此次网络调查活动，拟用区域品牌带动覆盖农业全产业链条，更好地打造区域品牌、企业品牌、产品品牌"新三品"品牌，

加快地方区域优质特色农产品的发展，提升和扩大农产品区域公用品牌知名度，增强区域公用品牌的市场竞争力。

有关证书领取事宜，请与中国优质农产品开发服务协会秘书处联系。

联系人及电话：

安金燕：010-64949037 转 618

13520008803

附件：100 个"2017 最受消费者喜爱的中国农产品区域公用品牌品类名单"

中国优质农产品开发服务协会

2017 年 6 月 24 日

附件：

2017最受消费者喜爱的中国农产品区域公用品牌品类名单

一．种植业类

序号	类别	包括产品
1	粮食油料类（23个）	庆安大米、穆棱大豆、盘锦大米、围场马铃薯、海伦大豆、佳木斯大米、富锦大豆、查干湖大米、射阳大米、滦县花生、西吉马铃薯、望奎马铃薯、罗定稻米、阿城粘玉米、松江大米、响水大米、朝阳小米、方正大米、高安大米、墨江紫米、万昌大米、五常大米、海伦大米
2	蔬菜瓜果类（含食用菌）（39个）	泸溪椪柑、蒲江丑柑、蒲城酥梨、"南汇8424"西瓜、穆阳水蜜桃、长丰草莓、东港草莓、溧水黑莓、黄松甸黑木耳、阎良甜瓜、赣南脐橙、香山硒砂瓜、白水苹果、南丰蜜桔、凌源百合、旬阳拐枣、合阳红提葡萄、大荔冬枣、扎兰屯黑木耳、沂源苹果、奉贤黄桃、沙坡头苹果、眉县猕猴桃、马家沟芹菜、烟台大樱桃、烟台苹果、广丰马家柚、花牛苹果、大泽山葡萄、昌平草莓、莱阳梨、库尔勒香梨、蒲江猕猴桃、小梁山西瓜、景东晚熟芒果、昌平苹果、胶州大白菜、秭归脐橙、伊春黑木耳
3	茶叶类（10个）	墨脱茶、宁红茶、天山绿茶、松阳香茶、烟台绿茶、遂川狗牯脑茶、英山云雾茶、庐山云雾茶、蒲江雀舌、恩施硒茶
4	其他类（15个）	连城"红心地瓜干"、瑞昌山药、宽城板栗、长白山人参、广昌白莲、巨鹿金银花、勃利红松籽、文登西洋参、临城薄皮核桃、中宁枸杞、陇州核桃、普洱石斛、宁夏枸杞、迁西板栗、扎兰屯榛子

二．畜牧业类

序号	类别	包括产品
1	肉类（9个）	隆化肉牛、望奎生猪、双阳梅花鹿、乌珠穆沁羊、泰和乌鸡、苏尼特羊肉、盐池滩羊肉、荣昌猪、如东狼山鸡

三．渔业类

序号	类别	包括产品
1	鱼类（2个）	大陈黄鱼、曹妃甸河豚鱼
2	虾蟹类（2个）	三门青蟹、曹妃甸对虾

中华人民共和国农业部令

2017 年第 8 号

现公布《农业部关于修改和废止部分规章、规范性文件的决定》，自公布之日起施行。

部长

2017 年 11 月 30 日

农业部关于修改和废止部分规章、规范性文件的决定

为了依法保障简政放权、放管结合、优化服务改革措施落实，农业部对规章和规范性文件进行了全面清理。经过清理，农业部决定：

一、对 18 部规章和 4 部规范性文件的部分条款予以修改。（附件 1）

二、对 3 部规章和 36 部规范性文件予以废止。（附件 2）

本决定自公布之日起施行。

附件：1. 农业部决定修改的规章和规范性文件

2. 农业部决定废止的规章和规范性文件

附件

农业部决定修改的规章和规范性文件

一、修改的规章

（略）

18. 农产品质量安全检测机构考核办法（2007 年 12 月 12 日农业部令第 7 号公布）

将第七条第二款修改为："从事农产品质量安全检测的技术人员应当具有相关专业中专以上学历，并经所在机构考核合格，持证上岗。"

第八条修改为："农产品质量安全检测机构的技术人员应当不少于 5 人，其中中级以上技术职称或同等能力的人员比例不低于 40%。技术负责人、质量负责人和授权签字人应当具有中级以上技术职称或同等能力，并从事农产品质量安全相关工作 5 年以上。博士研究生毕业，从事相关专业检验检测工作 1 年及以上；硕士研究生毕业，从事相关专业检验检测工作 3 年及以上；大学本科毕业，从事相关专业检验检测工作 5 年及以上；

大学专科毕业，从事相关专业检验检测工作 8 年及以上，可视为同等能力。"

第十八条第一款修改为："现场评审实行评审专家组负责制。专家组由 3～5 名评审员组成，必要时可聘请其他技术专家参加。"

第二十三条修改为："《考核合格证书》有效期为 6 年。证书期满继续从事农产品质量安全检测工作的，应当在有效期届满 3 个月前提出申请，重新办理《考核合格证书》。"

第二十五条增加一项，作为第三项："检测场所变更的；"

第二十六条修改为："考核机关通过年度报告、能力验证、现场检查等方式，对农产品质量安全检测机构进行监督管理。

"农产品质量安全检测机构应当按照考核机关的要求，参加其组织开展的能力验证或者比对，以保证持续符合机构考核条件和要求。"

第二十八条修改为："农产品质量安全检测机构在考核中隐瞒有关情况或者弄虚作假的，考核机关应当予以警告，取消考核资格，一年内不再受理其考核申请；采取欺骗、贿赂等不正当手段取得考核证书的，撤销考核证书，三年内不再受理其考核申请。

"农产品质量安全检测机构伪造检测结果或者出具虚假证明的，或擅自发布检测数据和结果，并造成不良后果的，依照《中华人民共和国农产品质量安全法》相关规定处罚，三年内不受理其机构考核申请。"

第二十八条后增加两条，作为第二十九条和第三十条：

"第二十九条 农产品质量安全检测机构有下列情形之一的，由考核机关责令其 1 个月内改正；逾期未改正或改正后仍不符合要求的，由考核机关暂停其检测工作：

"（一）未按规定对人员、仪器设备、设

施条件、质量管理体系、检测工作等实施有效管理的；

"（二）未按规定办理变更手续的；

"（三）检验报告、原始记录及其他档案管理不规范的。

"第三十条　农产品质量安全检测机构有下列情形之一的，由考核机关责令其3个月内整改，整改期间不得向社会出具具有证明作用的检验检测数据、结果；逾期未整改或整改后仍不符合要求的，由考核机关撤销其《考核合格证书》：

"（一）超出批准的检测能力范围，擅自向社会出具检验数据、结果的；

"（二）非授权签字人签发检验报告的；

"（三）检测工作存在较大风险隐患的。"

第二十九条修改为第三十一条，删去第三项，增加三项：

"（三）《考核合格证书》有效期届满，未申请延续或者依法不予延续批准的；

"（四）无正当理由未按照考核机关要求参加能力验证的；

"（五）无正当理由不接受、不配合监督检查的；"

二、修改的规范性文件

（略）

农产品质量安全检测机构考核办法

（2007年12月12日农业部令第7号公布，
2017年11月30日农业部令第8号修订）

第一章　总　则

第一条　为加强农产品质量安全检测机构管理，规范农产品质量安全检测机构考核，根据《中华人民共和国农产品质量安全法》等有关法律、行政法规的规定，制定本办法。

第二条　本办法所称考核，是指省级以上人民政府农业行政主管部门按照法律、法规以及相关标准和技术规范的要求，对向社会出具具有证明作用的数据和结果的农产品质量安全检测机构进行条件与能力评审和确认的活动。

第三条　农产品质量安全检测机构经考核和计量认证合格后，方可对外从事农产品、农业投入品和产地环境检测工作。

第四条　农业部负责全国农产品质量安全检测机构考核的监督管理工作。

省、自治区、直辖市人民政府农业行政主管部门（以下简称省级农业行政主管部门）负责本行政区域农产品质量安全检测机构考核的监督管理工作。

第五条　农产品质量安全检测机构建设，应当统筹规划，合理布局。鼓励检测资源共享，推进县级农产品综合性质检测机构建设。

第二章　基本条件与能力要求

第六条　农产品质量安全检测机构应当依法设立，保证客观、公正和独立地从事检测活动，并承担相应的法律责任。

第七条　农产品质量安全检测机构应当具有与其从事的农产品质量安全检测活动相适应的管理和技术人员。

从事农产品质量安全检测的技术人员应当具有相关专业中专以上学历，并经所在机构考核合格，持证上岗。

第八条　农产品质量安全检测机构的技术人员应当不少于5人，其中中级以上技术职称或同等能力的人员比例不低于40%。技术负责人、质量负责人和授权签字人应当具有中级以上技术职称或同等能力，并从事农产品质量安全相关工作 5 年以上。博士研究生毕业，从事相关专业检验检测工作 1 年及以上；硕士研究生毕业，从事相关专业检验检测工作 3 年及以上；大学本科毕业，从事相关专业检验检测工作 5 年及以上；大学专科毕业，从事相关专业检验检测工作 8 年及以上，可视为同等能力。

第九条　农产品质量安全检测机构应当具有与其从事的农产品质量安全检测活动相适应的检测仪器设备，仪器设备配备率达到 98%，在用仪器设备完好率达到 100%。

第十条　农产品质量安全检测机构应当具有与检测活动相适应的固定工作场所，并具备保证检测数据准确的环境条件。

从事相关田间试验和饲养实验动物试验检测的，还应当符合检疫、防疫和环保的要求。

从事农业转基因生物及其产品检测的，还应当具备防范对人体、动植物和环境产生危害的条件。

第十一条　农产品质量安全检测机构应当建立质量管理与质量保证体系。

第十二条　农产品质量安全检测机构应当具有相对稳定的工作经费。

第三章　申请与评审

第十三条　申请考核的农产品质量安全检测机构（以下简称申请人），应当向农业部或者省级人民政府农业行政主管部门（以下简称考核机关）提出书面申请。

国务院有关部门依法设立或者授权的农产品质量安全检测机构，经有关部门审核同意后向农业部提出申请。

其他农产品质量安全检测机构，向所在地省级人民政府农业行政主管部门提出申请。

第十四条　申请人应当向考核机关提交下列材料：

（一）申请书；

（二）机构法人资格证书或者其授权的证明文件；

（三）上级或者有关部门批准机构设置的证明文件；

（四）质量体系文件；

（五）计量认证情况；

（六）近两年内的典型性检验报告 2 份；

（七）其他证明材料。

第十五条　考核机关设立或者委托的技术审查机构，负责对申请材料进行初审。

第十六条　考核机关受理申请的，应当及时通知申请人，并将申请材料送技术审查机构；不予受理的，应当及时通知申请人并说明理由。

第十七条　技术审查机构应当自收到申请材料之日起 10 个工作日内完成对申请材料的初审，并向考核机关提交初审报告。

通过初审的，考核机关安排现场评审；未通过初审的，考核机关应当出具初审不合格通知书。

第十八条　现场评审实行评审专家组负责制。专家组由 3~5 名评审员组成，必要时可聘请其他技术专家参加。

评审员应当具有高级技术职称、从事农产品质量安全检测或相关工作 5 年以上，并经农业部考核合格。

评审专家组应当在 3 个工作日内完成评审工作，并向考核机关提交现场评审报告。

第十九条　现场评审应当包括以下内容：

（一）质量体系运行情况；

（二）检测仪器设备和设施条件；

（三）检测能力。

第四章　审批与颁证

第二十条　考核机关应当自收到现场评审报告之日起 10 个工作日内，做出申请人是否通过考核的决定。

通过考核的，颁发《中华人民共和国农产品质量安全检测机构考核合格证书》（以下简称《考核合格证书》），准许使用农产品质量安全检测考核标志，并予以公告。

未通过考核的，书面通知申请人并说明理由。

第二十一条　《考核合格证书》应当载明农产品质量安全检测机构名称、检测范围和有效期等内容。

第二十二条　省级农业行政主管部门应当自颁发《考核合格证书》之日起15个工作日内向农业部备案。

第五章　延续与变更

第二十三条　《考核合格证书》有效期为6年。证书期满继续从事农产品质量安全检测工作的，应当在有效期届满3个月前提出申请，重新办理《考核合格证书》。

第二十四条　在证书有效期内，农产品质量安全检测机构法定代表人、名称或者地址变更的，应当向原考核机关办理变更手续。

第二十五条　在证书有效期内，农产品质量安全检测机构有下列情形之一的，应当向原考核机关重新申请考核：

（一）检测机构分设或者合并的；

（二）检测仪器设备和设施条件发生重大变化的；

（三）检测场所变更的；

（四）检测项目增加的。

第六章　监督管理

第二十六条　考核机关通过年度报告、能力验证、现场检查等方式，对农产品质量安全检测机构进行监督管理。

农产品质量安全检测机构应当按照考核机关的要求，参加其组织开展的能力验证或者比对，以保证持续符合机构考核条件和要求。

第二十七条　对于农产品质量安全检测机构考核工作中的违法行为，任何单位和个人均可以向考核机关举报。考核机关应当对举报内容进行调查核实，并为举报人保密。

第二十八条　农产品质量安全检测机构在考核中隐瞒有关情况或者弄虚作假的，考核机关应当予以警告，取消考核资格，一年内不再受理其考核申请；采取欺骗、贿赂等不正当手段取得考核证书的，撤销考核证书，三年内不再受理其考核申请。

农产品质量安全检测机构伪造检测结果或者出具虚假证明的，或擅自发布检测数据和结果，并造成不良后果的，依照《中华人民共和国农产品质量安全法》相关规定处罚，三年内不受理其机构考核申请。

第二十九条　农产品质量安全检测机构有下列情形之一的，由考核机关责令其1个月内改正；逾期未改正或改正后仍不符合要求的，由考核机关暂停其检测工作。

（一）未按规定对人员、仪器设备、设施条件、质量管理体系、检测工作等实施有效管理的；

（二）未按规定办理变更手续的；

（三）检验报告、原始记录及其他档案管理不规范的。

第三十条　农产品质量安全检测机构有下列情形之一的，由考核机关责令其3个月内整改，整改期间不得向社会出具有证明作用的检验检测数据、结果；逾期未整改或整改后仍不符合要求的，由考核机关注销其《考核合格证书》。

（一）超出批准的检测能力范围，擅自向社会出具检验数据、结果的；

（二）非授权签字人签发检验报告的；

（三）检测工作存在较大风险隐患的。

第三十一条　农产品质量安全检测机构有下列行为之一的，考核机关应当视情况注销其《考核合格证书》：

（一）所在单位撤销或者法人资格终结的；

（二）检测仪器设备和设施条件发生重大变化，不具备相应检测能力，未按本办法规定重新申请考核的；

（三）《考核合格证书》有效期届满，未申请延续或者依法不予延续批准的；

（四）无正当理由未按照考核机关要求参加能力验证的；

（五）无正当理由不接受、不配合监督检查的；

（六）依法可注销检测机构资格的其他情形。

第三十二条 从事考核工作的人员不履行职责或者滥用职权的，依法给予处分。

第七章 附则

第三十三条 法律、行政法规和农业部规章对农业投入品检测机构考核另有规定的，从其规定。

第三十四条 本办法自 2017 年 11 月 30 日起施行。

农业部办公厅关于公布 2017 年休闲渔业品牌创建主体认定名单的通知

农办渔〔2017〕70 号

各省、自治区、直辖市及计划单列市渔业主管厅（局），新疆生产建设兵团水产局，各有关单位：

根据《农业部办公厅关于开展休闲渔业品牌培育活动的通知》（农办渔〔2017〕52 号）文件部署，我部采取基层申报、省级初审、专家评审和网络投票的方式组织开展了 2017 年休闲渔业发展典型品牌培育工作。经综合评审、网上公示等程序，认定东港市獐岛村等 27 个村（镇）为"最美渔村"、唐山海洋牧场实业有限公司（唐山海洋牧场生态基地）等 45 家单位为"全国精品休闲渔业示范基地（休闲渔业主题公园）"、碧海（中国）钓具产业博览会等 25 个节庆（会展）活动为"国家级示范性渔业文化节庆（会展）"、三友创美"坑冠王"中国休闲垂钓争霸战等 10 项赛事为"全国有影响力的休闲渔业赛事"、承德县乌龙湖休闲山庄等 100 家单位为"全国休闲渔业示范基地"。现将名单予以公布，有效期自发文之日起至 2020 年 12 月 31 日止。

各级渔业主管部门要加强对本辖区内休闲渔业品牌的培育工作和动态管理，强化政策扶持和宣传推介，营造良好发展环境，共同推动休闲渔业健康规范发展。获得休闲渔业品牌相关称号的单位要珍惜荣誉，依法合规经营，诚信规范服务，安全共享发展，积极维护休闲渔业品牌良好的社会形象。

农业部办公厅

2017 年 10 月 25 日

2017 年休闲渔业品牌创建主体认定名单

一、最美渔村

辽宁省（1 个）

东港市獐岛村

吉林省（1 个）

松原市查干湖屯

黑龙江省（1个）

佳木斯市赫哲族乡渔业村

江苏省（5个）

扬州市方巷镇沿湖村

宿迁市穆墩岛村

南通市吕四港镇

淮安市新滩村

泰州市沙沟镇

浙江省（2个）

台州市石塘镇五岙村

衢州市何田乡

福建省（4个）

泉州市围头村

泉州市惠屿村

漳州市澳角村

宁德市溪邳村

山东省（3个）

威海市烟墩角村

威海市东楮岛村

日照市官草汪村

湖北省（1个）

十堰市关门岩村

广东省（1个）

阳江市大澳渔村

广西壮族自治区（1个）

钦州市三娘湾渔村

海南省（2个）

三亚市西岛

琼海市潭门镇

重庆市（1个）

九龙坡区寨山坪村

四川省（1个）

德阳市友谊村

云南省（1个）

大理市金梭岛村

宁波市（2个）

奉化区桐照村

象山县东门渔村

二、全国精品休闲渔业示范基地（休闲渔业主题公园）

天津市（1家）

天津市君林水产养殖有限公司（赵庄基地）

河北省（3家）

唐山海洋牧场实业有限公司（唐山海洋牧场生态基地）

河北盈源农业发展集团鸳鸯湖景区旅游开发有限公司（鸳鸯湖景区）

河北白洋淀金博蓝农业发展有限公司（圈头乡桥南村）

山西省（1家）

山西世泰湖文化旅游发展有限公司（山西世泰湖基地）

内蒙古自治区（2家）

巴彦淖尔市纳林湖农林水产科技有限公司（纳林湖基地）

内蒙古呼伦贝尔呼伦湖渔业有限公司（内蒙古呼伦湖基地）

辽宁省（3家）

盘锦辽河绿水湾休闲娱乐有限公司（辽河绿水湾基地）

盘锦光合蟹业有限公司（盘锦光合蟹村科普体验区）

盘锦绕阳河文化旅游有限公司（盘锦绕阳湾基地）

吉林省（1家）

大安市嫩江湾湿地保护开发管理办公室（大安市嫩江湾基地）

黑龙江省（1家）

哈尔滨丁香岛渔业有限公司（丁香岛基地）

上海市（1家）

上海品兴农家乐专业合作社（一品渔村标准化水产养殖场）

江苏省（5家）

南通市世外桃园休闲农庄有限公司（南

通世外桃园休闲农庄）

南京鑫淼农业科技有限公司（鑫淼龙锦园）

江苏中洋河豚庄园有限公司（中洋河豚庄园）

南京丽铭农业生态发展有限公司（丽铭农庄）

南京市江宁区宇俊水产养殖家庭农场（舟渔寨基地）

浙江省（4家）

湖州荻港徐缘生态旅游开发有限公司（湖州荻港渔庄）

浙江龙和水产养殖开发有限公司（龙和码头渔业园）

台州市椒江区大陈镇人民政府（大陈岛旅游度假区）

普陀区白沙岛管理委员会（白沙岛基地二期）

安徽省（4家）

舒城县万佛湖渔业总公司（万佛湖海螺堰国际休闲垂钓基地）

铜陵四季养殖有限公司（铜陵四季渔歌基地）

巢湖市鑫鑫水产养殖有限公司（黄麓镇芦溪行政村）

肥西县渔丰水产养殖有限公司（肥西县渔丰休闲山庄）

福建省（2家）

莆田凯茂现代渔业发展有限公司（后海基地）

绿耕耘股份有限公司（绿耕耘龙头基地）

江西省（1家）

江西山水武宁渔业发展有限公司（庐山西海·个山养珍水生态产业园）

山东省（5家）

威海长青海洋科技股份有限公司（威海长青基地）

荣成市泓泰海洋生态休闲旅游有限公司（泓泰海洋生态基地）

日照顺风阳光海洋牧场有限公司（顺风阳光海洋牧场）

威海西港水产有限公司（威海西港小石岛基地）

威海三泉生态农业发展有限公司（威海汤泊温泉基地）

湖北省（3家）

湖北青龙湖农业发展有限公司（钟祥彭墩基地）

湖北绿森林生态农业有限公司（云梦北湖垸基地）

广水市十里观音村银波水产养殖专业合作社（广水市神怡生态园）

湖南省（3家）

长沙千龙湖生态农业开发有限公司（千龙湖基地）

衡阳东方旅游实业有限公司（衡阳东方庄园）

湖南洋沙湖现代农业科技有限公司（湖南顺天洋沙湖基地）

广西壮族自治区（1家）

广西玉林市龙泉水产养殖有限公司（龙泉基地）

重庆市（1家）

重庆新港农业发展有限公司（巴南区云篆山荷韵生态园）

陕西省（1家）

陕西黄河湾生态农业有限公司（陕西黄河湾基地）

甘肃省（1家）

武威市利昇农林渔有限责任公司（磨嘴子神泉山庄）

宁波市（1家）

宁波市奉化翡翠湾海洋渔业发展有限公司（翡翠湾基地）

三、国家级示范性渔业文化节庆（会展）

北京市（1个）

碧海（中国）钓具产业博览会

吉林省（1个）

中国·松原查干湖冰雪渔猎文化旅游节

黑龙江省（1个）

镜泊湖冬捕节

上海市（1个）

上海国际休闲水族展览会

江苏省（4个）

中国盱眙国际龙虾节

中国·高淳固城湖螃蟹节

太湖放鱼节

3.18中国·洪泽湖放鱼节

浙江省（3个）

千岛湖有机鱼文化节

湖州·南浔鱼文化节

温州苍南龙港耙艚开渔节

安徽省（1个）

中国合肥龙虾节

福建省（1个）

海峡（福州）渔业周·中国（福州）国际渔业博览会

江西省（1个）

中国·南昌"军山湖杯"鄱阳湖螃蟹节

广东省（3个）

广州金花地渔具博览会

中国（江门）锦鲤博览会

连南瑶族自治县"稻田鱼文化节"

广西壮族自治区（1个）

中国·钦州蚝情节

云南省（2个）

中国·孟连娜允神鱼节

中国云南江川开渔节

新疆维吾尔自治区（1个）

福海县乌伦古湖冬捕文化旅游活动

大连市（1个）

大连海尚嘉年华

青岛市（2个）

周戈庄祭海节

东夷海祖郎君庙会

厦门市（1个）

厦门休闲渔业博览会

四、全国有影响力的休闲渔业赛事

北京市（2项）

三友创美"坑冠王"中国休闲垂钓争霸战

"鱼岛杯"垂钓大赛

江苏省（2项）

"无锡渔具展杯"全国千名渔具店长钓鱼大赛

中国泗洪洪泽湖湿地国际大圆塘超级杯休闲垂钓邀请赛

福建省（1项）

中国（福州）金鱼大赛

山东省（3项）

中国日照海钓节暨全民休闲体验赛

中国·临沂（沂河）休闲垂钓大赛

中国威海国际路亚赛

海南省（1项）

万宁市中华龙舟赛

大连市（1项）

全国海钓大师积分赛

五、全国休闲渔业示范基地

天津市（2家）

天津市天祥水产有限责任公司（苗庄镇大沙窝村基地）

天津市蟹源水产养殖有限公司（七里海镇北移民村基地）

河北省（2家）

承德县乌龙湖休闲山庄

廊坊凯峰旅游度假村有限公司（永清县金华湖度假村）

内蒙古自治区（2家）

内蒙古绿野山水生态农业开发有限公司（乌拉特中旗德岭山水库）

磴口县金马湖生态养殖专业合作社（金马湖基地）

辽宁省（1家）

宽甸满族自治县三江养殖场

吉林省（2家）

镇赉县金丰旅游度假山庄有限公司（金丰旅游度假山庄）

通化振国健康生态科技有限公司（英额布水库）

黑龙江省（5家）

嘉荫县鑫阳云水生态种养业示范区有限责任公司（永安东湖基地）

虎林市南新大白鱼养殖农民专业合作社（南岛湖基地）

佳木斯山水渔业有限公司（佳木斯郊区西格木乡山水渔业基地）

肇东市东发渔业有限公司（水产养殖场）

肇东市大似海渔业有限公司（大似海基地）

江苏省（10家）

江苏金辰农业科技有限公司（祁巷小南湖基地）

江苏省常州市西湖山庄水产科技有限公司（西湖山庄）

江苏渔夫乐园旅游有限公司（渔夫乐园）

淮安市五河口水产科技有限公司（淮安市现代渔业产业园）

江苏德春农业发展有限公司（德春生态园）

高邮市湖畔水产专业合作社（王鲜记农场）

兴化市南阳水产养殖专业合作社（想当年渔村）

启东市旅游开发建设有限公司（启东黄金海滩景区）

江苏福顺旅游开发有限公司（洪泽湖渔家风情园）

泗洪向阳湖现代农业发展有限公司（向阳湖休闲基地）

浙江省（1家）

龙游兴隆锦鲤文化博览园

安徽省（10家）

黄山太平湖生态渔业股份有限公司（黄山太平湖基地）

桐城市仙龙湖文化旅游发展有限公司（仙龙湖基地）

安徽三赢生态农业股份有限公司（佛子岭水库基地）

霍邱县明青水产养殖专业合作社（明青生态园）

安徽百荷农庄农业科技有限公司（百荷农庄）

淮北市南湖公园运营管理有限公司（南湖公园）

太湖县长龙实业有限责任公司（叶家湖基地）

合肥红堰生态养殖有限公司（红堰山庄）

长丰县陶楼乡金徽园生态农庄

霍山县仙人湖家庭农场（霍山县仙人湖水库基地）

福建省（2家）

政和县洞宫种养殖专业合作社渔业基地

福建省沙县国营综合农场（车头基地）

江西省（7家）

江西省瑶池湾度假山庄

九江市柘林湖生态渔业有限公司（柘林湖基地）

江西聚龙湾现代渔业发展有限公司（聚龙湾渔家乐）

江西省方洲特种淡水养殖有限公司（赣鄱方舟休闲农庄）

婺源县江源科技农业发展有限公司（婺源荷包红鲤度假村）

江西田垅农业发展有限公司（南新庄园）

江西鄱阳湖湿地公园旅游开发有限公司（鄱阳湖国家湿地公园）

山东省（10家）

微山县特种水产养殖试验场（微山湖竞技垂钓中心）

威海温泉溪谷休闲养生有限公司（文登区经济开发区大溪谷基地）

荣成成山鸿源水产有限公司（荣成市瓦屋石村基地）

山东景明海洋科技有限公司（水语小镇）

威海市文登区金滩牡蛎养殖专业合作社（文登区小观镇二王家村基地）

山东衍博现代农业科技有限公司（金屯镇王屯村基地）

淄博大芦湖文化旅游有限公司（高青蓑衣樊村基地）

山东益源高效生态农牧渔有限公司（沾化区城北益源基地）

日照国际海洋城莲荷嘉苑莲藕农民专业合作社（东港区涛雒镇宅科村荷仙子风景区）

荣成市石岛桃园渔家民俗旅游服务有限公司（石岛桃园度假村）

河南省（1家）

范县都市生态种养殖有限公司（龙王庄镇西屯基地）

湖北省（6家）

湖北浥水投资发展集团有限公司（浥水生态农业基地）

武汉五通现代农业发展有限公司（五七公司健康养殖示范场）

老河口市渔悦农业开发有限公司（陈埠村渔悦农庄）

湖北尚禾生态农业发展股份有限公司（尚禾（枔蜜小镇）生态农业旅游区）

赤壁市沧湖生态农业开发区

京山盛昌乌龟原种场

湖南省（5家）

柳吉现代农业科技有限公司（柳吉观赏鱼产业园）

怀化裕源生态农业科技开发有限公司（裕源度假山庄）

岳阳县黄秀农耕文化园

岳阳市屈原管理区明昊生态农业科技发展有限公司（明昊山庄）

临湘市长安街道办事处（临湘浮标特色小镇）

广东省（8家）

惠州李艺金钱龟生态发展有限公司（李艺金钱龟养殖基地）

广东狂人体育文化有限公司（狂人国际路亚基地）

梅州市金穗生态农业发展有限公司（金穗休闲旅游区）

佛山市高明泰康山旅游开发有限公司（广东省休闲垂钓基地）

雷州市天成台旅游度假村有限公司（悦湖自然生态休闲渔业区）

韶关市冯氏生态庄园有限公司（冯氏生态庄园）

广东鑫龙湾生态休闲农业发展有限公司（合水基地）

东莞市松湖水产品养殖有限公司（松湖水产基地）

广西壮族自治区（9家）

武宣县螺山生态农业农民专业合作社（螺山生态产业核心区）

广西东兴天隆泰生态产业有限公司（天隆泰（桃花岛）生态产业园）

广西翠湖田园生态观光发展有限公司（钦北区大垌镇基地）

钦州市那雾山绿宇观光农业有限公司（那雾山生态园）

广西忻城县三寨沟旅游投资开发有限责任公司（三寨沟基地）

桂林市井源生态农业发展有限公司（井源生态农庄）

贺州市平桂管理区鹅塘码头湾生态农场

南宁市碧田原生态农业科技有限公司（碧田原农耕文化体验园）

钦州市浦北县聚然休闲中心

重庆市（5家）

"巴乡谷"休闲渔业基地

重庆鹏鼎生态农业有限责任公司（鹏鼎大坡观赏园基地）

重庆市长寿区老陈菜农业综合开发有限

公司（老陈菜生态农庄）

重庆后湖农业有限公司（后湖·水云天基地）

重庆旭途农业开发有限公司（笋河水乡休闲垂钓基地）

四川省（7家）

达州市达川区高滩坪家庭农场

都江堰新联水产养殖有限公司（虹口三文鱼体验中心）

旺苍县世外桃源农业开发有限公司（红垭基地）

旺苍县大两乡淡水鱼养殖专业合作社（大两乡大河休闲渔村）

三岔湖国际垂钓文化休闲中心

广元市隆华渔业有限公司（米仓山大峡谷渔乐园）

绵阳市金汇丰水产养殖专业合作社（川仙渔村）

甘肃省（2家）

武山县桃缘养殖专业合作社渔场

武山东胜养殖专业合作社（鸳鸯镇盘古养鱼小区）

宁夏回族自治区（1家）

贺兰县兆丰生态渔业有限公司（桃林又一村）

新疆维吾尔自治区（1家）

福海瑞雪渔业生态旅游有限公司（瑞雪度假村）

青岛市（1家）

青岛斋堂岛海洋生态养殖有限公司（斋堂岛海洋牧场基地）

农业部关于认定第二批国家农产品质量安全县（市）创建试点单位的通知

各省、自治区、直辖市及计划单列市农业（农牧、农村经济）、畜牧、兽医、渔业（水利）厅（局、委、办），新疆生产建设兵团农业局：

为贯彻落实国务院食安委"双安双创"现场会精神，按照《国家农产品质量安全县创建活动方案》和《国家农产品质量安全县考核办法》的要求，各地积极开展国家农产品质量安全县创建活动。在省级农业行政主管部门遴选推荐和我部公开征询意见的基础上，现同意大兴区等204个县、唐山市等11个市为第二批国家农产品质量安全县（市）创建试点单位，具体名单详见附件。

各创建试点单位人民政府，要组织本县（市）开展好创建活动，加大创建力度，落实属地管理责任，探索建立行之有效的农产品质量安全监管模式，努力打造标准化生产、全程监管、监管体系建设、社会共治的样板区，示范带动地方全面提升农产品质量安全监管能力和水平。各省（自治区、直辖市）农业行政主管部门要加强对创建试点单位的业务指导，加大扶持力度，推动创建工作持续深入开展。鼓励各省（自治区、直辖市）分层次、分步骤组织开展本省质量安全创建工作，形成良好的创建氛围。

附件：第二批国家农产品质量安全县（市）创建试点单位名单

农业部

2017年3月10日

附件：

第二批国家农产品质量安全县创建试点单位名单

省（自治区、直辖市）	农产品质量安全县创建试点单位
北京市	大兴区、顺义区
天津市	西青区、宝坻区
河北省	元氏县、平泉县、卢龙县、乐亭县、涿州市、涞水县、任丘市、宁晋县、磁县、双滦区
山西省	小店区、大同县、定襄县、孝义市、曲沃县、长子县
内蒙古自治区	杭锦后旗、丰镇市、商都县、开鲁县、五原县、乌审旗
辽宁省	辽中区、康平县、海城市、新宾满族自治县、黑山县、大石桥市、铁岭县、凌源市
吉林省	辉南县、前郭县、大安市、伊通县、东丰县、龙井市
黑龙江省	穆棱市、宝清县、讷河市、同江市、萝北县、铁力市、肇源县、双城区
上海市	崇明区、嘉定区
江苏省	高淳区、江阴市、贾汪区、吴江区、昆山市、大丰区、东台市、江都区、高港区
浙江省	桐庐县、瑞安市、海盐县、上虞区、东阳市、定海区、黄岩区、遂昌县、象山县
安徽省	庐江县、宁国市、黄山区、砀山县、当涂县、涡阳县、贵池区、义安区、来安县
福建省	安溪县、平和县、仙游县、泰宁县、武夷山市、上杭县、蕉城区
江西省	宜丰县、永丰县、南城县、玉山县、莲花县、九江县、大余县
山东省	平阴县、桓台县、龙口市、泗水县、宁阳县、蒙阴县、禹城市、茌平县、阳谷县、无棣县、沾化区、郓城县
河南省	罗山县、西华县、长垣县、孟津县、博爱县、灵宝市、延津县、巩义市、金水区
湖北省	蔡甸区、竹山县、南漳县、宜都市、洪湖市、钟祥市、蕲春县、鹤峰县、宣恩县、黄陂区
湖南省	隆回县、祁东县、道县、资兴市、桃源县、新化县、安化县、鼎城区、赫山区
广东省	番禺区、乳源瑶族自治县、高州市、惠东县、德庆县、阳山县、徐闻县、揭西县
广西壮族自治区	钟山县、全州县、东兴市、恭城县、武宣县、田阳县、南丹县
海南省	东方市、陵水县
重庆市	梁平区、璧山区、忠县、铜梁区
四川省	旌阳区、射洪县、峨眉山市、华蓥市、岳池县、达川区、宣汉县、渠县、通江县、洪雅县、理县

(续)

省（自治区、直辖市）	农产品质量安全县创建试点单位
贵州省	凤冈县、七星关区、雷山县、习水县、长顺县、江口县
云南省	麒麟区、马龙县、师宗区、广南县、宾川县、嵩明县、瑞丽市
西藏自治区	达孜县、卡若区
陕西省	鄠邑区、岐山县、扶风县、大荔县、澄城县、杨陵区
甘肃省	凉州区、临泽县、陇西县、西峰区
青海省	大通回族土族自治县、乐都区
宁夏回族自治区	灵武市、西吉县、中宁县
新疆维吾尔自治区	库尔勒市、阜康市、伊宁市、高新区、博乐市、泽普县
新疆生产建设兵团	第八师石河子总场、第十二师二二二团
厦门市	同安区
大连市	庄河市、旅顺口区
合计	204

第二批国家农产品质量安全市创建试点单位名单

省（自治区、直辖市）	农产品质量安全市创建试点单位
河北省	唐山市
辽宁省	盘锦市
江苏省	常州市
浙江省	湖州市
江西省	宜春市
山东省	潍坊市
广东省	江门市
四川省	广元市
新疆维吾尔自治区	昌吉州
青岛市	青岛市
宁波市	宁波市
合计	11

现行有效的全国无公害农产品检测机构名录（2017年12月）

序号	地区	机构名称	联系人	单位地址	邮政编码	联系电话	检测范围	协议有效期	备注
1	北京市	农业部畜禽产品质量监督检验测试中心（北京）	姜艳彬、李艳华	北京市朝阳区麦子店20号楼522室	100125	010-59194681	畜牧业	2016.02.03～2019.02.03	
2		农业部蔬菜品质监督检验测试中心（北京）	徐东辉、钱洪	北京中关村南大街12号	100081	010-62173926、82109532	种植业	2016.02.03～2019.02.03	
3		农业部蜂产品质量监督检验测试中心（北京）	吴黎明	北京香山卧佛寺西侧北沟1号	100093	010-62594643、62594054	畜牧业	2016.02.03～2019.02.03	
4		农业部农产品质量监督检验测试中心（北京）	黄昆仑、戴蕴青	北京市清华东路17号中国农业大学	100083	010-62737381	种植业	2016.02.03～2019.02.03	
5		农业部农业环境质量监督检验测试中心（北京）	欧阳喜辉、孙江、高景红	北京市西城区裕民中路6号	100029	010-82031872、82071275、82031867（孙）、13901091893	种植业	2016.02.03～2019.02.03	
6		农业部渔业产品质量监督检验测试中心（北京）	贾丽、王秀林	北京市朝阳区潘家园东路华威西里甲48号南楼	100021	010-87702642、87708242	渔业	2017.12.24～2020.12.24	
7		谱尼测试集团股份有限公司	宋薇、林晓音	北京市海淀区中关村环保科技园锦带路66号院1号	100080	010-83055000-2022（林）、13810296069（林）	种植业、牧业、渔业	2017.12.24～2020.12.24	
8	天津	农业部渔业环境及水产品质量监督检验测试中心（天津）	缴建华、孙万胜	天津市河西区解放南路442号	300221	022-88251475（2084）	渔业	2015.12.11～2018.12.11	
9		农业部环境质量监督检验测试中心（天津）	刘潇威、徐亚平	天津市南开区复康路31号	300191	022-23611260、13820976292	种植业	2015.12.11～2018.12.11	
10		农业部乳品质量监督检验测试中心	刘忠、何清毅	天津市南开区土英路18号	300381	022-23410250、23411669（8677）（fax）	种植业、畜牧业、渔业	2017.12.24～2020.12.24	
11	河北	农业部农产品质量安全监督检验测试中心（石家庄）/河北省农产品质量检测中心	黄玉宗	河北省石家庄市高新区长江大道19号	050035	0311-85890326	种植业	2015.12.11～2018.12.11	
12		国家果类及农副加工产品质量监督检验测试中心	王丽霞、冯浩栓	河北省石家庄市中华南大街537号	050091	0311-67568327、67568334、13724459937（冯）	种植业、畜牧业、渔业	2015.12.11～2018.12.11	

（续）

序号	地区	机构名称	联系人	单位地址	邮政编码	联系电话	检测范围	协议有效期	备注
13	河北	农业部禽产品质量安全监督检验测试中心（石家庄）/河北省畜产品质量检验监测中心	李志平、米振杰	河北省石家庄市合作路189号	050051	0311-85332683、13032638265（李）	畜牧业	2017.05.22～2020.05.21	
14		河北省水产品质量检验检测站	张志华、邵铁凡	河北省石家庄市高新区长江大道19号	050035	0311-67506989	渔业	2015.12.11～2018.12.11	
15		唐山市畜牧水产品质量监测中心	郑百芹、苗建民	河北省唐山市唐名路东侧	063000	0315-7909165（7909150）、13931529721、13191750080（苗）	畜牧业、渔业	2015.12.11～2018.12.11	
16		石家庄市畜产品质量监测中心	王新、何立宁	河北省石家庄市建华南大街371号	50000	0311-86818079、86830523	畜牧业	2017.08.08～2020.08.08	
17	山西	农业部农产品质量安全监督检验测试中心（太原）	闫会平、孙卫国	山西省太原市晋源新区	030025	0351-6779134、13603535309	种植业	2015.12.11～2018.12.11	
18		山西省水产品质量安全检验检测中心	刘松林、连晋	山西省太原市新建路45号	030002	0351-4666535、4666563	渔业	2014.12.24～2017.12.24	暂停资质
19		晋城市农产品质量安全检验检测中心	原学忠、晶晶	山西省晋城市泽州路1241号	048026	0356-6995510、6995557	种植业	2015.12.11～2018.12.11	
20		山西省分析科学研究院（原山西省分析测试中心）	乔石虎、史新珍	山西省太原市平阳路北园街17号	030006	0351-5281251、1893181296	种植业	2015.12.11～2018.12.11	
21		山西省生物研究所（山西省食品与农产品安全检测中心）/生物安全检测中心	彭晓光	山西省太原市师范街50号	030006	0351-5255522（1）	种植业、畜牧业	2015.12.11～2018.12.11	
22	内蒙古	农业部农产品质量安全监督检验测试中心（呼和浩特）/内蒙古农产品质量安全综合检测中心	姚一萍	内蒙古呼和浩特市昭君路内蒙古农业科学院	10031	0471-5954087	种植业、畜牧业	2016.04.01～2019.04.01	
23	辽宁	中科院沈阳应用生态研究所农产品安全与环境质量检测中心（沈阳）	金昌杰、王颜红	沈阳市沈河区文化路72号	110016	024-83970390	种植业	2015.12.11～2018.12.11	
24		农业部农产品质量监督检测中心（沈阳）	陈院、王建忠	沈阳市沈河区东陵路84号	110161	024-31029902	种植业	2015.12.11～2018.12.11	
25		辽宁省兽药饲料畜产品质量安全检测中心	杜柏林、鲍春琴	沈阳市沈河区小南街281号	110016	024-24153310	畜牧业	2016.04.01～2019.04.01	

（续）

序号	地区	机构名称	联系人	单位地址	邮政编码	联系电话	检测范围	协议有效期	备注
26	吉林	国家农业深加工产品质量监督检验中心	周兰影、张川州、王芳芳	吉林省长春市东南湖大路1088号	130022	0431-85374716、13039203110（周）、13904307156（张）、13504327796（王）	种植业、畜牧业	2016.07.25～2019.07.25	
27		农业部谷物及制品质量监督检验测试中心（哈尔滨）	廖辉	哈尔滨市南岗区学府路368号	150086	0451-86664921、6665716、86617548（fax）	种植业	2015.12.11～2018.12.11	
28		农业部食品质量监督检验测试中心（佳木斯）	韩国	黑龙江省佳木斯市安庆街382号	154007	0454-8359147	种植业、畜牧业	2015.12.11～2018.12.11	
29		黑龙江出入境检验检疫局食品检验检疫技术中心	李铁柱	黑龙江省哈尔滨开发区赣水路9号	150001	0451-82337561、82337560、82337550（fax）	种植业、畜牧业	2015.12.11～2018.12.11	
30	黑龙江	农业部农产品质量安全监督检验试中心（哈尔滨）	潘绍英	黑龙江哈尔滨市香坊区珠江路21号	150090	0451-82260778、13804571916	种植业	2015.12.11～2018.12.11	
31		哈尔滨市农产品质量安全监督检测中心	王哲、徐连伟	哈尔滨市道里区城乡路433号	150070	0451-87610627、87610812	种植业	2017.12.24～2020.12.24	暂停资质
32		佳木斯市质量技术监督检验检测中心	陆军、温福田	黑龙江佳木斯市友谊路125号	154004	13845454555、0454-8577068、8571515（fax）	种植业、畜牧业、渔业	2017.12.24～2020.12.24	
33		黑龙江省华测检测技术有限公司	杨桂玲	黑龙江哈尔滨市利民开发区南京南路星辰热力货场西科研楼	150025	13945099917、0451-87137515	种植业、畜牧业、渔业	2016.12.12～2019.12.11	
34	上海	农业部食品质量监督检验测试中心（上海）	陈美连	上海市青浦区新府中路1528弄28号	201708	021-59804370、59799320、59804373（fax）	种植业、畜牧业	2015.09.18～2018.09.18	
35		农业部水产品质量监督检验测试中心（上海）	蔡友琼	上海市军工路300号3号楼101室	200090	021-65680121	渔业	2015.12.11～2018.12.11	
36		上海市水产品质量监督检验站	孙振中	上海佳木斯路265号	200433	021-65492462	渔业	2015.12.11～2018.12.11	

（续）

序号	地区	机构名称	联系人	单位地址	邮政编码	联系电话	检测范围	协议有效期	备注
37	上海	上海市农业科学院农产品质量标准与检测技术研究所	周昌艳、赵志辉	上海市奉贤区金齐路1000号	201403	021-62202875、62208660-3188、6203612（fax）	种植业	2015.09.18～2018.09.18	
38		上海市农药研究所有限公司	姚再男	上海市徐汇区斜土路2354号	200233	021-6387891、64387897(fax)	种植业	2015.07.28～2018.07.28	
39		谱尼测试集团上海有限公司	谢浩	上海市徐汇区桂平路680号35幢4楼		1381684528、021-64856403	种植业	2015.07.28～2018.07.28	
40		上海必诺检测技术服务有限公司	孟蓬、杨岚	上海市闸北区江场西路1577弄C座4楼	200436	021-55156813、55156873（fax）、13918297708（杨）	种植业、畜牧业、渔业	2017.04.05～2020.04.05	
41	江苏	江苏省水产质量检测中心/农业部渔业产品质量监督检验测试中心（南京）	吴光红	南京市紫亭东街79号	210017	025-6617842、6618250、86581558	渔业	2015.12.11～2018.12.11	
42		农业部畜禽产品质量监督检验测试中心（南京）/江苏省畜产品质量检验测试中心	颜京平、贡玉清、黄瑾	南京市草场门大街124号	210036	025-86263655	畜牧业	2015.12.11～2018.12.11	
43		农业部农产品质量安全监督检验测试中心（南京）/江苏省农产品质量检验测试中心	田子华	南京市草场门大街124号5楼	210036	025-86263563、86263553	种植业	2015.12.11～2018.12.11	
44		江苏省扬州农产品质量监督检测扬州市中心/扬州市农业科技中心	徐金晶、藏素娟	扬州市经济开发区江海路19号扬州市农业科技中心4楼	225101	0514-80988338、80988350	种植业	2015.12.11～2018.12.11	
45		连云港市水产品质量检测中心	周德山、张君红	连云港市海州区朝阳中路14号	222001	0518-85683982	渔业	2017.12.24～2020.12.24	
46		淮安出入境检验检疫局综合技术服务中心	胡进	江苏省淮安市北京北路32号	223001	0517-3336508	种植业、畜牧业、渔业	2017.12.24～2020.12.24	
47		常州市农畜水产品质量监督检验试中心	翟云忠	常州市钟楼区长江中路289-1号	213002	0519-81667986、81667919(fax)	种植业、畜牧业、渔业	2015.07.28～2018.07.28	
48		谱尼测试集团江苏有限公司	张英杰、徐华	江苏省苏州市工业园区金芳路8号	215300	0512-62997900	种植业、畜牧业、渔业	2017.05.22～2020.05.21	

（续）

序号	地区	机构名称	联系人	单位地址	邮政编码	联系电话	检测范围	协议有效期	备注
49	江苏	江苏中谱检测有限公司	徐锦志平、忠、翮	江苏南京高新区星火路10号鼎业大厦二层北楼6层	210061	13951880321（徐）、13913899305（翮）	种植业、畜牧业、渔业	2017.05.22～2020.05.21	
50	浙江	农业部稻米及制品质量监督检验测试中心	朱智伟、金连登	浙江省杭州市体育场路359号	310006	0571-63372451、63370354	种植业	2015.12.11～2018.12.11	
51		农业部茶叶质量监督检验测试中心	刘新、金珍、杨亚军	浙江省杭州市云栖路1号	310008	0571-86650124、86651650	种植业	2016.02.03～2019.02.03	
52		农业部农产品及转基因产品质量安全监督检验测试中心（杭州）	王强、王小骊	浙江省杭州市石桥路198号	310021	0571-86406862、86404355	种植业、畜牧业	2015.12.11～2018.12.11	
53		农业部渔业环境及水产品质量监督检验测试中心（舟山）	郭远明	浙江省舟山市临城体育南路28号	316100	0580-2299882	渔业	2015.09.18～2018.09.18	
54		浙江省畜产品质量安全检测中心/农业部畜禽产品质量安全监督检验测试中心（杭州）	陈慧华、朱聪英	浙江省杭州市凤起东路29号	310020	0571-86094713、86092461	畜牧业	2015.12.11～2018.12.11	
55		农业部农产品质量安全监督检验测试中心（杭州）/农业部农药残留质量监督检验测试中心（杭州）	黄国洋、张建安、徐永	浙江省杭州市凤起东路29号	310020	0571-86757008、86757001	种植业	2015.12.11～2018.12.11	
56		浙江省水产品质量检测中心	何中央、王杨、马文俊	杭州市余杭区五常街道西坝村浙江省水产技术推广总站	310012	0571-85029759、13757113434（王扬）	渔业	2015.09.18～2018.09.18	
57		杭州市农业科学研究院实验中心	赵芸、陈飞东	浙江省杭州市西湖区转塘镇杭新路东1号	310024	0571-87311210、87641104	种植业、渔业	2017.12.24～2020.12.24	
58		绿城农科检测技术有限公司	章虎	浙江省杭州市滨江区长河街道滨安路688号3幢3层	310052	0571-85291113	种植业、畜牧业	2017.12.24～2020.12.24	
59	安徽	芜湖市农产品食品检测中心	奚正金、王光磊	安徽省芜湖市弋江区现代农业大厦	241006	13956169653（奚）、0553-5844722、5842211（fax）、18955398598（王）	种植业、畜牧业、渔业	2017.12.24～2020.12.24	
60		安徽省公众检验研究院有限公司	于成英、袁东娃	安徽省合肥市包河区延安路1666号7幢	230051	18056051776（于）、13705608563（袁）	种植业、畜牧业、渔业	2017.05.22～2020.05.21	

（续）

序号	地区	机构名称	联系人	单位地址	邮政编码	联系电话	检测范围	协议有效期	备注
61	福建	福建省农产品质量安全检验检测中心	林永、陈婷	福建省福州市鼓楼区鼓屏路183号	350003	0591-87270966、87270989	种植业、畜牧业	2015.12.11~2018.12.11	
62		福建省农产品质量监督检验检测漳州中心	蔡恩兴、郭建辉、丁文	福建省漳州芗城区大同新巷6号	363000	0596-2663314、2606657	种植业	2015.12.11~2018.12.11	
63		福州市海洋与渔业技术中心	陈国生、林建杰	福建省福州市仓山区浦下路105号	350026	0591-83352558、13506988778、13960986278	渔业	2017.04.05~2020.04.05	
64		福建省海洋环境与渔业资源监测中心	吴茂生、杨琳	福建省福州市冶山路26号	350003	0591-87278886、13809549833	渔业	2015.09.18~2018.09.18	
65	江西	农业部肉及肉制品质量监督检验测试中心	罗林灿、卢瞀滨	江西省南昌市南莲路602号江西省农科院内	330200	0791-87090291、87090292、8709029	种植业、畜牧业、渔业	2015.12.11~2018.12.11	
66		江西省农产品质量安全检测中心	熊晓辉、王茜	江西省南昌市文教路359号	330077	0791-88509301（熊）、13870805369（熊）、88509203、1331705207（王）	种植业、畜牧业、渔业	2017.08.08~2020.08.08	
67	山东	农业部食品质量监督检验测试中心（济南）	任凤山、柳琪、吕潇	济南市东郊桑园路28号	250100	0531-83179267、83179433、83179468	种植业	2015.12.11~2018.12.11	
68		农业部农业环境质量监督检验测试中心（济南）	孙桂兰、王洪涛	山东省济南市闵子骞路17号	250100	0531-8235476	种植业	2015.12.11~2018.12.11	
69		山东省水产品质量检验中心/农业部渔业产品质量监督检验测试中心（烟台）	张利民、张秀珍、宫向红	烟台市经济技术开发区长江路216号（山东海洋科技大厦）	264006	0535-6939828、6117808	渔业	2015.12.11~2018.12.11	
70		东营市农产品质量监督检验检测中心	张继成	山东省东营市东城胶州路479号	257091	18654610279、0546-8301517(fax)、8301577、13963377531	种植业	2015.12.11~2018.12.11	
71		济南市农业质量检测中心	赵传庆	济南市市中区七里山路29号	250002	0531-8318067、15589077350	种植业	2014.03.28~2017.03.28	
72		农业部果品及苗木质量监督检验测试中心（烟台）	周先学、李晓亮	山东省烟台市福山区南山路26号烟台农科院	265500	0535-6352150	种植业	2017.12.24~2020.12.24	

（续）

序号	地区	机构名称	联系人	单位地址	邮政编码	联系电话	检测范围	协议有效期	备注
73	山东	临沂市农业质量检测中心	孙运达、石怀超	山东省临沂市沂州路46号	276001	0539-8961112	种植业	2015.09.18～2018.09.18	暂停资质
74		招远市农业质量监督检验测试中心	刘建军	山东省招远市温泉路103号	265400	0535-8240493	种植业	2015.12.11～2018.12.11	
75		山东商院食品检测有限公司	张应龙、钱乃余	山东省济南市旅游路4516号	250103	0531-86335006、86335690、15053156043（张）	畜牧业	2017.12.24～2020.12.24	
76		农业部农产品质量监督检验测试中心（郑州）	周玲、祁玉峰	河南省郑州市花园路116号	450002	0371-65738394	种植业、畜牧业、水产	2015.12.11～2018.12.11	
77		农业部果品及苗木质量监督检验测试中心（郑州）	方金豹、古勤生	河南省郑州市航海东路中国农科院郑州果树所	450009	0371-66816453、65330986	种植业	2015.12.11～2018.12.11	
78		农业部畜禽产品质量安全监督检验测试中心（郑州）／（河南省畜产品质量监测检验中心）		河南省郑州市经三路91号	450008	0371-65778869、65778959、65778960	畜牧业	2017.04.05～2020.04.05	
79	河南	开封市农产品质量安全检测中心	武明昆	河南省开封市金明东街88号	475004	13837895566、0378-3898757、3898758	种植业	2015.12.11～2018.12.11	
80		郑州市农产品质量检测流通中心	吕红伟、王毅红	河南省郑州市淮河西路56号	450006	0371-67189721、18637187556（吕）、13513893198、0371-67189721（王）	种植业、渔业	2015.12.11～2018.12.11	
81		洛阳市农产品质量安全检测中心	檀尊社	河南省洛阳市洛南新区大康路市府西街几号	471000	0379-63330670、633326729（邓）、63333785	种植业	2015.12.11～2018.12.11	
82		三门峡市农产品质量安全检测中心	郭建平、李泽义	三门峡市黄河路西段农业局	472000	0398-2806106、2806999	种植业	2017.12.24～2020.12.24	
83		河南广电计量检测有限公司	李艳芳	河南省郑州市高新区长椿路11号国家大学科技园12栋1单元	450001	0371-56576336转2336、13938537331	种植业、畜牧业、渔业	2017.04.05～2020.04.05	

（续）

序号	地区	机构名称	联系人	单位地址	邮政编码	联系电话	检测范围	协议有效期	备注
84	河南	郑州谱尼测试技术有限公司	徐列	郑州高新技术产业开发区梧桐街39号北地块机械加工车间二2-3层	475000	13733167673	种植业、畜牧业、渔业	2017.10.13～2020.10.13	
85		河南华测检测技术有限公司	吴宁	郑州高新技术产业开发区梧桐街121号2幢	45000	18503846718	种植业、畜牧业、渔业	2017.10.13～2020.10.13	
86		农业部油料及制品质量监督检验测试中心	李培武、陈洪	湖北省武汉市武昌区徐东二路2号	430062	027-86812943、86812862	种植业	2015.12.11～2018.12.11	
87		农业部食品质量监督检验测试中心（武汉）	胡定金、李书谦	武汉市武昌区南湖瑶苑3号	430064	027-8738465	种植业	2015.12.11～2018.12.11	
88		农业部农业环境质量监督检验测试中心（武汉）	谭勇、甘小泽	武汉市洪山区狮子山街家湾特1号	430070	027-87668526、87286350、87288516	种植业	2015.12.11～2018.12.11	
89	湖北	农业部畜禽产品质量安全监督检验测试中心（武汉）	肖后军、曾勇	湖北省武汉市洪山区狮子山街王家湾	430070	027-87286389	畜牧业	2017.12.24～2020.12.24	
90		农业部淡水鱼类种质监督检验测试中心（武汉）	何力、邹桂伟	湖北省武汉市东湖新技术开发区武大园一路8号	430223	027-81780268、81780161	渔业	2015.12.11～2018.12.11	
91		农业部农产品质量安全监督检验测试中心（武汉）	郭自国、杨艳	湖北省武汉市洪山区南湖大道58号	430070	027-87286582、13907180422	种植业、渔业	2015.12.11～2018.12.11	
92		农业部渔业环境及水产品质量监督检验测试中心（武汉）	汪亮、高立方	湖北省武汉市洪山区狮子山街王家湾湖北农业检测大楼	430070	027-87286573、13871535792	渔业	2015.12.11～2018.12.11	
93		武汉市华测检测技术有限公司	罗锋、周嘉明	湖北省武汉市东湖开发区大学园路20号中国普天1栋3楼	430056	15671612168（罗）、13969711701（周）、027-87332809	种植业、畜牧业、渔业	2016.12.12～2019.12.11	
94	湖南	湖南省农产品质量检验检测中心/农业部农产品质量安全监督检验测试中心（长沙）	肖时运、胡昌国	湖南省长沙市开福区教育街66号省农业厅院内	410005	0731-84423328	种植业	2015.09.18～2018.09.18	
95		湖南省畜禽水产品质量检验检测中心/农业部畜禽产品质量监督检验测试中心（长沙）	包厚志、徐丽枚、谭美英	湖南长沙市潇湘中路61号	410006	0731-8881313、13027311395（谭美英）	畜牧业	2015.12.11～2018.12.11	

（续）

序号	地区	机构名称	联系人	单位地址	邮政编码	联系电话	检测范围	协议有效期	备注
96	湖南	湖南省食品测试分析中心	单杨、李高阳	湖南省长沙市芙蓉区马坡岭省农科院内农产品加工研究所	410125	0731-8287398、82873316、13875893289（李）	种植业、畜牧业、渔业	2017.12.24~2020.12.24	
97		农业部渔业产品质量监督检验测试中心（长沙）	伍远安、黄向荣	湖南省长沙市开福区双河路728号	410153	13574859259、13647438469	渔业	2015.09.18~2018.09.18	
98	广东	广东省绿色产品认证检测中心（原华南绿色产品认证检测中心）	李学斌	广州市白云区嘉禾嘉罗路218号	510440	020-86092216	种植业、渔业	2015.12.11~2018.12.11	
99		农业部蔬菜水果质量监督检验测试中心（广州）	王富华、李乃坚	广州市天河区金颖路20号	510640	020-85161431、85161063	种植业、畜牧业	2015.12.11~2018.12.11	
100		农业部渔业环境及水产品质量监督检验测试中心（广州）	李刘冬	广州市新港西路231号	510300	020-84450770、84195173	渔业	2015.12.11~2018.12.11	
101		农业部食品质量监督检验测试中心（湛江）	黎珍、杨春莞	广东省湛江市人民大道48号	524001	0759-2228505	种植业、畜牧业、渔业	2017.05.22~2020.05.21	
102		广州市农业标准与监测中心（广州市农产品质量安全检测中心）	连瑾	广东省广州市海珠区新港东路129号	510315	020-84289299	种植业、畜牧业、渔业	2015.12.11~2018.12.11	
103		广州市农业科学研究所农业环境与农产品检测中心	王佛娇	广州市海珠区新港东路151号	510308	020-84213224、13694202053	种植业、畜牧业	2015.12.11~2018.12.11	
104		广州海洋与渔业环境监测中心	吕建海、姜胜	广东省广州市滨江西路海鸣街6号	510235	020-84151824、84423835、13760822728	渔业	2015.12.11~2018.12.11	
105		江门市农产品质量监督检验测试中心	袁泰斗	广东省江门市农林新村14号	529000	0750-3309892、828333	种植业、畜牧业	2015.12.11~2018.12.11	
106		东莞市中鼎检测技术有限公司	曹维强、王小娟	东莞市松山湖高新技术产业开发区工业北四路7号	523808	18026531888（曹）、13539084109（王）	种植业、畜牧业、渔业	2017.12.24~2020.12.24	
107	广西	农业部亚热带果菜质量监督检验测试中心（广西亚热带作物研究所大院）	农耀京、杜国冬	广西南宁市邕武路22号	530001	0771-3348607、2539083、2539086、2539085（fax）	种植业	2015.12.11~2018.12.11	
108		广西壮族自治区兽药质量监察所（广西壮族自治区畜牧产品质量检测中心）	唐承明、崔艳莉	广西南宁市友爱北路51号	530001	0771-3130234、3119506	畜牧业	2015.12.11~2018.12.11	

（续）

序号	地区	机构名称	联系人	单位地址	邮政编码	联系电话	检测范围	协议有效期	备注
109	广西	农业部渔业产品质量监督检验测试中心（南宁）	黎小正	广西南宁市青山路 8 号	530021	0771-5314643	渔业	2015.12.11～2018.12.11	
110	海南	农业部热带农产品质量监督检验测试中心	罗金辉、徐志	海南省海口市城西学院路	571101	0898-23300207、6689500 6、66895008	种植业、畜牧业	2015.12.11～2018.12.11	
111		海南威尔检测技术有限公司	卢加文、吴学贵	海南省老城经济开发区生态软件园	571924	18889216608（卢）、13518853700（吴）	渔业	2016.07.26～2019.07.26	
112	重庆	农业部农产品质量安全监督检验测试中心（重庆）	吕中华、栗勇	重庆市九龙坡区白市驿农科大道	401329	023-65717009	种植业、畜牧业、渔业	2015.12.11～2018.12.11	
113		农业部柑橘及苗木质量监督检验测试中心	焦必宁、王成秋	重庆市北碚区歇马镇	400712	023-68349046	种植业	2015.12.11～2018.12.11	
114		重庆市万州区农产品质量安全监督检测中心	何涛、杨丽军	重庆市万州区上海大道 268 号	404000	023-58225117	种植业	2017.12.11～2020.12.24	
115		重庆出入境检验检疫局检验检疫技术中心	李应国、王国民、郑国灿	重庆市江北区红黄路 8 号	400020	023-67753013（30924）、67721165 0、13637 87200（郑）	种植业、畜牧业、渔业	2015.12.11～2018.12.11	
116	四川	农业部食品质量监督检验测试中心（成都）	雷绍荣、游米沙	成都市静居寺路 20 号	610066	028-84504140、84791119	种植业、畜牧业、渔业	2015.12.11～2018.12.11	
117		农业部渔业环境及水产品质量监督检验测试中心（成都）	卢琼	四川省成都市一环路西一段 13 号	610072	028-87787709	渔业	2017.12.24～2020.12.24	
118		广元综合性农产品质量检验监测中心	曾光荣、培华	四川省广元市利州东路 566 号	628017	15183998234	种植业	2017.12.24～2020.12.24	
119		遂宁市农产品质检监测中心	刘劲、王萍	遂宁市遂州北路 477 号	629000	0825-2398208、2399589	种植业	2017.12.24～2020.12.24	
120		南充农产品质量监测检验中心	何沛蓉、何家国	四川省南充市顺庆区农科港 137 号	637000	0817-2812680	种植业	2017.12.24～2020.12.24	
121		德阳市农产品质量检验监测中心	梁辉、廖书娟	德阳市珠江西路 220 号	618000	0838-2371232	种植业	2017.12.24～2020.12.24	
122		农业部畜禽产品质量安全监督检验测试中心（成都）	柏凡、高庆军	四川省成都市武侯祠大街 3 号	610041	028-8554 8413	畜牧业	2017.12.24～2020.12.24	

（续）

序号	地区	机构名称	联系人	单位地址	邮政编码	联系电话	检测范围	协议有效期	备注
123	四川	泸州市综合农产品质量安全检测中心	李仕钦	泸州市江阳区江阳西路4号	646000	13982729163	种植业	2017.05.22～2020.05.21	
124	贵州	贵州省畜产品质量监测中心（贵州省兽药监测所）	焦仁刚、赵贵、周艺林	贵州省贵阳市贵惠路62号	550003	0851-85968010、85968309、85940703（fax）	畜牧业	2017.12.24～2020.12.24	
125		贵州省农产品质量安全监督检验测试中心	蔡诣、薛致勇	贵州省贵阳市云岩区临冲关路44号	550004	0851-6794912、13608502928（蔡）、13809485653	种植业	2017.04.05～2020.04.05	
126		贵州省分析测试研究院	王正强、杨鸿波、王大霞	贵阳市宝山南路99号	550002	18685005195（杨）、18685005206（王）	种植业、畜牧业	2015.12.11～2018.12.11	
127	云南	农业部农产品质量监督检验测试中心（昆明）	黎其万、汪禄祥	昆明市学云路9号	650223	0871-65140430、65156624	种植业	2015.12.11～2018.12.11	
128	西藏	农业部农产品质量监督检验测试中心（拉萨）	陈立勇、次顿	西藏自治区拉萨市金珠西路130号	850032	0891-6868491	种植业	2016.02.03～2019.02.03	
129		农业部渔业环境及水产品质量监督检验测试中心（西安）	杨元昊、任惠丽	西安市三桥洋惠路2号	710086	029-84521401、84521461、84521004（fax）	渔业	2015.09.18～2018.09.18	
130	陕西	农业部食品质量监督检验测试中心（杨陵）	岳田利、彭王魁	陕西省杨凌示范区西农路28号	712100	029-87091917（2367）	种植业、畜牧业	2016.02.03～2019.02.03	
131		西安市农产品质量安全检验检测中心	杨稳胜、于世锋	陕西省西安市西二环193号	710077	029-84299544、84200823	种植业	2017.12.24～2020.12.24	
132	甘肃	兰州市农产品质量安全监测中心	王妮妮、郭晓红	兰州市城关区雁宁路258号	730010	0931-8583285、0931-8583017、13609301176（郭）、13893221818（王）	种植业	2016.04.01～2019.04.01	
133	宁夏	宁夏动物食品质量安全检测中心	蒋安文	宁夏银川市金凤区银新乡丰登村	750002	0951-5045719（O）	畜牧业	2015.09.18～2018.09.18	

（续）

序号	地区	机构名称	联系人	单位地址	邮政编码	联系电话	检测范围	协议有效期	备注
134	宁夏	农业部枸杞产品质量监督检验检测中心	张艳、单巧玲	宁夏银川市黄河东路590号	750002	0951-6886865、13895681265、6886863、13519591593、6886867（fax）	种植业	2015.09.18～2018.09.18	
135		农业部农产品质量安全监督检验测试中心（银川）/宁夏农产品质量安全检测中心	潘庆华、吴秀玲	宁夏银川市开发区新昌西路165号	750001	0951-5044666、5045023、13895105989（吴）	种植业、畜牧业	2015.09.18～2018.09.18	
136		宁夏四季鲜农产品质量检验检测有限公司	高建伟	银川永宁县望远综合批发市场35号楼	750011	18095171577	种植、渔业	2015.09.18～2018.09.18	
137	新疆	农业部农产品质量监督检验测试中心（乌鲁木齐）	王成	新疆乌鲁木齐市南昌路38号	830091	0991-4558195、4537561、13699370581	种植业、畜牧业、渔业	2015.12.11～2018.12.11	
138		农业部畜禽产品质量安全监督检验测试中心（乌鲁木齐）	董志远	乌鲁木齐市南湖西路37号	830063	0991-4619946、13609912867、13579920471	畜牧业	2014.01.13～2017.01.13	暂停资质
139		新疆维吾尔自治区水产品质量检测中心	陈妆霞	新疆乌鲁木齐市西虹西路614号	830000	13579413026、0991-6100855、6100866、6100900（fax）	渔业	2015.12.11～2018.12.11	
140		新疆维吾尔自治区分析测试研究院	张静、宋新平	新疆乌鲁木齐市科学北路374号	830011	0991-3835162、13999160201	种植业、渔业	2015.12.11～2018.12.11	
141		乌鲁木齐市农产品质量安全检测中心	徐雪华	新疆乌鲁木齐市公园南街2号	830000	0991-5560557、13201206527	种植、渔业	2014.01.13～2017.01.13	暂停资质
142	大连	大连市产品质量检测研究院	陆旭先、徐建平	大连市经济技术开发区铁山东路102号	116021	0411-8796392、846369095、13942816303（陆）	种植业、畜牧业、渔业	2016.02.03～2019.02.03	暂停资质

（续）

序号	地区	机构名称	联系人	单位地址	邮政编码	联系电话	检测范围	协议有效期	备注
143	大连	大连市农产品质量监测中心/农业部农产品质量安全监督检验测试中心（大连）	苗畅海、曲韵坤	大连市甘井子区南关岭姚工街6号	116037	0411-86421108、86421708	种植业、畜牧业	2016.02.03～2019.02.03	
144		农业部动物及动物产品卫生质量监督检验测试中心（青岛）	王君玮、王东	青岛市南京路369号	266032	0532-85643198、85612943	畜牧业	2015.12.11～2018.12.11	
145		国家水产品质量监督检验中心	翟毓秀、周德庆	青岛市南京路106号	266071	0532-85846230	渔业	2015.12.11～2018.12.11	
146	青岛	农业部农产品质量安全监督检验测试中心（青岛）	王孝钢、苗任京	山东省青岛市李沧区万年泉路168号	266100	0532-68074166、68078066（fax）、68078830、13665326873（网）、13791981802（苗）	种植业	2017.04.05～2020.04.05	AQDSTC@163.COM
147		青岛海润农大检测有限公司	刘刚、陈雷	山东省青岛市城阳区长城路700号青岛农业大学内	266109	13396422269、13305324066	种植业、畜牧业、渔业	2017.12.24～2020.12.24	
148		青岛谱尼测试有限公司	嵇春波、成昌慧	青岛市崂山区金水路36号	266061	13608965161（嵇）、15020081279（成）、0532-88706866、88706877（fax）	畜牧业、渔业	2015.07.28～2018.07.28	
149		青岛市华测检测技术有限公司	李丰勇、周嘉明	青岛市崂山区高昌路7号厂区3号楼	266101	13853210528（李）、13969711707（周）、0532-58820501（fax）	种植业、畜牧业、渔业	2015.07.28～2018.09.18	
150	宁波	宁波市渔业环境与产品质量检验检测中心	尤仲杰、朱励华	浙江省宁波市三市路59弄8号	315012	0574-87491299、87481233	渔业	2015.12.11～2018.12.11	
151		农业部农产品质量安全监督检验测试中心（宁波）	皇甫伟国、杨挺、王美英	浙江省宁波市宁穿路6号桥	315040	0574-87928060、87928009、13606881228、13858266573	种植业、畜牧业	2017.04.05～2020.04.05	2017.10地址变化

（续）

序号	地区	机构名称	联系人	单位地址	邮政编码	联系电话	检测范围	协议有效期	备注
152	厦门	福建省水产品质量监督检验站/农业部渔业产品质量监督检验测试中心（厦门）	吴成业、李秀珠	福建省厦门市东渡海山路7号	361012	0592-5678568、0592-5618233	渔业	2015.12.11～2018.12.11	
153		农业部农产品质量安全监督检验测试中心（厦门）	陈琼、苏春森	厦门市莲前西路702号	361009	0592-5981729	种植业、畜牧业	2016.02.03～2019.02.03	
154		农业部农产品质量安全监督检验测试中心（深圳）	黄敏通、王多加	深圳市罗湖区东门南路3009号金源大厦506室	518005	0755-82286339	种植业、畜牧业、渔业	2016.02.03～2019.02.03	
155	深圳	谱尼测试集团深圳有限公司	张英杰、黄其宁	深圳市南山区创业路中兴工业城6栋1、3、6层	518054	0755-26050909（张英杰）、18098946654	种植业、畜牧业、渔业	2016.02.03～2019.02.03	
156		华测检测认证集团股份有限公司	林兆盛、刘涛	深圳市宝安区新街道留仙三路4号华测检测大楼	518101	13424372374（林）、18620305757（刘）	种植业、畜牧业、渔业	2017.12.24～2020.12.24	
157	新疆兵团	农业部食品质量监督检验测试中心（石河子）	罗小玲、李建国	"新疆石河子市乌伊公路221号"	832000	0993-2553571	种植业、畜牧业	2016.04.01～2019.04.01	

中华人民共和国农业部公告第 2486 号

根据《农产品地理标志管理办法》规定，贵州省绿茶品牌发展促进会等单位申请对"贵州绿茶"等 57 个产品实施国家农产品地理标志登记保护。经过初审、专家评审和公示，符合农产品地理标志登记程序和条件，准予登记，特颁发中华人民共和国农产品地理标志登记证书。

特此公告。

农业部

2017 年 1 月 10 日

附件

2017 年第一批农产品地理标志登记产品公告信息

序号	产品名称	所在地域	申请人全称	划定的地域保护范围	质量控制技术规范编号
1	石洞彩苹果	河北	小南辛堡镇农业综合服务中心	河北省怀来县小南辛堡镇南部山区的石洞村、庙港村、水头村、化庄村、松蓬寺村等 5 个行政村。地理坐标为东经 115°43′38″~115°47′09″，北纬 40°11′13″~40°15′19″	AGI2017-01-2006
2	凉城 123 苹果	内蒙古	凉城县农产品质量安全监管站	凉城县所辖六苏木镇、天成乡、岱海镇、岱海旅游办事处共 4 个乡镇（办事处）25 个行政村。地理坐标为东经 112°28′~112°30′，北纬 40°29′~40°32′	AGI2017-01-2007
3	鄂伦春蓝莓	内蒙古	鄂伦春自治旗绿色食品发展中心	鄂伦春自治旗所辖阿里河镇、吉文镇、甘河镇、克一河镇、托扎敏乡、古里乡、大杨树镇、宜里镇、诺敏镇、乌鲁布铁镇 10 个乡镇 82 个行政村；内蒙古大兴安岭林管局所辖的阿里河林业局、吉文林业局、甘河林业局、克一河林业局、大杨树林业局、毕拉河林业局 6 个林业局及大兴安岭农场管理局所属古里农场、诺敏河农场、欧肯河农场、扎兰河农场、宜里农场、东方红农场 6 个农场。地理坐标为东经 121°55′~126°10′，北纬 48°50′~51°25′	AGI2017-01-2008
4	鄂伦春黑木耳	内蒙古	鄂伦春自治旗绿色食品发展中心	鄂伦春自治旗所辖阿里河镇、吉文镇、甘河镇、克一河镇、托扎敏乡、古里乡、大杨树镇、宜里镇、诺敏镇、乌鲁布铁镇 10 个乡镇 82 个行政村；内蒙古大兴安岭林管局所辖的阿里河林业局、吉文林业局、甘河林业局、克一河林业局、大杨树林业局、毕拉河林业局 6 个林业局及大兴安岭农场管理局所属古里农场、诺敏河农场、欧肯河农场、扎兰河农场、宜里农场、东方红农场 6 个农场。地理坐标为东经 121°55′~126°10′，北纬 48°50′~51°25′	AGI2017-01-2009

（续）

序号	产品名称	所在地域	申请人全称	划定的地域保护范围	质量控制技术规范编号
5	乌兰察布莜麦	内蒙古	乌兰察布市农畜产品质量安全监督管理中心	乌兰察布市所辖集宁区、察右前旗、卓资县、丰镇市、兴和县、凉城县、察右中旗、察右后旗、商都县、化德县、四子王旗共11个旗县市区50个乡镇苏木。地理坐标为东经110°26′～114°49′，北纬40°10′～43°28′	AGI2017-01-2010
6	鄂伦春北五味子	内蒙古	鄂伦春自治旗绿色食品发展中心	鄂伦春自治旗所辖阿里河镇、吉文镇、甘河镇、克一河镇、托扎敏乡、古里乡、大杨树镇、宜里镇、诺敏镇、乌鲁布铁镇10个乡镇82个行政村；内蒙古大兴安岭林管局所辖的阿里河林业局、吉文林业局、甘河林业局、克一河林业局、大杨树林业局、毕拉河林业局6个林业局及大兴安岭农场管理局所属古里农场、诺敏河农场、欧肯河农场、扎兰河农场、宜里农场、东方红农场6个农场。地理坐标为东经121°55′～126°10′，北纬48°50′～51°25′	AGI2017-01-2011
7	扎兰屯鸡	内蒙古	扎兰屯绿色产业发展中心	扎兰屯市所辖浩饶山镇、蘑菇气镇、卧牛河镇、成吉思汗镇、大河湾镇、柴河镇、中和镇、哈多河镇、达斡尔民族乡、南木鄂伦春民族乡、萨马街鄂温克民族乡、洼堤乡共12个乡镇126个行政村。地理坐标为东经120°28′51″～123°17′30″，北纬47°05′40″～48°36′34″	AGI2017-01-2012
8	盘锦碱地柿子	辽宁	盘锦市农业技术推广站	盘锦市所辖唐家镇、清水镇、大洼镇、田家镇、新兴镇、新立镇、王家镇、东风镇、西安镇、新开镇、平安镇、榆树镇、赵圈河镇、田庄台镇、荣兴镇、得胜镇、高升镇、陈家镇、坝墙子镇、古城子镇、沙岭镇、甜水镇、吴家镇、太平镇、东郭镇、羊圈子镇、石新镇共28个乡镇317个行政村。地理坐标为东经121°25′～122°30′，北纬40°39′～41°27′	AGI2017-01-2013
9	黑山地瓜	辽宁	黑山县农业技术推广中心	黑山县所辖英城子乡、新立屯镇、薛屯乡、芳山镇、八道壕镇、白厂门镇、太和镇、无梁殿镇、镇安乡、胡家镇、半拉门镇、绕阳河镇、历家镇、姜屯镇、新兴镇、大兴乡、常兴镇、四家子镇、大虎山镇、段家乡、黑山镇共21个乡镇62个村。地理坐标为东经121°49′00″～122°36′00″，北纬41°28′00″～42°08′00″	AGI2017-01-2014
10	黑山花生	辽宁	黑山县农业技术推广中心	黑山县所辖英城子乡、新立屯镇、薛屯乡、芳山镇、八道壕镇、白厂门镇、太和镇、无梁殿镇、镇安乡、胡家镇、半拉门镇、绕阳河镇、历家镇、姜屯镇、新兴镇、大兴乡、常兴镇、四家子镇、大虎山镇、段家乡、黑山镇共21个乡镇278个村。地理坐标为东经121°49′00″～122°36′00″，北纬41°28′00″～42°08′00″	AGI2017-01-2015

（续）

序号	产品名称	所在地域	申请人全称	划定的地域保护范围	质量控制技术规范编号
11	永康五指岩生姜	浙江	永康市经济特产站	永康市所辖石柱镇、前仓镇、舟山镇、古山镇、方岩镇、龙山镇、西溪镇、象珠镇、唐先镇、花街镇、东城街道、西城街道、江南街道、经济开发区、城西新区共16个镇（街道、区）710个行政村。地理坐标为东经119°53′38″～120°00′40″，北纬28°45′31″～29°06′19″	AGI2017-01-2016
12	雁荡山铁皮石斛	浙江	乐清市铁皮石斛产业协会	乐清市所辖北白象镇、大荆镇、湖雾镇、仙溪镇、雁荡镇、芙蓉镇、淡溪镇、岭底乡、智仁乡、龙西乡、乐成街道、白石街道共12个乡镇（街道）342个行政村。地理坐标为东经120°48′41″～121°15′15″，北纬28°02′42″～28°32′18″	AGI2017-01-2017
13	金寨猕猴桃	安徽	金寨县猕猴桃产业协会	金寨县梅山镇的徐冲村、小南京村、清水村和龙湾村；青山镇的尧塘村和汤店村；双河镇的街道村、双河村和河西村；古碑镇的司马村、黄集村、陈冲村和南畈村；吴家店镇的吴家店村、飞机场村和古堂村；斑竹园镇的金山村和漆店村；槐树湾乡的上码头村和杨桥村以及南溪镇的花园村共8个乡镇21个行政村。地理坐标为东经129°55′00″～131°16′00″，北纬45°51′00″～46°31′00″	AGI2017-01-2018
14	含山大米	安徽	含山县粮油行业协会	含山县所辖环峰镇、运漕镇、陶厂镇、铜闸镇等4个镇。地理坐标为东经117°53′00″～118°13′00″，北纬31°24′00″～31°43′00″	AGI2017-01-2019
15	明光梅鱼	安徽	明光市水产技术推广站	明光市境内池河马岗闸以下至女山湖上游湖口段，涉及明光街道办事处张湾村、赵府村；明西街道办事处马岗村、山许村、蔡岗村、王巷村；桥头镇查渡村；苏巷镇戴巷村等4个街道办事处（镇）8个村。地理坐标为东经117°57′02″～118°10′56″，北纬32°45′53″～32°54′55″	AGI2017-01-2020
16	孔坑茶	福建	宁化县农学会	宁化县所辖翠江镇、城郊乡、湖村镇、泉上镇、中沙乡、河龙乡、水茜镇、安远镇等8个乡镇100个村。地理坐标为东经116°33′～117°02′，北纬26°10′～26°40′	AGI2017-01-2021
17	衙口花生	福建	晋江市种植业技术服务中心	晋江市所辖安海镇、东石镇、深沪镇、金井镇、龙湖镇、永和镇、英林镇共7个镇183个行政村。地理坐标为东经118°27′～118°39′，北纬24°21′～24°41′	AGI2017-01-2022
18	龙岩山麻鸭	福建	龙岩市新罗区畜牧兽医水产学会	龙岩市新罗区所辖龙门镇、小池镇、大池镇、西陂街道、曹溪街道、适中镇、东肖镇、红坊镇、铁山镇、雁石镇、苏坂镇、万安镇、岩山镇共计13个镇（街道）。地理坐标为东经116°40′29″～117°20′00″，北纬24°47′02″～25°35′22″	AGI2017-01-2023

序号	产品名称	所在地域	申请人全称	划定的地域保护范围	质量控制技术规范编号
19	永春白番鸭	福建	永春白番鸭养殖协会	永春县全境22个乡镇236个村。地理坐标为东经117°41′55″～118°31′09″，北纬25°13′15″～25°33′45″	AGI2017-01-2024
20	大田槐猪	福建	大田县畜牧兽医水产中心	大田县所辖均溪镇、上京镇、广平镇、桃源镇、太华镇、建设镇、石牌镇、奇韬镇、华兴乡、屏山乡、吴山乡、济阳乡、武陵乡、谢洋乡、文江乡、梅山乡、湖美乡、前坪乡共18个乡镇265个行政村。地理坐标为东经117°29′～118°03′，北纬25°29′～26°10′	AGI2017-01-2025
21	樟树花生	江西	樟树市农业技术推广服务中心	樟树市所辖张家山街道办事处、经楼镇、刘公庙镇、临江镇、洲上乡、吴城乡、昌付镇、黄土岗镇、中洲乡、义成镇、观上镇、大桥街道办事处、店下镇、阁山镇、永泰镇、洋湖乡、江西省双金园艺场、樟树市试验林场、樟树市园艺场等19个乡（镇、场）。地理坐标为东经115°06′33″～115°42′23″，北纬27°49′07″～28°09′15″	AGI2017-01-2026
22	砖埠草莓	山东	沂南县草莓种植协会	沂南县所辖砖埠镇、张庄镇、大庄镇、依汶镇和界湖街道等5个乡镇（街道）。地理坐标为东经118°19′～118°33′，北纬35°19′～35°35′	AGI2017-01-2027
23	嘉祥红皮大蒜	山东	嘉祥县红皮大蒜研究协会	嘉祥县所辖满硐镇、纸坊镇、卧龙山镇共3个镇174个行政村。地理坐标为东经116°12′～116°21′，北纬35°11′～35°27′	AGI2017-01-2028
24	潍坊烤烟	山东	潍坊市烟叶协会	潍坊市所辖6个县（市、区）39个镇（街道），包括诸城市枳沟镇、贾悦镇、石桥子镇、舜王街道、相州镇、昌城镇、百尺河镇、辛兴镇、密州街道、林家村镇、桃林镇、皇华镇、龙都街道；临朐县五井镇、冶源镇、寺头镇、九山镇、沂山镇、辛寨镇、柳山镇、龙岗镇；安丘市景芝镇、兴安街道、新安街道、石埠子镇、石堆镇、金冢子镇、王家庄街道、辉渠镇、大盛镇、柘山镇；高密市柴沟镇、注沟镇、井沟镇；昌乐县营丘镇、红河镇、鄌郚镇、乔官镇；坊子区坊安街道。地理坐标为东经118°10′～120°01′，北纬35°41′～37°26′	AGI2017-01-2029
25	店子秋桃	青岛	平度市店子镇农业服务中心	平度市店子镇东部山区南国家埠、北国家埠、北赵、盘古庄、官道杜、官道姜、官道蒋、薛家、崔家、西南随、东南随、二甲、董家庄、姜家庄、小杨家、高古庄、塔山陈、大青杨、北盛、黄哥庄、南盛、下洄、上洄、老山、杨家、李家寨、朱流姜、萝卜刘、棘子嶂共29个行政村。地理坐标为东经119°52′21″～119°58′52″，北纬36°53′15″～36°56′59″	AGI2017-01-2030

（续）

序号	产品名称	所在地域	申请人全称	划定的地域保护范围	质量控制技术规范编号
26	宝山苹果	青岛	宝山镇农业服务中心	青岛市黄岛区宝山镇上柴村、罗戈庄村、下柴村、李家沟村、尚庄村、吕家村、董庄村、小窝洛村、大张八村等44个村庄。地理坐标为东经119°58′4.1196″～119°47′46.7106″，北纬36°57′39.5064″～36°03′2.5488″	AGI2017-01-2031
27	偃师葡萄	河南	偃师市农产品质量安全检测站	偃师市所辖缑氏镇、府店镇、高龙镇、大口乡、邙岭乡、顾县镇、翟镇镇、山化乡、首阳山镇共9个乡镇。地理坐标为东经112°26′15″～113°00′00″，北纬34°27′30″～44°50′00″	AGI2017-01-2032
28	开封县花生	河南	开封市祥符区农业发展中心	开封市祥符区所辖西姜寨乡、朱仙镇、范村乡、万隆乡、半坡店乡、刘店乡、袁坊乡、仇楼镇和陈留镇共9个乡镇。地理坐标为东经114°07′～114°43′，北纬34°30′～34°56′	AGI2017-01-2033
29	嵩县银杏	河南	嵩县林业科学研究所	嵩县所辖白河镇、车村镇、旧县镇、大章镇、城关镇、阎庄镇、田湖镇、德亭镇、纸房镇、饭坡镇、九店乡、河村乡、大坪乡、库区乡、黄庄乡、木植街乡共计16个乡镇。地理坐标为东经111°40′30″～112°22′30″，北纬33°33′00″～34°20′12″	AGI2017-01-2034
30	嵩县皂角刺	河南	嵩县豫博皂角产业协会	嵩县所辖白河镇、车村镇、旧县镇、大章镇、城关镇、阎庄镇、田湖镇、德亭镇、纸房镇、饭坡镇、九店乡、河村乡、大坪乡、库区乡、黄庄乡、木植街乡共计16个乡镇。地理坐标为东经111°40′30″～112°22′30″，北纬33°33′00″～34°20′12″	AGI2017-01-2035
31	渑池丹参	河南	渑池县天沣中药材协会	渑池县境内天池、果园、坡头、陈村、张村、段村、英豪等7个乡（镇），涉及笃忠村、张大池村、竹峪村、杜村沟村、龙潭沟村、山韭沟村、陈沟村、张吕村、南昌村、藕池村、鹿寺村、南涧村、西园村、贾沟村、桐树沟村、石泉村、朝阳村、西天池村、东天池村等101个行政村。地理坐标为东经111°33′～111°56′，北纬34°37′～34°56′	AGI2017-01-2036
32	京山乌龟	湖北	京山县水产技术推广站	京山县所辖钱场镇、雁门口镇、石龙镇、新市镇、永兴镇、曹武镇共6个镇30个村。地理坐标为东经112°56′～113°21′，北纬30°50′～31°07′	AGI2017-01-2037
33	兴山石蛙	湖北	水月寺石蛙产业协会	兴山县所辖水月寺、高桥、榛子、黄粮共4个乡镇。地理坐标为东经110°25′～111°06′，北纬31°04′～31°34′	AGI2017-01-2038
34	伏龙山七叶一枝花	湖北	十堰市茅箭区农业技术推广中心	十堰市茅箭区赛武当管理局、武当路街办、茅塔乡、大川镇共4个乡镇（局、街办）7个村。地理坐标为东经110°10′～110°30′，北纬32°20′～32°40′	AGI2017-01-2039

（续）

序号	产品名称	所在地域	申请人全称	划定的地域保护范围	质量控制技术规范编号
35	东兰板栗	广西	东兰县水果生产管理局	东兰县所辖隘洞镇、切学乡、长乐镇、花香乡、大同乡、东兰镇、泗孟乡、兰木乡、武篆镇、三石镇、三弄乡、金谷乡、巴畴乡、乡江镇等14个乡镇149个行政村。地理坐标为东经107°05′07″～107°43′47″，北纬24°13′02″～24°51′01″	AGI2017-01-2040
36	七百弄鸡	广西	大化瑶族自治县畜牧管理站	大化县所辖七百弄乡、雅龙乡、板升乡、大化镇、都阳镇、北景镇、岩滩镇、共和乡、贡川乡、六也乡、百马乡、古文乡、古河乡、江南乡、羌圩乡、乙圩乡等16个乡镇。地理坐标为东经107°20′15″～108°02′14″，北纬23°56′16″～24°22′15″	AGI2017-01-2041
37	地灵花猪	广西	龙胜各族自治县水产畜牧站	龙胜县所辖龙胜镇、龙脊镇、泗水乡、江底乡、马堤乡、伟江乡、平等镇、乐江乡、瓢里镇、三门镇等10个乡镇。地理坐标为东经109°43′28″～110°21′41″，北纬25°29′21″～26°12′10″	AGI2017-01-2042
38	东兰黑山猪	广西	东兰县畜牧管理站	东兰县所辖东兰镇、隘洞镇、长江镇、巴畴乡、金谷乡、泗孟乡、武篆镇、兰木乡、三石镇、三弄乡、长乐镇、切学乡、大同乡、花香乡共14个乡镇。地理坐标为东经107°05′～107°43′，北纬24°13′～24°51′	AGI2017-01-2043
39	阳朔九龙藤蜂蜜	广西	阳朔县水产畜牧技术推广站	阳朔县所辖白沙镇、兴坪镇、福利镇、高田镇、葡萄镇、金宝乡、普益乡、杨堤乡、阳朔镇共9个乡镇。地理坐标为东经110°13′～110°40′，北纬25°38′～25°04′	AGI2017-01-2044
40	三江稻田鲤鱼	广西	三江侗族自治县水产技术推广站	三江侗族自治县所辖良口乡、洋溪乡、富禄乡、梅林乡、八江镇、林溪镇、独峒镇、同乐乡、老堡乡、古宜镇、程村乡、丹洲镇、斗江镇、和平乡、高基乡等15个乡镇。地理坐标为东经108°53′～109°47′，北纬25°21′～26°03′	AGI2017-01-2045
41	琼海番石榴	海南	琼海市石榴专业技术协会	琼海市全境，包括大路镇、塔洋镇、长坡镇、嘉积镇、中原镇、万泉镇、博鳌镇、潭门镇、石壁镇、阳江镇、龙江镇、会山镇等12个镇。地理坐标为东经110°07′～110°40′，北纬18°58′～19°28′	AGI2017-01-2046
42	永兴黄皮	海南	海口市秀英区永兴镇农业服务中心	海口市秀英区永兴镇8个村委会和1个居委会，包括79个自然村，75个村民小组。地理坐标为东经110°12′43″～110°18′35″，北纬19°17′24″～19°52′28″	AGI2017-01-2047
43	永兴荔枝	海南	海口市秀英区永兴镇农业服务中心	海口市秀英区永兴镇8个村委会和1个居委会，包括79个自然村，75个村民小组。地理坐标为东经110°12′43″～110°18′35″，北纬19°17′24″～19°52′28″	AGI2017-01-2048
44	三亚莲雾	海南	三亚莲雾协会	三亚市全境，包括河东区、海棠湾镇、吉阳镇、凤凰镇、天涯镇、育才镇、崖城镇等1区6镇。地理坐标为东经108°56′30″～109°48′28″，北纬18°09′34″～18°37′27″	AGI2017-01-2049

（续）

序号	产品名称	所在地域	申请人全称	划定的地域保护范围	质量控制技术规范编号
45	多文空心菜	海南	临高县多文镇农业服务中心	临高县多文镇的抱利村委会、头神村委会、美巢村委会、风雅村委会、多郎村委会、红华农场的红华作业区、红专作业区、博厚镇抱珍村委会。地理坐标为东经109°43′～109°48′，北纬19°45′～19°50′	AGI2017-01-2050
46	屯昌黑猪	海南	屯昌县养猪协会	屯昌县全境，包括屯城镇、坡心镇、新兴镇、西昌镇、南坤镇、枫木镇、南吕镇、乌坡镇8个镇及国营中建农场和国营中坤农场。地理坐标为东经109°45′～110°15′，北纬19°08′～19°37′	AGI2017-01-2051
47	千佛竹根姜	四川	阆中市农业技术推广中心	阆中市所辖千佛镇、金子乡、望垭镇、鹤峰乡、三庙乡、峰占乡、龙泉镇、西山乡、老观镇、方山乡、石滩镇共11个乡镇122个村。地理坐标为东经106°06′～106°24′，北纬31°38′～31°51′	AGI2017-01-2052
48	石渠藏系绵羊	四川	石渠县畜牧站	石渠县所辖色须镇、尼呷镇、洛须镇、真达乡、奔达乡、正科乡、麻呷乡、德荣玛乡、长沙贡玛乡、呷衣乡、格孟乡、蒙宜镇、新荣乡、宜牛乡、虾扎镇、起坞乡、阿日扎乡、长须贡玛乡、长须干玛乡、长沙干玛乡、温波镇、瓦须乡、国营牧场共23个乡镇场。地理坐标为东经97°20′00″～99°15′28″，北纬32°19′28″～34°20′40″	AGI2017-01-2053
49	凯里水晶葡萄	贵州	凯里市大风洞镇农业服务中心	凯里市所辖大风洞镇、炉山镇、万潮镇、龙场镇、舟溪镇、湾水镇、旁海镇、凯棠镇、三棵树镇、湾溪街道、洗马河街道、开怀街道、鸭塘街道共9个乡镇4个街道。地理坐标为东经107°40′58″～108°12′09″，北纬26°24′13″～26°48′11″	AGI2017-01-2054
50	贵州绿茶	贵州	贵州省绿茶品牌发展促进会	贵州省辖区内的9个市（州）61个县市（区）和贵安新区的茶树生长区，包括贵阳市的清镇市、花溪区、乌当区、开阳县4个县区；遵义市的播州区、湄潭县、凤冈县、余庆县、习水县、绥阳县、正安县、道真县、务川县9个县区；安顺市的西秀区、普定县、镇宁县、平坝区、关岭县、紫云县6个县区；铜仁市的万山区、印江县、石阡县、松桃县、德江县、沿河县、思南县、江口县8个县区；毕节市的七星关区、金沙县、黔西县、纳雍县、赫章县、大方县、威宁县、织金县8个县区；六盘水市的六枝特区、水城县、盘县3个县区；黔南州的都匀市、贵定县、龙里县、瓮安县、福泉市、平塘县、长顺县、独山县、惠水县10个县市区；黔东南州的凯里市、雷山县、丹寨县、黎平县、台江县、岑巩县、镇远县7个县市区；黔西南州的兴义市、晴隆县、普安县、兴仁县、安龙县、贞丰县6个市县区。地理坐标为东经103°36′～108°35′，北纬24°55′～29°13′	AGI2017-01-2055

（续）

序号	产品名称	所在地域	申请人全称	划定的地域保护范围	质量控制技术规范编号
51	都匀毛尖茶	贵州	黔南州茶叶产业化发展管理办公室	黔南州都匀市、贵定县、瓮安县、平塘县、惠水县、独山县、福泉市、荔波县、罗甸县、长顺县、龙里县、三都县等12个县（市）。地理坐标为东经106°12′～108°18′，北纬25°04′～27°29′	AGI2017-01-2056
52	楚雄撒坝猪	云南	楚雄彝族自治州种猪种鸡场	楚雄彝族自治州境内的楚雄市、双柏县、牟定县、南华县、大姚县、姚安县、永仁县、元谋县、武定县、禄丰县的103个乡镇。地理坐标为东经100°43′～102°32′，北纬24°13′～26°30′	AGI2017-01-2057
53	凤翔苹果	陕西	凤翔县农产品质量安全检验检测站	凤翔县所辖范家寨镇、糜杆桥镇、田家庄镇、横水镇、南指挥镇、彪角镇、柳林镇、虢王镇、城关镇、陈村镇、姚家沟镇共11个镇217个行政村。地理坐标为东经107°15′～107°34′，北纬34°22′～34°37′	AGI2017-01-2058
54	灵武长枣	宁夏	灵武长枣协会	灵武市所辖临河镇、东塔镇、郝家桥镇、崇兴镇、马家滩镇、梧桐树乡、白土岗乡，灵武园艺试验场、大泉林场、北沙窝林场、白芨滩林场、灵武农场共12个乡镇（场）。地理坐标为东经106°11′～106°52′，北纬37°35′～38°21′	AGI2017-01-2059
55	中宁枸杞	宁夏	中宁县枸杞产业发展服务局	中宁县所辖宁安镇、恩和镇、鸣沙镇、新堡镇、大战场镇、石空镇、舟塔乡、余丁乡、白马乡、喊叫水乡、徐套乡共11个乡镇120个行政村。地理坐标为东经105°16′04″～106°04′11″，北纬36°54′09″～37°44′19″	AGI2017-01-2060
56	尼雅羊肉	新疆	民丰县畜牧兽医站	民丰县所辖尼雅镇、尼雅乡、若克雅乡、萨勒吾则克乡、叶亦克乡、亚瓦通古孜乡、安迪尔乡共7个乡镇。地理坐标为东经82°22′～85°55′，北纬35°20′～39°30′	AGI2017-01-2061
57	于田麻鸭	新疆	于田县动物疫病控制与诊断中心	于田县所辖奥依托克拉克乡、木哈拉镇、阿热勒乡、英巴格乡、加依乡、科克亚乡、阿日希乡、兰干乡、兰干农场、先拜巴扎镇、斯也克乡、劳改农场、托格日尕孜乡、西窝勒乡、拉伊苏良种场、国营羊场、喀尔克乡、老城区共18个乡镇（场、区）。地理坐标为东经81°09′～82°51′，北纬35°41′～39°29′	AGI2017-01-2062

全国优质品牌猪肉大赛获奖企业公示

　　为更好地实现好食材渠道垂直对接，提升品牌价值，在中国畜牧业协会的支持下，中国优质农产品开发服务协会与中华美食频道联合举办了全国优质品牌猪肉大赛活动。中国优质农产品开发服务协会组织专家组对大赛企业申报材料进行了评审，专家组根据《关于举办全国优质品牌猪肉大赛的通知》的推选办法，制定了评分规则并经过专家充分讨论，最终评选出"品牌猪肉奖"4家，"健康猪肉奖"4家，"营养猪肉奖"4家，共12家获奖企业，现将评选结果进行公示。

如对评选结果有任何意见或建议，请以实名方式将反映有关问题的电子邮件发送至中国优质农产品开发服务协会。

附件：

邮件接收时间截止至2017年4月5日24时。

联系人：陈松梅（010）64820311

电子邮箱：ppdh@zgppny.com

中国优质农产品开发服务协会

2017年3月29日

全国优质品牌猪肉大赛获奖企业名单

奖项	序号	公司名称	品牌名称	猪肉品种
品牌猪肉奖	1	通江县巴山生态牧业科技有限公司	青峪黑豚	黑猪
	2	湘村高科农业股份有限公司	湘村黑猪	黑猪
	3	北京顺鑫农业股份有限公司	鹏程	白猪
	4	唐山双汇食品有限责任公司	双汇	白猪
健康猪肉奖	1	黑龙江信诚龙牧农业发展有限公司	巴民一号	黑猪
	2	安徽省花亭湖绿色食品开发有限公司	程岭黑山猪	黑猪
	3	黑龙江省京福龙农牧科技开发有限公司	京福龙	白猪
	4	上海松林工贸有限公司	松林	白猪
营养猪肉奖	1	通江县巴山生态牧业科技有限公司	青峪黑豚	黑猪
	2	黑龙江信诚龙牧农业发展有限公司	巴民一号	黑猪
	3	重庆市荣牧科技有限公司	荣牧	白猪
	4	深圳农畎食品开发集团有限公司	农畎猪肉	白猪

关于发布2017十佳香料创新品牌产品的通知

中优协秘〔2017〕44号

各有关单位：

为落实2017年中央一号文件关于着力推进农业提质增效、拓展农业产业链价值链、引领现代农业加快发展的要求，深化农业供给侧结构性改革，发挥品牌引领驱动作用，促进香料产业科技创新，提升产业管理水平，发挥优势产业资源，提高香料品牌产品效益和竞争力，按照《关于举办"2017十佳香料创新品牌产品"评选活动的通知》要求，中

国优质农产品开发服务协会香料产业分会组织开展了2017十佳香料创新品牌产品评选活动工作。

经企业自愿申请，中国优质农产品开发服务协会香料产业分会对申请企业、产品材料进行资格审查、初步筛选，组织专家会议评审，最终确定了2017十佳香料创新品牌产品。

特此发布。

附件：2017 十佳香料创新品牌产品名单

中国优质农产品开发服务协会
2017 年 10 月 20 日

附件

2017 十佳香料创新品牌产品名单
昭通市大成农业开发有限责任公司　牛栏江
海南兴科热带作物工程技术有限公司 兴科香草兰
海南兴科热带作物工程技术有限公司 兴科胡椒

海南天香文化有限公司　天香遂系列产品
河北玫姿香料科技有限公司　玫姿玫丝宝玫瑰炫彩系列
河北玫姿香料科技有限公司　大马士革焕颜雪肌系列
北京爱与花芳香科技有限公司　兰村
海南艾纳香生物科技发展股份有限公司 熊猫叶
昭通市大成农业开发有限责任公司　椒原堂
湖南慕她生物科技发展有限公司 MOTA 慕她系列

关于发布 2017 第一批 "中国优质农产品示范基地" 认定结果的通知

中优协秘〔2017〕28 号

各有关单位：

根据《中国优质农产品示范基地认定暂行办法》，中国优质农产品开发服务协会组织会员单位，进行了 2017 年第一批 "中国优质农产品示范基地" 申报认定工作。

经企业自愿申请、资格审查、考核、专家评审及公示，对符合 "中国优质农产品示范基地" 认定条件的 "南京绿航生态农业有限公司六合区横梁街道三友湖村种植基地" 等 9 个企业基地，进行认定并予公告。

希望获得 "中国优质农产品示范基地" 认定的企业，珍惜荣誉，以此为契机，进一步加强生产基地规范管理，逐步建立产品质量可追溯制度，切实发挥 "中国优质农产品示范基地" 的示范带动作用，为消费者提供安全、放心的农产品。

中国优质农产品开发服务协会将组织对获得认定的单位进行跟踪检查。

附件：2017 年第一批中国优质农产品示范基地认定名单

中国优质农产品开发服务协会
2017 年 7 月 12 日

附件

2017 年第一批中国优质农产品示范基地认定名单
1. 南京绿航生态农业有限公司六合区横梁街道三友湖村种植基地
2. 上海伊禾农产品科技发展股份有限公司山东省枣庄市山亭区北庄镇基地
3. 上海伊禾农产品科技发展股份有限公司江西万安农产品基地
4. 南京溧水公正稻米种植专业合作社溧水区和凤镇吴村桥村种植基地
5. 南京樱桃鸭业有限公司南京市江宁区铜井工业集中区生产加工基地
6. 河北松塔坡农业开发有限公司曲阳县

松塔坡现代农业园区

7. 南京汤农农业种植专业合作社南京市浦口区汤泉农场基地

8. 黑龙江金玛农业有限公司富锦市现代

农业水田万亩示范区基地

9. 山东琨福农业科技有限公司山东省昌邑市都昌街道南逄村基地

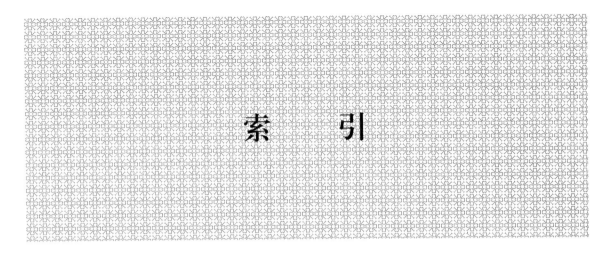

索　引

图书在版编目（CIP）数据

中国品牌农业年鉴 . 2018 / 中国优质农产品开发服
务协会主编 . —北京：中国农业出版社，2019.8
ISBN 978-7-109-25809-9

Ⅰ . ①中… Ⅱ . ①中… Ⅲ . ①农产品－品牌－中国－
2018－年鉴 Ⅳ . ①F323.7-54

中国版本图书馆 CIP 数据核字（2019）第 180728 号

中国农业出版社出版
地址：北京市朝阳区麦子店街 18 号楼
邮编：100125
责任编辑：贾 彬 徐 晖 文字编辑：贾 彬 耿增强
责任校对：刘丽香
印刷：中农印务有限公司
版次：2019 年 8 月第 1 版
印次：2019 年 8 月北京第 1 次印刷
发行：新华书店北京发行所
开本：787mm×1092mm 1/16
印张：17 插页：40
字数：400 千字
定价：400.00 元